Árbitro e Direito

Árbitro e Direito
O JULGAMENTO DO MÉRITO NA ARBITRAGEM

2018

Rafael Francisco Alves

ÁRBITRO E DIREITO
O JULGAMENTO DO MÉRITO NA ARBITRAGEM
© Almedina, 2018
AUTOR: Rafael Francisco Alves
DIAGRAMAÇÃO: Almedina
DESIGN DE CAPA: Roberta Bassanetto
ISBN: 9788584933228

Dados Internacionais de Catalogação na Publicação (CIP)
(Câmara Brasileira do Livro, SP, Brasil)

Alves, Rafael Francisco
Árbitro e direito : o julgamento do mérito na
arbitragem / Rafael Francisco Alves. -- São Paulo :
Almedina, 2018.

Bibliografia.
ISBN 978-85-8493-322-8

1. Arbitragem (Direito) 2. Processo civil
I. Título.

18-18382   CDU-347.918

Índices para catálogo sistemático:

1. Arbitragem : Direito processual 347.918

Maria Alice Ferreira - Bibliotecária - CRB-8/7964

Este livro segue as regras do novo Acordo Ortográfico da Língua Portuguesa (1990).

Todos os direitos reservados. Nenhuma parte deste livro, protegido por copyright, pode ser reproduzida, armazenada ou transmitida de alguma forma ou por algum meio, seja eletrônico ou mecânico, inclusive fotocópia, gravação ou qualquer sistema de armazenagem de informações, sem a permissão expressa e por escrito da editora.

Agosto, 2018

EDITORA: Almedina Brasil
Rua José Maria Lisboa, 860, Conj.131 e 132, Jardim Paulista | 01423-001 São Paulo | Brasil
editora@almedina.com.br
www.almedina.com.br

APRESENTAÇÃO

Este livro constitui uma versão reduzida, com adaptações e atualizações, da Tese de Doutorado intitulada "A aplicação do direito pelo árbitro: aspectos relativos ao julgamento do mérito na arbitragem", que defendi publicamente no âmbito do Departamento de Direito Processual da Faculdade de Direito da Universidade de São Paulo em 14 de abril de 2016.

Sou grato ao meu orientador, Prof. Carlos Alberto Carmona, bem como aos membros da minha banca de defesa, os Professores Nádia de Araújo, Selma Ferreira Lemes, Rodrigo Broglia Mendes e Cristiano Zanetti, que foram muito atenciosos e generosos durante a minha arguição. Suas críticas e sugestões foram, em larga medida, incorporadas nesta versão publicada em forma de livro.

Igualmente, sou grato a todos os associados do Comitê Brasileiro de Arbitragem (CBAr) que participaram das Comunicações ocorridas em São Paulo, Rio de Janeiro e Belo Horizonte, nos anos de 2016 e 2017, nas quais tive a oportunidade de debater as ideias expostas nesta Tese. Muitas de suas críticas e sugestões também foram incorporadas nesta versão publicada em forma de livro.

Nesta versão, optei por excluir o detalhamento existente em relação aos elementos de direito estrangeiro, muito embora as referências citadas e as conclusões obtidas continuem refletindo a pesquisa anteriormente realizada. A versão completa referente aos elementos de direito estrangeiro pode ser obtida na Tese depositada na Faculdade de Direito da Universidade de São Paulo. Por outro lado, optei por atualizar a jurisprudência e alguns dos precedentes anteriormente citados, por conta de movimentações recentes que ocorreram após a defesa da Tese, conforme informações constantes em domínio público.

Aos leitores, espero que a leitura seja prazerosa e que as ideias aqui expostas possam contribuir, de alguma forma, para o aprimoramento do instituto da arbitragem no Brasil.

São Paulo, maio de 2018

O Autor

PREFÁCIO

Rafael neste livro busca definir os limites para a aplicação do direito pelo árbitro visando um modelo jurídico epistemológico. É um estudo empírico, em que a experiência vivida, a pesquisa doutrinária e a história vão fundando as conclusões a que chega.

Na sua tese, percorreu o direito de outros países, atento para o fato de que estava em um espaço de liberdade. Aqui fixou-se em duas questões, muito relevantes, escolhidas para extrair um modelo jurídico a partir do tratamento que recebem. São o *iura novit curia* e a aplicação de normas cogentes. É um balanço de contrastes pois no primeiro há ausência de indicação da lei, e no segundo a imposição de regra legal.

Precede a abordagem dessas questões uma discussão ampla sobre os fundamentos e limites da aplicação do direito pelo árbitro examinando na introdução e no primeiro capítulo quais os marcos delimitadores.

Conclui formulando recomendações aos árbitros e juízes, no tocante ao exame do mérito nas arbitragens.

Dito isto, vou ao ponto no que creio ser função do leitor crítico: indagar. As teses são tanto melhores quanto mais indagações suscitarem. Se não o fizerem não cumprem sua missão de fazer progredir a ciência do direito.

Uma questão que me pareceu importante, e que gostaria de fazer minha indagação é sobre o dever do árbitro de proferir uma sentença exequível. Exequível onde? Na sede da arbitragem ou em qualquer lugar?

Essas interrogações abrem a porta para as indagações sobre o fórum shopping e o abuso de direito na escolha do local da execução. Seja o domicílio do réu ou do autor, quem pode determinar qual deles é o cabível? Como evitar decisões conflitantes se cada uma das partes eleger um foro em que as normas cogentes são opostas? Como se delimitará o conceito de norma cogente nessas hipóteses?

A resposta passa pelo mundo do direito internacional privado e dos conflitos de leis. Este vem se revolucionando e renovando com o uso dos meios digitais de comunicação que eliminam a noção de tempo real para substituí-la pelo tempo virtual.

A tecnologia apagou as fronteiras e os efeitos do tempo, diminuindo a importância relativa dos antigos elementos de conexão. Passam a predominar aqueles que decorrem da vontade das partes ao elegerem foros ou critérios em contratos em geral de adesão.

Por outro lado, é da essência do processo de globalização a convergência das ordens jurídicas e das instituições. Essa exige coerência do sistema. A coerência não repousa em precedentes ou o "stare decisis" – embora estes tenham um papel na sua construção. Qual o caminho a seguir?

A meu ver a convergência vem sendo perseguida via certas regras universalizadas, e decorrentes do caráter contratual/institucional da arbitragem. Isso nos coloca na linha de frente a reflexão sobre o valor dos contratos.

Estes, acredito, são a medida do sucesso e da razoabilidade no tocante a validade intrínseca das sentenças arbitrais. Ou seja, do seu mérito.

Uma sentença que ignore o contrato para dar uma solução diluída no caldo de platitudes aplicáveis a todas as situações, como é preconizado por alguns, pode levar os tribunais dos locais onde a sentença for homologada a conclusão de que se decidiu por equidade e não com base no direito escolhido pelas partes.

Não importa quais sejam as disposições de direito escolhidas é estritamente com base nelas que as partes contrataram e o contrato faz sentido.

Essas questões podem ter diferentes ênfases – como a do direito brasileiro que inquina de nulidade a sentença que não foi motivada. Karl Polanyi, ao criar a palavra substantivismo, faz uma abordagem cultural da economia que enfatiza o quanto a economia está integrada na sociedade e na cultura.

Minha visão de cético aceita esse pensamento, o que explicaria porque a nossa legislação, ao estabelecer a motivação como critério de validade da sentença, visa verificar se um pressuposto básico da arbitragem – o respeito à vontade das partes, está sendo atendido.

PREFÁCIO

Não há dúvidas que a Lei de Arbitragem privilegia a relação contratual ao dispor no artigo 4º da lei 9.307 de 23/09/1996 (Lei de Arbitragem ou lei Marco Maciel) que: *"A cláusula compromissória é a convenção através da qual as partes em um contrato comprometem-se a submeter à arbitragem os litígios que possam vir a surgir, relativamente a tal contrato"*.

A obediência à vontade expressa pelas partes, quanto à organização da arbitragem e a aplicação de uma lei, escolhida por elas, no seu contrato (ou consensualmente determinada em certos casos) é da natureza da arbitragem.

A expressão "convenção de arbitragem" é usada para designar um gênero de negócio jurídico do qual são espécies a cláusula compromissória e o compromisso arbitral. A expressão convenção é polissêmica e seu significado é amplo, segundo o dicionarista é:

1. Encontro, assembleia de pessoas, ger. representantes de instituições, empresas etc., que se reúnem para discutir assuntos de interesse comum; CONGRESSO; CONFERÊNCIA
2. Pol. Reunião dos membros de um partido político realizada com o propósito de escolha de candidatos ou de determinação da posição do partido frente a certos temas.
3. Conjunto de regras adotadas a partir de uma combinação ou acordo prévio: A convenção do condomínio proíbe festas na garagem.
4. O que é acatado por uso ou costume social em um grupo, comunidade ou sociedade
5. Aquilo que somente ganha sentido ou valor quando tem seu significado previamente aceito por todos aos quais se dirige, e que, portanto, o interpretam da mesma maneira: O sinal vermelho é a convenção usada para indicar que se deve parar.
6. Técnica, prática ou recurso adotado por certa atividade ou por certo meio profissional: as convenções das notações musicais
7. Jur. Acordo entre duas ou mais partes, referente a um fato específico".

Segundo o artigo 3º da lei de arbitragem brasileira: *"As partes interessadas podem submeter a solução de seus litígios ao juízo arbitral mediante convenção de arbitragem, assim entendida a cláusula compromissória e o compromisso arbitral"*.

Entre as diferentes acepções aventadas pelo dicionarista, apenas as da terceira a sétima são relevantes, porque ilustram os aspectos que a convenção arbitral tem; ela é ou refere-se a um conjunto de regras que são adotadas a partir de um acordo prévio, acatadas pela comunidade arbitral (e pelo sistema jurídico do país) e que ganham valor quando são aceitas por todos, usadas como técnicas pela atividade arbitral referindo-se a um acordo celebrado entre duas ou mais partes.

A leitura integrada dessas diretrizes legais, atenta aos significados semânticos, nos coloca diante de um modelo de negócio jurídico que foi concebido e é adotado para garantir às partes os direitos originados no exercício de sua liberdade.

Esse exercício só tem os limites da lei, e, na interpretação desta, a razoabilidade. Esta existe desde o Século XVIII nas Ordenações Filipinas definida como

...aquela boa razão, que consiste nos primitivos princípios, que contém verdades essenciais, intrínsecas, e inalteráveis, que a ética dos mesmos romanos havia estabelecido, e que os direitos divino e natural, formalizaram para servirem de regras morais e civis entre o cristianismo: ou aquela boa razão, que se funda nas outras regras, que de universal consentimento estabeleceu o direito das gentes para a direção, e governo de todas as Nações civilizadas: ou aquela boa razão, que se estabelece nas leis políticas, econômicas, mercantis e marítimas que as mesmas nações cristãs têm promulgado com manifestas utilidades, do sossego público, do estabelecimento da reputação e do aumento dos cabedais dos povos, que com as disciplinas destas sábias, e proveitosas leis vivem felizes à sombra dos tronos, e debaixo dos auspícios dos seus respectivos monarcas, príncipes soberanos: sendo muito mais racionável, e muito mais coerente, que nestas interessantes matérias se recorra antes em casos de necessidade ao subsídio próximo das sobreditas leis das nações cristãs, iluminadas, e polidas, que com elas estão resplandecendo na boa, depurada, e sã jurisprudência; em muitas outras erudições úteis, e necessárias; e na felicidade; do que ir buscar sem boas razões, ou sem razão digna de atender-se, depois de mais de dezessete séculos o socorro às leis de uns gentios....

PREFÁCIO

O artigo 2º, parágrafo primeiro, da Lei da arbitragem, dispõe que: "Poderão as partes escolher, livremente, as regras de direito que serão aplicadas na arbitragem, desde que não haja violação aos bons costumes e à ordem pública".

É fruto dessa antiga norma o artigo 2º da Lei de arbitragem: "§ 2º Poderão, também, as partes convencionar que a arbitragem se realize com base nos princípios gerais de direito, nos usos e costumes e nas regras internacionais de comércio". É à Lei da Boa razão que o legislador se refere quando fala em princípios gerais de direito, usos e costumes ou regras internacionais do comércio.

As expressões empregadas são contemporâneas, mas as raízes são antigas e visam a manutenção da razoabilidade nos julgamentos.

Finalmente há que recordar que há uma lei que rege o procedimento arbitral; essa pode ou não coincidir com a que as partes elegerem para ser aplicada na interpretação do contrato.

Como Rafael comentou no curso de sua tese há muita variedade no que se refere à expressão "regras de direito aplicável" (ou escolhido pelas partes). Daí porque o autor diz que "O mínimo que se espera de um árbitro é que ele tenha a competência para julgar o conflito com base nas alegações e pedidos das partes". O primeiro e fundamental pedido é que se apliquem as regras de direito que escolheram. Esse dever de competência aparece antes mesmo da regra positiva, pois é ético. Como tive a oportunidade de escrever[1],

No âmbito do Direito a ética está presente, precedida pelos preceitos da cortesia, e precedendo as regras de conduta emanadas do Estado, tal como, na natureza, valem como mecanismos de proteção, como no caso do algodão e da paina. A densidade das regras para jurídicas – morais, éticas, de cortesia, e outras categorias – que envolvem as instituições e regras jurídicas varia de acordo com as necessidades sociais que levaram a seu uso. Aliás essa característica foi bem apreendida pelas expressões "soft law" e "hard law.

---

[1] BAPTISTA, Luiz Olavo. Ética e Arbitragem. In: CARMONA, Carlos Alberto; LEMES, Selma Ferreira; MARTINS, Pedro Batista (Coords.). *20 anos da Lei de Arbitragem: homenagem a Petrônio R. Muniz*. São Paulo: Atlas, 2017. p. 104.

Pierre Tercier distingue na atividade dos árbitros a jurisdicional[2] e a contratual[3], e acredita ser possível estabelecer uma terceira categoria que seria a dos ***deveres estritamente éticos***.[4]

Eis porque quem não tem competência para decidir uma questão – por exemplo por ignorar as regras do direito aplicável – deve declinar da nomeação como árbitro. Esse dever nasce na esfera ética e consolida-se como hard law no direito positivo.

É tempo de despedir-me dos leitores a quem recomendo a obra de Rafael Alves e que certamente estão fazendo novas descobertas e caminhos, tal como me ocorreu ao ler o livro.

Como se viu, o excelente trabalho de Rafael é um criatório de indagações. Essas contribuem para a evolução do conhecimento jurídico e facilitarão as partes a balizar seus negócios, atendendo aos reclamos da economia global.

Luiz Olavo Baptista

---

[2] "Il est incontesté que les arbitres ont une activité juridictionnelle (...) La sanction de ces devoirs est à la mesure de leur fonction" (Tercier, Pierre. L'ethique des Arbitres. In : Revista de Arbitragem e Mediação, v. 33. São Paulo : Revista dos Tribunais, 2013. pp. 189-210.).

[3] "Il est (presque) aussi incontesté que les arbitres nouent avec les parties une authentique relation contractuelle (...) la violation de leurs devoirs contractuels par les arbitres peut être sanctionnée, comme l'est toute violation des devoirs contractuels" (Tercier, Pierre. Op., cit., pp. 189-210.).

[4] "Les devoirs éthiques" (Tercier, Pierre. Op., cit., pp. 189-210.).

AGRADECIMENTOS

Tudo o que conquistei na vida acadêmica só foi possível em razão do apoio constante do meu orientador, Prof. Carlos Alberto Carmona, que me orienta desde o bacharelado. O Professor sempre foi muito atencioso e generoso comigo, estimulando-me a manter a independência intelectual e, ao mesmo tempo, oferecendo-me conselhos preciosos em momentos difíceis. Sou muito grato a tudo o que essa parceria me proporcionou nesses últimos dezessete anos, agradecendo-o, especialmente, pela orientação nesta Tese, ora publicada em forma de livro.

Os diversos desafios que enfrentei ao elaborar esta Tese foram mitigados por obras extraordinárias concluídas, publicadas ou republicadas nos últimos quinze anos, dentre elas: Carlos Alberto Carmona, **Arbitragem e processo: um comentário à lei 9.307/96** (sua 3ª edição, de 2009); Luiz Olavo Baptista, **Arbitragem comercial internacional** (2011); Cândido Rangel Dinamarco, **A arbitragem na teoria geral do processo** (2013); André Abbud, **Homologação de sentenças arbitrais estrangeiras** (2008) e **Soft law e produção de provas na arbitragem internacional** (2014); Ricardo de Carvalho Aprigliano, **Ordem Pública e Processo: o tratamento das questões de ordem pública no direito processual civil** (2011); Ricardo Ramalho Almeida, **Arbitragem comercial internacional e ordem pública** (2005); Rodrigo Octávio Broglia Mendes, **Arbitragem, lex mercatoria e direito estatal: uma análise dos conflitos ortogonais no direito transnacional** (2010); e Otávio Domit, **O juiz e a qualificação jurídica da demanda no processo civil brasileiro**. Dissertação de Mestrado (2013). Além dessas obras mais recentes, devo mencionar também a tese de livre docência do Professor Hermes Marcelo Huck, **Sentença estrangeira e lex mercatoria** (1994).

Professor Huck já dizia, há mais de 20 anos, que a *lex mercatoria*, com todo o desenvolvimento experimentado ao longo das décadas, ainda não podia ser considerada como um direito totalmente autônomo e autocontido, que pudesse simplesmente *desconsiderar* o direito estatal. Esta Tese também é dedicada a todos esses trabalhos, com os quais dialoguei com frequência, como pode ser visto nas citações em rodapé. A todos esses autores, minha sincera gratidão.

Aos Professores da minha banca de qualificação, Professores Hermes Marcelo Huck e Rodrigo Broglia Mendes, cujos comentários e críticas muito me ajudaram no desenvolvimento desta Tese, meu sincero agradecimento. Reitero, ainda, os agradecimentos já feitos na Apresentação aos demais Professores da minha banca de defesa, Professores Nádia de Araújo, Selma Ferreira Lemes e Cristiano Zanetti.

Além destes, também contei com o apoio de diversos amigos e Professores, que me ajudaram a coletar parte do material pesquisado, alguns deles tendo sido também generosos o bastante para me atender em encontros para debater temas específicos desta Tese. Assim, agradeço: Luiz Olavo Baptista, Ricardo Aprigliano, Ricardo Ramalho, André Abbud, João Bosco Lee, José Emilio Nunes Pinto, Franco Ferrari, Kevin Davis, Giovanni Bonato, Daniel Levy, Fabiane Verçosa, José Garcez, Leandro Rennó, Leonardo Carneiro da Cunha, Otávio Domit, Carlos Elias, Fábio Peixinho, Lucas Mejias, Lauro Gama, Marco Lorencini, Gisela Mation, Josef Fröhlingsdorf, Clávio Valença e Bruno Panarella. Agradeço, em especial, ao auxílio que tive de Lígia Veronese, Stefânia Giosa e Juliana Costa em algumas pesquisas realizadas.

Devo um agradecimento especial aos meus sócios Adriana Braghetta, Mauricio Almeida Prado, Fernando Marcondes, Paulo Macedo e Silvia Miranda, em nome de quem cumprimento os demais sócios e amigos do escritório L. O. Baptista Advogados, por terem me possibilitado tomar (muitas) horas entre 2013 e 2016 para me dedicar a esse sonho.

Agradeço também à minha família, aos amigos de São José do Rio Preto e aos amigos do Largo São Francisco (vocês sabem quem são), sem os quais, certamente, nada disso teria sido possível. Não poderia terminar sem agradecer ao meu amor, Paula Domingues Alves, pela paciência e compreensão *infinitas*, por todos os dias, noites, madrugadas e finais de semana de ausência. Que venham os próximos capítulos!

SUMÁRIO

INTRODUÇÃO   19
Objeto de estudo: apresentação do tema e sua delimitação   19
Ainda sobre a delimitação do tema: recortes de conteúdo   34
O problema, as hipóteses de trabalho e a metodologia de pesquisa   38

CAPÍTULO 1. FUNDAMENTOS E LIMITES DA APLICAÇÃO DO DIREITO PELO ÁRBITRO   49
1.1. O árbitro em primeiro lugar   49
1.2. A autoridade do árbitro sobre o direito aplicável   52
1.3. A autoridade do árbitro limitada pelo direito e pelas escolhas das partes: a arbitrabilidade e as extensões subjetiva e objetiva da arbitragem   57
1.4. A natureza contratual da relação entre árbitro e partes   61
1.5. A natureza jurisdicional da autoridade do árbitro   65
1.6. A competência do árbitro para analisar a sua própria competência   67
1.7. Independência e imparcialidade do árbitro à luz da confiança das partes   70
1.8. Hermenêutica e autoridade do árbitro: sua missão perante as partes   76
1.9. O dever do árbitro de fundamentar a sentença arbitral   79
1.10. A responsabilidade dos árbitros na aplicação do direito   83
1.11. A relação entre o árbitro, o direito e o mérito da disputa: justiça privada?   87

CAPÍTULO 2. A APLICAÇÃO DO *IURA NOVIT CURIA* NA ARBITRAGEM   91
2.1. A aplicação do *iura novit curia* na arbitragem segundo o direito brasileiro   102

ÁRBITRO E DIREITO

2.1.1. O *iura novit curia* e os limites da convenção de arbitragem 105
2.1.2. O *iura novit curia* e o devido processo legal 128
2.1.3. O *iura novit curia* e a sentença arbitral na jurisprudência brasileira 143
2.2. O árbitro e o *iura novit curia*: entre o mérito e o procedimento arbitral 146
2.2.1. *Iura novit curia* é questão cultural: diversidade de perspectivas 149
2.2.2. Sendo questão cultural, não convém cogitar de regra transnacional obrigatória e vinculante (*hard law*). A *soft law* é ainda incipiente no tema 157
2.2.3. A importância de se conhecer o direito aplicável 162
2.2.4. Os limites da investidura do árbitro: via de regra, as partes são livres para estabelecer regras *ex ante* a respeito do *iura novit curia* 168
2.2.5. Na ausência de regras estabelecidas pelas partes, via de regra os árbitros *podem* aplicar *ex officio* o direito, mas é preciso atentar para o contexto jurídico-cultural em que o procedimento está inserido 170
2.2.6. Na aplicação do direito *ex officio* pelo árbitro, devem ser respeitadas as garantias processuais das partes. O melhor *standard* é a prudência. 174
2.2.7. A missão do árbitro é aplicar o direito "*da melhor forma possível*"? O sentido da "Justiça particular" ou de que forma o procedimento pode aprimorar o julgamento do mérito na arbitragem 176

CAPÍTULO 3. A APLICAÇÃO DE NORMAS COGENTES PELO ÁRBITRO E O CONTROLE DA ORDEM PÚBLICA 191

3.1. A aplicação de normas cogentes pelo árbitro e o controle da ordem pública no direito brasileiro 201
3.1.1. Conceitos prévios: normas cogentes, ordem pública, bons costumes e disponibilidade no direito brasileiro 202
3.1.2. O controle da ordem pública na escolha do direito aplicável 228
3.1.3. O controle da ordem pública na aplicação do direito pelo árbitro na sentença arbitral doméstica 232

SUMÁRIO

3.1.3.1. A ordem pública processual e sua influência no julgamento do mérito da arbitragem. Competência-competência. 233

3.1.3.2. Anulação da sentença arbitral doméstica por violação da ordem pública no julgamento do mérito: a (necessária) aproximação entre a ordem pública doméstica e a ordem pública transnacional 258

3.1.3.3. Inexistência de outras hipóteses de controle da ordem pública na sentença doméstica. Um esclarecimento sobre a ordem pública processual transnacional 275

3.1.3.4. A sentença arbitral doméstica não pode ser anulada por alegada violação de normas cogentes no julgamento do mérito 283

3.1.3.5. Não há hipótese de relativização da coisa julgada na arbitragem 304

3.1.4. O controle da ordem pública na sentença arbitral estrangeira 308

3.1.4.1. Ordem pública processual e sentença arbitral estrangeira 311

3.1.4.2. Ordem pública material e sentença arbitral estrangeira 321

3.2. A medida adequada do controle da ordem pública na arbitragem e o papel do árbitro nesse controle e na aplicação de normas cogentes 328

CONCLUSÃO 345

REFERÊNCIAS 353

Introdução

Objeto de estudos: apresentação do tema e sua delimitação

Este trabalho busca contribuir para o desenvolvimento de um modelo dogmático a respeito do papel do árbitro na aplicação do direito. O propósito é investigar se haveria algo de *peculiar* na relação entre o árbitro e o direito, que difere dos modelos de julgamento atualmente existentes, concebidos em vista da atuação do juiz.

Em princípio, a função do árbitro equipara-se àquela desempenhada pelo juiz[1]. Encontram-se superadas, pelo menos no Brasil, as discussões em torno da atribuição de poderes jurisdicionais aos árbitros, que por muito tempo ocuparam os estudiosos da arbitragem[2]. Pela legislação brasileira (lei 9.307/96), o árbitro exerce jurisdição[3], tanto quanto o

---

[1] Nesse sentido, CARMONA, Carlos Alberto. **Arbitragem e processo**: um comentário à lei 9.307/96. 3. ed. São Paulo: Atlas, 2009. p. 22.

[2] Um histórico deste debate, particularmente em relação aos sistemas europeus, foi apresentado por Carlos Alberto Carmona em sua Tese de Doutorado (CARMONA, Carlos Alberto. **A arbitragem no processo civil brasileiro**. São Paulo: Malheiros, 1993. p. 29-37).

[3] CARMONA, Carlos Alberto. **Arbitragem e processo**: um comentário à lei 9.307/96. 3. ed. São Paulo: Atlas, 2009. p. 26-27. Em seu mais recente livro sobre arbitragem, Cândido Rangel Dinamarco também não deixa dúvidas a respeito de seu entendimento atual de que o árbitro exerce poder jurisdicional: "Assumindo enfaticamente que a jurisdição tem por escopo magno a pacificação de sujeitos conflitantes, dissipando os conflitos que os envolvem, e sendo essa a razão última pela qual o próprio Estado a exerce, não há dificuldade alguma em afirmar que também os árbitros exercem jurisdição, uma vez que sua atividade consiste precisamente em *pacificar com justiça, eliminando conflitos*" (DINAMARCO, Cândido Rangel. **A arbitragem na teoria geral do processo**. São Paulo: Malheiros, 2013. p. 39). Em traba-

juiz. Assim como este, o árbitro também *diz o direito* no caso concreto de forma vinculante e definitiva, e sua sentença possui a mesma eficácia daquela judicial, nos termos dos artigos 18 e 31 da lei 9.307/96[4]. Todavia, as semelhanças parecem terminar por aqui. Juiz e árbitro estão submetidos a distintos regimes jurídicos.

O juiz possui uma relação de direito público com as partes[5]. Ele foi escolhido pelo Estado (no caso brasileiro, por meio de concurso público) e atribuído ao processo específico em que as partes litigam por meio de um sorteio, seguindo regras públicas. As regras de organização judiciária e também as regras processuais possuem caráter público, algumas de natureza constitucional. Conforme o artigo 37 da Constituição Federal[6], a administração pública deve obedecer aos princípios da legalidade, impessoalidade, moralidade, publicidade e eficiência. Por definição, o juiz deve ser *impessoal* e estar *distante* das partes. Segundo o entendimento predominante, essa é a base da sua relação com as partes, ele é um *estranho*[7]. Sua responsabilidade não é direta e pessoal com as partes, ela ocorre por intermédio do Estado. Um erro do juiz é, em primeiro lugar, um erro do Estado, dentro da relação entre o cidadão e o Estado[8].

---

lhos anteriores, o autor defendia a "natureza parajurisdicional das funções do árbitro, a partir da idéia de que, embora ele não as exerça com o escopo jurídico de atuar a vontade da lei, na convergência em torno do escopo *social* pacificador reside algo muito forte a aproximar a arbitragem da jurisdição estatal" (DINAMARCO, Cândido Rangel. Limites da sentença arbitral e de seu controle jurisdicional. In: **Nova era do Processo Civil**. São Paulo: Malheiros, 2004. p. 29). Parece que o autor aproxima árbitros e juízes em função do escopo social de pacificação do processo.

[4] "Art. 18. O árbitro é juiz de fato e de direito, e a sentença que proferir não fica sujeita a recurso ou a homologação pelo Poder Judiciário". "Art. 31. A sentença arbitral produz, entre as partes e seus sucessores, os mesmos efeitos da sentença proferida pelos órgãos do Poder Judiciário e, sendo condenatória, constitui título executivo".

[5] CINTRA, Antonio Carlos de Araújo; GRINOVER, Ada Pellegrini; DINAMARCO, Cândido Rangel. **Teoria geral do processo**. 30. ed. São Paulo: Malheiros, 2014. p. 312-314 e 366-368.

[6] "Art. 37. A administração pública direta e indireta de qualquer dos Poderes da União, dos Estados, do Distrito Federal e dos Municípios obedecerá aos princípios de legalidade, impessoalidade, moralidade, publicidade e eficiência e, também, ao seguinte: [...]"

[7] CINTRA, Antonio Carlos de Araújo; GRINOVER, Ada Pellegrini; DINAMARCO, Cândido Rangel. **Teoria geral do processo**. 30. ed. São Paulo: Malheiros, 2014. p. 367.

[8] Neste sentido, Leandro Rigueira Rennó Lima. A Responsabilidade civil do árbitro. In: Umberto Celli Júnior, Maristella Basso, Albert do Amaral Júnior (Coord.). **Arbitragem e Comércio Internacional**: estudos em homenagem a Luiz Olavo Baptista. São Paulo: Quartier Latin, 2013. p. 905-920.

INTRODUÇÃO

Na atuação do juiz, sua função de dizer o direito no caso concreto está associada primordialmente à manutenção *da integridade e coerência do ordenamento jurídico* ou à "preservação dos preceitos concretos do direito objetivo", conforme o "escopo jurídico da jurisdição"[9]. O juiz tem o dever de *aplicar corretamente a lei* e fazer valer as escolhas do legislador. Por isso, sua vocação é, por definição, *generalista*: o juiz, por presunção, conhece todas as leis nacionais (*iura novit curia*), porque deve aplicar todas elas (ou qualquer uma delas). Suas decisões são *públicas* e formam *jurisprudência* justamente para que elas possam *orientar o comportamento* de outros cidadãos e empresas no futuro. O juiz tem uma missão não apenas com aquelas partes que estão diante dele com uma disputa, mas também perante toda a sociedade. Daí, novamente, o caráter *cogente* da maior parte das regras que envolvem a organização judiciária e o próprio processo judicial[10].

Por outro lado, a relação entre árbitro[11] e partes é de natureza *privada, contratual*[12]. Para cumprir sua missão jurisdicional, o árbitro celebra um

---

[9] DINAMARCO, Cândido Rangel. **A instrumentalidade do processo**. 15. ed. São Paulo: Malheiros, 2013. p. 208-263, especialmente p. 258-259.

[10] Dignas de nota, todavia, as inovações trazidas com o Código de Processo Civil de 2015 (lei 13.105/2015), dentre elas o artigo 190, possibilitando às partes convencionar sobre "ônus, poderes, faculdades e deveres processuais, antes ou durante o processo". Ainda na vigência do Código de 1973, defendendo maior amplitude à flexibilidade procedimental, em harmonia com o devido processo legal, Fernando da Fonseca Gajardoni. **Flexibilização procedimental**: um novo enfoque para o estudo do procedimento em matéria processual, de acordo com as recentes reformas do CPC. São Paulo: Atlas, 2008. p. 80-106, 223-227.

[11] Ao longo deste trabalho, quando a referência é feita ao árbitro de forma genérica, no singular, deve-se entender como contemplados tanto o árbitro único quanto o tribunal arbitral, a menos que alguma ressalva seja feita em sentido contrário. O árbitro pode ou não integrar um tribunal arbitral. A distinção também é explicada por Thomas Clay: "*le tribunal arbitral est une autorité de jugement, alors que l'arbitre n'est qu'un membre de cette autorité*" (**L'arbitre**, Paris: Dalloz, 2001. p. 23). Também esta é a concepção da lei brasileira. *Vide*, por exemplo, os parágrafos 1º e 4º do artigo 13 da lei 9.307/96: "§ 1º As partes nomearão um ou mais árbitros, sempre em número ímpar, podendo nomear, também, os respectivos suplentes. [...] § 4º Sendo nomeados vários árbitros, estes, por maioria, elegerão o presidente do tribunal arbitral. Não havendo consenso, será designado presidente o mais idoso."

[12] Exceto quando a lei, por si só, atribui competência ao árbitro para decidir a respeito de sua própria competência, mesmo diante da *inexistência* de convenção de arbitragem, nos termos do artigo 8º, parágrafo único, da lei 9.307/96, conforme será analisado em maiores detalhes ao longo deste trabalho.

contrato com as partes[13] (negócio jurídico distinto da própria convenção de arbitragem[14], embora ambos possam estar contidos no mesmo *instrumento*[15]). Em razão da especialidade da sua missão, trata-se de contrato *sui generis*[16]. Portanto, sua responsabilidade é contratual[17].

A relação entre árbitro e partes é mediada por um elemento fundamental, que está na raiz da especialidade do regime ao qual ele se submete: a *confiança*. O árbitro é escolhido pelas partes com base na confiança que elas depositam nele. *"Pode ser árbitro qualquer pessoa capaz e que tenha a confiança das partes"*, determina o artigo 13, da lei 9.307/96. Como se percebe, confiança é um conceito legal no Brasil[18], não uma construção doutrinária. Confiança é a base do contrato entre o árbitro e as partes[19].

Todavia, essa confiança não pode ser entendida em seu aspecto *subjetivo*, porque é claro que nem todas as partes terão que confiar *subjetivamente* em todos os árbitros. É muito comum que, em arbitragens

---

[13] Pontes de Miranda denomina esse negócio jurídico entre partes e árbitros de "contrato arbitral" (**Tratado de Direito Privado**: parte especial – direitos das obrigações. t. 26, atualizado por Ruy Rosado de Aguiar Júnior e Nelson Nery Junior. São Paulo: Editora Revista dos Tribunais, 2012. p. 489).

[14] Comparando a jurisprudência inglesa e a francesa, Alexis Mourre entende ser preferível o entendimento desta, porque, ao contrário daquela, reconhece a distinção entre a convenção de arbitragem e o contrato celebrado entre árbitro e partes (Quien tiene competência sobre los árbitros? Reflexiones sobre el contrato de árbitro. In: Umberto Celli Júnior, Maristella Basso, Albert do Amaral Júnior (Coord.). **Arbitragem e comércio internacional**: estudos em homenagem a Luiz Olavo Baptista. São Paulo: Quartier Latin, 2013. p. 704.

[15] Pontes de Miranda, **Tratado de Direito Privado**: parte especial – direitos das obrigações. t. 26, atual. por Ruy Rosado de Aguiar Júnior e Nelson Nery Júnior. São Paulo: Editora Revista dos Tribunais, 2012. p. 489.

[16] Baptista, Luiz Olavo. **Arbitragem comercial internacional.** São Paulo: Lex Magister, 2011, p. 171.

[17] Conforme explicado de forma detalhada por Leandro Rigueira Rennó Lima, A responsabilidade civil do árbitro. In: Umberto Celli Júnior, Maristella Basso, Albert do Amaral Júnior (Coord.). **Arbitragem e Comércio Internacional:** estudos em homenagem a Luiz Olavo Baptista. São Paulo: Quartier Latin, 2013. p. 905-920.

18 Conceito legal que já existia no regime anterior, quando o "juízo arbitral" ainda era regulado pelo Código de Processo Civil (*vide* o *caput* do antigo artigo 1079, CPC, hoje revogado).

[19] Com razão Carlos Eduardo Stefen Elias ao defender que a confiança refere-se à *relação contratual* entre partes e árbitro e não propriamente à *relação processual* (**Imparcialidade dos árbitros**. Tese (Doutorado). Faculdade de Direito da Universidade de São Paulo. São Paulo, 2014. p. 64).

INTRODUÇÃO

compostas por três árbitros e duas partes, cada parte indique um árbitro *de sua confiança*, e que esses dois árbitros assim nomeados indiquem o terceiro árbitro, que presidirá o tribunal arbitral. Nesta hipótese, é possível que uma das partes não *necessariamente confie* (no sentido *subjetivo* do termo) no árbitro indicado pela contraparte (talvez nem o conheça), o mesmo valendo em relação ao presidente do tribunal arbitral. Ainda assim, a menos que haja uma *razão objetiva* para que a parte *desconfie* do árbitro desde o princípio e que ela exerça o seu direito de impugná--lo conforme as regras de direito aplicáveis (no caso da lei brasileira, seguindo os requisitos dos artigos 14, 15 e 20, da lei 9.307/96, dentre outros, além de eventuais regras institucionais que também sejam aplicáveis), referida parte estará *vinculada* a todos esses árbitros, conforme contrato que celebrará com eles e com a sua contraparte[20].

Feita essa ressalva, o árbitro, via de regra, não é um estranho, ele está *próximo* das partes. Em princípio, foram elas que o escolheram (diretamente ou indiretamente, por meio de uma instituição)[21]. Essa escolha geralmente leva em consideração os *atributos pessoais do árbitro*, sua experiência prática, seus conhecimentos técnicos, suas habilidades como julgador[22]. Se, por um lado, o juiz é generalista por definição, por outro, as partes costumam esperar do árbitro um *conhecimento específico* do objeto de disputa. Esperam que ele seja um *expert* no assunto controvertido[23].

---

[20] Mais uma vez, são precisas as palavras de Carlos Eduardo Stefen Elias a propósito: "é evidente que essa investidura apenas se dá enquanto vigente o contrato entre partes e árbitro, e é por isso que as partes, e conjunto (e salvo disposição em sentido contrário) podem, de comum acordo, denunciar ou resilir o contrato com o árbitro se nele não mais confiarem. No entanto, se uma das partes não mais confiar no árbitro, ele não pode – sozinha e exclusivamente com base na perda subjetiva da confiança – resolver o contrato com o árbitro. Assim, não é a mera perda da confiança a hipótese que desencadeia uma consequência jurídica, mas o ato de vontade de ambas as partes" (**Imparcialidade dos árbitros**. Tese (Doutorado). Orientador: Prof. Dr. Carlos Alberto Carmona, Faculdade de Direito da Universidade de São Paulo. São Paulo, 2014, p. 64-65).

[21] Exceção feita à hipótese de nomeação do árbitro pelo juiz, conforme, por exemplo, art. 7º, da lei 9.307/96.

[22] Esses foram alguns dos fatores encontrados na escolha do árbitro na pesquisa do Comitê Brasileiro de Arbitragem – CBAr em parceria com o Instituto de Pesquisas Ipsos. Pesquisa disponível em: http://www.cbar.org.br/PDF/Pesquisa_CBAr-Ipsos-final.pdf, acesso em mai. 2018.

[23] Foi esta também uma das conclusões da pesquisa do Comitê Brasileiro de Arbitragem – CBAr em parceria com o Instituto de Pesquisas Ipsos (Pesquisa disponível em: http://www. cbar.org.br/PDF/Pesquisa_CBAr-Ipsos-final.pdf. Acesso em: mai. 2018).

ÁRBITRO E DIREITO

É uma relação baseada na *pessoalidade*, do que decorre o caráter *intuitu personae* da relação contratual que se estabelece[24], sendo esta *liberdade de escolha do julgador* um dos maiores atrativos da arbitragem[25].

O árbitro presta um serviço para as partes[26]: resolver uma disputa aplicando o direito (salvo os casos em que o árbitro é chamado a decidir por equidade[27]). Esse serviço possui um regramento especial, pois está relacionado com sua função jurisdicional, o poder de dizer o direito no caso concreto. É função relacionada com a administração da Justiça. Não se trata, portanto, de qualquer serviço, é uma *prestação regulada por lei* (a prestação jurisdicional)[28]. Mas não deixa de ser, primordialmente, um serviço prestado às partes.

Neste sentido, o árbitro possui uma *missão perante as partes*, não necessariamente perante a sociedade. Ao contrário do juiz, o árbitro não tem o dever de resguardar a integridade ou a coerência da ordem jurídica e, assim, sua relação com o direito *parece ser distinta*[29]. O modo pelo qual um árbitro aplica ou deixa de aplicar determinada norma jurídica não traz, em princípio, qualquer impacto para a ordem jurídica da qual faz

---

[24] BAPTISTA, Luiz Olavo. **Arbitragem comercial internacional**. São Paulo: Lex Magister, 2011. p. 172.

[25] Carlos Alberto Carmona, há mais de 20 anos, já dizia: "a liberdade das partes para escolher os árbitros permite que a nomeação recaia sobre pessoas dotadas do necessário conhecimento, o que lhes permitirá resolver os complexos problemas econômicos, jurídicos e técnicos trazidos pelos litigantes, pois não há dúvida que é sempre melhor designar árbitros que sejam *experts* na matéria por si mesmos" (**A arbitragem no processo civil brasileiro**. São Paulo: Malheiros, 1993. p. 75).

[26] Neste sentido, ver Luiz Olavo Baptista. **Arbitragem comercial internacional**. São Paulo: Lex Magister, 2011. p. 171-172.

[27] Lei 9.307/96: "Art. 2º. A arbitragem poderá ser de direito ou de eqüidade, a critério das partes". Sobre o tema, ver Martim Della Valle. **Arbitragem e equidade**: uma abordagem internacional. São Paulo: Atlas, 2012. *passim*. Nesta tese, o objeto de estudo estará centrado na arbitragem de direito.

[28] Neste mesmo sentido, destacando a *especialidade* da prestação de serviços realizada pelo árbitro, ver Leandro Rigueira Rennó Lima, A Responsabilidade civil do árbitro. In: Umberto Celli Júnior, Maristella Basso, Albert do Amaral Júnior (Coord.). **Arbitragem e comércio internacional**: estudos em homenagem a Luiz Olavo Baptista. São Paulo: Quartier Latin, 2013. p. 924.

[29] Neste sentido, Cândido Rangel Dinamarco: "...o árbitro não tem todo aquele compromisso *com a lei*, que tem o juiz, mas acima de tudo com as realidades de cada caso e com a *justiça* das soluções que dele esperam" (**A arbitragem na teoria geral do processo**. São Paulo, Malheiros, 2013, 37-38).

INTRODUÇÃO

parte aquela norma jurídica. As decisões dos árbitros não conformam comportamentos dos cidadãos, não formam jurisprudência no sentido próprio deste termo, inclusive porque não são públicas. Sua decisão diz respeito somente às partes em disputa. Assim, os escopos da jurisdição arbitral não são totalmente coincidentes com os escopos da jurisdição estatal[30]. O árbitro tem um papel a desempenhar na administração da Justiça, com *certa dimensão pública* (pacificação social[31]), mas esse papel não coincide com aquele desempenhado pelo juiz. É por isso que se costuma afirmar também que, no plano doméstico, a arbitragem situa-se na "periferia" do sistema jurídico, sendo o Poder Judiciário o seu centro[32].

Ao contrário do juiz, que possui jurisdição universal dentro de um determinado território e pode exercer o seu poder, em princípio, sobre qualquer pessoa dentro desse território, o árbitro tem *poderes jurisdicionais limitados*. O árbitro tem a sua jurisdição limitada pela lei e pelo contrato celebrado com as partes.

Por exemplo, de acordo com o direito brasileiro, dentro do campo dos direitos patrimoniais disponíveis[33], o árbitro tem poder somente perante *determinadas* partes e exclusivamente para resolver *determinada(s)* disputa(s), conforme a relação contratual estabelecida entre ele e as partes. Por isso, ninguém *é* árbitro, todo árbitro *está* árbitro[34]. *Está* árbitro perante aquelas partes e aquela(s) disputa(s). Diversamente do juiz, que exerce o seu ofício de modo permanente, não há uma profissão de

---

[30] Por exemplo, há distintas nuances quanto ao escopo jurídico, conforme reconhece DINAMARCO, Cândido Rangel. **A arbitragem na teoria geral do processo**. São Paulo: Malheiros, 2013. p. 40.

[31] DINAMARCO, Cândido Rangel. **A arbitragem na teoria geral do processo**. São Paulo: Malheiros, 2013. p. 40

[32] MENDES, Rodrigo Octávio Broglia. **Arbitragem, lex mercatoria e direito estatal**: uma análise dos conflitos ortogonais no direito transnacional. São Paulo: Quartier Latin, 2010. p. 85-89.

[33] Lei 9.307/96: "Art. 1º. As pessoas capazes de contratar poderão valer-se da arbitragem para dirimir litígios relativos a direitos patrimoniais disponíveis".

[34] Ver, neste sentido, o comentário de jurisprudência, Rafael Francisco Alves e Octávio Orzari, Habeas Corpus. Crimes de quadrilha, falsidade ideológica, usurpação de função pública e contravenção penal de exercício ilegal de profissão de árbitro ou mediador. Pedido de trancamento da ação penal. Deferimento parcial. In: **Revista Brasileira de Arbitragem**, n. 19, 2008, p. 159.

ÁRBITRO E DIREITO

árbitro[35]. Tão logo o árbitro cumpra o seu encargo, proferindo a sentença arbitral, ele deixa se der árbitro[36], nos termos do artigo 29[37], da lei 9.307/96, ressalvadas as hipóteses do artigo 30 da mesma lei. Assim, o exercício *limitado e momentâneo* da jurisdição pelo árbitro está adstrito a *determinadas* partes e a *determinadas* disputas, sendo possível revisitar, na arbitragem, o conceito de eficácia natural da sentença, tal como preconizado por Enrico Tullio Liebman[38].

À luz de sua missão exclusivamente perante as partes, o árbitro tem o dever de confidencialidade[39], nos termos do artigo 13, parágrafo 6º,

---

[35] Combatendo a ideia de uma regulamentação da função de árbitro, Flávia Bittar Neves. O dilema da regulamentação da função de árbitros, mediadores e das atividades das instituições arbitrais no Brasil. In: **Revista de Arbitragem e Mediação**, n. 7, 2005, p. 101-108.

[36] Nesse sentido, Rafael Francisco Alves e Octávio Orzari, Habeas Corpus. Crimes de quadrilha, falsidade ideológica, usurpação de função pública e contravenção penal de exercício ilegal de profissão de árbitro ou mediador. Pedido de trancamento da ação penal. Deferimento parcial. In: **Revista Brasileira de Arbitragem**, n. 19, 2008, p. 159.

[37] Art. 29. "Proferida a sentença arbitral, dá-se por finda a arbitragem, devendo o árbitro, ou o presidente do tribunal arbitral, enviar cópia da decisão às partes, por via postal ou por outro meio qualquer de comunicação, mediante comprovação de recebimento, ou, ainda, entregando-a diretamente às partes, mediante recibo".

[38] O conceito de "eficácia natural da sentença" foi concebido pelo autor exclusivamente à luz do processo judicial: "A sentença como ato autoritativo ditado por um órgão do Estado, reivindica naturalmente, perante todos, seu ofício de formular qual seja o comando concreto da lei ou, mais genericamente, a vontade do Estado, para um caso determinado. As partes, como sujeitos da relação a que se refere a decisão, são certamente as primeiras que sofrem a sua eficácia, mas não há motivo que exima os terceiros de sofrê-la igualmente. Uma vez que o juiz é o órgão ao qual atribui o Estado o mister de fazer atuar a vontade da lei no caso concreto, apresenta-se a sua sentença como eficaz exercício dessa função perante todo o ordenamento jurídico e todos os sujeitos que nele operam" (LIEBMAN, Enrico Tullio. **Eficácia e autoridade da sentença e outros escritos sobre a coisa julgada.** Atualização Ada Pellegrini Grinover. 4. ed. Rio de Janeiro: Forense, 2006. p. 123-125).

[39] Sem fazer menção à lei brasileira, mas também sustentando o dever de confidencialidade do árbitro, afirma Luiz Olavo Baptista: "o respeito à confidencialidade da arbitragem é outro dever dos árbitros, e decorre seja de regras de instituições arbitrais seja de cláusula contratual ou outro dispositivo. O fato de que usualmente se aponte como uma vantagem da arbitragem a confidencialidade mostra a importância que ela pode ter para certos litigantes" (**Arbitragem comercial internacional**. São Paulo: Lex Magister, 2011. 179 p.). Em artigo específico sobre o tema, Luiz Olavo Baptista ressalta que "a confidencialidade não é uma qualidade essencial da arbitragem – ela ocorre apenas quando uma lei, um regulamento arbitral escolhido pelas partes ou um acordo expresso das mesmas a impõe" (Confidenciali-

INTRODUÇÃO

da lei 9.307/96[40]. Como mecanismo privado, a arbitragem está naturalmente coberta pela *privacidade*[41]. Mas, em relação aos árbitros, a lei brasileira vai além e impõe também o *dever de confidencialidade*[42]. Por isso, não
tem aplicação na arbitragem o princípio da publicidade[43], exceto no que
diz respeito aos procedimentos envolvendo a Administração Pública[44].
Como adiantado anteriormente, no campo privado, as decisões dos árbitros não são públicas e não formam jurisprudência. Novamente, elas
dizem respeito às partes, não à sociedade. Aliás, em princípio, as informações e documentos relacionados com o procedimento arbitral são
privados, salvo exceções convencionais ou legais[45].

---

dade na arbitragem. In: **V Congresso do Centro de Arbitragem Comercial: Intervenções,**
Centro de Arbitragem Comercial. Lisboa: Almedina, 2012. p. 197).

[40] Lei 9.307/96: "Art. 13, § 6º. No desempenho de sua função, o árbitro deverá proceder com
imparcialidade, independência, competência, diligência e **discrição**" (grifo nosso).

[41] Esse é também o entendimento de José Antonio Fichtner, Sergio Nelson Mannheimer e
André Luís Monteiro, muito bem sintetizado pelos autores na seguinte passagem, que em
tudo corrobora o que foi aqui exposto: "não obstante se tratar de prestação da função jurisdicional, tal como entendemos, a arbitragem é caracterizada pelo conceito de privacidade,
diferentemente do que ocorre no âmbito do processo judicial. A publicidade do processo
judicial, destaque-se, somente se justifica porque se trata de um serviço prestado pelo Estado – ente político sujeito à fiscalização do povo, enquanto verdadeiro detentor do poder
– o que não ocorre na arbitragem, razão pela qual qualquer tentativa de importação de conceitos de um campo para o outro neste tema seria incorreta. Enquanto a publicidade marca o
procedimento judicial, a privacidade caracteriza naturalmente a arbitragem" (A confidencialidade na arbitragem: regra geral e exceções. In: **Revista de Direito Privado**, vol. 49,
2012, p. 260-261).

[42] FICHTNER, José Antonio; MANNHEIMER, Sergio Nelson; MONTEIRO, André Luís. A confidencialidade na arbitragem: regra geral e exceções. In: **Revista de Direito Privado**, vol. 49,
2012, p. 260-261.

[43] Esse aspecto do processo arbitral já era reconhecido por Cândido Rangel Dinamarco em
trabalhos anteriores: "ressalva-se que no juízo arbitral não preponderam os princípios da
publicidade e do duplo grau de jurisdição" (Limites da sentença arbitral e de seu controle
jurisdicional, in **Nova era do processo civil**, São Paulo: Malheiros, 2004. p. 30).

[44] Conforme dispõe agora o artigo 2º, §3º da lei 9.307/96, reformada pela lei 13.129/15:
"§ 3º A arbitragem que envolva a administração pública será sempre de direito e respeitará o
princípio da publicidade"

[45] Por exemplo, as regras atinentes à proteção de acionistas no mercado de capitais. A respeito dessa exceção e de outras, ver José Antonio Fichtner, Sergio Nelson Mannheimer e
André Luís Monteiro, A confidencialidade na arbitragem: regra geral e exceções. In: **Revista
de Direito Privado**, vol. 49, 2012, p. 275. Todavia, na linha do que defende Cândido Rangel Dinamarco (**A arbitragem na teoria geral do processo**, São Paulo, Malheiros, 2013.

ÁRBITRO E DIREITO

Em razão do exposto, não se pode ignorar o aspecto privado da atuação do árbitro, a despeito de sua função jurisdicional[46]. O ponto foi sintetizado por Cândido Dinamarco[47]:

"O reconhecimento de um verdadeiro exercício da *jurisdição* pelo árbitro, sendo a jurisdição uma função *pública*, não é suficiente para *publicizar* a sua atuação a ponto de erigi-lo em guardião da legalidade, tanto quanto o juiz togado. A jurisdição exercida pelos árbitros não é movida pelo escopo – ao qual a jurisdição estatal se submete – de *dar efetividade ao direito material*. Perante as partes o árbitro tem o compromisso de bem aplicar o direito de regência do caso (salvo hipóteses de julgamento por equidade), mas perante a própria ordem jurídico-material do País seu compromisso é nenhum".

Da mesma forma, as regras que regem o procedimento arbitral, de modo geral, possuem caráter privado e são *dispositivas*, exceção feita aos princípios do contraditório, igualdade das partes, imparcialidade e livre convencimento do árbitro, que devem ser sempre respeitados, pelo menos na arbitragem regida pela lei brasileira[48]. No Brasil, são princípios atinentes ao *direito processual constitucional*, que aproximam a arbitragem do processo judicial no tocante à proteção das garantias processuais das

---

p. 63-66), entendemos que não há o dever geral do árbitro de noticiar às autoridades a ocorrência de um crime descoberto no curso da arbitragem, salvo se a própria arbitragem estiver sendo utilizada para fim criminoso. Este tema será tratado em detalhes mais adiante.

[46] Novamente, as palavras de José Antonio Fichtner, Sergio Nelson Mannheimer e André Luís Monteiro, inclusive para sublinhar a importância da confiança das partes na relação com o árbitro: "enquanto o processo judicial é procedimento público – porque a prestação de serviço público interessa a todos os cidadãos – a arbitragem é procedimento privado, pois se trata de método particular de resolução de conflitos, que não é julgado pelo Estado, mas sim por pessoas físicas de direito privado que atuam em nome particular e não em nome do Estado. Os árbitros são representantes da confiança das partes e não representantes do Estado, não exercendo assim poder político e, por conseguinte, não estando sujeitos à fiscalização popular. Em nossa opinião, portanto, a privacidade é conceito inerente à arbitragem" (A confidencialidade na arbitragem: regra geral e exceções. In: **Revista de Direito Privado**, vol. 49, 2012, p. 260-261).

[47] DINAMARCO, Cândido Rangel. **A arbitragem na teoria geral do processo**. São Paulo: Malheiros, 2013. p. 64.

[48] Lei 9.307/96: "art. 21. § 2º Serão, sempre, respeitados no procedimento arbitral os princípios do contraditório, da igualdade das partes, da imparcialidade do árbitro e de seu livre convencimento."

INTRODUÇÃO

partes[49]. Respeitados esses princípios, as partes podem dispor como bem entenderem a respeito das regras processuais na arbitragem[50].

Todas essas diferenças entre o regime jurídico a que está submetido o árbitro e o regime jurídico a que está submetido o juiz e suas respectivas relações com as partes possuem reflexos de cunho político, sociológico, filosófico[51] e, sobretudo, jurídico-dogmático. Nesta última dimensão, há uma *relação diferente entre árbitros e partes*[52] que, em princípio, *parece* influenciar a forma como aqueles aplicam o direito e o que pode (e deve) ser esperado deles. Em outras palavras, parece haver também uma *relação diferente entre o árbitro e o direito,* conforme indicado por Cândido Rangel Dinamarco nas citações feitas anteriormente. É essa investigação que interessa ao presente trabalho.

No campo científico, ainda predomina certo *descompasso* entre o desenvolvimento da dogmática relativa ao papel do juiz e aquela relativa ao papel do árbitro, pelo menos em se tratando da dogmática da arbitragem conforme desenvolvida pela *doutrina brasileira.* Sendo um instituto de desenvolvimento relativamente recente[53], é natural que a arbitragem demande aprimoramento técnico de seus conceitos e categorias. Para tanto, são necessários estudos próprios sobre a atuação do árbitro[54] –

---

[49] DINAMARCO, Cândido Rangel. **A arbitragem na teoria geral do processo**, São Paulo, Malheiros, 2013. p. 17.

[50] MONTORO, Marcos André Franco. **Flexibilidade do procedimento arbitral.** Tese (Doutorado). Orientador: Prof. Dr. Carlos Alberto Carmona, Faculdade de Direito da Universidade de São Paulo. São Paulo, 2010, p. 69-71.

[51] Para uma análise político-sociológica, ver Bryant G. Garth e Yves Dezalay, **Dealing in virtue:** international commercial arbitration and the construction of a transnacional legal order, Chicago: University of Chicago Press, 1996, *passim.*

[52] Luiz Olavo Baptista constata que essa relação entre árbitro e partes tem sido menos contemplada do que aquela entre as partes: "o árbitro tem seu estatuto definido em razão do papel que desempenha. A relação entre os árbitros e as partes, todavia, tem sido menos contemplada do que aquela entre as partes" (**Arbitragem comercial internacional**. São Paulo: Lex Magister, 2011. p. 171).

[53] A despeito de sua origem milenar, a prática da arbitragem tal como a conhecemos hoje experimentou maior crescimento ao redor do mundo a partir da década de 70, conforme explicado por Bryant G. Garth e Yves Dezalay, **Dealing in virtue:** international commercial arbitration and the construction of a transnacional legal order. Chicago: University of Chicago Press, 1996. p. 33-62.

[54] Há mais de uma década, em sua Tese de Doutorado defendida na *Université Panthéon-Assas (Paris II),* Thomas Clay deixou claro, logo em sua introdução, que era necessário realizar um

ÁRBITRO E DIREITO

como se pretende realizar aqui – de forma a se preservar o desenvolvimento *autônomo* do instituto da arbitragem[55]. O propósito, portanto, é avançar na definição de um modelo atinente ao modo de atuação *específico* do árbitro. Na realidade, esse descompasso não diz respeito apenas ao direito brasileiro, em que a experiência da arbitragem ainda tem ares de novidade a despeito dos quase 20 anos da promulgação da lei 9.307/96. Parece ser um problema comum a outras ordens jurídicas, assim como ocorre com diversos outros temas ligados à arbitragem. Por isso, a presente investigação analisará também o que ocorre em outros países.

Aqui e alhures, há cada vez mais trabalhos dedicados ao processo arbitral propriamente dito, que muito tem contribuído para o necessário desenvolvimento do instituto[56]. Estão na ordem do dia, por exemplo,

---

estudo *próprio* e *independente* do árbitro que, na visão do autor, ainda estava muito atrelado ao estudo da arbitragem propriamente dita: "*la première étape consiste donc à dissocier l'arbitre de l'arbitrage, car ils n'ont cesse d'être intimiment liés*" (**L'arbitre**. Paris: Dalloz, 2001. p. 12).

[55] A autonomia arbitragem como objeto de estudo não impede que ela contribua para uma teoria geral do processo e vice-versa. Esse esforço de integrar a arbitragem à teoria geral do processo foi realizado por Cândido Rangel Dinamarco. **A arbitragem na teoria geral do processo**. São Paulo: Malheiros, 2013, *passim*.

[56] Teses recentemente defendidas na Faculdade de Direito da Universidade de São Paulo concentraram-se, sobretudo, em temas ligados ao processo arbitral. Como exemplos, podem ser citados: Abbud, André de Albuquerque Cavalcanti. **A soft law processual na arbitragem internacional**: a produção de provas. 2013. Tese (Doutorado). Faculdade de Direito da Universidade de São Paulo. São Paulo, 2013 (publicada como **Soft law e produção de provas na arbitragem internacional**. São Paulo: Atlas, 2014); Parente, Eduardo de Albuquerque. **Processo arbitral e sistema**. 2009. Tese (Doutorado), Faculdade de Direito da Universidade de São Paulo. São Paulo, 2009 (publicada como **Processo arbitral e sistema,** São Paulo: Atlas, 2012); Montoro, Marcos André Franco. Flexibilidade do procedimento arbitral. 2010. Tese (Doutorado), Faculdade de Direito da Universidade de São Paulo. São Paulo, 2010; Mange, Flávia Foz. **Processo arbitral transnacional**: reflexões sobre as normas que regem os aspectos procedimentais da arbitragem. 2012. Tese (Doutorado), Faculdade de Direito da Universidade de São Paulo. São Paulo, 2012 (publicada como **Processo arbitral**: aspectos transnacionais, São Paulo: Quartier Latin, 2013); Aymone, Priscilla Knoll. **A problemática dos procedimentos paralelos**: os princípios da litispendência e da coisa julgada em arbitragem internacional. 2011. Tese (Doutorado), Faculdade de Direito da Universidade de São Paulo. São Paulo, 2011. Aliás, esta tem sido a tônica em dissertações de mestrado e teses de doutorado defendidas nos programas de pós-graduação no Brasil, conforme pode ser extraído no Banco de Teses e Dissertações do Comitê Brasileiro de Arbitragem, disponível em: http://cbar.org.br/site/banco-de-teses, acesso em mai. 2018.

INTRODUÇÃO

temas relativos ao gerenciamento de casos (*"case management"*)[57], aos poderes do árbitro na organização, condução e instrução do processo arbitral[58], à integração de terceiros[59] etc. Entretanto, comparativamente, pouca atenção é dada ao próprio *julgamento do mérito*[60], a despeito de ser esse o principal papel do árbitro[61] e o que mais as partes esperam dele: a adequada *aplicação do direito*. Eis o que motiva este trabalho: a atuação do árbitro como julgador, como aplicador do direito.

A escolha da expressão *aplicação do direito* não é despropositada. Não é apenas a lei que interessa ao presente trabalho, mas qualquer norma jurídica que o árbitro tenha que aplicar, incluindo princípios e

---

[57] As novas regras de arbitragem da Corte Internacional de Arbitragem da Câmara de Comércio Internacional (CCI), publicadas em 2012, teve como um dos seus motes o favorecimento das técnicas de gerenciamento de casos. Neste sentido, Jason Fry, Simon Greenberg, Francesca Mazza. **The Secretariat's Guide do ICC Arbitration**: a practical commentary on the 2012 ICC Rules of Arbitration from the Secretariat of the ICC International Court of Arbitration, 2012, ICC Services, Publications Department, p. 260. Sobre a técnica de gerenciamento de casos no âmbito judicial, ver Paulo Eduardo Alves da Silva. **Gerenciamento de Processos Judiciais**. São Paulo: Saraiva, 2010, *passim*.

[58] Sobre o tema, Marcos André Franco Montoro. **Flexibilidade do procedimento arbitral**. 2010. Tese (Doutorado), Faculdade de Direito da Universidade de São Paulo. São Paulo, 2010.

[59] Sobre o tema, Nathalia Mazzonetto. **Partes e terceiros na arbitragem**. Dissertação (Mestrado). 2012, Faculdade de Direito da Universidade de São Paulo. São Paulo, 2012.

[60] No Brasil, são escassos os trabalhos que possuem a atuação e o papel do *árbitro* como principal objeto de estudo. São exemplos de teses recentes a esse respeito, Martim Della Valle, **Da decisão por eqüidade na arbitragem comercial internacional**. Tese (Doutorado). Orientador: Prof. Titular Luiz Olavo Baptista, Faculdade de Direito da Universidade de São Paulo. São Paulo, 2009 (publicada como **Arbitragem e Equidade**: uma abordagem internacional, São Paulo: Atlas, 2012); Debora Visconte, **A jurisdição dos árbitros e seus efeitos**. Dissertação (Mestrado). Orientador: Professor Doutor José Carlos de Magalhães. Faculdade de Direito da Universidade de São Paulo, 2009; Fabiane Verçosa Azevedo Soares, **A Aplicação Errônea do Direito Brasileiro pelo Árbitro**: Uma Análise à Luz do Direito Comparado. Tese (Doutorado). Orientadora: Prof. Dra. Carmen Beatriz de Lemos Tiburcio Rodrigues, Faculdade de Direito da Universidade Estadual do Rio de Janeiro, 2010. Carlos Eduardo Stefen Elias, **Imparcialidade dos árbitros**. Tese (Doutorado). Orientador: Prof. Dr. Carlos Alberto Carmona, Faculdade de Direito da Universidade de São Paulo. São Paulo, 2014. Deve ser mencionada também a dissertação de mestrado de Selma Ferreira Lemes, **Árbitro: princípios da independência e da imparcialidade** – abordagem no direito internacional, nacional e comparado. Jurisprudência, São Paulo, LTr, 2001, *passim*.

[61] Luiz Olavo Baptista explica com clareza que o "dever de julgar" é o principal dever de um árbitro (**Arbitragem comercial internacional**. São Paulo: Lex Magister, 201. p. 174).

regras[62], usos e costumes, *lex mercatoria* etc[63]. Tampouco são descartadas as normas cujo caráter jurídico-vinculante ainda é controverso como, por exemplo, os princípios UNIDROIT[64]. O campo da arbitragem tem sido fértil em experiências que contam com a aplicação de normas para além de uma determinada lei estatal, embora esta ainda pareça predominar na escolha das partes[65]. Essas experiências fora do direito estatal podem trazer contribuições valiosas para o estudo da arbitragem e do árbitro. O que interessa aqui é explorar o fenômeno do julgamento do mérito pelo árbitro em sua inteireza, dentro dos recortes que serão apresentados ao longo do trabalho.

Nesse contexto, será investigado em que medida a aplicação do direito pelo árbitro é *distinta* daquela feita pelo juiz (o modelo tradicionalmente predominante), em razão da *autoridade* própria do árbitro e

---

[62] Há diversas teorias a respeito da distinção entre princípios e regras, mas poucos negam, hodiernamente, o caráter de norma jurídica aos princípios jurídicos. A respeito desse debate e das distintas teorias formuladas, ver, sobretudo, Ronald Dworkin, **Taking rights seriously**. Cambridge, Massachusetts, Harvard University, 1978, *passim*. Robert Alexy, **Theorie der Grundrechte**, trad. esp. **Teoria de los derechos fundamentales**, Madrid, Centro de Estudios Constitucionales, 2001, *passim*. A respeito da teoria de Alexy, Virgílio Afonso da Silva sintetiza: "a principal contribuição de Alexy à teoria forte sobre a distinção entre princípios e regras foi o desenvolvimento do conceito de mandamento de otimização. Segundo Alexy, *princípios* são normas que exigem que algo seja realizado na maior medida possível diante das possibilidades fáticas e jurídicas existentes. Definidos dessa forma, os princípios se distinguem das regras de forma clara, pois estas, se válidas, devem sempre ser realizadas por completo" (**A constitucionalização do direito**: os direitos fundamentais nas relações entre particulares, São Paulo: Malheiros, 2005, p. 32). Porém, o autor adverte que há equívocos no modo pelo qual uma parcela da doutrina brasileira encampou essa teoria, harmonizando-a com a concepção de princípios então dominante (p. 30). Ainda a respeito da teoria de Alexy, ver Felipe de Paula. **A (de)limitação dos direitos fundamentais**. Porto Alegre: Livraria do Advogado, 2010. p. 91-104.

[63] Sobre o tema da arbitragem e *lex mercatoria*, ver Rodrigo Octávio Broglia Mendes. **Arbitragem, Lex mercatória e direito estatal:** uma análise dos conflitos ortogonais no direito transnacional, São Paulo: Quartier Latin, 2010. p. 103-164.

[64] Rebatendo as críticas quanto à falta de legitimidade, falta de juridicidade e ausência de caráter vinculante dos princípios UNIDROIT e reforçando a existência de um direito não-estatal, ou seja, a juridicidade para além da lei nacional positivada, ver Lauro Gama Júnior. Prospects for UNIDROIT principles in Brazil, In: **Uniform Law Review**, vol. XVI, 2011, p. 613 e ss.

[65] Sobre a aplicação de normas não-estatais na arbitragem, ver Franco Ferrari; Linda Silberman. Getting to the law applicable to the merits of the dispute and the consequences of getting it wrong. In: **Revista Brasileira de Arbitragem**, n.26, 2010, p. 80-83.

INTRODUÇÃO

da relação *peculiar* que existe entre ele e as partes (demandando, assim, um modelo próprio de julgamento[66]). A aplicação do direito a que se faz referência é, sobretudo, aquela que diz respeito ao mérito da disputa entre as partes, ao objeto litigioso[67]. Assim, a pergunta que balizará a investigação é: *em uma arbitragem de direito, como o árbitro deve julgar a disputa colocada diante de si?*

Isso não significa dizer que os aspectos processuais serão secundários nas pesquisas a serem aqui realizadas. Pelo contrário, o *ato de julgar* integra o direito processual e as regras processuais são indispensáveis para a adequada compreensão desse objeto de estudo. Poder e jurisdição estão no centro da ciência processual[68]. Como julgador, já ficou claro que o árbitro detém poder e jurisdição[69] e é justamente o exercício de seu *poder*

[66] A construção desse novo modelo dogmático atinente ao julgamento do mérito na arbitragem está em linha, a nosso ver, com a proposta de Carlos Alberto de Salles em relação aos objetivos do direito processual a partir de um novo paradigma de ampliação do conceito de processo e de jurisdição para abarcar os mecanismos privados de solução de controvérsias (Processo: procedimento dotado de normatividade – uma proposta de unificação conceitual. In: Camilo Zufelato, Flávio Luiz Yarshell (org.). **40 anos da teoria geral do processo no Brasil,** São Paulo: Malheiros, 2013. 215 p.).

[67] Também a arbitragem possui objeto litigioso determinado, que é formado, em princípio, pelos pedidos das partes. Neste sentido, Cândido Rangel Dinamarco, **A arbitragem na teoria geral do processo.** São Paulo, Malheiros, 2013. p. 193-196. Explica o autor que, diferentemente do que ocorre no processo judicial, na arbitragem, o objeto pode ser definido por diferentes técnicas, em razão dos distintos modos pelo qual o processo arbitral pode ser instaurado (ou seja, não somente pela convenção de arbitragem ou termo de arbitragem, como também pelos pedidos das partes nas alegações iniciais, se assim for autorizado). Todavia, o *objeto* da arbitragem (mérito) continua sendo formado pelos *pedidos* das partes. Sobre esse objeto, ver também Carlos Alberto Carmona, **Arbitragem e Processo:** um comentário à lei 9.307/96. 3. ed. São Paulo: Atlas, 2009. p. 202-203, 280-281. Fábio Peixinho Gomes Corrêa possui entendimento próprio a respeito do objeto litigioso na arbitragem. Este autor utiliza conceito mais amplo, que não se limita apenas aos pedidos das partes: a pretensão processual à tutela jurisdicional e, no caso da arbitragem, *pretensão processual à tutela arbitral* (**O objeto litigioso no processo civil,** São Paulo: Quartier Latin, 2009, 177-182). Esses conceitos serão aprofundados no Capítulo 2.

[68] Neste sentido, Cândido Rangel Dinamarco, **A instrumentalidade do processo,** 15. ed. São Paulo: Malheiros, 2013. p. 90 e ss.

[69] Em recente livro contendo coletânea de artigos em comemoração aos "40 anos da Teoria Geral do Processo no Brasil", Carlos Alberto de Salles propõe um novo paradigma para a conceituação do processo, tomando-o como um "procedimento decisório dotado de normatividade", do qual a disciplina do poder é elemento fundamental, incluindo-se aí o poder não-estatal e, dentre eles, a arbitragem (Processo: procedimento dotado de normatividade

ÁRBITRO E DIREITO

jurisdicional para *resolver o conflito* que lhe é posto que constitui o objeto deste trabalho[70]. Na perspectiva contemporânea de processo, estudos sobre a tutela jurisdicional demandam *visão equilibrada entre meios e fins do direito processual,* ou seja, entre as regras processuais e os *resultados* da atividade jurisdicional[71]. Um dos objetos de pesquisa deste trabalho consiste precisamente em investigar de que forma a *regulação do procedimento arbitral* (que é mais flexível que o processo judicial) poderia contribuir para aprimorar o julgamento do mérito da arbitragem e como as *garantias processuais* das partes inserem-se nesse contexto. Como será visto no próximo item, é essa *visão equilibrada entre o processo e seus resultados* que iluminará a construção de um modelo de atuação do árbitro à luz de sua missão jurisdicional.

Ainda sobre a delimitação do tema: recortes de conteúdo

Como visto, do ponto de vista doutrinário, ainda faltam trabalhos no Brasil que dêem conta do papel do árbitro como julgador dentro de uma *perspectiva mais ampla,* particularmente no que diz respeito ao *julgamento do mérito* do caso[72]. Autores brasileiros costumam adotar dois tipos de recortes ao tratar do papel do árbitro na aplicação da lei.

Primeiro, os trabalhos que versam sobre temas relacionados com o papel do árbitro ou com o julgamento do mérito da arbitragem tratam-nos de *forma muito delimitada* (o que também ocorre com frequência entre autores estrangeiros). Por exemplo, há artigos sobre a aplicação

---

– uma proposta de unificação conceitual. In: Camilo Zufelato, Flávio Luiz Yarshell (org.), **40 anos da teoria geral do processo no Brasil**. São Paulo: Malheiros, 2013. p. 213.

[70] Novamente, nas palavras de Cândido Rangel Dinamarco: "é imperiosa a inclusão da arbitragem na teoria geral do processo, considerando que ela contém em si um autêntico *processo civil* no qual se exerce um verdadeiro *poder,* a *jurisdição,* e que as atividades inerentes a esse exercício têm natureza inegavelmente processual" (**A arbitragem na teoria geral do processo,** São Paulo, Malheiros, 2013, p. 22-23).

[71] A esse respeito, Heitor Vitor Mendonça Sica, Velhos e novos institutos fundamentais de direito processual civil, In: Camilo Zufelato, Flávio Luiz Yarshell (org.), **40 anos da teoria geral do processo no Brasil,** São Paulo: Malheiros, 2013. p. 445-448.

[72] Em consulta ao "Banco de Teses e Dissertações" do Comitê Brasileiro de Arbitragem (CBar), fica claro o predomínio de trabalhos sobre aspectos *procedimentais* da arbitragem, com poucos estudos a respeito do *papel do árbitro,* e ainda mais escassos aqueles que tratam do *julgamento do mérito* da arbitragem, disponível em: http://cbar.org.br/site/banco-de-teses, acesso em: mai. 2018.

INTRODUÇÃO

do *iura novit curia* na arbitragem[73], trabalhos sobre a aplicação de precedentes pelo árbitro[74], tese sobre a aplicação errônea do direito pelo árbitro[75], artigo sobre o controle de constitucionalidade pelo árbitro[76] e assim por diante. Não há nada de equivocado com tal opção. Muito pelo contrário, são trabalhos que muito contribuem para o desenvolvimento da doutrina brasileira da arbitragem e certamente serão muito úteis também para os propósitos deste trabalho. Mas o que parece faltar atualmente é um *vetor de análise comum*, que permita a construção de um modelo dogmático mais abrangente para a atuação do árbitro, envolvendo, assim, mais de um recorte específico.

Segundo, também é comum que os trabalhos de autores nacionais restrinjam-se à análise do direito brasileiro, perdendo a oportunidade de participar do debate que ocorre alhures[77]. No atual contexto, tomar como ponto de partida a aplicação do direito brasileiro é deixar de lado

---

[73] Para citar apenas alguns: BARROS, Vera Cecília Monteiro de. Anulação de sentença arbitral: vinculação de parte não signatária à cláusula compromissória e aplicação do princípio iura novit curia à arbitragem – Comentários à Sentença 583.00.2010.214068-4 da 8ª Vara Cível do Foro Central da Comarca de São Paulo. In: **Revista de Arbitragem e Mediação**, n. 32, 2012, p. 309; VERÇOSA, Fabiane. "Dá-me os fatos, que lhe darei o direito: uma reflexão sobre o contraditório e iura novit curia em arbitragem". In: **Arbitragem e Mediação: temas controvertidos**, Rio de Janeiro: Forense, 2014. p. 109-111; FURTADO, Leonardo Mader; Iura Novit Curia em Arbitragem e as Cortes Européias. In: **Revista Brasileira de Arbitragem**, n. 36, Curitiba: Comitê Brasileiro de Arbitragem, 2012. p. 27-55.

[74] CAMARGO, Júlia Schledorn de. **A influência da súmula persuasiva e vinculante dos tribunais superiores brasileiros na arbitragem**. Dissertação (Mestrado). 2013, Pontifícia Universidade Católica de São Paulo, 2013. Ver também: DINAMARCO, Júlia. O árbitro e as normas criadas judicialmente: notas sobre a sujeição do árbitro à súmula vinculante e ao precedente. In: LEMES, Selma Ferreira; CARMONA, Carlos Alberto; MARTINS, Pedro Batista (coords). **Arbitragem**: estudos em homenagem ao prof. Guido Fernando da Silva Soares. São Paulo: Atlas, 2007. p. 47-71.

[75] SOARES, Fabiane Verçosa Azevedo. **A aplicação errônea do direito brasileiro pelo árbitro**: Uma análise à luz do direito comparado. 2010. Tese (Doutorado), Faculdade de Direito da Universidade Estadual do Rio de Janeiro, 2010.

[76] WEBER, Ana Carolina. O controle de constitucionalidade no procedimento arbitral. In: **Revista Jurídica da Faculdade de Direito**, Faculdade Dom Bosco, v. 1, 2008. p. 8-25.

[77] Existem exceções, claro. Apenas a título ilustrativo, as teses já referidas de Fabiane Verçosa Azevedo Soares, Flávia Foz Mange, André de Albuquerque Cavalcanti Abbud, Carlos Eduardo Stefen Elias. Além delas, as teses de Daniel de Andrade Levy, **Les abus de l'arbitrage commercial international**, Université Pantheon-Assas, 20 de março de 2013, e de Leandro Rigueira Rennó Lima, **La responsabilité des acteurs de l'arbitrage**, Université de Versailles Saint-Quentin-En-Yvelines, 22 de março de 2010.

ÁRBITRO E DIREITO

parcela considerável do fenômeno que se pretende estudar, um fator limitante que pode comprometer as conclusões alcançadas. Pode ser até mesmo um recorte artificial, considerando-se a realidade atual de arbitragens complexas envolvendo múltiplas jurisdições e múltiplas legislações. Com um enfoque limitado ao direito pátrio, corre-se o risco de encontrar respostas que sejam adequadas somente para o Brasil. O estudo da aplicação do direito pelo árbitro encerra problemas que ultrapassam fronteiras nacionais, sendo até mesmo difícil proceder a recortes limitados a uma ou outra ordem jurídica[78].

O presente trabalho pretende superar esses dois limites de conteúdo e investigar, dentro de uma *perspectiva mais ampla*, o papel do árbitro como julgador[79]. Como mencionado, o propósito é construir um modelo dogmático a respeito do papel do árbitro na aplicação do direito, mas não necessariamente um modelo baseado *exclusivamente* no direito brasileiro[80] ou que atentasse *apenas* à atuação do árbitro em *tópicos muito recortados*.

Por outro lado, não se pretende esgotar *todos* os aspectos ou *todos* os tópicos atinentes a este tema, até porque seria tarefa de difícil resolução[81]. Os primeiros estudos sobre o árbitro estavam preocupados, sobretudo, em estabelecer as bases para uma disciplina própria e autônoma da sua atuação, de modo a combater ataques indevidos à arbitragem, sejam por meio de manobras dilatórias para suspender o procedimento

---

[78] Diversos casos recentes corroboram esta constatação. Para citar apenas um exemplo, envolvendo um choque de entendimentos entre a jurisdição francesa e a inglesa, aplicando a mesma lei aos mesmos fatos: **Dallah Real Estate and Tourism Holding Company v. The Ministry of Religious Affairs, Government of Pakistan,** [2010] UKSC 46. Para um comentário a respeito desse caso, ver Jan Kleinheisterkamp, Navigating trough competence-competence and good faith: A Comment on the Dallah v. Pakistan case in the UK and France. In: **Revista Brasileira de Arbitragem**, v. 31, 2011, p. 122 e ss.

[79] Esse papel foi investigado também em relatório de maio de 1996 da Comissão de Arbitragem da CCI: Philippe Fouchard, **Rapport finale sur le statut de l'arbitre, Bulletin de la Cour Internationale d'Arbitrage de la CCI,** v. 7, nº 1, maio de 1996, p. 28-59. A referência a esse relatório também é feita por Luiz Olavo Baptista, **Arbitragem comercial internacional.** São Paulo: Lex Magister, 201. p. 171-172.

[80] Como antecipado na Apresentação deste livro, o detalhamento dos elementos de direito estrangeiro pode ser encontrado na Tese que originou este livro, depositada na Faculdade de Direito da Universidade de São Paulo, denominada "A aplicação do direito pelo árbitro: aspectos relativos ao julgamento do mérito na arbitragem".

[81] Essa dificuldade também é referida por Thomas Clay, **L'arbitre.** Paris: Dalloz, 2001. p. 24.

INTRODUÇÃO

arbitral (as chamadas medidas antiarbitragem[82]), sejam ataques diretos contra o árbitro[83]. Assim foram sendo definidos, pouco a pouco, os poderes dos árbitros, particularmente no tocante à competência para apreciar sua própria competência[84], o poder de conceder tutela de urgência[85], poderes de organização e condução do procedimento arbitral etc. Estabelecidas as bases dos poderes dos árbitros, é possível aprofundar os estudos em aspectos que dizem respeito mais a sua *atuação como julgador*, conforme os propósitos deste trabalho.

Dentre os possíveis recortes de conteúdo acima referidos, optou-se por concentrar a presente investigação em dois deles: **(i)** a aplicação do *iura novit curia* na arbitragem e **(ii)** a aplicação de normas cogentes, bem como o controle da ordem pública pelo árbitro. Muito do debate que se desenvolveu nas últimas décadas a respeito do papel do árbitro na aplicação do direito e também alguns dos principais casos paradigmáticos a esse respeito passaram invariavelmente por algum desses dois aspectos – como será demonstrado no curso deste trabalho – muitas vezes envolvendo ambos simultaneamente. É difícil tratar da aplicação de normas cogentes pelo árbitro sem discutir, em alguma medida, o problema do *iura novit curia* e vice-versa. O estudo de ambos os tópicos dentro de um *mesmo vetor analítico*, contribuirá para a perspectiva mais abrangente buscada aqui, permitindo as devidas conexões entre as discussões atinentes a cada um deles. Afinal, o árbitro é um só. Acredita-se que esse estudo *integrado* possa auxiliar na compreensão dos contornos de um modelo dogmático sobre o papel do árbitro como julgador. Por outro lado, a opção de *restringir* a investigação a esses dois aspectos

---

[82] Sobre o tema, Rafael Francisco Alves, **A Inadmissibilidade das medidas antiarbitragem no direito brasileiro**. São Paulo: Atlas, 2009, *passim*. Mais recentemente, ver também a já referida tese de Daniel de Andrade Levy. **Les abus de l'arbitrage commercial international**, Université Pantheon-Assas, 20 de março de 2013.

[83] Neste sentido, Thomas Clay, **L'arbitre**. Paris: Dalloz, 2001. p. 23-29.

[84] Sobre a evolução dos diferentes modelos de competência-competência, Rafael Francisco Alves, **A inadmissibilidade das medidas antiarbitragem no direito brasileiro**. São Paulo: Atlas, 2009. p. 58-94.

[85] Neste sentido, no que diz respeito à evolução experimentado em países latino-americanos, João Bosco Lee e Rafael Francisco Alves, Arbitraje y medidas cautelares en Latinoamérica. **In: Cuestiones Claves del Arbitraje Internacional**. Coord. Emmanuel Gaillard, Diego P. Fernández Arroyo, Bogotá: Universidad del Rosario, Centro de Estudios de Derecho, Economia y Politica, CEDEP, 2013. p. 113-114.

ÁRBITRO E DIREITO

está relacionada com a busca do *aprofundamento necessário* para a construção das bases desse modelo, tal como aqui defendido. Por fim, em ambos os recortes (*iura novit curia* + normas cogentes e ordem pública) será investigada não apenas a atuação do árbitro propriamente dita, mas também o *controle* (posterior) desta atuação pelo juiz, tanto em sede de anulação de sentença arbitral doméstica, quanto, conforme o caso, em sede de reconhecimento de sentença arbitral estrangeira, como forma de enriquecer a construção do referido modelo a respeito da relação entre árbitro e direito.

O tema, as hipóteses de trabalho e a metodologia de pesquisa

Um trabalho acadêmico é tanto mais proveitoso quanto mais apropriadas forem as perguntas formuladas a respeito de seu objeto de estudo, tendo em vista o grau de desenvolvimento científico alcançado até o momento.

Delimitado o tema, cabe formular as perguntas que servirão de base para construir as hipóteses de trabalho e, assim, guiar as pesquisas a serem desenvolvidas. Para esse fim, um cenário é apresentado a seguir.

Uma disputa entre partes brasileiras é submetida à arbitragem. A cláusula compromissória contida no contrato assinado entre as partes determina que a lei brasileira é aplicável tanto ao mérito da disputa quando à existência, validade, eficácia e escopo dessa mesma convenção de arbitragem[86]. A cláusula também prevê que a sentença arbitral deverá ser proferida em determinado município do território brasileiro e que o procedimento será conduzido no vernáculo. Como se percebe, todos os elementos da arbitragem apontam para o direito brasileiro. No entanto, as partes, de comum acordo, nomeiam um jurista *estrangeiro* para atuar como árbitro único. Embora fluente no vernáculo, o árbitro nunca recebeu formação em direito brasileiro. Não há qualquer impedimento na

---

[86] De acordo com a lei brasileira de arbitragem (lei 9.307/96), particularmente seus artigos 3º, 4º e 9º, a convenção de arbitragem é um gênero que contempla duas espécies, a cláusula compromissória e o compromisso arbitral. Pelo artigo 8º da lei, a cláusula compromissória é autônoma em relação ao contrato em que está inserida, de tal forma que a invalidade deste não implica, necessariamente, a invalidade daquela. Sendo negócios jurídicos distintos, o direito aplicável a um e a outro pode ser diverso, como no cenário apresentado.

INTRODUÇÃO

lei brasileira para a atuação de árbitro estrangeiro[87] e, ademais, muitos estrangeiros já constam das listas de órgãos arbitrais nacionais. O que as partes podem esperar desse árbitro e dele requerer no que diz respeito à aplicação da lei brasileira? Espera-se que esse árbitro conheça o direito brasileiro da mesma forma como se espera que um juiz brasileiro o conheça, sendo aplicável o princípio segundo o qual o julgador conhece o direito (*iura novit curia*)? Estaria esse árbitro obrigado a aplicar as normas cogentes do direito brasileiro? O que ocorre se o árbitro ignorar a lei brasileira ao julgar o caso ou deixar de aplicar normas cogentes do direito brasileiro?

À primeira vista, a forma pela qual o cenário foi descrito poderia levar à conclusão de que a peculiaridade dos questionamentos que ele suscita está relacionada com a *nacionalidade* do árbitro. Parece haver algo de equivocado ou de inconsistente com o fato de o árbitro ser um *estrangeiro* em uma arbitragem em que todos os seus elementos apontam para o direito *brasileiro*. Mas a perplexidade permanece em outros cenários.

O que ocorreria se o árbitro, ainda que brasileiro, fosse um economista ou um engenheiro[88]? Novamente, a lei brasileira não exige que o árbitro seja advogado, bacharel em direito ou mesmo que tenha qualquer conhecimento jurídico[89]. Faz algum sentido defender a aplicação

[87] Nos dizeres de Carlos Alberto Carmona: "quanto ao estrangeiro, nenhuma restrição lhe pode ser feita, sendo indiferente que conheça ou não o idioma nacional, até porque podem ser partes avençar que seja utilizada durante a arbitragem língua estrangeira, ou mais de uma língua" (**Arbitragem e processo:** um comentário à lei 9.307/96. 3.ed. São Paulo: Atlas, 2009. p.230).

[88] É cada vez mais frequente a presença de árbitros que não possuem formação jurídica em procedimentos arbitrais. Muitas vezes, constituem-se os chamados "tribunais mistos", isto é, compostos por juristas e não-juristas. Para um relato dessa realidade, ver Fernando Marcondes, Arbitragem em assuntos de construção: a experiência dos painéis mistos. In: **Revista de Mediação e Arbitragem**, n. 19, 2008, p. 60-65.

[89] Carlos Alberto Carmona destaca experiências positivas envolvendo a nomeação de árbitros que não sejam juristas, mas que conheçam os aspectos técnicos da disputa: "a experiência tem revelado que a composição 'híbrida' do painel dos árbitros (especialmente na área da construção civil) produz resultados apreciáveis: as partes indicam, para compor o painel, árbitros engenheiros, que escolhem como presidente do trio um advogado". Todavia, o autor recomenda que, em caso de tribunais arbitrais, pelo menos um dos árbitros seja advogado (normalmente, o presidente), justamente em razão da necessária aplicação da lei: "por mais técnica que seja a matéria controvertida, à base de tudo estará a aplicação da lei, de forma que a nomeação de pelo menos um advogado para compor os painéis de árbitros

ÁRBITRO E DIREITO

do *iura novit curia* neste contexto, exatamente como ocorre com o juiz togado? Na busca de um *modelo dogmático* para a atuação do árbitro, teria sentido *pressupor* o conhecimento do direito por um árbitro economista ou engenheiro? Como exigir que ele conheça (e aplique) uma norma cogente sem ter formação para tanto? Não se descarta aqui a possibilidade de árbitros sem formação jurídica valerem-se de juristas como testemunhas técnicas (*expert witnesses*[90]). Todavia, o conhecimento jurídico será sempre do técnico, não do árbitro, e parece ser equivocado criar um modelo que pressuponha o contrário.

Da mesma forma, tome-se o exemplo de um árbitro que seja analfabeto. Mais uma vez, não há vedação na lei brasileira, ao contrário do que ocorria nos dispositivos revogados do Código de Processo Civil que disciplinavam o "juízo arbitral"[91]. Afinal, o analfabeto não é um incapaz nos termos da lei. A despeito das dificuldades práticas que possam existir e de serem praticamente inexistentes as experiências neste campo, a doutrina é majoritariamente favorável à possibilidade de um analfabeto ser árbitro[92]. Como exigir dele qualquer conhecimento para além das exi-

é uma constante" (**Arbitragem e processo:** um comentário à lei 9.307/96. 3.ed. São Paulo: Atlas, 2009. p. 302).

[90] Para um panorama sobre a atuação de testemunhas técnicas na arbitragem, Carlos Alberto Carmona, **Arbitragem e processo:** um comentário à lei 9.307/96. 3.ed. São Paulo: Atlas, 2009. p. 319-320.

[91] Em particular, o artigo 1079, II, do Código de Processo Civil, hoje revogado em razão da promulgação da lei 9.307/96. Dizia o dispositivo: "Art. 1.079. Pode ser árbitro quem quer que tenha a confiança das partes. Excetuam-se: I – os incapazes; II – os analfabetos; III – os legalmente impedidos de servir como juiz (art. 134), ou os suspeitos de parcialidade (artigo 135)". Pontes de Miranda já criticava essa opção do legislador de excluir o analfabeto, desde o Código de Processo Civil de 1939, porque entendia ser a *confiança* a base da escolha do árbitro (a despeito de o Código de 1939 não mencionar expressamente o termo "confiança", como fez o legislador de 1973): "*de lege ferenda*, assaz criticável é a regra de que os analfabetos são incapazes para o juízo arbitral. Se têm a confiança da parte, difícil é atinar-se com a *ratio legis*" (**Tratado de Direito Privado** – Parte Especial – Direitos das Obrigações, t. XXVI, atualizado por Ruy Rosado de Aguiar Júnior e Nelson Nery Jr., São Paulo: Editora Revista dos Tribunais, 2012, p. 520).

[92] Neste sentido, Carlos Alberto Carmona: "A Lei de Arbitragem – diferentemente do que ocorria com o Código de Processo Civil – não proíbe seja o analfabeto nomeado árbitro, e o Código Civil não considera o iletrado incapaz para os atos da vida em sociedade; consequentemente não há por que fazer qualquer reserva. É bem verdade que a questão beira o academicismo, já que a arbitragem, naturalmente voltada para a solução de causas complexas, a exigir a presença de *experts*, dificilmente se adaptaria à presença de um jejuno em letras.

INTRODUÇÃO

gências que já constam da lei de arbitragem, ou seja, aquelas que dizem respeito a sua independência e imparcialidade, condução do procedimento e elaboração da sentença arbitral?

Se, de acordo com determinada lei, um árbitro pode ser estrangeiro, sem qualquer formação jurídica, ou ainda totalmente leigo, todos esses atributos devem ser considerados na elaboração de um modelo relativo ao papel do árbitro como julgador. Questionamentos que ignorem esses atributos não representam bases seguras para a construção do modelo[93]. Ademais, também é comum na experiência internacional, tanto pela via legislativa[94], quanto jurisprudencial[95], a aceitação de árbitros estrangeiros, sem formação específica no direito aplicável, ou mesmo sem qual-

---

De qualquer forma, não se argumente pela exclusão do analfabeto com base na dificuldade que este encontraria para inteirar-se dos documentos que lhe fossem apresentados, pois nada impediria que tudo lhe fosse lido; da mesma forma, o fato de não poder redigir o laudo de mão própria não o impediria de proceder a ditado, e a assinatura poderia ser feita a rogo" (**Arbitragem e processo:** um comentário à lei 9.307/96. 3.ed. São Paulo: Atlas, 2009. p. 230).

[93] A menos que se pretenda construir um modelo distinto para cada situação específica: o árbitro estrangeiro, o árbitro que não é jurista, o árbitro analfabeto. Conforme se verá ao longo deste trabalho, não nos parecer ser esta a melhor solução, inclusive porque, tomando-se o direito brasileiro como exemplo, nenhuma diferenciação é feita pela lei de arbitragem (lei 9.307/96) neste sentido.

[94] A Lei Modelo de Arbitragem da UNCITRAL, por exemplo, servindo de orientação e inspiração para a elaboração de leis nacionais uniformes em matéria de arbitragem, é clara em seu artigo 11(1) ao estabelecer que nenhuma pessoa pode ser impedida de ser árbitro em razão de sua nacionalidade, salvo acordo das partes em sentido contrário: *"(1)* No person shall be precluded by reason of his nationality from acting as an arbitrator, unless otherwise agreed by the parties".

[95] No debate em torno da nacionalidade dos árbitros, ficou conhecido o caso *Jivraj vs. Hashwani* julgado pela Suprema Corte do Reino Unido em 27 de julho de 2011 – [2011] UKSC 40. Neste caso, em cláusula arbitral sujeita à lei inglesa, a Corte de Apelação inglesa entendeu ser nula a disposição que exigia que o árbitro fosse de uma determinada comunidade religiosa, em razão da proibição de tratamento discriminatório decorrente da relação de trabalho a que estaria submetido o árbitro – [2010] EWCA Civ 712. Para a Corte inglesa, toda a cláusula arbitral estaria viciada por conta dessa disposição discriminatória. Na época, receava-se que a decisão fosse aplicável também à nacionalidade do árbitro, o que afetaria a aplicação de diversas regras institucionais que utilizam a nacionalidade como critério de escolha de árbitros, como ocorre, por exemplo, com as regras CCI. Mas a Suprema Corte reverteu a decisão, esclarecendo que um árbitro não é um "empregado" para efeitos da lei trabalhista britânica.

ÁRBITRO E DIREITO

quer formação jurídica. Ignorar essa realidade seria colocar em risco qualquer teoria a respeito do papel do árbitro na aplicação do direito.

Simplesmente, parece ser equivocado *pressupor* que um árbitro seja *sempre e necessariamente conhecedor do direito* e com base nesse pressuposto definir a relação entre ambos, árbitro e direito. Por isso, o que motiva este trabalho são hipóteses que apontam para outra direção.

Os contornos da *primeira hipótese* já foram adiantados acima: o modo de atuação do árbitro parece ser *distinto* do modo de atuação do juiz e essa *distinção* teria raízes na *autoridade* própria daquele e em sua *relação* com as partes. Nesse modelo, a nacionalidade e a formação do árbitro não parecem ser determinantes. Importaria, ao contrário, a *confiança* que as partes depositam no árbitro, a partir da relação *contratual* que se estabelece entre eles, e a *autoridade* que é investida no árbitro, atribuindo-lhe o poder *jurisdicional*. Dessa forma, pretende-se testar a hipótese de que há uma relação *peculiar* entre árbitro e direito que está relacionada com o binômio confiança-autoridade e com caráter híbrido da arbitragem (contratual e jurisdicional). Em que consistiria exatamente essa *peculiaridade* da atuação do árbitro é também um dos objetos de pesquisa aqui.

Como *segunda hipótese de trabalho*, acredita-se que o papel do árbitro na aplicação do direito envolva a busca por uma *decisão de qualidade*[96], à luz das *expectativas das partes*, e que essa *busca pela qualidade* passa também pelo *caminho* trilhado até o julgamento do mérito, isto é, passa pela *regulação do procedimento arbitral*. Acredita-se, assim, que *a forma pela qual o árbitro regula o procedimento arbitral reflete-se na qualidade do julgamento do mérito da arbitragem*. A premissa aqui é que as partes desejam obter um *julgamento de qualidade*[97], que seja *exequível*[98] e, uma vez obtido este julgamento, elas desejam *preservá-lo* na máxima extensão possível[99].

---

[96] A *competência* e a *diligência* (pressupostos de qualquer decisão de qualidade) são atributos também exigidos no artigo 13, §6º, da lei 9.307/96: "No desempenho de sua função, o árbitro deverá proceder com imparcialidade, independência, **competência, diligência** e discrição" (grifos nossos).

[97] Em pesquisa empírica realizada em 2010 pela *School of International Arbitration* da Queen Mary University of London, em parceria com o escritório *White & Case*, intitulada "*International Arbitration Survey: Choices in International Arbitration*", constatou-se que uma das principais razões para a decepção das partes com a arbitragem são decisões ruins: "*The top reason respondents were disappointed with an arbitrator was a 'bad decision or outcome' (20%)*" (p. 26).

[98] Em pesquisa empírica realizada em 2015 pela *School of International Arbitration* da Queen Mary University of London, em parceria com o escritório *White & Case*, intitulada "*Interna-

INTRODUÇÃO

O motivador das partes ao buscarem a arbitragem parece ser o *desejo de uma Justiça particular*, feita *"sob medida"*, próxima de sua realidade e adequada aos seus anseios. Daí a escolha de um árbitro de *confiança*, que tenha *atributos pessoais* correspondentes com aquele julgamento em particular. Essa *flexibilidade* da arbitragem constitui, sem dúvida, um de seus maiores atrativos[100]. Acredita-se que todos esses atributos também se reflitam na forma pela qual o árbitro aplica o direito e o que as partes esperam dele, o que será igualmente objeto de pesquisa. As *expectativas das partes* constituem a própria razão de ser do instituto da arbitragem. Este é um dos principais aspectos da *abordagem pragmática* adotada neste trabalho[101]. Aqueles atributos que são esperados pelas partes ao optarem pela arbitragem estão distantes do sistema judicial, onde predominam *a impessoalidade, a generalidade e a abstração,* tanto da lei, quanto dos julgadores. Esses atributos forjaram a construção de modelos que não parecem se adequar à realidade da arbitragem.

Como *terceira hipótese de trabalho*, no desenvolvimento desse novo modelo, também se acredita que a distinção tradicional entre *arbitragem doméstica* e *arbitragem internacional* esteja assumindo *novos contornos* atualmente, na medida em que as práticas desta estão sendo, cada vez mais, assimiladas por aquela. De modo geral, existem duas formas de regular a arbitragem[102]: primeiro, o regime *dualista,* que separa as regras que

---

tional Arbitration Survey: Improvements and Innovations in International Arbitration", constatou-se que, segundo a maioria dos entrevistados, a *exequibilidade* da sentença arbitral é a característica mais valiosa da arbitragem: *"'Enforceability of awards' is seen as arbitration's most valuable characteristic",* (p. 2).

[99] Nessa mesma pesquisa empírica de 2015 mencionada na nota precedente, constatou-se ainda que a maioria dos entrevistados (que são usuários da arbitragem) preferem não ter um mecanismo de revisão do julgamento do mérito da arbitragem: *"The majority of respondents do not favour an appeal mechanism on the merits in either commercial or investment treaty arbitration."* (p. 2).

[100] Nesse sentido, destacando as "reais vantagens da arbitragem" há mais de 25 anos, Carlos Alberto Carmona, **A arbitragem no processo civil brasileiro.** São Paulo: Malheiros, 1993. p. 72-75.

[101] Conforme será detalhado adiante, essa abordagem parece estar em sintonia com aquela proposta por Daniel Levy, A arbitragem e o albatroz: em busca do "pragmatismo arbitral". In: **Revista Brasileira de Arbitragem,** Alphen aan den Rijn: Kluwer Law International. Curitiba: Comitê Brasileiro de Arbitragem, n. 45, 2015. p. 7-17.

[102] Para análise mais detalhada sobre este tema, ver Rafael Francisco Alves, **A inadmissibilidade das medidas antiarbitragem no direito brasileiro.** São Paulo: Atlas, 2009. p. 21-24.

disciplinam a arbitragem doméstica daquelas que regem a arbitragem internacional, com base em diversos critérios (geográfico, econômico etc)[103], sendo ainda hoje seguido em diversos países, tais como França[104]; de outro lado, há o regime *monista*, que não faz essa separação, sendo o mesmo regime jurídico aplicável para qualquer âmbito da arbitragem. A lei brasileira segue o regime monista[105], contendo apenas um capítulo destinado ao reconhecimento e execução de *sentenças estrangeiras*, que devem ser homologadas pelo Superior Tribunal de Justiça para terem eficácia no território nacional, mas sem prever um regime próprio para a arbitragem internacional. Em razão da *crescente complexidade* dos conflitos atuais, envolvendo *múltiplas partes, múltiplos procedimentos e jurisdições*, é cada vez mais difícil traçar fronteiras claras entre a arbitragem no plano doméstico e aquela do plano internacional. Dessa forma, um dos propósitos deste trabalho é também investigar em que medida a distinção entre "árbitros domésticos" e "árbitros internacionais"[106] tem utilidade quando se trata de discutir o papel do árbitro na aplicação do direito. Como *terceira hipótese*, acredita-se que exista, hoje, uma *constante tensão* entre o doméstico, o internacional e o transnacional na arbitra-

---

[103] A esse respeito, ver Carlos Alberto Carmona, **Arbitragem e processo**: um comentário à lei 9.307/96. 3.ed. São Paulo: Atlas, 2009. p. 349-350; ver também Fabiane Verçosa, Arbitragem Interna v. Arbitragem Internacional: Breves Contornos da Distinção e sua Repercussão no Ordenamento Jurídico Brasileiro face ao Princípio da Autonomia da Vontade. In: Carmen Tiburcio; Luis Roberto Barroso (coord.). **O Direito Internacional Contemporâneo.** Estudos em homenagem ao Prof. Jacob Dolinger. Rio de Janeiro: Renovar, 2006, p. 428-435.

[104] Em relação à França, houve recente reforma legislativa na disciplina da arbitragem, que não apenas manteve, como aprofundou o seu regime dualista. Neste sentido, Emmanuel Gaillard, Les principes fondamentaux du nouvel arbitrage. In: Thomas Clay (dir.) **Le nouveau droit français de l'arbitrage**. Paris: Lextenso editions, 2011. p. 57-58.

[105] Para uma crítica da opção do legislador brasileiro, ver João Bosco Lee. A Lei 9.307/96 e o direito aplicável ao mérito do litígio na arbitragem comercial internacional. In: **Revista de Direito Bancário, do Mercado de Capitais e da Arbitragem**, 2001. p. 348-351.

[106] A questão foi bem posta por Thomas Clay: *"Mais existe-t-il réellement deux catégories d'arbitres? Certes, juridiquement, les conditions exigées pour l'arbitrage international sont plus souples que pour l'arbitrage interne. Pour autant, il serait erroné de croire que coexistent deux classes d'arbitres, l'une en matière d'arbitrage interne, l'autre en matière d'arbitrage international, car se sont bien souvent les mêmes qui officient dans les deux domaines. Toutefois, on observe que les arbitrages internationaux présentent une double particularité par rapport aux arbitrages internes: ils sont moins nombreux et portent sur des enjeux en général bien plus élevés»* (Qui sont les arbitres internationaux: approche sociologique. In: **Les arbitres internationaux :** colloque du 4 février 2005. Paris: Société de Législation Comparée, 2005. p. 16).

INTRODUÇÃO

gem, de modo que a prática da arbitragem em cada uma dessas distintas dimensões influencia as demais.

Como *quarta hipótese de trabalho* e até mesmo como um desdobramento da investigação sobre a relação entre arbitragem doméstica e internacional, acredita-se que *não exista uma concepção única* a respeito da aplicação do direito pelo árbitro, mas *distintos modelos dogmáticos*, à luz das legislações nacionais, seus respectivos *contextos jurídico-culturais* e também à luz de uma *crescente regulação transnacional*, que contribui para a *harmonização de práticas* ao redor do mundo. Em outras palavras, acredita-se que há, atualmente, uma *pluralidade de perspectivas* sobre o papel do árbitro na aplicação do direito e que essa *diversidade* deve ser respeitada. Ainda como hipótese a ser testada, acredita-se que diferentes legislações *limitem em maior ou menor grau os poderes do árbitro* em relação ao julgamento do mérito da arbitragem, assim como o eventual *controle judicial posterior*. O presente trabalho contempla essa *diversidade* e, por isso, a contribuição que se pretende aqui não envolve a construção de um modelo circunscrito *apenas* ao direito brasileiro, como já mencionado.

As hipóteses de trabalho já revelam muito a respeito da *metodologia* que será empregada nas investigações. Como toda pesquisa jurídica de cunho dogmático, o presente trabalho envolverá essencialmente a interpretação de dispositivos legais, particularmente os dispositivos da lei brasileira (lei 9.307/96) e de outras legislações nacionais[107], além de convenções internacionais (tal como a Convenção de Nova Iorque de 1958[108]), normas de direito uniforme (como as regras da UNCITRAL, por exemplo) e outras normas não-estatais, todas associadas às respectivas doutrina e jurisprudência.

Nesse contexto, há clara interrelação entre o direito processual, o direito privado (civil e comercial), o direito público (teoria do Estado, direito administrativo e constitucional) e o direito internacional (público e privado). A arbitragem é um *fenômeno multidisciplinar* por defi-

---

[107] Como antecipado anteriormente, o detalhamento dos elementos de direito estrangeiro (outras legislações nacionais) pode ser encontrado na Tese que originou este livro, depositada na Faculdade de Direito da Universidade de São Paulo, denominada "A aplicação do direito pelo árbitro: aspectos relativos ao julgamento do mérito na arbitragem".

[108] A Convenção de Nova Iorque foi ratificada pelo Congresso Nacional pelo Decreto Legislativo 52/02, de 25 de abril de 2002, e pelo Presidente da República, por meio do Decreto 4.311/02, de 23 de julho de 2002.

ÁRBITRO E DIREITO

nição, sendo difícil a tentativa de separar os diferentes campos de estudo. O direito privado, por exemplo, fornecerá importantes bases para compreender a relação *contratual* que existe entre árbitro e partes, assim como a regulação do negócio jurídico convenção de arbitragem ou mesmo a definição do que sejam normas cogentes e sua relação com a chamada ordem pública e os bons costumes. Da mesma forma, em um ambiente cada vez mais *transnacional,* será imprescindível contar com o apoio dos conceitos, princípios e institutos do direito internacional, particularmente à luz das hipóteses definidas acima.

Essas inter-relações também serão aprofundadas dentro de uma perspectiva de *direito estrangeiro.* A perspectiva será notadamente *institucional,* buscando-se "equivalentes funcionais"[109], e não meras semelhanças no plano legislativo. Todavia, não se pretende simplesmente "copiar" soluções estrangeiras. Abordagens de "transplantes" institucionais são perigosas, por desconsiderar que modelos processuais são produtos de escolhas que possuem raízes históricas, sociais, econômicas e políticas[110] e, portanto, estão interconectados com o sistema jurídico em que estão inseridos, com as instituições de cada país. A rigor, são produtos de determinada cultura jurídica[111]. O objetivo aqui é mais simples: olhar a experiência de paísesque já enveredaram por caminhos parecidos aos que o Brasil parece trilhar nesse momento e procurar extrair, desses olhares, reflexões que possam ser úteis ao nosso debate[112]. Também será investigada a *nascente ordem transnacional,* que não diz respeito a nenhum país em particular, mas possui *profundos reflexos* sobre a prática da arbitragem ao redor do mundo. Como dito, uma das hipóteses deste trabalho é a investigação sobre problemas e soluções comuns a *diversas ordens jurídicas.*

---

[109] Conforme metodologia adotada por Oscar G. Chase; Helen Hershkoff; Linda Silberman; Yasuhei Taniguchi; Vincenzo Varano. **Civil litigation in comparative context**. Thomson West, 2007. p. 28.

[110] Neste sentido, Oscar G. Chase; Helen Hershkoff; Linda Silberman; Yasuhei Taniguchi; Vincenzo Varano. **Civil litigation in comparative context.** Thomson West, 2007. p. 2.

[111] A esse propósito, ver Oscar G. Chase. **Law, culture, and ritual**: disputing systems in cross-cultural context. New York University Press, 2005. p. 47-53.

[112] Como antecipado anteriormente, o detalhamento dos elementos de direito estrangeiro (outras legislações nacionais) pode ser encontrado na Tese que originou este livro, depositada na Faculdade de Direito da Universidade de São Paulo, denominada "A aplicação do direito pelo árbitro: aspectos relativos ao julgamento do mérito na arbitragem".

No próximo Capítulo, serão apresentados alguns dos *fundamentos* e *limites* existentes na aplicação do direito pelo árbitro, aprofundando ou complementando o que foi apresentado nesta Introdução (**Capítulo 1**). Depois, serão investigados com maior profundidade, cada um daqueles dois tópicos identificados anteriormente: primeiro, a aplicação do *iura novit curia* na arbitragem (**Capítulo 2**); depois, a aplicação de normas cogentes na arbitragem, bem como o controle da ordem pública pelos árbitros e, também, posteriormente, pelo Poder Judiciário em sede de anulação de uma sentença arbitral doméstica ou, conforme o caso, de reconhecimento de uma sentença arbitral estrangeira (**Capítulo 3**). Como já visto, entende-se que esta *interação entre árbitro e juiz*, isto é, a correta compreensão da *dialética* existente entre a atuação do árbitro em cada um dos tópicos identificados e o eventual (e posterior) controle feito pelo juiz é *fundamental* para enriquecer a construção do modelo dogmático a respeito da relação entre árbitro e direito, como aqui pretendido. Ao final, será apresentada uma conclusão contendo as principais contribuições deste trabalho.

Capítulo 1
Fundamentos e Limites da Aplicação do Direito pelo Árbitro

Antes de prosseguir para o estudo mais aprofundado dos tópicos indicados na Introdução, convém compreender, ainda que em breves linhas, a moldura em que está inserida a discussão do papel do árbitro na aplicação do direito, isto é, o conjunto de direitos e obrigações a que frequentemente está submetido o árbitro. Esse conjunto coincide parcialmente com alguns elementos do chamado "estatuto do árbitro", tal como definido pela Comissão de Arbitragem Internacional da CCI em relatório publicado em 1996[113], sob a coordenação de Philippe Fouchard.

1.1. O árbitro em primeiro lugar

Não há arbitragem sem árbitro. É possível que uma arbitragem desenvolva-se sem que o direito aplicável esteja definido desde o início. Da mesma forma, também é possível que uma arbitragem desenvolva-se sem que a sua "sede" ou sem que o local de prolação da sentença arbitral[114] esteja definido desde o início[115]. Diversos inconvenientes podem

---

[113] Philippe Fouchard, **Rapport finale sur le statut de l'arbitre, Bulletin de la Cour Internationale d'Arbitrage de la CCI,** v. 7, n.1, maio de 1996. p. 28-59.

[114] Critério adotado pela lei brasileira, nos termos do artigo 34, parágrafo único, da lei 9.307/96: "Considera-se sentença arbitral estrangeira a que tenha sido proferida fora do território nacional". A respeito desse critério e criticando a terminologia "sede" da arbitragem, Carlos Alberto Carmona. **Arbitragem e processo:** um comentário à lei 9.307/96. 3.ed. São Paulo: Atlas, 2009. p. 204-205.

[115] Todavia, algumas regras institucionais, como é o caso das regras da CCI, exigem que a sede da arbitragem seja fixada logo no início do procedimento arbitral, antes da assinatura

ÁRBITRO E DIREITO

surgir da falta de definição desses importantes elementos de qualquer arbitragem, sendo o mais evidente deles a ausência de clareza sobre o regime jurídico aplicável a diversos aspectos da arbitragem (questões relativas ao procedimento arbitral, à existência, à validade, à eficácia e ao escopo da convenção de arbitragem, ao mérito da disputa, à capacidade das partes, à representação das partes etc), conforme será detalhado no próximo item. Mas nada disso impede *necessariamente* a arbitragem de se desenvolver. Por outro lado, nenhuma arbitragem pode prosseguir sem árbitro.

Essa é a razão pela qual a lei brasileira[116], a exemplo de outras legislações nacionais, estabelece o momento em que os árbitros aceitam o encargo que lhes é conferido[117] como o *marco inicial* do procedimento arbitral. Não há arbitragem antes disso, há *atos preparatórios* para a nomeação do árbitro ou para a constituição do tribunal arbitral e, consequentemente, para a *instituição* da arbitragem[118]. É o que separa a fase pré-arbitral da fase arbitral propriamente dita[119].

A constatação de que só há arbitragem quando há árbitro também é reafirmada pelo fato de que a lei brasileira – novamente, a exemplo de tantas outras leis nacionais – confere especial atenção ao procedimento

---

da Ata de Missão. Se a convenção de arbitragem nada dispuser a respeito e as partes não chegarem a um acordo a esse respeito, a sede da arbitragem será fixada pela Corte Internacional de Arbitragem da CCI.

[116] Lei 9.307/96: "Art. 19. Considera-se instituída a arbitragem quando aceita a nomeação pelo árbitro, se for único, ou por todos, se forem vários".

[117] Em determinadas regras institucionais, como, por exemplo, as regras de arbitragem da CCI, há um procedimento específico para confirmação de árbitros. No caso da CCI, um árbitro só se torna árbitro depois de sua confirmação pelo Secretário-Geral ou pela sua Corte Internacional de Arbitragem.

[118] Embora não haja arbitragem propriamente dita, esses atos preparatórios para a *instituição* da arbitragem têm importantes efeitos jurídicos, como, por exemplo, o estabelecimento do marco temporal para a interrupção de prazos prescricionais (retroativamente), conforme determina o Artigo 19, §2º, da lei 9.307/96: "§ 2º A instituição da arbitragem interrompe a prescrição, retroagindo à data do requerimento de sua instauração, ainda que extinta a arbitragem por ausência de jurisdição". Sobre o tema da prescrição na arbitragem, ver a Thiago Marinho Nunes. **Arbitragem e prescrição**. São Paulo: Atlas, 2014. *passim.*

[119] Leandro Rigueira Rennó Lima defende, inclusive, que a arbitragem pode ser instituída, em certas circunstâncias, mesmo sem a existência de uma convenção de arbitragem (**Arbitragem**: uma análise da fase pré-arbitral. Belo Horizonte: Mandamentos, 2003. p. 143-155 e 160-161).

de nomeação de árbitros e sua efetividade. Sem árbitros, as partes não têm a quem se dirigir no que diz respeito ao mérito da disputa, salvo eventual e momentânea atuação cautelar do juiz, limitada à cognição sumária[120]. Ciente disso, o legislador brasileiro previu um *procedimento especial* para a ação destinada à nomeação de árbitro, vale dizer, a ação destinada à lavratura de compromisso judicial[121] na hipótese de **(i)** cláusula arbitral *"vazia"* cumulada com **(ii)** a resistência de qualquer parte à instauração da arbitragem[122]. Aliás, a distinção entre cláusulas *"vazias"* e *"cheias"* deixa transparecer a importância da nomeação do árbitro: é "vazia" a cláusula arbitral que não contém as regras para a nomeação do árbitro ou dos árbitros, ou seja, que uma cláusula que não permite a *instituição* da arbitragem. Não sem razão, são comumente denominadas de "cláusulas patológicas"[123], em vista de todas as dificuldades que ocasionam para a operacionalização e efetividade da arbitragem, particularmente em razão da necessária intervenção judicial. Por isso, a ação

---

[120] Sobre a competência momentânea do juiz para apreciar medidas cautelares na pendência da constituição do tribunal arbitral, ver o acórdão do Superior Tribunal de Justiça, no Recurso Especial 1.297.974-RJ, Relatora Ministra Nancy Andrighi, julgado em 12/06/2012 e publicado em 19/06/2012. A Relatora esclarece que essa competência momentânea do juiz é precária e não se prorroga.

[121] Preocupado com a efetividade desse procedimento especial, o legislador brasileiro também previu que o recurso de apelação contra a sentença que vale como compromisso judicial (conforme art. 7º, § 7º, da lei 9.307/96) não terá efeito suspensivo como regra. No mesmo sentido, o artigo Art. 1.012, §1º, do Código de Processo Civil: "§ 1º Além de outras hipóteses previstas em lei, começa a produzir efeitos imediatamente após a sua publicação a sentença que: (...) IV – julga procedente o pedido de instituição de arbitragem (...)". Do contrário, interposta a apelação e recebida com efeito suspensivo, as partes não teriam como prosseguir com a arbitragem.

[122] A despeito da redação um tanto ambígua dos artigos 6º e 7º da lei de arbitragem, apenas a cláusula arbitral "vazia" (ou uma cláusula arbitral que seja inicialmente "cheia", mas que posteriormente se torne inoperante ou inexequível) requer a intervenção judicial por meio do artigo 7º da lei de arbitragem. Via de regra, cláusulas arbitrais "cheias" são aptas, por si sós, a propiciar a instituição da arbitragem, sem que seja necessária a intervenção judicial. Neste sentido, os seguintes precedentes do Superior Tribunal de Justiça, dentre outros: REsp 1.602.696, Rel. Min. Moura Ribeiro, DJ 23.9.2016; REsp 1.569.422, Rel. Min. Marco Aurélio Bellize, DJ 20.5.2016; REsp 1.331.100, Rel. Min. Raul Araújo, DJ 22.2.2016; REsp 1.389.763, Rel. Min. Nancy Andrighi, DJ 20.11.2013; REsp 1.355.831, Rel. Min. Sidnei Beneti, DJ 22.4.2013; REsp 1.082.498, Rel. Min. Luis Felipe Salomão, DJ 4.12.2012.

[123] Sobre as cláusulas arbitrais patológicas, ver Carlos Alberto Carmona. **Arbitragem e processo:** um comentário à lei 9.307/96. 3.ed. São Paulo: Atlas, 2009. p. 112.

ÁRBITRO E DIREITO

prevista no artigo 7º da lei 9.307/96 pode ser considerada umas das inovações fundamentais dessa legislação, que a separa do regime anteriormente vigente[124].

Assegurados **(i)** a eficácia plena da cláusula compromissória – artigos 3º, 4º e 5º – e **(ii)** os meios extraprocessuais e processuais – artigos 6º e 7º – para proteger a sua efetividade, está protegida a escolha da arbitragem feita pelas partes. Em última instância, o que buscam esses dispositivos, combinados com os artigos 337, X; 485, VII; 1.012, IV; e 1.015, III, do Código de Processo Civil, dentre outros dispositivos, é assegurar que as partes tenham os instrumentos processuais a sua disposição para obter prontamente o que já tinham previamente acordado: um árbitro. Percebeu o legislador brasileiro a importância de colocar à disposição das partes uma autoridade para que elas possam se socorrer em relação ao julgamento do mérito de sua disputa, justamente porque não há arbitragem sem árbitro.

1.2. A autoridade do árbitro sobre o direito aplicável

Atualmente, há intenso debate a respeito do fundamento de validade da arbitragem e se seria possível cogitar de uma arbitragem *autônoma*, desvinculada, em princípio, de qualquer ordem jurídica nacional[125]. Pierre Mayer foi um dos primeiros autores a sustentar a tese da autonomia do árbitro internacional em curso ministrado na Academia de Direito Internacional de Haia em 1989[126]. O autor combateu a ideia de uma "ordem jurídica de base", que então predominava na doutrina do direito internacional privado e também no campo da arbitragem[127]. A discussão

---

[124] Neste sentido, Carlos Alberto Carmona. **Arbitragem e processo:** um comentário à lei 9.307/96. 3.ed. São Paulo: Atlas, 2009. p. 4.

[125] Para um relato a respeito desse debate, ver Rafael Francisco Alves, **A inadmissibilidade das medidas antiarbitragem no direito brasileiro**. São Paulo: Atlas, 2009. p. 21-57. O debate prossegue até os dias atuais, sendo de se mencionar as obras de Emmanuel Gaillard. **Aspects philosophiques du droit de l'arbitrage international**. Académie de Droit International de La Haye, ADI-Poche, 2008, *passim*, e Jan Paulsson. **The idea of arbitration**. Oxford: Oxford University Press, 2013, *passim*.

[126] **L'autonomie de l'arbitre international dans l'appreciation de sa propre compétence**: recueil des cours de l'Académie de droit international de La Haye, v. 217, 1989. p. 319-454.

[127] Pierre Mayer, Le mythe de 'l'ordre juridique de base' (ou Grundlegung). In: **Le droit des relations économiques internationales:** etudes offertes à Berthold Goldman. 1982, p. 199 e ss. O artigo foi traduzido para o português por Clávio Valença Filho e Luíza Khar-

é particularmente importante na intersecção entre a arbitragem e o direito internacional, em especial o conflito de leis, pois não é incomum que um árbitro se veja diante da necessidade de determinar o direito aplicável à arbitragem.

Via de regra, é necessário determinar, em primeiro lugar, o *direito aplicável à arbitragem*, para então determinar *o direito aplicável na arbitragem*. Isso porque o direito aplicável ao mérito da disputa não coincide necessariamente com o direito aplicável à arbitragem (comumente denominada de *"lex arbitrii"*[128]). É este que regula a arbitragem e determina o regime jurídico a que estará submetido o procedimento arbitral e, consequentemente, o árbitro, ao passo que o direito aplicável ao mérito (*direito aplicável na arbitragem*) guiará a decisão dos árbitros sobre o objeto da disputa.

Alguns esclarecimentos a respeito: fala-se aqui em direito aplicável, englobando *leis, regras, princípios, normas jurídicas e outras normas não-estatais aplicáveis*, conforme explicado na Introdução. Como será visto no próximo item, essa determinação do direito aplicável deverá, em princípio, respeitar eventual escolha das partes a propósito[129], preser-

---

mandayan como "O mito da ordem jurídica de base (ou *Grundlegung*)", publicado na **Revista Brasileira de Arbitragem**, n. 23, 2009, p. 253-269.

[128] A questão é explicada com clareza por Jan Paulsson: "the law applicable to arbitration is not the law applicable in the arbitration. The latter provides norms to guide arbitrators' decisions. The former refers to the source of their authority and of the status of their decision: the legal order that governs arbitration" (**The idea of arbitration**. Oxford: Oxford University Press, 2013, p. 29). Sobre a grafia "lex arbitrii", ver Flávia Foz Mange, **Processo arbitral**: aspectos transnacionais. São Paulo: Quartier Latin, 2013. p. 40, nota 35.

[129] Neste sentido, correta a terminologia adotada pela lei brasileira (9.307/96), em seu artigo 2º, parágrafo 1º, referindo-se à possibilidade de as partes escolherem as "regras de direito aplicáveis" ao invés de falar somente em "lei aplicável": "*Art. 2 § 1º Poderão as partes escolher, livremente, as regras de direito que serão aplicadas na arbitragem, desde que não haja violação aos bons costumes e à ordem pública*". No parágrafo seguinte, mais expressamente, a lei brasileira faz referência à possibilidade da aplicação dos "princípios gerais de direito, usos e costumes e regras internacionais de comércio": "*Art. 2. § 2º Poderão, também, as partes convencionar que a arbitragem se realize com base nos princípios gerais de direito, nos usos e costumes e nas regras internacionais de comércio*". Ao assim proceder, nesses dois dispositivos, a lei brasileira prestigia a autonomia das partes, estando claro que por "regras de direito" entende-se tanto as regras processuais, quanto aquelas substantivas. Neste sentido, Carlos Alberto Carmona. **Arbitragem e processo**: um comentário à lei 9.307/96. 3.ed. São Paulo: Atlas, 2009. p. 64. O Regulamento de Arbitragem da CCI também faz menção a "regras aplicáveis ao procedimento", ao invés de falar em "lei aplicável" em seu artigo 19 (versão 2012).

ÁRBITRO E DIREITO

vando-se, assim, a autonomia privada que é base da arbitragem[130]. Pode ocorrer, todavia, que eventual escolha das partes não seja suficiente para lidar com toda a *complexidade de possíveis leis, regras e princípios aplicáveis à arbitragem e na arbitragem*, de tal forma que ainda seja necessária uma decisão do árbitro a respeito[131]. Com efeito, é possível que haja uma *multiplicidade de direitos* aplicáveis aos diversos aspectos da arbitragem (por exemplo, um direito aplicável à convenção de arbitragem, outro aplicável ao procedimento arbitral, um terceiro aplicável ao mérito da disputa, outro à capacidade das partes, à representação das partes etc). É relativamente comum que a determinação dessa *miríade de direitos aplicáveis* caiba ao árbitro[132]. Neste caso, qual seria a fonte do poder do árbitro para determinar o direito aplicável? Existem soluções propostas por diversos autores[133]. Dentro dos propósitos de investigar a *relação entre o árbitro e o direito*, o debate sobre o fundamento de validade da arbitragem pode contribuir para elucidar questões que serão enfrentadas neste trabalho. O árbitro está subordinado ao direito ou o direito está subordinado ao árbitro? O que vem antes, o árbitro ou o direito?

Dentro da perspectiva do *direito interno*, parece claro que a lei sempre precederia o árbitro, inclusive para lhe conferir os poderes para julgar determinado conflito. O direito estatal seria, portanto, o fundamento de validade da arbitragem e dos poderes dos árbitros. Referida constatação é válida para parcela significativa dos procedimentais arbitrais, em que não há qualquer elemento estrangeiro em questão, quando, por exemplo, a arbitragem é doméstica e as partes definiram, de antemão, o direito doméstico como aplicável.

---

[130] Sobre a distinção entre lei aplicável ao mérito e lei aplicável ao procedimento arbitral e a relação de ambas com a autonomia das partes, ver Luiz Olavo Baptista **Arbitragem comercial e internacional.** São Paulo: Lex, 2011. p. 194.

[131] Neste sentido, Franco Ferrari e Linda Silberman. Getting to the law applicable to the merits of the dispute and the consequences of getting it wrong. In: **Revista Brasileira de Arbitragem**, n. 26, 2010. p. 75.

[132] Novamente, Franco Ferrari e Linda Silberman, Getting to the law applicable to the merits of the dispute and the consequences of getting it wrong. In: **Revista Brasileira de Arbitragem**, n.26, 2010. p. 73-121.

[133] Exemplificativamente, as teorias defendidas por Emmanuel Gaillard. **Aspects philosophiques du droit de l'arbitrage international**. Académie de Droit International de La Haye, ADI-Poche, 2008, *passim* e Jan Paulsson. **The idea of arbitration**. Oxford: Oxford University Press, 2013, *passim.*

FUNDAMENTOS E LIMITES DA APLICAÇÃO DO DIREITO PELO ÁRBITRO

Por outro lado, em uma *perspectiva transnacional*, a resposta é diferente[134]. Isso porque, dentre outras dificuldades práticas, o árbitro muitas vezes não tem um direito determinado diante de si para simplesmente aplicá-lo no caso concreto. Caberá a ele, como primeiro passo, justamente determinar quais seriam *as diversas leis, regras e princípios aplicáveis à arbitragem e na arbitragem*. Como encontrá-los? Faria sentido recorrer às regras de conflito de leis do local da arbitragem ou de alguma outra "ordem jurídica de base"? É aqui que incide a tese de Pierre Mayer e também a doutrina hoje predominante no campo da arbitragem: ao contrário do juiz, o árbitro não tem um foro pré-determinado[135] e, portanto, não há necessariamente uma ordem jurídica de base a que recorrer[136]. Na ausência de escolha das partes a respeito do direito aplicável, predomina hoje o entendimento de que o árbitro decide por si só, de acordo com a sua própria escolha[137]. Trata-se do método da escolha direta (denominado *"voie directe"*)[138]. Há aqui, o que Pierre Mayer deno-

---

[134] No ambiente transnacional, surge, por exemplo, o paradoxo do "contrato autovalidante", como bem explica Rodrigo Octávio Broglia Mendes. **Arbitragem, lex mercatoria e direito estatal**: uma análise dos conflitos ortogonais no direito transnacional. São Paulo: Quartier Latin, 2010. p. 82-84.

[135] L'autonomie de l'arbitre international dans l'appreciation de sa propre compétence. **Recueil des cours de l'Académie de droit international de La Haye**, v. 217, 1989. p. 390. Explica o mesmo autor em artigo mencionado anteriormente: «de fato, o árbitro não possui *lex fori*. Enquanto o juiz estatal pode e deve aplicar sua própria regra de conflito, o que lhe dispensa a confrontação do problema metafísico de identificar a origem da juridicidade do contrato, o árbitro se encontra, desde o início, no vazio" (O mito da ordem jurídica de base (ou Grundlegung), trad. Clávio Valença Filho e Luíza Kharmandayan. **Revista Brasileira de Arbitragem**, n. 23, Curitiba: IOB – Comitê Brasileiro de Arbitragem, 2009. p. 258).

[136] Neste ponto, parece haver uma ampla convergência atualmente para se afastar uma concepção territorialista da arbitragem. Por exemplo, embora tenham diversas discordâncias entre si, Emmanuel Gaillard e Jan Paulsson concordam no ataque a uma concepção territorialista da arbitragem internacional. Emmanuel Gaillard. **Aspects philosophiques du droit de l'arbitrage international**. Académie de Droit International de La Haye, ADI-Poche, 2008, *passim* e Jan Paulsson. **The idea of arbitration**. Oxford: Oxford University Press, 2013. *passim*.

[137] Neste sentido, Pierre Mayer. O mito da ordem jurídica de base (ou Grundlegung), trad. Clávio Valença Filho e Luíza Kharmandayan. **Revista Brasileira de Arbitragem**, n. 23, Curitiba: IOB – Comitê Brasileiro de Arbitragem, 2009. p. 268.

[138] Há, todavia, críticas a esse método, rejeitando, alguns autores, que a metodologia própria do conflito de leis possa ser desconsiderada. Neste sentido, Franco Ferrari e Linda Silberman. Getting to the law applicable to the merits of the dispute and the consequences of get-

minava de "espaço de liberdade" para o árbitro[139]. Em outras palavras, *a autoridade do árbitro contempla seu poder de determinar o direito aplicável à arbitragem e na arbitragem*, incluindo o que definirá o regime jurídico a que ele estará submetido.

Portanto, o presente trabalho compartilha a premissa de que o árbitro não está, *sempre e necessariamente*, vinculado a uma ordem jurídica pré-estabelecida e que parte da sua missão pode ser, justamente, encontrar o direito aplicável. Trata-se de realidade comum em conflitos cada vez mais complexos, que envolvem múltiplas jurisdições. Essa *potencial multiplicidade de ordens jurídicas* envolvidas em uma arbitragem é uma das características hodiernas do instituto. Ao se tratar da aplicação do direito pelo árbitro, essa *realidade complexa* não pode ser negligenciada. Na verdade, o que se propõe aqui é uma inversão da ordem dos fatores. Se, do ponto de vista *lógico*, parece claro que os poderes do árbitro devam ter uma fonte jurídica, do ponto de vista *cronológico*, pode ser que o próprio árbitro terá que identificar a fonte jurídica para os seus poderes. *Antes de haver uma lei ou um foro, há um árbitro.* Por isso, *a autoridade do árbitro vem em primeiro lugar.*

Definidos o árbitro e o direito aplicável, essas definições *a priori* poderão ser *eventualmente* controladas *a posteriori* pelo Poder Judiciário, seja em possível ação de anulação da sentença arbitral (dependendo do direito aplicável), seja no reconhecimento de uma sentença arbitral estrangeira. Neste sentido, a lei brasileira, a exemplo de outras legislações nacionais, estabelece que a sentença arbitral não poderá ser proferida fora dos limites da convenção de arbitragem (*vide* artigos 32, IV e 38, IV, da lei 9.307/96)[140].

---

ting it wrong. In: **Revista Brasileira de Arbitragem**, n.26, 2010. p. 98-121. Rodrigo Octávio Broglia Mendes também expõe com clareza a existência de intenso debate a respeito desse tema, sendo a *"voie directe"* apenas um dos critérios identificados pela dogmática para resolver o problema de conflito de leis na arbitragem transnacional (**Arbitragem, lex mercatoria e direito estatal**: uma análise dos conflitos ortogonais no direito transnacional. São Paulo: Quartier Latin, 2010. p. 113).

[139] L'autonomie de l'arbitre international dans l'appreciation de sa propre compétence. **Recueil des cours de l'Académie de droit international de La Haye**, v. 217, 1989. p. 334.

[140] Essa hipótese de anulação da sentença arbitral aplica-se também quando o árbitro não observa o procedimento regulado pelas partes na convenção de arbitragem, conforme explica Carlos Alberto Carmona, **Arbitragem e processo**: um comentário à lei 9.307/96. 3.ed. São Paulo: Atlas, 2009. p. 406.

1.3. A autoridade do árbitro limitada pelo direito e pelas escolhas das partes: a arbitrabilidade e as extensões subjetiva e objetiva da arbitragem

Os poderes dos árbitros são limitados, tanto do ponto de vista processual[141], quanto do ponto de vista material.

Em relação ao *julgamento do mérito*, objeto deste trabalho, os poderes dos árbitros estão limitados, em primeiro lugar, pelo conceito de *arbitrabilidade*. A doutrina costuma distinguir uma dimensão objetiva e outra subjetiva da arbitrabilidade: a primeira diz respeito às matérias que podem ser objeto de arbitragem e a segunda diz respeito a quem pode submeter-se à arbitragem[142].

Pela lei brasileira[143], apenas partes capazes de contratar podem se sujeitar à arbitragem e seu objeto deve versar sobre direitos patrimoniais disponíveis[144], conforme o artigo 1º, da lei 9.307/96.

---

[141] Como explica Adriana Noemi Pucci, na concepção tradicional de jurisdição, haveria cinco elementos a se considerar: *notio, vocatio, coertio, iudicium e executio*. O juiz teria todos estes atributos ao passo que ao árbitro faltariam dois: a *coertio* e a *executio*, ou seja, o árbitro não tem poderes para impor e executar as suas próprias decisões, necessitando do suporte do juiz para tanto (Juiz & Árbitro. In: Adriana Noemi Pucci (org.), **Aspectos atuais da arbitragem:** coletânea de artigos sobre arbitragem. Rio de Janeiro, Forense, 2000. p. 5-9). Todavia, essa concepção de jurisdição não predomina mais, prevalecendo hoje o entendimento de que árbitro possui jurisdição, ainda que não tenha a *coertio* e a *executio*, conforme será aprofundado adiante. A respeito desse debate, ver também Carlos Alberto Carmona, **Arbitragem e processo:** um comentário à lei 9.307/96, 3.ed. São Paulo: Atlas, 2009. p. 318, nota 46. Sobre os pontos de contato entre arbitragem e Poder Judiciário por conta da impossibilidade de o árbitro impor e executar suas próprias decisões ou ainda por conta de medidas de apoio que sejam necessárias, ver Fernando da Fonseca Gajardoni, Aspectos fundamentais de processo arbitral e pontos de contato com a jurisdição estatal. In: **Revista de Processo**, v. 106, 2002, p. 189 e ss.

[142] BAPTISTA, Luiz Olavo. **Arbitragem comercial internacional**. São Paulo: Lex Magister, 2011.p. 107.

[143] "Art. 1º As pessoas capazes de contratar poderão valer-se da arbitragem para dirimir litígios relativos a direitos patrimoniais disponíveis".

[144] Muito já se discutiu se o Estado poderia ser parte na arbitragem. Superada a resistência que havia em relação à arbitrabilidade *subjetiva*, a discussão recai hoje sobre o que pode ser *objeto* de uma arbitragem que tem o Estado como parte e as condições em que essa arbitragem poderá se desenvolver, seja pela Administração Pública direta ou indireta, tendo em vista a *autorização expressa* hoje constante da lei 9.307/96: "Art. 1º, § 1º A administração pública direta e indireta poderá utilizar-se da arbitragem para dirimir conflitos relativos a direitos patrimoniais disponíveis." A respeito do histórico desse debate, ver Carlos Alberto

Se a lei limita o âmbito de julgamento do árbitro por meio da noção de arbitrabilidade, as partes limitam os poderes jurisdicionais do árbitro **(i)** pelo escopo que estabeleceram na convenção de arbitragem e, também, **(ii)** pelos limites objetivos e subjetivos das demandas que formulam no procedimento arbitral. Assim como o juiz não pode extrapolar os limites da demanda tal como formulada, também o árbitro deve se ater às dimensões subjetiva e objetiva da arbitragem[145]. Por outro lado, embora o objeto da arbitragem esteja normalmente delimitado pela convenção de arbitragem e pelo chamado "termo de arbitragem" (ou ata de missão)[146], pode acontecer que, em razão da *flexibilidade procedimental*, árbitro e partes acordem que o objeto poderá ser alterado pelas manifestações iniciais das partes ou mesmo no curso do procedimento arbitral (como será aprofundado no próximo item e também no Capítulo 2). Respeitadas as garantias processuais das partes, especialmente o contraditório, nada impede que isso ocorra[147]. De todo modo, em dado momento, o *objeto da arbitragem* é estabilizado, pois é preciso ter clareza sobre a *extensão da jurisdição dos árbitros*. O certo é que as escolhas das partes fazem parte dessa delimitação da autoridade do árbitro.

Carmona, **Arbitragem e processo:** um comentário à lei 9.307/96. 3.ed. São Paulo: Atlas, 2009. p. 45-52; Selma Lemes, **Arbitragem na Administração Pública:** fundamentos jurídicos e eficiência econômica. São Paulo: Quartier Latin, 2007, *passim*. Carlos Alberto de Salles possui interessante abordagem do tema, propondo o conceito de arbitrabilidade como "possibilidade jurídica *lato sensu*" e sustentando a definição de quatro critérios para possibilitar o uso da arbitragem na Administração Pública: (i) a não-apreciação do mérito do ato administrativo, (ii) a vedação a decisões por eqüidade, (iii) a inviabilidade de eleição do direito aplicável, (iv) a impossibilidade de a Administração dispor de seu poder de polícia (**Arbitragem em contratos administrativos**. Rio de Janeiro: Forense; São Paulo: Método, 2011, *passim*).

[145] A esse respeito, Cândido Rangel Dinamarco. **A arbitragem na teoria geral do processo**. São Paulo, Malheiros, 2013. p. 191-193.

[146] Previsto no artigo 19, §1º, da lei 9.307/96: "Art. 19. §1º. Instituída a arbitragem e entendendo o árbitro ou o tribunal arbitral que há necessidade de explicitar questão disposta na convenção de arbitragem, será elaborado, juntamente com as partes, adendo firmado por todos, que passará a fazer parte integrante da convenção de arbitragem".

[147] Neste sentido, Cândido Rangel Dinamarco. **A arbitragem na teoria geral do processo**, São Paulo, Malheiros, 2013. p. 192.

FUNDAMENTOS E LIMITES DA APLICAÇÃO DO DIREITO PELO ÁRBITRO

Ainda no tocante ao julgamento do mérito da arbitragem, questão relevante diz respeito ao que pode ser objeto de *cognição* do árbitro[148], o que terá impacto nos dois tópicos que serão aprofundados neste trabalho (o *iura novit curia* na arbitragem e também a aplicação de normas cogentes pelos árbitros). Poderia o árbitro, por exemplo, conhecer *questão*[149] que não seja arbitrável, ou seja, que não diga respeito a direitos patrimoniais disponíveis? A rigor, nada impediria que o árbitro conhecesse de matéria indisponível desde que o fizesse *incidenter tantum*, como questão prejudicial, por exemplo, e não *principaliter*[150]. Não era esta, todavia, a solução inicialmente adotada pelo legislador brasileiro no artigo 25 da lei 9.307/96, hoje revogado pela lei 13.129/215. O dispositivo determinava que: *"sobrevindo no curso da arbitragem controvérsia acerca de direitos indisponíveis e verificando-se que de sua existência, ou não, dependerá o julgamento, o árbitro ou o tribunal arbitral remeterá as partes à autoridade competente do Poder Judiciário, suspendendo o procedimento arbitral"*. Segundo Carlos Alberto Carmona, tratava-se de orientação antiquada[151], que não condizia com a *confiança*[152] que o legislador brasileiro havia depositado no árbitro em outros dispositivos, como, por exemplo, a possibilidade de

---

[148] Adota-se aqui o conceito de cognição formulado por Kazuo Watanabe, dentro do qual incluem-se as *questões de mérito* que devem ser apreciadas: "em relação ao objeto litigioso, todas as questões que possam influir em sua decisão, sejam prejudiciais ou não, constituem antecedente lógico e por isso deve ser objeto de *cognição e resolução*" (**Da cognição no processo civil**. 3.ed. São Paulo: Perfil, 2005. p. 123-126).

[149] Refere-se aqui à questão em sentido processual como "ponto duvidoso", na esteira da lição de José Carlos Barbosa Moreira. Estrutura da sentença arbitral. In: **Temas de Direito Processual**: oitava série. São Paulo: Saraiva, 2004. p. 188.

[150] A despeito do antigo artigo 25 da lei 9.307/96 (hoje revogado), este é também o entendimento de Carlos Alberto Carmona: "se o árbitro, para solucionar certo litígio, tiver que decidir sobre o estado civil de uma das partes, não é razoável que não possa fazê-lo *incidenter tantum*, eis que este não é o objeto da arbitragem" (**Arbitragem e processo**: um comentário à lei 9.307/96. 3.ed. São Paulo: Atlas, 2009. p. 365).

[151] CARMONA, Carlos Alberto. **Arbitragem e Processo**: um comentário à lei 9.307/96. 3.ed. São Paulo: Atlas, 2009. p. 364-365.

[152] Também Edoardo Flávio Ricci entendia que o artigo 25 representava "falta de confiança *a priori* nos árbitros" (Para uma interpretação restritiva do art. 25 da lei de arbitragem. In: **Lei de arbitragem brasileira**: oito anos de reflexão, questões polêmicas. São Paulo: Revista dos Tribunais, 2004, p. 172.). Antes da revogação deste artigo 25 (ocorrida em 2015), já era digna de nota a proposta de sua interpretação *restritiva* feita por este autor, ao defender, mais de dez anos antes, que apenas *lides* prejudiciais (e não meras *questões* prejudiciais) demandariam a suspensão da arbitragem, por integrarem o objeto sujeito à coisa julgada (p. 180).

decidir sobre a *inexistência* da convenção de arbitragem, nos termos do artigo 8º, parágrafo único, da lei 9.307/96 – tópico aprofundado no Capítulo 3 – envolvendo norma cogente, conforme o artigo 168, § único, do Código Civil[153].

Outra questão atinente à *cognição* do árbitro: pode ele *conhecer ex officio* argumento ou tese jurídica que não foi suscitada por qualquer das partes ou requalificar a demanda proposta em relação aos seus fundamentos jurídicos (causa de pedir próxima)[154]? Essa discussão será aprofundada nos Capítulos 2 e 3, o que novamente reforça a importância de um *vetor de análise comum* a respeito dos diversos tópicos que serão abordados neste trabalho. Por ora, vale mencionar a posição de José Carlos Barbosa Moreira (que será analisada adiante), no sentido de que algumas questões são suscetíveis de conhecimento *ex officio* pelo árbitro, independente de alegação das partes, como, por exemplo, a decadência de um direito[155]. Como regra, o árbitro deve decidir tudo o que foi pedido pelas partes, mas nada além disso, sob pena de expor sua sentença a possível ação anulatória que, no caso da lei brasileira, poderia ter fundamento no inciso IV, do art. 32, da lei 9.307/96[156].

As limitações à autoridade do árbitro estão relacionadas também com a *natureza privada* da relação entre árbitro e partes. Como visto, o árbitro é, sobretudo, um prestador de serviços e a delimitação do escopo desses serviços também é feita a partir da relação contratual que se estabelece entre árbitro e partes.

Portanto, no tocante aos limites dos poderes dos árbitros em relação ao julgamento do mérito, há uma *gradação* a ser seguida: primeiro, a noção de *arbitrabilidade*; depois, dentro do que é arbitrável, *o que as partes escolheram* como parte do escopo da convenção de arbitragem;

---

[153] "Art. 168. Parágrafo único. As nulidades devem ser pronunciadas pelo juiz, quando conhecer do negócio jurídico ou dos seus efeitos e as encontrar provadas, não lhe sendo permitido supri-las, ainda que a requerimento das partes." A esse respeito, ver Rafael Francisco Alves, **A inadmissibilidade das medidas antiarbitragem no direito brasileiro**. São Paulo: Atlas, 2009. p. 154-159.

[154] Sobre o conceito de causa de pedir próxima, José Rogério Cruz e Tucci. **A causa petendi no processo civil**. São Paulo: Revista dos Tribunais, 1993. p. 128.

[155] Estrutura da sentença arbitral. In: **Temas de Direito Processual**: *oitava série*. São Paulo: Saraiva, 2004. p. 189.

[156] Novamente, conforme José Carlos Barbosa Moreira, Estrutura da sentença arbitral. In: **Temas de Direito Processual**: *oitava série*. São Paulo: Saraiva, 2004. p. 192.

finalmente, instituída a arbitragem, o que foi definido como *objeto da disputa* a ser resolvida pelos árbitros (o mérito da arbitragem propriamente dito), para o que poderá concorrer o contrato celebrado entre árbitro e partes, o termo de arbitragem ("ata de missão") ou mesmo as manifestações das partes no curso do procedimento, tudo conforme o que foi estabelecido de comum acordo entre partes e árbitro. O que importa, novamente, é que esse objeto esteja claramente definido. Essa relação entre convenção de arbitragem, termo de arbitragem, contrato com árbitro e a delimitação de sua missão será explicada em maiores detalhes no próximo item.

1.4. A natureza contratual da relação entre árbitro e partes

Como visto na Introdução, o árbitro é aquele a quem se *confia* a decisão de um conflito[157]. O árbitro *aceita* ou *recusa* o encargo que lhe foi confiado. Aceitando-o, o negócio jurídico aperfeiçoa-se, formando, assim, o contrato entre partes e árbitro[158], que não se confunde com a própria convenção de arbitragem[159].

A rigor, podem existir três distintos negócios jurídicos[160]: **(i)** o contrato que regula a relação jurídica entre as partes (quando o conflito

---

[157] Também para Pontes de Miranda, que analisou o regime do juízo arbitral no Código de Processo Civil de 1939, a *confiança* está na base da definição de árbitro, denominando-o também de "compromissário": "compromissário é a pessoa a que se confiou, no compromisso, a função de dar a sentença". (**Tratado de Direito Privado:** direitos das obrigações, t. XXVI, atualizado por Ruy Rosado de Aguiar Júnior e Nelson Nery Júnior. São Paulo: Editora Revista dos Tribunais, 2012. p. 513).

[158] Pontes de Miranda explica que esse contrato é, modernamente, mais do que o *receptum* romano e ressalta que as comparações desse contrato com o mandato ou a procura são perigosas, pois não há qualquer representação pelo árbitro: "o árbitro resolve, atua, em nome próprio; inclusive, pode decidir inteiramente contra quem o designou" (**Tratado de direito privado:** *direito das Obrigações*, t. XXVI, atualizado por Ruy Rosado de Aguiar Júnior e Nelson Nery Jr., São Paulo: Editora Revista dos Tribunais, 2012. p. 514-515).

[159] Novamente, Pontes de Miranda, **Tratado de direito privado:** direito das obrigações, t. XXVI, atualizado por Ruy Rosado de Aguiar Júnior e Nelson Nery Júnior. São Paulo: Editora Revista dos Tribunais, 2012. p. 513.

[160] Analisando as relações contratuais entre os diversos atores de uma arbitragem, Leandro Rigueira Rennó Lima aponta para quatro possíveis contratos: (i) o "contrato de árbitro" entre os litigantes e o árbitro, (ii) o "contrato de organização da arbitragem", entre os litigantes e o centro de arbitragem, (iii) "o contrato de colaboração arbitral" , entre o árbitro e o centro de arbitragem e (iv) o "contrato de secretário arbitral", entre os litigantes e o se-

ÁRBITRO E DIREITO

trata de responsabilidade contratual); **(ii)** o contrato em que as partes optam pela arbitragem como método de resolução de conflitos decorrentes de ou relacionados com sua relação contratual (no Brasil, denominado de "convenção de arbitragem", gênero que contém duas espécies, cláusula compromissória e compromisso arbitral[161]; quando se tratar de cláusula compromissória, é autônoma em relação ao contrato em que está inserida[162]); e, por fim, **(iii)** o contrato celebrado entre partes e árbitro, por meio do qual este aceita o encargo que lhe foi confiado pelas partes. A respeito deste, há diversas denominações utilizadas pela doutrina: "contrato de arbitragem", "contrato de investidura" etc[163]. Também são diversos os instrumentos que podem servir de suporte ao contrato celebrado entre partes e árbitro.

Em primeiro lugar, como já visto, a lei brasileira estabelece o *aceite* dos árbitros como o marco inicial do processo arbitral, a chamada *instituição* da arbitragem, conforme o art. 19, *caput*, da lei 9.307/96. Por isso, o contrato entre partes e árbitro forma-se desde o *aceite* dos árbitros e nada mais é necessário para além desse *aceite*. A lei brasileira não estabelece nenhuma forma específica para o contrato celebrado entre partes e árbitros. Basta a inequívoca aceitação do árbitro.

Todavia, isso não impede que o árbitro delimite a sua missão (já aceita) pela assinatura posterior do chamado "termo de arbitragem" ou da chamada "ata de missão"[164], ambos mecionados anteriormente, frutos

---

cretário arbitral (A Responsabilidade civil do árbitro. In: Umberto Celli Júnior, Maristella Basso, Albert do Amaral Júnior (Coord.). **Arbitragem e comércio internacional**: Estudos em homenagem a Luiz Olavo Baptista. São Paulo: Quartier Latin, 2013. p. 906-910.

[161] *Vide* definições constantes dos artigos 3º, 4º e 9º, da lei 9.307/96.

[162] *Vide* artigo 8º, caput, da lei 9.307/96.

[163] A respeito dessas denominações, ver Selma Maria Ferreira Lemes, **Árbitro**: princípios da independência e da imparcialidade – abordagem no direito internacional, nacional e comparado. *Jurisprudência*, São Paulo, LTr, 2001, p. 51. O Relatório da Comissão de Arbitragem Internacional da CCI também apresenta distintas denominações, como "receptum arbitrii", "contrato de investidura" (Philippe Fouchard, Rapport finale sur le statut de l'arbitre, **Bulletin de la Cour Internationale d'Arbitrage de la CCI**, v. 7, n.1, maio de 1996. p. 30).

[164] A hipótese também é aventada por Alexis Mourre: "en contraste al convenio arbitral, el contrato de arbitro raramente se encuentra inserto en un instrumento. Las actas de misión pueden contener cláusulas que regulen las obligaciones recíprocas entre las partes y los árbitros, pero en muchos casos el Arbitraje se lleva a cabo sin que dichos acuerdos se hayan firmado". (Quien tiene competência sobre los árbitros? Reflexiones sobre el contrato de árbitro. In: Umberto Celli Júnior, Maristella Basso, Albert do Amaral Júnior (Coord.),

FUNDAMENTOS E LIMITES DA APLICAÇÃO DO DIREITO PELO ÁRBITRO

de prática consagrada nas regras de arbitragem da Corte Internacional de Arbitragem da Câmara de Comércio Internacional (CCI)[165]. Dentro do regime da lei brasileira, o "termo de arbitragem" é considerado um "adendo" da convenção de arbitragem, nos termos do artigo 19, §1º, da lei 9.307/96[166]. Como um adendo, ele pode modificar ou corrigir qualquer estipulação constante da convenção de arbitragem, pois as partes participam da sua assinatura, juntamente com o árbitro. Além disso, tornando-se um adendo da convenção de arbitragem, os limites do termo de arbitragem também devem ser respeitados para fins do artigo 32, IV, da lei 9.307/96[167].

O árbitro também pode *aceitar* seu encargo assinando o compromisso arbitral celebrado entre as partes. Alguns órgãos arbitrais brasileiros adotam a prática de celebrar o termo de arbitragem como se compromisso arbitral fosse, observando, assim, todos os requisitos legais para a celebração deste, conforme os artigos 9º, 10º e 11 da lei 9.307/96. Neste caso, será a própria convenção de arbitragem e não um adendo a ela, mas os efeitos são os mesmos. A diferença, pela lei brasileira, é que um antecede o início da arbitragem (compromisso arbitral), ao passo que o outro é celebrado já com a arbitragem em curso (termo de arbitragem)[168], conforme já reconheceu o Superior Tribunal de Justiça[169].

Arbitragem e comércio internacional: estudos em homenagem a Luiz Olavo Baptista. São Paulo: Quartier Latin, 2013. p. 704. Também tratando dessa hipótese, Selma Maria Ferreira Lemes, **Árbitro**: princípios da independência e da imparcialidade – abordagem no direito internacional, nacional e comparado. Jurisprudência. São Paulo: LTr, 2001. p. 51.

[165] *Vide*, neste sentido, o artigo 23 das regras de arbitragem da CCI (versão de 2012). Recorda-se, todavia, que as regras CCI de arbitragem expedita, em vigor desde 2017, dispensam a assinatura do termo de arbitragem, isto é, em casos de arbitragem expedita, o mencionado artigo 23 não será aplicável.

[166] CARMONA, Carlos Alberto. **Arbitragem e processo**: um comentário à lei 9.307/96. 3.ed. São Paulo: Atlas, 2009. p. 280-281.

[167] "Art. 32. É nula a sentença arbitral se: [...] IV – for proferida fora dos limites da convenção de arbitragem".

[168] Esta parece ter sido a opção do regulamento do Centro de Arbitragem e Mediação da Câmara de Comércio Brasil-Canadá, que estabelece, em seu artigo 4.14, que: "A Secretaria comunicará aos árbitros para que, no prazo de 10 (dez) dias, firmem o Termo de Independência, que demonstra a aceitação formal do encargo, para todos os efeitos, intimando-se as partes para elaboração do Termo de Arbitragem". Ou seja, a "aceitação formal do encargo" marca o início da arbitragem, nos termos da lei brasileira, sem prejuízo da posterior assinatura do termo de arbitragem, conforme o regulamento CAM-CCBC.

Em qualquer um desses instrumentos, há *negócio jurídico tripartite* (celebrado entre o árbitro e, pelo menos, duas partes), do qual nascem distintas relações jurídicas (uma relação entre as partes e outra relação entre partes e árbitro).

Como se percebe, o instrumento que contém o contrato entre árbitro e partes pode variar, mas a relação jurídica continua a mesma, de natureza *contratual*. Não há relação jurídica processual de caráter público, tal como ocorre na relação entre o juiz e as partes[170]. É relação jurídica *privada*[171]. A essa relação privada está associado o fato de o árbitro, como dito na Introdução, ser um prestador de serviços[172], mas de caráter especial, pois esses serviços estão relacionados com a função jurisdicional e a administração da Justiça (dimensão pública de uma relação jurídica privada). Além disso, tem caráter personalíssimo, sendo negócio *intuitu personae*[173].

---

[169] "(...) o Termo se aproxima do compromisso arbitral, porém com ele não se confunde. Isso porque o compromisso arbitral atribui a competência jurisdicional aos árbitros, enquanto o termo de arbitragem pressupõe o juízo regularmente instalado, delimitando-se a controvérsia e a missão dos árbitros. (...) O Termo de Arbitragem poderá alterar ou suprir omissões e até sanar irregularidades – somente não se admitem alterações que atinjam o núcleo essencial e cogente relativo à igualdade das partes e ao contraditório. Noutros termos, a assinatura do Termo é momento adequado para que o procedimento seja novamente objeto de deliberação e acordo das partes e dos árbitros." (STJ. REsp 1.389.763 – PR, Rel. Min. Nancy Andrighi, DJ 20/11/2013).

[170] Mesmo na vigência do regime do Código de Processo Civil de 1939, Pontes de Miranda já afirmava: "entre os comprometentes e o árbitro há *relação jurídica* – que diríamos processual, em sentido latíssimo – porém essa *relação jurídica* não é de direito público, como a relação jurídica processual entre autor-Estado e Estado-réu" (**Tratado de direito privado:** parte especial – direito das obrigações, t. XXVI, atualizado por Ruy Rosado de Aguiar Júnior e Nelson Nery Júnior. São Paulo: Editora Revista dos Tribunais, 2012. p. 525). A promulgação da lei 9.307/96, conferindo mais poderes ao árbitro e equiparando a sua decisão à do juiz, não alterou a natureza privada da relação entre partes e árbitro, conforme será explicado em item subsequente.

[171] Novamente, Pontes de Miranda, falando em relação jurídica processual entre partes e árbitro, mas não de direito público. **Tratado de direito privado:** parte especial – direito das obrigações, t. XXVI, atualizado por Ruy Rosado de Aguiar Júnior e Nelson Nery Jr., São Paulo: Editora Revista dos Tribunais, 2012. p. 528.

[172] Baptista, Luiz Olavo. **Arbitragem comercial internacional**. São Paulo: Lex Magister, 2011. p. 175.

[173] Também essa é a conclusão do relatório final da Comissão de Arbitragem Internacional da CCI: *"l'arbitre personne physique est désigné intuitu personae; la fonction qui lui est confiée est personnelle et ne peut faire l'objet d'une transmission ou d'une délégation»* (Philippe Fouchard,

FUNDAMENTOS E LIMITES DA APLICAÇÃO DO DIREITO PELO ÁRBITRO

Como visto, geralmente as partes escolhem o árbitro com base em seus atributos pessoais, dentre os quais podem ser relevantes a nacionalidade, o conhecimento do direito aplicável, familiaridade com a *cultura jurídica* ligada à disputa[174], mesmo que a lei brasileira, por exemplo, não exija qualquer desses atributos como qualidade essencial do árbitro, como visto na Introdução. Em razão disso, Luiz Olavo Baptista esclarece, com acerto, que se trata de uma relação contratual *sui generis*[175].

1.5. A natureza jurisdicional da autoridade do árbitro

A natureza privada da relação entre partes e árbitro em nada afeta *o poder jurisdicional* deste (a dimensão *pública* originada de uma relação jurídica *privada*).

Conforme indicado na Introdução, durante muito tempo, houve extensos debates a respeito da natureza jurídica da arbitragem[176], particularmente em países em que a legislação exigia a homologação judicial da sentença arbitral, como ocorria no Brasil antes da lei 9.307/96[177]. Hoje, considerando-se que na maioria dos países não há mais a necessidade da homologação judicial[178], está mais claro que esses debates sobre a natureza jurídica da arbitragem possuem pouca utilidade prática[179].

Rapport finale sur le statut de l'arbitre, **Bulletin de la Cour Internationale d'Arbitrage de la CCI**, v. 7, nº 1, maio de 1996. p. 28-59).

[174] Neste ponto, concordamos com João Bosco Lee e Maria Cláudia Procopiak. A obrigação da revelação do árbitro – está influenciada por aspectos culturais ou existe um verdadeiro standard universal? In: **Revista Brasileira de Arbitragem**, v. 14, 2007. p. 17-18.

[175] **Arbitragem comercial internacional**. São Paulo: Lex Magister, 2011. p. 176-177.

[176] Também a respeito desse tópico, ver Debora Visconte. **A jurisdição dos árbitros e seus efeitos**. Dissertação (Mestrado). Faculdade de Direito da Universidade de São Paulo, 2009. p. 16-23.

[177] Neste sentido, Carlos Alberto Carmona. **Arbitragem e processo**: um comentário à lei 9.307/96. 3.ed. São Paulo: Atlas, 2009. p. 276.

[178] A Itália ainda parece ser uma exceção, pois prevê o depósito do laudo arbitral em juízo (artigo 825, do *Codice di Procedura Civile*), a despeito de algumas evoluções recentes decorrentes de reformas legislativas. A título de exemplo, hoje, após a reforma de 2006, o artigo 824-bis do *Codice di Procedura Civile* dispõe que: *"Salvo quanto disposto dall'articolo 825, il lodo ha dalla data della sua ultima sottoscrizione gli effetti della sentenza pronunciata dall'autorità giudiziaria"*. A despeito disso, ainda permanecem acesos naquele país os debates a respeito da natureza jurídica da sentença arbitral. Neste contexto, o trabalho de Giovanni Bonato, classificando o debate italiano como um "grande dilema" (**La natura e gli effetti del lodo arbitrale**: *studio di diritto italiano e comparato*, Napoli: Jovene, 2012, passim). O autor também

ÁRBITRO E DIREITO

Atualmente, a maior parte das legislações nacionais reconhece que: **(i)**, via de regra, a obrigação do árbitro de julgar nasce de um contrato, a partir do qual as partes lhe *confiam* a resolução de sua disputa (ressalvada a hipótese de incidência legal do princípio competência-competência, conforme será detalhado no próximo item); **(ii)** o árbitro possui poder de dizer o direito no caso concreto, tendo a sua decisão a mesma *autoridade* que a decisão de um juiz togado. Daí o *binômio confiança-autoridade* a que se fez referência na Introdução. Daí a natureza *híbrida* da arbitragem, sendo *contratual* em sua origem e *jurisdicional* em sua função[180], tal como reconhecido em diversas legislações nacionais, como é o caso da lei brasileira. Para reforçar o entendimento a respeito do caráter *jurisdicional* da arbitragem, basta ler os referidos artigos 18[181] e 31[182] da lei 9.307/96[183].

O aspecto jurisdicional da atuação do árbitro relaciona-se com outro elemento importante: a competência para analisar a sua própria competência.

---

parece sustentar a natureza híbrida da sentença arbitral, considerando-a um ato privado com caráter jurisdicional, dentro de um conceito amplo de jurisdição (p. 251).

[179] Conforme reconhece Carlos Alberto Carmona. **Arbitragem e processo:** um comentário à lei 9.307/96. 3.ed. São Paulo: Atlas, 2009. p. 27.

[180] Carlos Alberto Carmona. **Arbitragem e processo**: um comentário à lei 9.307/96. 3.ed. São Paulo: Atlas, 2009. p. 27). Eduardo Silva Romero ressalta a confiança como a base da arbitragem, dentro de sua natureza híbrida (**El Contrato de Arbitraje,** coord. Eduardo Silva Romero, Bogotá: Legis Editores, 2005. p. xvii).

[181] "Art. 18. O árbitro é juiz de fato e de direito, e a sentença que proferir não fica sujeita a recurso ou a homologação pelo Poder Judiciário."

[182] "Art. 31. A sentença arbitral produz, entre as partes e seus sucessores, os mesmos efeitos da sentença proferida pelos órgãos do Poder Judiciário e, sendo condenatória, constitui título executivo."

[183] Diz Carlos Alberto Carmona: "o art. 31 determina que a decisão final dos árbitros produzirá os mesmos efeitos da sentença estatal, constituindo a sentença condenatória título executivo que, embora não oriundo do Poder Judiciário, assume a categoria de judicial. O legislador optou, assim, por adotar a tese da jurisdicionalidade da arbitragem, pondo termo à atividade homologatória do juiz estatal, fator de emperramento da arbitragem" (**Arbitragem e processo:** um comentário à lei 9.307/96. 3.ed. São Paulo: Atlas, 2009. p. 26).

1.6. A competência do árbitro para analisar a sua própria competência

Como visto, o árbitro é aquele a quem se *confia* a decisão de um conflito. Em sua mais recente obra, Jan Paulsson é claro ao incluir a *confiança* como parte integrante do conceito de arbitragem[184]. A confiança também está na base do conceito de arbitragem de Charles Jarrosson[185]. Por outro lado, parece-nos incorreto afirmar que a base da autoridade do árbitro é, *sempre e necessariamente, o consentimento das partes para submeter a disputa à arbitragem*. Nem todas as legislações permitem essa conclusão.

A legislação brasileira, por exemplo, não admite esta afirmação, senão com ressalvas. Isso porque o parágrafo único do artigo 8º, da lei 9.307/96, diz o oposto: *"caberá ao árbitro decidir de ofício, ou por provocação das partes, as questões acerca da existência, validade e eficácia da convenção de arbitragem e do contrato que contenha a cláusula compromissória"*. Trata-se do conhecido princípio competência-competência[186]. Se a própria lei prevê que o árbitro é competente mesmo diante da *inexistência* da convenção de arbitragem, não há que se dizer que o *consentimento* para submeter a disputa à arbitragem é a base da autoridade do árbitro *em qualquer hipótese*.

Sendo mais específico, o *consentimento para submeter disputa (determinada ou determinável) à arbitragem é elemento categorial essencial* da convenção de arbitragem, valendo-se da classificação de Antonio Junqueira de Azevedo[187]. Como diz o autor: *"elementos categoriais não resultam da vontade das partes, mas, sim, da ordem jurídica"*[188]. Isso equivale a dizer que, sem esse consentimento específico, não *existe* o negócio jurídico convenção

---

[184] *"The idea of arbitration is that of binding resolution of disputes accepted with serenity by those who bear its consequences because of their special trust in chosen decision-makers"* (**The idea of arbitration**, Oxford University Press, 2013. p. 1).

[185] *"L'arbitrage est l'institution par laquelle un tiers règle le différend qui oppose deux ou plusieurs parties, en exerçant la mission juridictionnelle qui lui a été confieé par celles-ci"* (La notion d'arbitrage, in **El Contrato de Arbitraje,** coord. Eduardo Silva Romero, Bogotá: Legis Editores, 2005. p. 6).

[186] Para um estudo a respeito deste princípio, tanto no direito brasileiro, quando em legislações estrangeiras, ver Rafael Francisco Alves. **A Inadmissibilidade das medidas antiarbitragem no direito brasileiro,** São Paulo: Atlas, 2009, p. 58-94 e 135-204.

[187] AZEVEDO, Antonio Junqueira de. **Negócio jurídico:** existência, validade e eficácia. 4.ed. São Paulo: Saraiva, 2002. p. 35-37.

[188] AZEVEDO, Antonio Junqueira de. **Negócio jurídico:** existência, validade e eficácia. 4.ed. São Paulo: Saraiva, 2002. p. 35.

de arbitragem e não incide o regime jurídico previsto em lei para essa categoria de negócio jurídico (exceção feita à incidência do referido parágrafo único do artigo 8º). Ainda assim, pode o árbitro ser *competente* para decidir justamente a respeito da *inexistência* desse negócio jurídico (novamente, incidindo o parágrafo único do artigo 8º). Em outras palavras, o árbitro seria competente *a despeito da ausência de consentimento das partes para submeter qualquer disputa à arbitragem*. Neste caso, o árbitro seria competente *apenas* para reconhecer a sua *ausência* de competência para julgar o mérito da disputa, isto é, *a ausência de consentimento das partes para submeter qualquer disputa (determinada ou determinável) à arbitragem*. Do contrário, isto é, se o árbitro decidir pela sua competência para julgar o mérito da disputa na hipótese aventada (em que não há consentimento das partes para submeter qualquer disputa à arbitragem), neste caso a sentença arbitral poderá ser anulada pelo artigo 32, I, da lei 9.307/96. Esse é o nosso entendimento do que disciplina a lei brasileira a respeito.

Assim, o princípio competência-competência encerraria um aparente paradoxo[189]: se a convenção de arbitragem é *inexistente*, qual seria a fonte do poder jurisdicional dos árbitros? Neste caso, só pode ser mesmo a própria lei, tal como ocorre no direito brasileiro. O suporte fático para a correta aplicação do parágrafo único do artigo 8º, da lei 9.307/96, é a "aparência"[190] de convenção de arbitragem[191]. Aparência essa que seria verificada em análise *prima facie*. Onde estará a *confiança* neste caso? Nesta hipótese peculiar, a confiança depositada no árbitro provém diretamente do *legislador (ex vi legis)*, pois não há aqui convenção de arbitragem[192].

---

[189] Conforme já analisado em Rafael Francisco Alves. **A inadmissibilidade das medidas antiarbitragem no direito brasileiro**. São Paulo: Atlas, 2009. p. 147-150.

[190] A respeito dessa "aparência", também diz Antonio Junqueira de Azevedo: "se o elemento geral faltante for intrínseco (ou constitutivo), aquela aparência de negócio ("negócio inexistente") será fato jurídico, ou, quem sabe, se houver agente, poderá ser um ato jurídico não negocial, e a cada uma dessas situações corresponderão regras específicas. A exata identificação do negócio dentro de uma categoria, por outro lado, através da exata consciência dos *elementos categoriais*, é fundamental para se saber qual o *regime jurídico* a ele aplicável" (**Negócio jurídico**: *existência, validade e eficácia*. 4.ed., São Paulo: Saraiva, 2002. p. 40).

[191] A respeito dessa conclusão, ver Rafael Francisco Alves. **A inadmissibilidade das medidas antiarbitragem no direito brasileiro**. São Paulo: Atlas, 2009. p. 148-150.

[192] Mesmo Pontes de Miranda já vislumbrava a possibilidade de haver "juízo arbitral sem ter havido compromisso": "se a origem do juízo arbitral é a *lei*, ninguém se comprometeu.

FUNDAMENTOS E LIMITES DA APLICAÇÃO DO DIREITO PELO ÁRBITRO

Mas o cenário pode ser diverso: também pode haver *confiança* das partes para que o árbitro decida *somente* a respeito de sua própria competência, ou seja, pode haver *consentimento* das partes *somente* para o fim de se determinar a competência dos árbitros. Em muitos casos, as partes *consentem* com a escolha de determinado árbitro ou com a composição de determinado tribunal arbitral, sem que isso implique também e necessariamente o *consentimento* para se submeter à arbitragem no que diz respeito ao mérito da disputa. São consentimentos distintos.

Uma parte que apresente objeção à jurisdição e competência do árbitro porque entende que não há convenção de arbitragem existente, válida e eficaz que a vincule e, ao mesmo tempo, concorde em assinar o compromisso arbitral ou o termo de arbitragem (ou "ata de missão") para que esse mesmo árbitro decida a questão, não está concordando necessariamente que o árbitro decida o *mérito do caso*. Neste caso, o consentimento da parte restringe-se *somente* à fase jurisdicional da arbitragem. Em outras palavras, a parte *confia* que o árbitro reconhecerá sua própria incompetência ou falta de jurisdição (ainda que esta mesma parte tenha que discorrer, em caráter subsidiário, sobre o mérito da arbitragem, conforme o princípio da eventualidade). Se a parte não apresentar tais objeções perante o árbitro no momento oportuno, entender-se--á (pelo menos, quando for aplicável a lei brasileira) que o seu *consentimento* em participar da arbitragem estende-se também ao mérito da disputa, de tal forma que esta parte não poderá invocar a inexistência, invalidade ou ineficácia da convenção de arbitragem posteriormente, a teor do que dispõe o artigo 20, *caput*, da lei 9.307/96[193], e também

---

O dever e a obrigação de nomear árbitro, ou árbitros, resultam de regra jurídica *legal* [...] Então, nem há compromisso, nem negócio jurídico entre árbitro ou árbitros e os interessados na solução da controvérsia" (**Tratado de Direito Privado**: *parte especial* – direitos das obrigações, t. XXVI, atualizado por Ruy Rosado de Aguiar Júnior e Nelson Nery Jr., São Paulo: Editora Revista dos Tribunais, 2012. p. 519).

[193] "Art. 20. A parte que pretender argüir questões relativas à competência, suspeição ou impedimento do árbitro ou dos árbitros, bem como nulidade, invalidade ou ineficácia da convenção de arbitragem, deverá fazê-lo na primeira oportunidade que tiver de se manifestar, após a instituição da arbitragem". Sobre este momento preclusivo, ver STJ, REsp 1.082.498, Rel. Min. Luis Felipe Salomão, DJ 4.12.2012.

ÁRBITRO E DIREITO

conforme reconhecido na jurisprudência do Superior Tribunal de Justiça envolvendo sentenças arbitrais estrangeiras[194].

1.7. Independência e imparcialidade do árbitro à luz da confiança das partes

A independência e a imparcialidade[195] são atributos essenciais de qualquer julgador e vale especialmente para o árbitro[196]. Esses dois atributos também estão intimamente relacionados com a relação de *confiança* que existe entre árbitros e partes. Um árbitro que não seja independente e imparcial não inspira confiança e, por isso, não pode ser árbitro.

A confiança de que se fala aqui, mais uma vez, não é aquela de cunho *subjetivo*. Trata-se de um *padrão objetivo de conduta* e está relacionado com a possibilidade de *poder influenciar o árbitro com seus argumentos*, isto é, participar e colaborar para a formação da convicção do árbitro, respeitado o devido processo legal, e sempre à luz das *circunstâncias objetivas* que envolvem a relação entre partes, árbitros e o conflito em questão[197]. As partes *confiam* que o árbitro, sendo independente e imparcial à luz dessas *circunstâncias objetivas*, estará aberto a ouvir os seus argumentos e convencer-se de que têm razão no mérito da disputa (pelo menos, cada parte assim entende).

---

[194] SEC 856, Rel. Min. Carlos Alberto Menezes Direito, DJ 27.06.2005; SEC 866, Rel. Min. Felix Fischer, DJ 16.10.2006. SEC 11.593, Rel. Min. Benedito Gonçalves, DJ 18.12.2015.

[195] Sobre a distinção entre esses atributos, diz Carlos Alberto Carmona: "em boa técnica, diferencia-se a imparcialidade da independência: aquela é uma predisposição do espírito, esta uma situação de fato; a independência pode ser apreciada objetivamente, enquanto a imparcialidade só pode ser avaliada pela prática" (**Arbitragem e processo**: um comentário à lei 9.307/96. 3.ed. São Paulo: Atlas, 2009. p. 242-243).

[196] Novamente, CARMONA, Carlos Alberto Carmona. **Arbitragem e processo**: um comentário 9.307/96. 3.ed. São Paulo: Atlas, 2009. p. 297-298.

[197] Adotamos aqui o conceito de imparcialidade que foi desenvolvido por Carlos Eduardo Stefen Elias. O autor não deixa de reconhecer que há algo de *subjetivo* na definição da imparcialidade como possibilidade de influência e, a partir disso, desenvolve também a ideia da *aparência* inferida a partir da realidade dos fatos, ou seja, buca uma análise objetiva das circunstâncias do caso, estabelecendo, assim, "premissas de estrutura" e "premissas de conteúdo" (**Imparcialidade dos árbitros**. Tese (Doutorado), Faculdade de Direito da Universidade de São Paulo. São Paulo, 2014, p. 81 e ss, 218-219.

Por outro lado, as partes também não devem ter, em princípio, qualquer *razão objetiva* para *desconfiar* desse árbitro, pois, do contrário, poderão valer-se dos *mecanismos legais* para impugná-lo.

Na legislação brasileira, esses dois atributos do árbitro (independência e imparcialidade) são *limites* claros ao seu papel na aplicação do direito e estão resguardados por diversos dispositivos.

Primeiro, o artigo 13, já referido anteriormente, determina: *"no desempenho de sua função, o árbitro deverá proceder com imparcialidade, independência, competência, diligência e discrição"*. Além disso, o artigo 14 estabelece que: *"estão impedidos de funcionar como árbitros as pessoas que tenham, com as partes ou com o litígio que lhes for submetido, algumas das relações que caracterizam os casos de impedimento ou suspeição de juízes, aplicando-se-lhes, no que couber, os mesmos deveres e responsabilidades, conforme previsto no Código de Processo Civil"*. Por sua vez, o artigo 21, parágrafo 2º, estabelece que: *"§ 2º Serão, sempre, respeitados no procedimento arbitral os princípios do contraditório, da igualdade das partes, da imparcialidade do árbitro e de seu livre convencimento"*. Para completar a regulação desse *limite* imposto à atuação árbitro, o artigo 32 tratando das hipóteses de anulação da sentença arbitral, prevê dois dispositivos para atacar a sentença viciada por quem não poderia ser árbitro, o inciso II[198] e o inciso VIII[199].

Embora haja referência expressa da lei brasileira de arbitragem ao Código de Processo Civil, é preciso ter clareza que os *critérios e padrões de conduta* relativos à independência e imparcialidade não podem ser totalmente coincidentes para juízes e árbitros[200]. A expressão *"no que couber"* constante do *caput* do artigo 14, da lei 9.307/96, reproduzido acima não é despropositada. Logo de saída, é fácil perceber que há uma *relação distinta* entre árbitros e partes que também projeta efeitos sobre os critérios que devam ser utilizados para a impugnação de um árbitro por suposta falta de independência ou de imparcialidade.

Como já mencionado na Introdução, via de regra, árbitros e partes possuem *vínculo contratual* e, na generalidade dos casos, são as partes

---

[198] "Art. 32. É nula a sentença arbitral se: [...] II – emanou de quem não podia ser árbitro".

[199] "Art. 32. É nula a sentença arbitral se: [...] VIII – forem desrespeitados os princípios de que trata o art. 21, § 2º, desta Lei."

[200] Concordamos, neste ponto, com ELIAS, Carlos Eduardo Stefen. **Imparcialidade dos árbitros**. Tese (Doutorado), Faculdade de Direito da Universidade de São Paulo. São Paulo, 2014. p. 180-184.

que *escolhem* os árbitros. Esse ato de escolha frequentemente recai sobre um profissional que está *próximo*, seja por pertencer a uma mesma comunidade (por exemplo, a comunidade dos usuários da arbitragem), seja por compartilhar determinada visão do direito (ou, mais especificamente, do direito contratual), seja por sua *expertise* em determinada matéria. Enfim, há *relativa proximidade* entre árbitros e partes dentro de um ambiente institucional que em nada se assemelha com os requisitos de *impessoalidade* e *generalidade* típidos do Poder Judiciário[201]. Por consequência, parece claro que os *critérios* de aferição da independência e de imparcialidade não podem ser exatamente os mesmos para árbitros e juízes[202].

Como corolário desses dois atributos do árbitro (independência e imparcialidade), o dever de revelação também é reconhecido por diversas legislações nacionais e regras institucionais[203], como é o caso da lei brasileira, no artigo 14, parágrafo 1º: *"§ 1º As pessoas indicadas para funcionar como árbitro têm o dever de revelar, antes da aceitação da função, qualquer fato que denote dúvida justificada quanto à sua imparcialidade e independência"*. O dever de revelação é inerente à *transparência* que se espera de qualquer árbitro zeloso da *confiança* que as partes lhe depositam. Sem transparência, não é possível haver confiança e, por isso, o dever de revelação persiste durante todo o procedimento arbitral[204]. Na verdade, o dever de

---

[201] Novamente, ELIAS, Carlos Eduardo Stefen. **Imparcialidade dos árbitros**. Tese (Doutorado), Faculdade de Direito da Universidade de São Paulo. São Paulo, 2014. p. 180-181.

[202] Conclui Carlos Eduardo Stefen Elias: "as diferenças fundamentais entre o estatuto do árbitro e do juiz demandam não apenas a construção de normas concretas aplicáveis somente ao primeiro (...), como também uma interpretação particular das causas de impedimento e suspeição previstas na lei (além de outras regras vinculantes), interpretação essa que, para o árbitro, afasta-se da interpretação aplicável ao juiz" (**Imparcialidade dos árbitros**. Tese (Doutorado), Faculdade de Direito da Universidade de São Paulo. São Paulo, 2014. p. 183).

[203] Para um panorama das diversas regras a respeito em legislações nacionais e regulamentos institucionais, ver ELIAS, Carlos Eduardo Stefen. **Imparcialidade dos árbitros**. Tese (Doutorado). Orientador: Prof. Dr. Carlos Alberto Carmona, Faculdade de Direito da Universidade de São Paulo. São Paulo, 2014, p. 191-192.

[204] Nas palavras de Luiz Olavo Baptista: "o árbitro sabe que só pode exercer a sua missão enquanto conservar a confiança das partes. Por isso, o dever de transparência, garantidor da independência, requisito fundamental, persiste durante todo o curso da arbitragem" (**Arbitragem Comercial Internacional**. São Paulo: Lex Magister, 2011. p. 173).

FUNDAMENTOS E LIMITES DA APLICAÇÃO DO DIREITO PELO ÁRBITRO

revelação *precede*, inclusive, a *instituição* da arbitragem, de tal forma que sua natureza não é processual, mas *contratual*[205].

Assim, a imposição do dever de revelação visa primordialmente à tutela da confiança das partes. É justamente essa a razão pela qual os parâmetros que delimitam o dever de revelação *não se confundem* com os parâmetros utilizados para a impugnação de um árbitro. Em outras palavras, o rol de causas que fazem incidir o dever de revelação de um árbitro é sempre e necessariamente *maior* do que o rol das causas que permitem a sua impugnação por falta de independência ou imparcialidade[206]. A razão é simples: ao cumprir seu dever de revelação, o árbitro está preservando a *relação de transparência* que é a base da confiança que as partes lhe depositam, mas isso não o desqualifica necessariamente para atuar como árbitro. Pelo contrário, é comum que um árbitro faça revelações sobre fato ou circunstância que possa levantar *dúvida* sobre sua imparcialidade e independência, ao mesmo tempo em que aceita o encargo para atuar como árbitro porque não se considera suspeito ou impedido. Portanto, nem todo fato que requeira revelação comprometerá necessariamente a independência ou imparcialidade do árbitro.

Aliás, essa é a razão pela qual a *International Bar Association* ("IBA") em suas diretrizes a respeito dos conflitos de interesse em arbitragem internacional (2004)[207] classifica em três listas as causas de possíveis conflitos de interesse: (i) aquelas causas que não ensejam a impugnação do árbitro, nem o dever de revelação ("Lista Verde"), (ii) aquelas que fazem incidir apenas o dever de revelação, mas não conduzem necessariamente à impugnação do árbitro, de tal forma que *"ficará implícita a aceitação do árbitro pelas partes se, após tal divulgação, não for apresentada objeção em tempo hábil"* ("Lista Laranja") e, por fim, (iii) aquelas *"situações específicas que, à luz dos fatos pertinentes a uma determinada controvérsia, poderiam suscitar dúvidas justificáveis a respeito da imparcialidade e independência do árbitro – nessas circunstâncias, um conflito de interesses objetivo existe sob*

---

[205] Com razão, novamente, ELIAS, Carlos Eduardo Stefen. **Imparcialidade dos árbitros**. Tese (Doutorado), Faculdade de Direito da Universidade de São Paulo. São Paulo, 2014. p. 194.

[206] Novamente, ELIAS, Carlos Eduardo Stefen. **Imparcialidade dos árbitros**. Tese (Doutorado), Faculdade de Direito da Universidade de São Paulo. São Paulo, 2014. p. 194.

[207] Disponível em: http://www.ibanet.org/Publications/publications_IBA_guides_and_free_materials.aspx. Acesso em: mai. 2018.

o ponto de vista razoável de um terceiro com conhecimento acerca dos fatos relevantes" ("Lista Vermelha"), de tal forma que o árbitro somente poderia prosseguir se, dentro das circunstâncias que seriam consideradas de menor gravidade ("Lista Vermelha renunciável"), houvesse concordância expressa das partes, tudo conforme esclarecimentos da própria IBA[208].

A corroborar o entendimento de que o dever de revelação buscar tutelar, primordialmente, *a confiança das partes*, as diretrizes da IBA deixam claro que, ao tomar uma decisão a respeito do que revelar, o árbitro deverá considerar o que poderia levantar dúvidas sobre a sua independência e imparcialidade *"aos olhos das partes"*[209], justamente porque estas são as destinatárias da regra[210]. Em caso de dúvida, esta deve ser resolvida em favor da divulgação[211]. Para confirmar, esclarecem as Diretrizes nos comentários ao Princípio Geral 3(b): *"a divulgação não constitui, em si, um reconhecimento da existência de conflito de interesses. O árbitro que tiver realizado uma divulgação às partes considera-se imparcial ou independente em relação a elas, a despeito dos fatos divulgados (caso contrário, teria recusado sua indicação ou apresentado sua renúncia). O árbitro que realiza a divulgação sente-se assim capaz de levar a bom termo suas atribuições. O objetivo da divulgação é permitir às partes julgar se concordam ou não com a avaliação do árbitro, aprofundando-se na questão se assim o desejarem. O Grupo de Trabalho espera que a promulgação deste Princípio Geral afaste a falsa premissa de que a divulgação por si só suscita dúvidas que bastariam para desqualificar o árbitro."*

A propósito, a *confiança* das partes é sempre o melhor parâmetro quando se trata de avaliar impugnações ao árbitro por falta de indepen-

---

[208] Disponível em: http://www.ibanet.org/Publications/publications_IBA_guides_and_free_materials.aspx.Acesso em: mai. 2018.

[209] Diz o "Princípio Geral nº 3 (a)" das Diretrizes da IBA: "(a) *Se houver fatos ou circunstâncias que, aos olhos das partes, possam suscitar dúvidas quanto à imparcialidade ou independência do árbitro, cumpre ao árbitro divulga-los às partes, à instituição arbitral ou a outra autoridade responsável pela nomeação (se houver, e se assim requerido por força das normas institucionais aplicáveis) e aos co-árbitros, se houver, antes de aceitar sua nomeação ou, após tal aceitação, assim que deles tiver conhecimento".*

[210] Carlos Alberto Carmona também ressalta que o parâmetro é o "ponto de vista das partes" (**Arbitragem e processo**: um comentário à lei 9.307/96. 3.ed. São Paulo: Atlas, 2009, p. 254).

[211] Determina o "Princípio Geral nº 3 (c)" das Diretrizes da IBA: "(c) *Eventual dúvida quanto à necessidade de divulgação de determinados fatos ou circunstâncias por um árbitro deve ser dirimida em favor da divulgação".*

FUNDAMENTOS E LIMITES DA APLICAÇÃO DO DIREITO PELO ÁRBITRO

dência ou imparcialidade. Por isso, o critério mais confiável continua sendo o *"binômio ciência-anuência"*[212]. Se as partes conhecem a causa de suspeição ou impedimento e concordam com a permanência do árbitro, via de regra, a questão estará solucionada[213].

O dever de revelação é importante justamente para resguardar o elemento "ciência" desse binômio e, assim, preservar a confiança que as partes depositam no árbitro. Muitas vezes, o árbitro, ao fazer uma revelação, já adianta que, se houver algum desconforto de qualquer das partes, recusará o encargo que lhe foi proposto (mesmo não havendo necessariamente uma relação entre as causas de revelação e as causas de impugnação, como visto), justamente com o intuito de preservar a confiança que deve ser base da arbitragem. Um procedimento arbitral que se inicie sob o rótulo da desconfiança, dificilmente cumprirá a contento o seu propósito.

Neste ponto, concordamos com João Bosco Lee e Maria Cláudia de Assis Procopiak, quando afirmam que, embora o dever de revelação possa ter caráter universal, no sentido de que se aplica ao próprio conceito de árbitro, a forma pela qual esse dever é, em concreto, exercido depende do *contexto* em que está inserido, particularmente do contexto *cultural*[214]. Daí porque, novamente, não basta atentar apenas para as legislações nacionais, sendo importante também investigar como essas

---

[212] Para análise mais aprofundada a respeito desse binômio, ver Rafael Francisco Alves. *A imparcialidade do árbitro no direito brasileiro: autonomia privada ou devido processo legal?*. In: **Revista de Mediação e Arbitragem**, ano 2, v. 7, RT, 2005, p. 109-125. Concordando parcialmente com o conceito e os efeitos desse binômio, mas realizando algumas precisões conceituais, Elias, Carlos Eduardo Stefen. **Imparcialidade dos árbitros.** Tese (Doutorado), Faculdade de Direito da Universidade de São Paulo. São Paulo, 2014. p. 203-206.

[213] Este parece ser também o entendimento de Carlos Alberto Carmona, que também faz menção à confiança das partes no árbitro: "os motivos que levam ao afastamento de árbitros, porém, não pode ser considerados absolutos. Em outros termos, mesmo nas hipóteses claras de impedimento e suspeição, podem perfeitamente as partes, conhecendo a circunstância, acordar na indicação do árbitro. [...] Mais ainda: considerando que a arbitragem está estruturada na confiança que as partes depositam no árbitro, o que impediria os litigantes de nomearem um amigo comum (...) para resolver-lhes a pendência?" (**Arbitragem e processo**: um comentário à lei 9.307/96. 3.ed. São Paulo: Atlas, 2009. p. 252-253).

[214] Nas palavras dos autores: "falar-se em dever universal e uniforme de revelação é menos realista do que idealista. [...] Este dever pode ser universal enquanto obrigatório a todo e qualquer árbitro internacional, porém, a forma como é cumprido está irremediavelmente calcada em uma matriz cultural, inerente ao árbitro, impossível de ser abstraída" (A obri-

ÁRBITRO E DIREITO

legislações são aplicadas na prática, seu *contexto sociocultural* e seu grau de efetividade.

1.8. Hermenêutica e autoridade do árbitro: sua missão perante as partes

Ficou conhecido, nos Estados Unidos, o movimento dos chamados "meios alternativos de solução de conflitos" (*Alternative Dispute Resolution* ou simplesmente "ADR"), que ganharam força, sobretudo, nas décadas de 80 e 90, meios dentre os quais se inclui a arbitragem. Também ficaram conhecidos aqueles que, desde o início, se opuseram à generalização dos ADR como *substitutos* do processo judicial. Entre esses opositores, está Owen Fiss[215].

Owen Fiss criticou aqueles que propunham o incentivo aos ADRs como política judicial, particularmente em relação à composição amigável (via mediação ou conciliação, por exemplo), por acreditar que eles seriam substitutos ruins para a sentença do juiz. Para o autor, o processo judicial é mais do que um simples método de resolução de disputas em busca da pacificação das partes. É, na verdade, o exercício de um poder conferido aos juízes para fazer valer o texto da Constituição e das leis[216]. Neste ponto, seu argumento pode ser estendido para outras ordens jurídicas, ou seja, para além das particularidades do Poder Judiciário norte-americano: em grande parte dos sistemas judiciais, a missão dos juízes é fazer cumprir a Constituição e as leis. Seria essa, igualmente, a missão dos árbitros? A relação dos árbitros com a Constituição e as leis seria a mesma? A crítica do autor poderia se voltar também contra a expansão da arbitragem, como "substituta" do processo judicial?

O árbitro não se presta a *substituir* o juiz, assim como a arbitragem tampouco é um método que possa ser visto como *substituto* do Poder Judiciário. São métodos distintos, com escopos distintos, racionalidades distintas. Em comum, possuem o exercício da jurisdição (pelo menos de

gação da revelação do árbitro – está influenciada por aspectos culturais ou existe um verdadeiro standard universal?. In: **Revista Brasileira de Arbitragem**, v. 14, 2007. p. 22).

[215] Ver, em particular, seu artigo Against Settlement. In: **Yale Law Journal**, v. 93, 1983-1984, p. 1073-1090. Para a versão em português de seu artigo, ver Owen Fiss. **Um novo processo civil**, Carlos Alberto de Salles (coord.), Daniel Porto Godinho da Silva e Melina de Medeiros Rós (trad.). São Paulo: Revista dos Tribunais, 2004. p. 121-145.

[216] Against Settlement. In: **Yale Law Journal**, v. 93, 1983-1984. p. 1085.

acordo com o direito brasileiro) e, nisso, são complementares. Portanto, a arbitragem pode ser vista como uma *alternativa* ao Poder Judiciário, mas de modo algum uma *substituta*[217]. Essa relação de *complementariedade* decorre do âmbito restrito em que a arbitragem pode se desenvolver. No direito brasileiro, como visto acima, apenas no campo restrito dos *direitos patrimoniais disponíveis*, ou seja, somente no campo do que as partes podem, livremente, dispor. Em poucas palavras, se as partes podem contratar, elas podem submeter esse contrato à arbitragem. É o campo da liberdade em sua essência, regulada pelo direito privado[218], não pelo direito público. Justamente por isso é que faz sentido atribuir uma *missão particular* ao árbitro, que não coincide inteiramente com aquela relativa ao juiz. Qual seria então a missão do árbitro?

Como já visto na Introdução deste trabalho, a missão do árbitro diz respeito *primordialmente* às partes, porque ele não tem, em princípio, um compromisso com a *integridade ou coerência* da ordem jurídica, tal como um juiz. Em primeiro lugar, caberia perguntar: houvesse tal compromisso, à qual ordem jurídica ele diria respeito? Àquela da qual o árbitro faz parte como cidadão ou àquele da qual ele participa na qualidade de árbitro? Na linha do que foi exposto na Introdução, como defender que um estrangeiro (ou economista, engenheiro ou qualquer outra profissão) tenha responsabilidade pela integridade da *ordem jurídica* de um determinado país? Da mesma forma, havendo potencial *multiplicidade de ordens jurídicas* a que eventualmente estará sujeito o árbitro, como visto nos itens anteriores deste Capítulo, como escolher aquela à qual ele deveria zelar pela integridade? Caberia a ele

---

[217] Carlos Alberto Carmona critica a terminologia dos "meios alternativos", preferindo falar em "meios adequados" de solução de conflitos (**Arbitragem e processo**: um comentário à lei 9.307/96. 3.ed. São Paulo: Atlas, 2009. p. 32-33).

[218] Afirma Cristiano de Sousa Zanetti: "o contrato é um instrumento privilegiado da autonomia privada. Trata-se provavelmente da mais importante espécie de negócio jurídico. Por seu intermédio, as partes podem criar, modificar e extinguir relações jurídicas obrigacionais. A delimitação do conteúdo do negócio fica essencialmente a cargo dos contratantes. Para o direito privado, todos são livres para assumir os riscos julgados apropriados. Não podem depois, todavia, recusar as consequências de sua materialização. Liberdade e responsabilidade são faces de uma mesma moeda. Sem isso não há sociedade de direito privado. Sem isso não há cidadãos" (O risco contratual. In: Teresa Ancona Lopez; Patrícia Faga Iglecias Lemos; Otavio Luiz Rodrigues Junior. (Org.). **Sociedade de risco e Direito privado**: desafios normativos, consumeristas e ambientais. São Paulo: Atlas, 2013. p. 455-456).

zelar pela *integridade jurídica* de todas elas? Como se percebe, a própria formulação dessas perguntas é suficiente para demonstrar que não são totalmente *adequadas* ao contexto da arbitragem, discussão que será aprofundada nos Capítulos 2 e 3.

A relação do árbitro com o direito aplicável deve ser repensada em bases distintas. A despeito disso, permanece íntegra a sua *função juris-dicional*. O tema foi bem colocado por Cândido Rangel Dinamarco em passagem reproduzida na Introdução. Entende o autor que *"não se inclui entre os escopos da jurisdição arbitral o de oferecer resguardo ao direito objetivo"*, ou seja, o chamado "escopo jurídico da jurisdição", e conclui: *"sem ser um guardião da legalidade, o árbitro não tem qualquer compromisso com o interes-se público, ao qual a própria arbitragem não se associa"*[219]. O principal escopo a que se volta a arbitragem é o da *pacificação*, ou seja, a sua função de *resolver disputas*, e nisto equipara-se ao Poder Judiciário em sua *atividade jurisdicional*[220]. Mas ao contrário do que propõe Owen Fiss em relação à atuação do juiz, o árbitro não tem, *em princípio*, uma missão para além de resolver a disputa entre as partes, não tem, em particular, a missão de *necessariamente* preservar a ordem jurídica ou a ordem constitucional, da forma como ocorre com um juiz. Até que ponto o árbitro possui *algum papel* em relação à *integridade* de determinada ordem jurídica é discussão a ser aprofundada no Capítulo 3, ao se tratar da aplicação de normas co-gentes e do controle da ordem pública pelo árbitro.

Como se percebe, existem diversas nuances na aplicação do direito pelo árbitro. Tanto quanto o juiz, o árbitro também exerce função her-menêutica, de interpretação e aplicação do direito. Nesse processo, também o árbitro está às voltas com a necessidade de valorar, de aten-der a valores presentes na ordem social e jurídica. Não há interpretação sem valoração[221]. Mas a missão do árbitro parece ser *distinta* daquela que

---

[219] DINAMARCO, Cândido Rangel. **A arbitragem na teoria geral do processo**. São Paulo: Malheiros, 2013. p. 64-65.

[220] DINAMARCO, Cândido Rangel. **A arbitragem na teoria geral do processo**. São Paulo: Malheiros, 2013. p. 40. Por outro lado, não concordamos com a posição do autor, em pe-ríodo imediatamente anterior ao trecho aqui reproduzido, no sentido de que caberia ao árbitro atender ao escopo da *educação*. Não nos parece que a arbitragem sirva ao atendi-mento desse escopo da jurisdição.

[221] BAPTISTA, Luiz Olavo. **Arbitragem comercial internacional**. São Paulo: Lex Magister, 2011. p. 174.

FUNDAMENTOS E LIMITES DA APLICAÇÃO DO DIREITO PELO ÁRBITRO

incumbe ao juiz. É uma *missão mais restrita*, que não se preocupa *necessariamente* com a integridade da ordem jurídica, mas sim *primordialmente* com as partes. Essa restrição faz sentido dentro do âmbito limitado de atuação do árbitro, o âmbito dos *direitos disponíveis*, campo contratual por excelência. *O público do árbitro são as partes, não a sociedade.* As nuances dessa *missão particular do árbitro* serão desenvolvidas nos Capítulos subsequentes.

1.9. O dever do árbitro de fundamentar a sentença arbitral

A sentença arbitral proferida no Brasil deve ser fundamentada. O dever de fundamentação é reconhecido em diversas legislações nacionais, como é o caso também da lei brasileira. Pelo artigo 26, inciso II, da lei 9.207/96, são requisitos obrigatórios da sentença arbitral: *"os fundamentos da decisão, onde serão analisadas as questões de fato e de direito"*. Descumprido o requisito da motivação, a sentença poderá ser anulada com base no artigo 32, III, da lei 9.307/96. A esse respeito, explica Carlos Alberto Carmona: *"estruturalmente, a fundamentação cumpre o papel de justificar – especialmente às partes – as circunstâncias que levaram o árbitro a tomar esta ou aquela escolha ao proferir sua decisão"*[222]. É a resposta que o árbitro confere às teses e aos argumentos das partes.

No Brasil, o dever de motivação possui *status* constitucional no que diz respeito *"aos julgamentos dos órgãos do Poder Judiciário"*, conforme dispõe o artigo 93, IX, da Constituição Federal[223]. Como o texto da Constituição refere-se apenas aos *órgãos do Poder Judiciário*, parece claro que a obrigatoriedade da motivação da sentença arbitral decorre *somente* de lei ordinária, como visto acima[224]. Dessa forma, ainda que a exigência exista para sentenças *nacionais*, por expressa disposição legal, não há nada que impeça, *a priori*, a homologação de uma sentença arbitral *estrangeira* sem

---

[222] **Arbitragem e processo:** um comentário à lei 9.307/96. 3.ed. São Paulo: Atlas, 2009. p. 370.

[223] "Art. 93. IX – *Todos os julgamentos dos órgãos do Poder Judiciário serão públicos, e fundamentadas todas as decisões, sob pena de nulidade, podendo a lei limitar a presença, em determinados atos, às próprias partes e a seus advogados, ou somente a estes, em casos nos quais a preservação do direito à intimidade do interessado no sigilo não prejudique o interesse público à informação".*

[224] Esse é também o entendimento de ABBUD, André de Albuquerque Cavalcanti. **Homologação de sentenças arbitrais estrangeiras.** São Paulo: Atlas, 2008. p. 215.

motivação[225]. Em outras palavras, a fundamentação da sentença arbitral pode ser uma imposição da *ordem pública interna*, mas não reflete necessariamente a *ordem pública internacional*, pois outras legislações aceitam a sentença arbitral destituída das razões de decidir[226]. Esse ponto será desenvolvido em maiores detalhes no Capítulo 3.

Retornando à sentença arbitral *nacional*, não há dúvidas sobre a existência do dever de fundamentação no direito brasileiro. Ademais, em se tratando de *ordem pública interna*, as partes sequer poderiam afastar a obrigatoriedade da motivação[227], respeitando-se aqui o livre convencimento do árbitro previsto no artigo 21, parágrafo 2º, da lei 9.30/96. Por outro lado, a lei não exige que a sentença esteja *bem fundamentada*[228]. *Para cumprir os requisitos legais, basta que a sentença seja fundamentada.* Neste ponto, perante a lei brasileira, a sentença arbitral equipara-se à sentença judicial. Desde que haja um *mínimo* de fundamentação[229] e possam ser compreendidas as razões de decidir[230], está respeitado o requisito legal. Mas, na prática, o papel do árbitro não pode parar por aí.

Na arbitragem, a realidade é que não importa apenas o ato de responder (a fundamentação em si mesma), mas também a *qualidade* dessa resposta. Tão importante quanto acolher ou rejeitar um pedido é a *qualidade* dos fundamentos desenvolvidos pelo árbitro. É possível afirmar, inclusive, que a qualidade de uma sentença arbitral está diretamente relacionada com a qualidade da sua fundamentação. Não pode o árbitro se contentar com um *mínimo* de fundamentação, porque provavelmente as

---

[225] Essa é a conclusão de ABBUD, André de Albuquerque Cavalcanti. **Homologação de sentenças arbitrais estrangeiras,** São Paulo: Atlas, 2008. p. 215.

[226] Neste sentido, ver ABBUD, André de Albuquerque Cavalcanti. **Homologação de sentenças arbitrais estrangeiras**. São Paulo: Atlas, 2008. p. 212-215.

[227] Neste sentido, ALVES, Rafael Francisco. O devido processo legal na arbitragem. In: Eduardo Jobim e Rafael Bicca Machado (coord.). **Arbitragem no Brasil:** aspectos jurídicos relevantes. São Paulo: Quartier Latin, 2008. p. 412.

[228] Nesse sentido, YARSHELL, Flávio Luiz. Caráter Subsidiário da Ação Anulatória da Sentença Arbitral. In: **Revista de Processo**, v. 207, 2012. p. 13-23.

[229] No direito italiano, Michele Taruffo fala de um "conteúdo mínimo essencial" que deve ser observado em qualquer decisão (**La motivazione della sentenza civile**, Padova, CEDAM, 1975. p. 466-467).

[230] Este é também o entendimento de Carlos Alberto Carmona: "se, apesar da concisão, for compreensível a argumentação que conduz à conclusão, o requisito é de ser tido como cumprido" (**Arbitragem e processo**: um comentário à lei 9.307/96. 3.ed. São Paulo: Atlas, 2009. p. 403).

partes tampouco se contentarão com esse *mínimo* e, dentro da relação de *confiança* que estabeleceram com o árbitro, certamente esperarão mais.

Aqui, entra em cena não apenas a dimensão jurídica da arbitragem, mas também sua perspectiva *sociológica*. Como dito na Introdução, o árbitro não tem uma relação perene com as partes. Por definição, sua missão é *transitória*[231]. Embora não exista propriamente uma profissão de árbitro, como já visto, se o árbitro pretende receber novas nomeações é justamente a *qualidade* de seu trabalho que será levada em consideração. O árbitro pode se tornar um candidato recorrente para subsequentes nomeações (o que os norte-americanos denominariam de *"repeat player"*)[232]. Via de regra, é exatamente isso o que acontece: o árbitro tem interesse em futuras nomeações. Por isso, ele também tem interesse em oferecer uma sentença de qualidade, em prestar um serviço de qualidade para as partes, pois este será o seu *capital simbólico* para futuras nomeações[233]. Assim, muito embora não se possa falar de um *dever* do árbitro de convencer as partes, há um "ônus" impróprio de fazê-lo: o árbitro que fundamente mal a sua sentença corre o risco de nunca mais ser nomeado por aquelas partes em disputa[234] e, de alguma

---

[231] A esse respeito, escreveu Thomas Clay: *"l'arbitrage n'est en effet pas un métier; c'est une mission, une fonction temporaire, mais pas une profession. Tous ceux qui sont arbitres ont en principe un autre métier, une occupation principale qui leur garantit une rémunération régulière et leur fournit un statut social. L'arbitrage est leur activité annexe»* (Qui sont les arbitres internationaux: approche sociologique. **In: Les arbitres internationaux- colloque du 4 février 2005.** Paris: Société de Législation Comparée, 2005. p. 31-32).

[232] Ademais, o fenômeno dos "repeat arbitrators" também vem chamando a atenção dos estudiosos da arbitragem. A esse respeito, ver Natalia Giraldo-Carrillo, The 'Repeat Arbitrators' Issue: A Subjective Concept, In. **International Law. Revista Colombiana de Derecho Internacional**, v. 19, 2011. p. 75-106.

[233] Sobre a importância dessa capital simbólico no campo da arbitragem, ver Garth, Bryant e Dezalay, Yves. **Dealing in virtue**: international commercial arbitration and the construction of a transnacional legal order, Chicago: University of Chicago Press, 1996, *passim*.

[234] Este também é o entendimento de Carlos Alberto Carmona, que vai além e afirma que as consequências negativas para o árbitro podem ir além das partes em disputa e afetar a sua reputação no mercado: "um laudo mal fundamentado, que revele graves equívocos dos julgadores na apreciação dos fatos, não será – *ipso facto* – sujeito a anulação; os árbitros que o proferirem, porém, provavelmente não serão chamados a participar de novos julgamentos (não só envolvendo as partes que os indicaram, mas possivelmente outras no meio em que aqueles atuam, ampliando-se consideravelmente o círculo se forem as partes atores do comércio internacional, onde uma performance desastrosa do árbitro encerra sua

forma, pode sofrer algum tipo de *sanção reputacional* no mercado, tema que também será aprofundado nos Capítulos 2 e 3. Essa dimensão *sociológica* é relevante porque joga luz sobre aspectos importantes da atuação do árbitro.

Por exemplo, é conhecida a orientação jurisprudencial no sentido de que o juiz não está obrigado a analisar cada um dos argumentos invocados pelas partes[235], muito embora o novo Código de Processo Civil (lei 13.105/15) tenha disposição expressa em sentido oposto[236]. A rigor, o árbitro também não possui um *dever propriamente dito* de responder a todos os argumentos levantados pelas partes[237]. Todavia, essa orientação não parece se aplicar integralmente à arbitragem justamente em razão da importância de o árbitro zelar pela *qualidade* de seu julgamento. Na arbitragem, o árbitro tem o "ônus" de convencer não apenas a parte que, ao final, tem razão, mas, sobretudo, a parte que foi vencida. O trabalho mais difícil do árbitro talvez seja justamente o de convencer a parte derrotada, o que ressalta a importância da fundamentação da sentença arbitral. Por isso, é tão importante declarar o voto vencido na hipótese de um tribunal arbitral em que um dos árbitros não concorde com a decisão da maioria e sua fundamentação[238]. Embora não se possa afirmar, tecnicamente, que a arbitragem se assemelhe a um contrato de mandato, conforme já rechaçado anteriormente, essa declaração de voto vencido e a própria fundamentação da sentença arbitral não deixam de ter um caráter impróprio de "prestação de contas" perante as partes. São os árbitros "prestando contas" sobre a *confiança* que lhes foi depositada pelas partes.

'carreira')" (**Arbitragem e processo**: um comentário à lei 9.307/96. 3.ed. São Paulo: Atlas, 2009. p. 370).

[235] A título exemplificativo, ver AgRg no Agravo em REsp 216.152, Rel. Min. Benedito Gonçalves, DJ 14/06/2010 e REsp Nº 1.307.085, Rel. Min. Castro Meira, DJ 10/05/2013.

[236] *"Art. 489. São elementos essenciais da sentença: (...) § 1º Não se considera fundamentada qualquer decisão judicial, seja ela interlocutória, sentença ou acórdão, que: IV – não enfrentar todos os argumentos deduzidos no processo capazes de, em tese, infirmar a conclusão adotada pelo julgador."*

[237] Neste sentido, CARMONA, Carlos Alberto. **Arbitragem e processo**: um comentário à lei 9.307/96. 3.ed. São Paulo: Atlas, 2009. p. 403).

[238] Novamente, CARMONA, Carlos Alberto. **Arbitragem e processo**: um comentário à lei 9.307/96. 3.ed. São Paulo: Atlas, 2009. p. 370).

1.10. A responsabilidade dos árbitros na aplicação do direito

Ainda analisando os limites do papel do árbitro na aplicação do direito à luz da legislação brasileira, no regime do Código de Processo Civil de 1939, hoje revogado, havia dispositivo expresso determinando a correta aplicação da lei pelo árbitro. O artigo 1.045 do Código estabelecia: *"Será nula a decisão arbitral: [...] IV – quando infringente de direito expresso, salvo si, autorizado no compromisso, o julgamento tiver sido por equidade"*. O sistema daquele Código parecia claro: ou o árbitro está autorizado a julgar por equidade e, neste caso, não precisa considerar o direito expresso, ou ele não possui a autorização para julgamento por equidade, hipótese em que teria o dever de observar e aplicar o direito expresso[239]. Ainda nesse sistema, se o árbitro deixasse de aplicar o direito expresso, além de ser nula a decisão arbitral, o juiz estatal seria o responsável por aplicar, desde logo, "o direito à espécie", nos termos do artigo 1.046, parágrafo único, letra (b).

O sistema atual, regido pela lei 9.307/96, é distinto. Como regra, não há sanção legal para o erro do árbitro no *julgamento do mérito*. Não há *recurso* contra a sentença arbitral, nos termos do referido artigo 18, da lei 9.307/96[240]. Tampouco há que se falar em ação rescisória contra a sentença arbitral[241]. Além disso, dentre as causas de *nulidade* da sentença

---

[239] Pontes de Miranda defendia expressamente a possibilidade de se aplicar o princípio *iura novit curia* na arbitragem nesta hipótese, já que os árbitros julgam "como julgariam os juízes estatais" (**Tratado de direito privado:** parte especial, Direito das Obrigações. t. XXVI, atualizado por Ruy Rosado de Aguiar Júnior e Nelson Nery Júnior. São Paulo: Editora Revista dos Tribunais, 2012. p. 546).

[240] Em tese, poderia ser admitido um "recurso interno" na arbitragem, para outros árbitros escolhidos pelas partes, desde que tudo estivesse previsto de antemão na convenção de arbitragem ou no termo de arbitragem. Porém, há poucas experiências práticas neste sentido. Sobre esse tema, ver Giovanni Ettore Nanni, Recurso Arbitral: Reflexões. In: Luiz Fernando do Vale de Almeida Guilherme (coord.). **Aspectos práticos da arbitragem.** São Paulo: Quartier Latin, 2006. p. 161-188. Interessante notar, neste sentido, as novas regras de arbitragem da *American Arbitration Association* ("AAA"), que preveem a possibilidade de as partes optarem por um recurso interno, o que se denomina de *"Optional Appellate Arbitration Rules"*.

[241] Não há hipótese legal de ação rescisória contra a sentença arbitral. A doutrina majoritária tampouco a admite. Nesse sentido, CARMONA, Carlos Alberto. **Arbitragem e Processo**: um comentário à lei 9.307/96, 3ª ed. São Paulo: Atlas, 2009, p. 27. Na mesma linha, YARSHELL, Flávio Luiz. Ação anulatória de julgamento arbitral e ação rescisória. In: **Revista de Arbitragem e Mediação**, v. 5, 2005. p. 95-99). Ver ainda, do mesmo autor, **Ação Rescisória: juízos**

arbitral, a lei não inclui a violação do "direito expresso" ou qualquer expressão semelhante. O rol do artigo 32 da lei 9.307/96 é, em princípio, *taxativo*[242] *e não contém inciso que remeta à errônea aplicação do direito pelo árbitro*, não sendo de se cogitar, neste caso, de extrapolação dos limites da convenção de arbitragem[243], nem de violação à ordem pública *nacional* (doméstica) que pudesse levar à anulação da sentença arbitral doméstica[244].

Dito de outra forma, como regra, a sentença arbitral não pode ser anulada por *erro no julgamento do mérito (errores in judicando),* havendo poucas exceções a respeito, quando um dos capítulos da sentença arbitral julgar pedido que envolva também uma das causas de anulação da sentença[245] (por exemplo, eventual julgamento do árbitro sobre a existência, validade e eficácia da convenção de arbitragem, que também pode ser causa de anulação da sentença arbitral pelo inciso I, do artigo

rescindente e rescisório. São Paulo: Malheiros, 2005, p. 204-207 e também Caráter Subsidiário da Ação Anulatória da Sentença Arbitral. In: **Revista de Processo**, v. 207, 2012, p.13-23.
[242] Nesse sentido, ver CARMONA, Carlos Alberto. **Arbitragem e Processo**: um comentário à lei 9.307/96, 3ª ed. São Paulo: Atlas, 2009, p. 411-412; MEJIAS, Lucas Britto. **Controle da Atividade do Árbitro**. Dissertação (Mestrado). Orientador: Prof. Dr. Marcelo José Magalhães Bonício, Faculdade de Direito da Universidade de São Paulo. São Paulo, 2015, p. 264-270; NUNES PINTO, José Emílio. Anulação de Sentença Arbitral infra petita, extra petita ou ultra petita. In: Eduardo Jobim; Rafael Bicca Machado (Coord.), **Arbitragem no Brasil**: Aspectos Jurídicos Relevantes. São Paulo: Quartier Latin do Brasil. 2008. p. 250-251; FERNANDES, Marcus Vinicius Tenorio da Costa. **Anulação da sentença arbitral**, São Paulo: Atlas, 2007, p. 55-56. Em sentido contrário, VALENÇA FILHO, Clávio de Melo. **Poder judiciário e sentença arbitral**: de acordo com a nova jurisprudência constitucional. Curitiba: Juruá, 2003. p. 125-132, 163-164. A taxatividade do rol do artigo 32 será discutida novamente no Capítulo 3. Como será visto, há apenas uma hipótese adicional de anulação da sentença arbitral doméstica que é admitida nesta tese: a violação da *ordem pública nacional para fins internacionais*, que deve se aproximar das práticas *transnacionais*.
[243] Em sentido contrário, LUCON, Paulo Henrique dos Santos, BARIONI, Rodrigo Barioni e MEDEIROS NETO, Elias Marques. A causa de pedir das ações anulatórias de sentença arbitral. In: **Revista de Arbitragem e Mediação**, vol. 46, 2015. p. 265-276.
[244] Em sentido contrário, Fabiane Verçosa entende que a lei brasileira permite atacar a sentença arbitral doméstica quando há aplicação errônea do direito pelo árbitro e quando o "efetivo resultado" dessa aplicação errônea contrariar a ordem pública brasileira (**A aplicação errônea do Direito pelo árbitro**: uma análise à luz do direito brasileiro e estrangeiro. Curitiba: CRV, 2015. p. 193). Este tópico relativo à *contrariedade da sentença arbitral à ordem pública* será desenvolvido no Capítulo 3 desta tese.
[245] A esse respeito, ver Lucas Britto Mejias, **Controle da atividade do árbitro**. Dissertação (Mestrado), Faculdade de Direito da Universidade de São Paulo. São Paulo, 2015. p. 270-273.

32[246]). Neste caso, pode haver *controle* pelo Poder Judiciário do que foi decidido pelos árbitros em relação a (uma parte) do *mérito* da arbitragem. É uma zona *excepcional* de intersecção entre *errores in judicando* e *errores in procedendo*, mas, fora dessa *excepcionalidade*, não pode o Poder Judiciário controlar o *julgamento de mérito* na arbitragem que é regida pela lei brasileira. Portanto, não há um meio de impugnação da sentença arbitral para *aplicação errônea do direito*.

Nesse contexto, ainda segundo entendimento majoritário da doutrina, em regra o árbitro também não responde por *errores in judicando*, ou seja, o árbitro não possui responsabilidade quanto à *correção do julgamento do mérito* do caso[247]. Carlos Alberto Carmona é categórico a respeito: "*eventuais errores in judicando não comportarão responsabilização dos árbitros. Terão as partes, em tal caso, escolhido mal os julgadores, e chi è causa del suo mal, pianga se stesso*"[248]. Todavia, deve haver limites. Em princípio, o árbitro não responde *pessoalmente* pelo exercício de sua função jurisdicional, mas não pode agir com culpa grave ou dolo[249]. Foi esta também a conclusão da Comissão de Arbitragem Internacional da CCI, em seu relatório sobre o estatuto do árbitro: "*A l'occasion de l'exercice de sa mission d'arbitre, celui-ci n'est pas responsable des dommages causés par ses actions ou ses omissions, sauf en cas de faute intentionnelle ou de démission sans justes motifs*"[250].

---

[246] A lei brasileira de arbitragem foi recentemente alterada neste ponto. Originalmente, o inciso I, do artigo 32, da lei 9.307/96, estabelecia que a sentença arbitral era nula se fosse "nulo o compromisso". Hoje, com a alteração realizada pela lei 13.129, de 2015, o inciso faz a referência – corretamente – à "convenção de arbitragem" como gênero. Assim, pela lei atual, "*é nula a sentença arbitral se for nula a convenção de arbitragem*". A redação anterior era criticada por Carlos Alberto Carmona, **Arbitragem e processo**: um comentário à lei 9.307/96. 3.ed. São Paulo: Atlas, 2009. p. 400-401.

[247] Neste sentido, LEMES, Selma Ferreira. **Árbitro**: princípios da independência e da imparcialidade – abordagem no direito internacional, nacional e comparado. Jurisprudência. São Paulo, LTr, 2001. p. 158.

[248] **Arbitragem e processo**: um comentário à lei 9.307/96. 3.ed. São Paulo: Atlas, 2009. p. 264.

[249] Essa é também a conclusão de LIMA, Leandro Rigueira Rennó. A Responsabilidade civil do árbitro. In: Umberto Celli Júnior, Maristella Basso, Albert do Amaral Júnior (Coord.). **Arbitragem e Comércio Internacional**: estudos em homenagem a Luiz Olavo Baptista. São Paulo: Quartier Latin, 2013. p. 922-925.

[250] Philippe Fouchard, Rapport finale sur le statut de l'arbitre. **Bulletin de la Cour Internationale d'Arbitrage de la CCI**, v. 7, nº1, maio de 1996, p. 31.

ÁRBITRO E DIREITO

Assim, ressalvadas as hipóteses de dolo ou culpa grave, não há na lei brasileira de arbitragem uma obrigação *expressa* do árbitro de julgar *corretamente*. O que estabelece a lei é que o árbitro é *"juiz de fato e de direito"* (o referido artigo 18, da lei 9.307/96), mas nada diz sobre *como* deve o árbitro julgar o mérito da arbitragem. O silêncio da lei não significa, todavia, que o árbitro possa ser *indiferente* em relação ao ato de julgar. Certamente não é essa a postura do árbitro que corresponderá às *expectativas* das partes. Assim, a obrigação do árbitro de *buscar* a aplicação *correta* do direito decorre da *confiança* que as partes lhe depositam, tópico que será desenvolvido nos Capítulos 2 e 3. De todo modo, a única consequência para o árbitro que *julga mal*, como aponta Carlos Alberto Carmona, é a *perda de confiança das partes*, o que pode se refletir na ausência de novas nomeações[251], se for do interesse do árbitro ser considerado no futuro. É a mesma consequência em relação ao que foi exposto sobre a sentença mal fundamentada: a *sanção reputacional*. Neste contexto, interessante a solução proposta por Luiz Olavo Baptista. Entende o autor que o árbitro possui "obrigação de meio"[252], de tal forma que seu dever é "julgar da melhor maneira que lhe seja possível"[253], isto é, não há uma *garantia* (no sentido técnico-jurídico do termo) prestada pelo árbitro em favor das partes. E complementa o autor:

> *"(...) A melhor maneira possível não é o exercício da liberdade que o levaria a decidir de acordo com o seu sentido subjetivo de justiça; tampouco lhe dá arbítrio para decidir, pois exige que o faça com base na interpretação mais adequada do direito aplicável àquele fato. Essa deve ser justificada por uma exposição cuidadosa, clara, razoável e*

---

[251] Neste sentido, refere-se, novamente, a CARMONA, Carlos Alberto Carmona. **Arbitragem e Processo:** um comentário à lei 9.307/96, 3ª ed. São Paulo: Atlas, 2009, p. 370.

[252] Em sentido contrário, LEMES, Selma Ferreira. **Árbitro**: princípios da independência e da imparcialidade – abordagem no direito internacional, nacional e comparado. Jurisprudência. São Paulo: LTr, 2001. p. 157. Para a autora, a obrigação é de resultado, mas esse resultado é simplesmente o de prolatar a sentença arbitral, não necessariamente aplicar corretamente o direito.

[253] BAPTISTA, Luiz Olavo. **Arbitragem comercial internacional**. São Paulo: Lex Magister, 2011 p. 179. Nas palavras do autor: "o primeiro dever do árbitro para com as partes é o de julgar segundo o melhor de seu juízo, as provas e a lei, a questão que lhe é submetida. Trata-se de obrigação de meios, pois não se pode exigir mais que essa conduta do árbitro nesse caso".

compreensível por todos, inclusive pelas partes, que poderão não concordar com ela, mas verão a lógica inerente a essa interpretação"[254].

Em que medida essa obrigação de "melhores esforços" pode e deve ser *compatibilizada* com as *expectativas das partes* de ter um *julgamento correto* em relação ao mérito da sua disputa é tópico que também será desenvolvido nos Capítulos 2 e 3.

1.11. A relação entre o árbitro, o direito e o mérito da disputa: Justiça privada?

Pierre Mayer exprimiu com clareza a *complexidade* que existe na relação entre o árbitro e o direito[255]. É digna de nota a descrição que o autor já fazia, há mais de 10 anos, a respeito da erosão do papel da lei na arbitragem, perdendo o seu caráter estritamente vinculante e passando a ser somente um modelo, uma referência que o árbitro leva em consideração, como tantas outras, a exemplo dos princípios UNIDROIT[256]. Em seu curso ministrado na Academia Internacional de Haia, Pierre Mayer também dizia que a primeira reação de um árbitro não é, necessariamente, buscar a aplicação da lei, mas *fazer valer o contrato*, ou seja, cumprir a palavra das partes[257]. Também por isso um árbitro não aplica

---

[254] BAPTISTA, Luiz Olavo. **Arbitragem comercial internacional.** São Paulo: Lex Magister, 2011. p. 179.

[255] A perplexidade do autor é exposta logo no início de seu artigo: *"I have for a long time been troubled by the question of the relationship between the arbitrator, particularly the international arbitrator, and the law that he applies – or is supposed to apply – to the merits of the case. It is of the same nature as the relationship between the judge and the law? Does the arbitrator enjoy more freedom than the judge? Does his sense of equity and fairness play a greater role? When, in case of an international arbitrator, he has to resolve a conflict of laws, is he supposed to apply a conflict of laws rule? If the parties have chosen the law, is he bound by that choice?"* (Reflections on the International Arbitrator's duty to apply the law – the 2000 Freshfields Lecture. In: **Arbitration International**, 2001, v. 17, n. 3, p. 235-248).

[256] MAYER, Pierre. Reflections on the International Arbitrator's duty to apply the law – the 2000 Freshfields Lecture. In: **Arbitration International**, 2001, v. 17, n. 3, p. 235-248.

[257] Em suas palavras: "on peut s'attendre à ce que la réaction de l'arbitre saisi du litige ne soit pas la même que celle des juges étatiques, dont la mission est d'appliquer le droit étatique. L'arbitre international ne considére pas comme essentiellement chargé de faire respecter la loi d'un Etat determiné. Son premier souci est de veiller à ce que la parole donnée soit tenue". L'autonomie de l'arbitre international dans l'appreciation de sa propre compétence. **Recueil des cours de l'Académie de droit international de La Haye**, v. 217, 1989. p. 334.

sempre e necessariamente as mesmas leis que um juiz, como, por exemplo, aquelas atinentes ao *conflito de leis*, como já explicado em item anterior. Pode ser que a vontade das partes, manifestada no contrato, conduza à aplicação de uma lei diferente daquela que seria obtida com a aplicação das regras de conflito de leis de um determinado Estado. Todavia, existem *limites* para a atuação do árbitro. Até que ponto o árbitro deve se ater, *exclusivamente*, à vontade das partes na aplicação do direito é tema que será objeto de investigação nos Capítulos 2 e 3. De todo modo, é fato que a atenção do árbitro gravita, em primeiro lugar, em torno do contrato. Os poderes do árbitro, em princípio, decorrem do contrato[258], sendo natural que o árbitro se sinta mais *confortável* dentro desse contexto. Em outras palavras, o árbitro parece mais confortável com a noção de "lei privada", ou seja, com as regras criadas pelas partes no contrato, do que com a aplicação da lei propriamente dita.

Estaríamos diante de uma justiça marcadamente *privada*? Até que ponto o árbitro pode se contentar *apenas* com disposições contratuais? O contrato basta para o julgamento do mérito da arbitragem? Novamente, são temas a serem desenvolvidos nos Capítulos 2 e 3.

Qualquer contrato está ligado, em princípio, a uma ordem jurídica, ainda que seja o próprio árbitro a determinar qual seria essa ordem jurídica, como visto em item anterior, e ainda que estejamos tratando, aqui, de uma ordem jurídica *transnacional* (como será aprofundado no decorrer deste trabalho). De acordo com essa ordem jurídica, algumas escolhas que as partes fizeram no contrato podem ser nulas ou ineficazes, como na hipótese de objeto ilícito, violação de norma cogente ou ainda inobservância de forma prescrita em lei. A ordem jurídica que está "atrás" do contrato, servindo-lhe de fundamento, não deveria também *guiar e orientar a decisão do árbitro*? Afinal, não existe contrato "no vácuo"[259]. É justamente essa *relação complexa entre lei, contrato e árbitro* que interessa ao presente trabalho, particularmente o *grau de liberdade* que

---

[258] Salvo, por exemplo, os casos em que o procedimento arbitral é extinto pelo árbitro com base em uma objeção jurisdicional decorrente de inexistência, invalidade, ineficácia ou escopo da convenção de arbitragem.

[259] Sobre essa expressão, MENDES, Rodrigo Octávio Broglia. **Arbitragem, lex mercatoria e direito estatal:** uma análise dos conflitos ortogonais no direito transnacional. São Paulo: Quartier Latin, 2010. p. 82-85.

diferentes modelos concedem ao árbitro para aplicar o direito, como será aprofundado nos Capítulos 2 e 3.

Em última instância, como visto na Introdução e nas hipóteses deste trabalho, as partes buscam a arbitragem porque elas desejam algo *particularizado*, um procedimento que seja adequado e apropriado para resolver *aquela disputa específica*, que possa ser ajustado conforme a necessidade das partes, "sob medida" (*"tailor-made"*)[260]. Talvez estejamos diante de um novo paradigma de Justiça na arbitragem. Jan Paulsson, em seu mais recente livro, exprimiu com clareza esse entendimento: *"the idea of arbitration looks to a decision viewed by the parties (and their peers) as consonant with legitimate expectations, with no thirsty for legal orthodoxy or refinement beyond that of a fair hearing. Arbitration is a quest for civilized closure"*[261].

---

[260] A esse respeito, ver FALECK, Diego Faleck; ALVES, Rafael. Concordar em discordar: por quê, o quê e como negociar o procedimento arbitral. In: **Revista de Direito Empresarial**, v. 1, 2014. p. 249-279.

[261] **The idea of arbitration**. Oxford: Oxford University Press, 2013, p. 13.

Capítulo 2
A Aplicação do *Iura Novit Curia* na Arbitragem

Na generalidade das arbitragens, o direito aplicável está expressamente definido (frequentemente, essa definição já consta do contrato[262]), as partes apresentam seus argumentos com base nesse direito e os árbitros decidem conforme os argumentos das partes. Nesse cenário, há relativa certeza e segurança em relação à aplicação do direito e os árbitros cumprem seu papel (espera-se) conforme as expectativas das partes.

Por outro lado, também existem casos, menos numerosos, em que a aplicação do direito pelos árbitros apresenta algum grau de *incerteza*. Essa incerteza pode envolver, em princípio, dois cenários: **(i)** pode haver dúvida em relação às regras de direito aplicáveis à arbitragem e na arbitragem (por exemplo, as regras relativas ao procedimento arbitral, à convenção de arbitragem ou mesmo ao mérito da disputa, como visto anteriormente) e/ou, **(ii)** uma vez determinado o direito aplicável, pode haver dúvidas sobre quais regras específicas – legais ou contratuais – devem ser aplicadas e sobre como deveria ocorrer essa aplicação no caso concreto.

---

[262] Segundo as estatísticas anuais da Câmara de Comércio Internacional – CCI, nos novos casos de 2013, por exemplo, as partes escolheram a lei aplicável expressamente, sendo que, desses 90%, 97% dizem respeito às leis de um Estado nacional (**ICC International Court of Arbitration Bulletin**, v. 25, n.1, Paris: ICC, 2014. p. 13). Essas estatísticas não incluem, todavia, os casos em que os árbitros tiverem que tomar uma decisão sobre o direito aplicável, mesmo diante de uma cláusula expressa de lei aplicável.

ÁRBITRO E DIREITO

Neste segundo cenário (foco deste Capítulo[263]), pode ocorrer um *descompasso* entre o que as partes argumentaram *juridicamente* (incluindo sua qualificação *jurídica* dos fatos) e as regras de direito que foram aplicadas pelo tribunal arbitral.

Aqui entra em cena a discussão em torno do *iura novit curia* na arbitragem: estaria o árbitro vinculado à qualificação jurídica apresentada pelas partes ou, pelo contrário, teria ele liberdade para aplicar o direito como bem entendesse? Trata-se de um *poder* ou de um *dever* do árbitro? Há limites para essa aplicação *ex officio* do direito pelo árbitro à luz das garantias processuais das partes? O presente Capítulo destina-se a buscar respostas para essas perguntas com o propósito de contribuir para a compreensão da relação entre o árbitro e o direito, objetivo maior deste trabalho.

O significado do *iura novit curia* é simples: "o juiz conhece o direito". Preconiza o brocardo que as partes têm *liberdade* para dispor sobre os fatos a serem narrados, ao passo que o juiz tem *liberdade* para dispor sobre o direito que decidirá o conflito[264]. Outro brocardo latino descreve essa ideia com maior precisão: *narra mihi factum dabo tibi jus*, ou seja, "narra-me o fato, dar-te-ei o direito"[265]. Todavia, essa formulação do *iura novit curia* não pode ser adotada sem ressalvas, como será demonstrado ao longo deste Capítulo.

Se a origem do *iura novit curia* ainda é obscura[266], seu debate continua atual e sujeito a controvérsias. Por vezes, o brocardo é usado nos

---

[263] Dentro do recorte metodológico desta tese, optamos por não aprofundar neste capítulo as discussões em torno da determinação do direito aplicável pelo árbitro, que envolveria conceitos ligados ao direito internacional privado e conflito de leis. Essas discussões foram tratadas, brevemente, no capítulo anterior.

[264] Rui Portanova, **Princípios do processo civil**. 5.ed. Porto Alegre: Livraria do Advogado, 2003. p. 238.

[265] A combinação desses dois brocardos é explicada também por Guillermo Ormazabal Sánchez à luz do direito espanhol (**Iura Novit Curia:** la vinculación del juez a la calificación jurídica de la demanda. Barcelona: Marcial Pons, 2007. p. 19).

[266] Sobre a origem obscura e duvidosa do *iura novit curia*, ver BAUR, Fritz. Da Importância da Dicção *Iura Novit Curia*. In: **Revista de Processo**. vol. 3, 1976. p. 169 (tradução de José Manoel Arruda Alvim). Sustenta o autor que o adágio não vem direito romano clássico, mas a partir do "nascimento de uma magistratura de especialistas". Também Guillermo Ormazabal Sánchez afirma que o brocardo não tem origem romana, advertindo, porém, que a investigação histórica não faz parte do escopo do seu trabalho (**Iura Novit Curia:** la

dias atuais como espécie de "salvo-conduto" para que o julgador possa justificar qualquer decisão que entenda adequada, *independentemente* do que as partes alegaram, como alerta Otávio Domit em sua dissertação de mestrado[267]. O mesmo autor ressalta que essa visão do *iura novit curia* que prega a *supremacia do julgador* remonta à passagem do *ius commune* para o direito moderno[268], concebido ainda dentro de uma *relação assimétrica do processo*, em que as partes estavam *subjugadas* à aplicação do direito estatal pelo juiz[269]. É justamente essa postura do julgador que estará sob escrutínio neste Capítulo.

Vem de longa data a crítica à ideia do julgador como senhor absoluto do direito aplicável, dissociado das alegações das partes[270]. Dentro da

---

vinculación del juez a la calificación jurídica de la demanda, Barcelona: Marcial Pons, 2007. p. 22).

[267] Em pesquisa realizada no Superior Tribunal de Justiça e do Supremo Tribunal Federal, para sua dissertação de mestrado, Otávio Augusto Dal Molin Domit identificou ambiguidade no uso do brocardo *iura novit curia*, sendo mais frequente o uso como essa espécie de "salvo-conduto": "o mais frequente, no entanto, é que o adágio funcione como espécie de salvo-conduto para que o julgador possa apreciar a causa que lhe é trazida sob perspectiva jurídica diversa da que foi dada pelas partes. É dizer: invoca-se a máxima *iura novit curia* – com todo o peso de autoridade que normalmente os brocardos jurídicos possuem – para traduzir a ideia de que o magistrado não está vinculado à qualificação jurídica da demanda tal como impostada pelo autor" (**O juiz e a qualificação jurídica da demanda no processo civil brasileiro**. Dissertação de Mestrado. Faculdade de Direito da Universidade Federal do Rio Grande do Sul, Porto Alegre, 2013. p. 15).

[268] DOMIT, Otávio Augusto Dal Molin, **O juiz e a qualificação jurídica da demanda no processo civil brasileiro**. Dissertação de Mestrado. Faculdade de Direito da Universidade Federal do Rio Grande do Sul, Porto Alegre, 2013. p. 61.

[269] DOMIT, Otávio Augusto Dal Molin, **O juiz e a qualificação jurídica da demanda no processo civil brasileiro**. Dissertação de Mestrado. Faculdade de Direito da Universidade Federal do Rio Grande do Sul, Porto Alegre, 2013, p. 81: "Assim, segundo hipotizamos, é exatamente na época moderna que a regra de origem romana une-se ao brocardo *iura novit curia* para dar origem à máxima com o sentido que hoje nos chega (...). Fruto assim, de preceito gestado no seio de processo romano de perfil marcadamente assimétrico, recuperado em época medieval para assumir um novo sentido e, logo após, novamente desenhado como princípio de subjugação das partes à aplicação do direito estatal à controvérsia colocada a julgamento, tinha-se por definitivamente cunhado o aforismo *iura novit curia* com a forma e a função que até hoje nos chega".

[270] Essa é, por exemplo, a crítica feita ao *iura novit curia* por Fritz Baur: "é necessário que nos liberemos de uma concepção que remonta, provavelmente, à época do absolutismo esclarecido, do século XVIII, nos seus últimos anos, segundo a qual incumbe ao Tribunal exercer uma espécie de tutela, a fim de contribuir para a salvação das partes. Em processo

perspectiva pragmática e participativa do direito processual adotada neste trabalho, a divisão de papéis entre partes e julgadores (sejam eles árbitros ou juízes) não pode ser mais considerada em termos *rígidos e estáticos*. Nem sempre é possível seguir essa *distinção estanque* de que os fatos pertencem às partes e o direito ao juiz. Em abordagem *dinâmica* voltada para a *colaboração entre partes e julgadores*[271], buscar-se-á demonstrar que o direito não deve ser *aplicado* no caso concreto sem preocupação com o que alegaram as partes, mas *co-criado* por todos os atores no curso do processo, ou seja, uma *atuação conjunta* na *"construção da solução jurídica"*, como bem defendido por Otávio Domit[272]. A preocupação em resgatar a *simetria* e a *horizontalidade* entre partes e julgador deveria ser ainda mais forte na arbitragem, considerando que o árbitro provém da sociedade civil (não do Estado) e, na maior parte das vezes, é escolhido *livremente* pelas partes e está *próximo* a elas, como visto na Introdução. Essas são as premissas deste Capítulo.

Ao contrário do que poderia parecer, o *descompasso* entre o que as partes argumentam e o que os julgadores aplicam nem sempre pode ser considerado como "patológico", como houvesse *necessariamente* algum *equívoco* das partes na apresentação de seus argumentos ou dos julgadores na aplicação do direito. A *complexidade do Direito* dá margem a leituras e interpretações distintas de um mesmo fenômeno. Os mesmos fatos e o mesmo direito podem levar a interpretações distintas. São numerosos os exemplos nesse sentido[273], o que reforça a importância do *diálogo* e da *colaboração* no processo.

---

civil o Tribunal deve resolver o litígio que as partes lhe tenham submetido, nem mais, nem menos. Onde as partes não estejam em contenda, inexiste lugar para uma decisão do juiz, mesmo que o Tribunal creia melhor ou mais interessante conhecer de pontos litigiosos, não trazidos a juízo, pelas partes (...)". (Da Importância da Dicção *Iura Novit Curia*. In: **Revista de Processo**, vol. 3, 1976. p. 169, tradução de José Manoel Arruda Alvim).

[271] Explica, com clareza, Otávio Domit como essa concepção participativa do papel do juiz está alinhada com os pressupostos de um Estado democrático de Direito (**O juiz e a qualificação jurídica da demanda no processo civil brasileiro**. Dissertação de Mestrado. Faculdade de Direito da Universidade Federal do Rio Grande do Sul, Porto Alegre, 2013. p. 199-203).

[272] DOMIT, Otávio Augusto Dal Molin, **O juiz e a qualificação jurídica da demanda no processo civil brasileiro**. Dissertação de Mestrado. Faculdade de Direito da Universidade Federal do Rio Grande do Sul, Porto Alegre, 2013. p. 206.

[273] Vale citar, novamente, o caso *Dallah*, já referido na Introdução, em que juízes franceses e ingleses chegaram a conclusões opostas aplicando a mesma lei aos mesmos fatos: *Dallah Real*

Portanto, não é correto, do ponto de vista científico, tratar esse descompasso *sempre* como uma "patologia" a ser evitada. Ao contrário, parece ser algo *inerente* a qualquer sistema de julgamento, de tal forma que faria pouco sentido tentar suprimi-lo. O papel do jurista é fornecer *critérios e limites* para que partes e julgadores possam lidar com a questão.

Não parece ser outra a razão pela qual o brocardo *iura novit curia* foi construído há séculos, atravessou distintos períodos da história do Direito e seu debate permanece atual ainda na época presente, em diversas jurisdições ao redor do mundo[274]. É chegada a hora de *revisitar* seus pressupostos para verificar em que medida eles estão adequados aos dias atuais, com especial foco para sua aplicação à arbitragem.

Como adiantado, este trabalho não compartilha uma concepção *alargada* desse brocardo, como se o julgador (árbitro ou juiz) pudesse simplesmente *desconsiderar* a visão das partes sobre o direito aplicável. Essa, sim, seria a "patologia" a ser evitada. As pesquisas aqui realizadas demonstram que a relação entre fatos e direito é mais *complexa* do que se costuma pressupor com a simples reprodução (muitas vezes irrefletida) da fórmula *iura novit curia*, conforme será exposto neste Capítulo. A partir dessa *complexidade*, é preferível que todos sejam ouvidos e, eventualmente, apresentem suas diferentes perspectivas a respeito da decisão a ser tomada. Nessa perspectiva *participativa*, espera-se que a decisão seja de *melhor qualidade*. Como dito na Introdução, um dos atributos mais procurados na arbitragem é justamente uma decisão de *qualidade*[275]. Por conta disso, o árbitro deve ter ainda maior preocupação com a *abertura ao diálogo* na busca da *adequada aplicação* do direito no caso.

Estate and Tourism Holding Company v. The Ministry of Religious Affairs, Government of Pakistan, [2010] UKSC 46. Para um comentário, ver Jan Kleinheisterkamp, Navigating through competence-competence and good faith: a comment on the Dallah v. Pakistan case in the UK and France. In: **Revista Brasileira de Arbitragem**, v. 31, 2011. p. 122 e ss.

[274] Para uma análise detalhada sobre a gênese e a evolução do *iura novit curia*, ver DOMIT, Otávio Augusto Dal Molin. **O juiz e a qualificação jurídica da demanda no processo civil brasileiro**. Dissertação de Mestrado. Faculdade de Direito da Universidade Federal do Rio Grande do Sul, Porto Alegre, 2013. p. 20-82.

[275] Na pesquisa do Comitê Brasileiro de Arbitragem – CBAr em parceria com o Instituto de Pesquisas Ipsos, já referida anteriormente, constatou-se que o "caráter técnico e a qualidade das decisões" é a segunda principal vantagem da arbitragem, quando comparada ao processo judicial. Pesquisa disponível em: http://www.cbar.org.br/PDF/Pesquisa_CBAr-Ipsos--final.pdf. Acesso em: mai. 2018.

Além disso, como se verá nas páginas que seguem, a discussão do *iura novit curia* deve ser feita à luz das *garantias processuais das partes*, resguardando-se o *contraditório*, seja no processo judicial, seja na arbitragem, tanto no Brasil, quanto no exterior[276].

Por isso, um estudo sobre o *iura novit curia* não pode prescindir de um estudo sobre o *devido processo legal* e, em especial, sobre o *contraditório*. Não é mais possível desvincular o estudo do *iura novit curia* de uma análise a respeito da vedação de "decisões-surpresa"[277], tal como reconhecida hoje em diversas ordens jurídicas ao redor do mundo e também no Brasil, conforme será demonstrado ao longo deste Capítulo.

Cada sistema processual é fruto de escolhas do legislador nacional e essas escolhas atribuem diferentes papéis às partes e aos julgadores (novamente, árbitros e juízes) na determinação e na aplicação do direito. Como bem anota José Carlos Barbosa Moreira, a "divisão de trabalho" entre juiz e partes tem variado muito no tempo e no espaço, ora dando maior relevo ao papel do juiz, ora dando maior relevo ao papel das partes a respeito de diferentes aspectos na regulação do direito processual[278].

Nesse contexto, cada sistema confere *distintos graus de importância* para a *qualificação jurídica dos fatos* feita pelas partes ao formular sua demanda. Surge daí a distinção entre a teoria da "substanciação" e a teoria

---

[276] Guillermo Ormazabal Sánchez é categórico neste ponto. Analisando o direito processual espanhol, o autor defende a possibilidade de requalificação jurídica da demanda pelo juiz, desde que as partes sejam ouvidas previamente a esse respeito (**Iura Novit Curia:** la vinculación del juez a la calificación jurídica de la demanda, Barcelona: Marcial Pons, 2007. p. 115-118.).

[277] Nesse ponto, merece destaque o trabalho de André Pagani de Souza, defendendo a compatibilização do *iura novit curia* com a vedação das decisões-surpresa: "a vedação das decisões-surpresa é plenamente compatível com a orientação consagrada de que o juiz conhece o direito desde que ele proporcione o debate prévio sobre a nova qualificação jurídica que pretende dar aos fatos que lhe são apresentados". E mais adiante: "ao não advertir as partes sobre a nova qualificação jurídica que pretende dar ao pedido, o magistrado violará o *dever de prevenção* e o *dever de consulta* inerente ao princípio do contraditório que lhe é endereçado. Ao agir assim, o magistrado não atuará em cooperação com as partes e não será leal a elas e ao trabalho em conjunto do qual todos participam para obter o melhor resultado possível: o processo". (**Vedação das decisões-surpresa no processo civil**. São Paulo: Saraiva, 2014. p. 170-173).

[278] O problema da "divisão de trabalho" entre juiz e partes: aspectos terminológicos. In: **Revista de Processo**, vol. 41, 1986. p. 7-14.

da "individuação"[279], distinção cuja origem remonta ao direito processual alemão do século XIX e segue viva até hoje[280].

Também esse debate a respeito da *caracterização e identificação da demanda* e do *objeto litigioso do processo* (judicial ou arbitral) será fundamental neste Capítulo, pois o modo de se conceber o *iura novit curia* está diretamente relacionado com importância conferida à *qualificação jurídica* feita pelas partes no momento de formular sua demanda.

Aqui reside uma das maiores riquezas do estudo do *iura novit curia*: identificar como cada sistema processual lida com aquele *descompasso* mencionado acima entre o que as partes argumentam *juridicamente* e o que os julgadores levam em consideração no momento de aplicar o direito no caso concreto. Será que ainda há diferenças significativas entre os distintos modelos ou, atualmente, haveria mais convergências do que divergências? Será que a *vedação de decisões-surpresa* seria um *ponto de convergência* entre os diferentes sistemas de forma a *minimizar* os distintos graus de importância conferida ao *iura novit curia* em cada modelo? Nesse contexto, haveria diferenças significativas entre árbitros e juízes? O presente Capítulo também buscará essas respostas.

Mas, afinal, qual seria a relevância do *iura novit curia* na arbitragem? O primeiro argumento é *pragmático*: como será visto, este tema está relacionado com a possibilidade de *anular* uma sentença arbitral ou *denegar* seu reconhecimento e/ou execução. As causas de *anulação* ou *denegação* de reconhecimento e/ou execução de uma sentença arbitral relacionadas com o *iura novit curia* são de duas ordens: **(i)** primeiro, um possível "excesso de mandato" que, no direito brasileiro, seria mais propriamente qualificado como *extrapolação dos limites de investidura* do árbitro, ou seja, os limites da convenção de arbitragem (o artigo 32, IV, da lei

---

[279] A contraposição entre as duas teorias é bem sintetizada por Ricardo de Barros Leonel: "sintetizando, pela teoria da substanciação a demanda judicial deve ser elaborada mediante a descrição dos fatos constitutivos do direito (*causa agendi remota*), enquanto para a teoria da *individuação* é necessário que o autor esclareça o direito ou a relação jurídica afirmada (*causa agendi proxima*). Do ponto de vista da substanciação da demanda, o fato constitutivo é que contribui para sua delimitação; enquanto para o enfoque da individuação é o direito afirmado, isto é, feito valer, que especifica a demanda" (**Causa de pedir e pedido**: o direito superveniente. São Paulo: Método, 2006. p. 87).

[280] Sobre a "origem da celeuma", José Rogério Cruz e Tucci, **A causa petendi no processo civil**, São Paulo: Revista dos Tribunais, 1993. p. 74-77.

9.307/96); ou **(ii)** uma possível *violação das garantias processuais* das partes (como referido acima), notadamente o contraditório, princípio fundamental do devido processo legal (pela lei 9.307/96, o artigo 32, VIII, que remete, por sua vez, ao artigo 21, parágrafo 2º). Essas hipóteses também estão previstas na Convenção de Nova Iorque de 1958, já referida na Introdução, ratificada pelo Brasil em 2002[281]. Assim, é necessário estabelecer *critérios e limites* para lidar com a aplicação do *iura novit curia* na arbitragem pelo simples fato de que a ausência de clareza sobre o tema pode *inutilizar* o trabalho de árbitros e partes, com a possível anulação da sentença ao final proferida. Este é certamente um dos piores cenários para os usuários da arbitragem, pelo desperdício de seu tempo e recursos, o que compromete todos os benefícios que a escolha da arbitragem poderia lhes trazer. Não é sem razão, portanto, que o *iura novit curia* tem sido objeto de diversas teses e dissertações ao redor do mundo[282].

Como já adiantado na Introdução, o que se busca neste Capítulo é compreender como diferentes países[283] têm lidado com o mesmo fenômeno do *iura novit curia* na arbitragem, respeitando as *especificidades* de suas respectivas ordens jurídicas e deixando de lado a pretensão de que uma ordem jurídica possa servir de *modelo* para ser "copiada" por outra. Assim, uma das hipóteses que serão testadas neste Capítulo está relacionada justamente com essa *pluralidade de perspectivas*. Acredita-se que

---

[281] Texto oficial apenso ao Decreto nº 4.311/02, de 23 de julho de 2002. Disponível em: http://www.planalto.gov.br/ccivil_03/decreto/2002/D4311.htm. Acesso em: 19 set. 2014.

[282] Para citar apenas alguns exemplos recentes: MONTEIRO, Marta Viegas de Freitas. **Jura Novit Curia in International Commercial Arbitration**, Dissertação de Mestrado, Universidade de Helsinki, Setembro de 2013, disponível em: https://helda.helsinki.fi/bitstream/handle/10138/40746/Pro%20gradu.pdf?sequence=5. Acesso em: mai. 2018; SANDBERG, David. **Jura novit arbiter? How to apply and ascertain the content of the applicable law in international commercial arbitration in Sweden**, Dissertação de Mestrado, Universidade de Göteborgs, 2011. Disponível em: https://gupea.ub.gu.se/bitstream/2077/30248/1/gupea_2077_30248_1.pdf. Acesso em: mai. 2018; MARLOW, Tim. **When should an Arbitral Tribunal take the initiative in ascertaining the facts and the law?** Dissertação de Mestrado, King's College London, 2011. Disponível em: http://www.tjmplanning.com/#!articles/c12ry. Acesso em: mai. 2018.

[283] Como visto anteriormente, o detalhamento dos elementos de direito estrangeiro (outras legislações nacionais) pode ser encontrado na Tese que originou este livro, depositada na Faculdade de Direito da Universidade de São Paulo, denominada "A aplicação do direito pelo árbitro: aspectos relativos ao julgamento do mérito na arbitragem".

não existam *respostas únicas* para as questões que foram formuladas acima sobre a aplicação do *iura novit curia* na arbitragem.

Assim, o objetivo deste Capítulo dentro do escopo maior do trabalho é demonstrar que, ao aplicar o direito, o árbitro deve atentar para *a potencial diversidade de regimes jurídicos incidentes sobre o seu papel como julgador* e, na medida do possível, respeitá-la, ao invés de tentar impor um *padrão único* que supostamente deveria balizar a sua atuação em todos os casos. A medida deve ser a *expectativa das partes*, pois são os *usuários* que justificam a existência do instituto da arbitragem, como já dito. Eles buscam, acima de tudo, *previsibilidade e segurança* em seus negócios e na resolução de seus conflitos[284].

Esse estudo não ficará restrito, necessariamente, ao campo da arbitragem, embora se concentre nele. Será útil compreender como o *iura novit curia* é regulado também no *processo judicial*. Essa abordagem pode auxiliar na determinação do *padrão de devido processo legal* (seus contornos e limites). A comparação entre o que se espera do juiz e o que se espera do árbitro pode esclarecer a forma pela qual se regula o *iura novit curia* na arbitragem e o papel a ser desempenhado pelo árbitro na aplicação do direito, tal como adiantado na Introdução.

Ademais, a perspectiva *pragmática* deste trabalho procura ir *além* dos casos envolvendo a discussão em torno da anulação da sentença arbitral ou da denegação de seu reconhecimento e/ou execução no tema do *iura novit curia*: mesmo que a sentença arbitral seja mantida ao final, com a improcedência de eventual pedido de anulação, o simples fato de haver um processo judicial posterior para atacar a sentença já é causa de enorme dispêndio de tempo e recursos das partes (que variam conforme as instituições judiciárias de cada país). Por isso, o árbitro deve ter a preocupação de prolatar sentenças não apenas exequíveis, mas, sobretudo,

---

[284] Com razão André Abbud, comentando pesquisa da *Queen Mary University* feita em 2010: "De fato, é natural que as partes e seus advogados nutram expectativas sobre a forma como o processo será conduzido e queiram evitar surpresas. A incerteza procedimental representa um risco difícil de ser contingenciado. Os usuários querem conhecer as 'regras do jogo' e poder prever com alguma segurança o modo e a ordem como os atos processuais serão praticados, a fim de que possam planejar suas ações e estratégias de acordo. Daí a demanda por maior previsibilidade clareza no processo arbitral internacional" (**Soft law e produção de provas na arbitragem internacional**, São Paulo: Atlas, 2014. p. 60).

ÁRBITRO E DIREITO

que atendam aos anseios das partes, de modo a por fim *definitivamente* ao conflito e evitar processos judiciais posteriores.

Essa preocupação integra o *dever de diligência* do árbitro, já mencionado anteriormente[285]. Essa preocupação também integra o dever do árbitro de julgar *"segundo o seu melhor juízo"*, conforme ensina Luiz Olavo Baptista[286]. A razão de ser da arbitragem é o *ato de escolha das partes* e a *confiança* que elas depositam no instituto e no árbitro. A missão do árbitro é buscar, *na medida do possível*, atender às *expectativas dos usuários*[287]. Sem convencer seus usuários, a arbitragem não terá futuro. É sob essa perspectiva – em linha com as premissas gerais deste trabalho – que o presente Capítulo será desenvolvido.

---

[285] Diz o artigo 13, §6º, da lei 9.307/96: *"§ 6º No desempenho de sua função, o árbitro deverá proceder com imparcialidade, independência, competência, <u>diligência</u> e discrição"* (grifamos). Luiz Olavo Baptista, comentando o dever de diligência do árbitro, esclarece que o "bom árbitro" é aquele que no curso do procedimento já está informado sobre todas as questões de direito que deve decidir, inclusive, eventualmente, aquelas que as próprias partes deixaram de invocar (**Arbitragem comercial internacional**. São Paulo: Lex Magister, 2011. p. 173-174). Por sua vez, Carlos Alberto Carmona, ao comentar o dispositivo legal referido anteriormente e também tratar do dever de diligência do árbitro, fala em "zelo" pela decisão: "deve o árbitro agir com diligência, isto é, com interesse pela causa, com empenho na busca de provas, com esforço na busca da verdade, com zelo na decisão" (**Arbitragem e processo: um comentário à lei 9.307/96**, 3.ed. São Paulo: Atlas, 2009. p. 244-245). Em outra obra de sua autoria, o autor segue na mesma linha, novamente discutindo o dever de diligência do árbitro e flexibilidade do procedimento arbitral: "o árbitro deverá (por conta de seu dever de diligência) remover e superar obstáculos processuais que entravem a tramitação do processo arbitral, adaptando a sequência de atos às necessidades da causa, determinando a prática de ato não previsto (ou dispensando a prática de ato inútil), reordenando, se necessário, o procedimento. (...) Nada impediria o Tribunal Arbitral de determinar uma nova rodada de manifestações das partes se os julgadores considerarem que os argumentos não estão bem alinhavados, embora tal possibilidade não esteja contemplada no procedimento escolhido. Da mesma forma, não vejo qualquer dificuldade em determinarem os árbitros que as partes respondam às perguntas formuladas pelos julgadores que tendam a elucidar a matéria controvertida" (Flexibilização do Procedimento Arbitral. In: **Revista Brasileira de Arbitragem**, n. 24, 2009. p. 15).

[286] **Arbitragem comercial internacional**. São Paulo: Lex Magister, 2011. p. 174-175.

[287] A abordagem aqui adotada parece estar em linha com aquela proposta por Daniel Levy, ao criticar o excesso de teorias descomprometidas com a realidade no campo da arbitragem e propor o que o autor denominou de "pragmatismo arbitral" (A arbitragem e o albatroz: em busca do "pragmatismo arbitral". In: **Revista Brasileira de Arbitragem**, Alphen aan den Rijn: Kluwer Law International. Curitiba: Comitê Brasileiro de Arbitragem, n. 45, 2015. p. 8).

As hipóteses que legislações e tribunais nacionais adotam para anular uma sentença arbitral ou denegar seu reconhecimento e execução costumam ser bastante limitadas e, ainda, aplicadas *restritivamente* – como é o caso, por exemplo, da lei brasileira[288]. Isso significa dizer que, normalmente, sentenças arbitrais serão anuladas ou terão seu reconhecimento denegado apenas nos casos em que há ilegalidade, violação de garantias processuais das partes ou, de modo geral, violação a ordem pública[289]. Esses casos *restritos e extremos* não fornecem, *necessariamente*, o ideal de conduta das partes e dos árbitros[290]. Também por essa razão, os casos de anulação e denegação de reconhecimento e execução da sentença arbitral constituem apenas o início da investigação, mas não o seu fim. Os casos fornecerão apenas *as balizas* para uma análise mais *abrangente* ao final.

Feitos esses esclarecimentos, no próximo item passaremos à discussão do direito brasileiro (**item 2.1**) para, depois, apresentar uma análise mais abrangente, considerando-se também o direito de outros

---

[288] CARMONA, Carlos Alberto. **Arbitragem e processo:** um comentário à lei 9.307/96. 3.ed. São Paulo: Atlas, 2009. p. 398-418.

[289] A restrição da anulação de sentenças arbitrais às hipóteses de *vícios mais graves* é particularmente evidente na regulação do processo arbitral. Via de regra, as leis nacionais e regras institucionais conferem amplos poderes aos árbitros e às partes para regular, como bem entenderem, o processo arbitral. A flexibilidade procedimental é uma das marcas da arbitragem, permitindo a adaptação do processo às peculiaridades do caso, evitando, assim, o chamado *"one size fits all"* (um mesmo procedimento para todos os tipos de controvérsia). Nesse sentido, ver Diego Faleck; Rafael Alves, Concordar em discordar: por quê, o quê e como negociar o procedimento arbitral. In: **Revista de Direito Empresarial**, v. 1, 2014. p. 249-279. A flexibilidade do procedimento arbitral é um *locus* natural de atuação da chamada "soft law" ("guidelines", diretrizes, princípios etc) em contraposição à "hard law" (leis nacionais, regras institucionais incorporadas à convenção de arbitragem etc), como bem explicado por André de Albuquerque Cavalcanti Abbud (**Soft law e produção de provas na arbitragem internacional.** São Paulo: Atlas, 2014. p. 47).

[290] Concordamos, nesse ponto, com o alerta feito por Jeff Waincymer: *"one problem in analyzing any arbitral cases dealing with the issue is that they will be either annulment or enforcement cases. This is because the party who has been adversely affected by any arbitral decision to apply a law not argued will naturally suggest that the tribunal has gone beyond its mandate and has failed to honor its due process obligations. They will thus incorporate an analysis of the iura principle within distinct issues as to the supervisory control of courts. If a supervisory court takes a position that respect for arbitration and finality of awards should restrict interference to only egregious circumstances, this cannot be an ideal way to identify the primary duties and responsibilities of arbitrators as to consideration of legal issues not raised by the parties"* (International Arbitration and the Duty to Know the Law. In: **Journal of International Arbitration** 28(3), 2011, p. 211).

países[291] e a regulação da arbitragem no plano *internacional* (e *transnacional*) a respeito do que se espera do árbitro na aplicação do *iura novit curia*, para além das hipóteses *extremadas* em que há risco de anulação (ou denegação do reconhecimento) da sentença arbitral, vale dizer, uma abordagem preocupada, sobretudo, com *as expectativas dos usuários* da arbitragem (**item 2.2**).

2.1. A aplicação do *iura novit curia* na arbitragem segundo o direito brasileiro

O estudo do direito brasileiro começa (mas não se esgota) nas hipóteses de nulidade da sentença arbitral que estão relacionadas com o tema da aplicação do *iura novit curia* na arbitragem. Como adiantado anteriormente, são duas hipóteses, os incisos IV e VIII do artigo 32, da lei 9.307/96:

> *Art. 32. É nula a sentença arbitral se:*
>
> *[...]*
>
> *IV – for proferida fora dos limites da convenção de arbitragem;*
>
> *[...]*
>
> *VIII – forem desrespeitados os princípios de que trata o art. 21, § 2º, desta Lei.*

Por sua vez, dispõe o artigo art. 21, § 2º, da lei 9.307/96:

> *Art. 21.*
>
> *[...]*
>
> *§ 2º Serão, sempre, respeitados no procedimento arbitral os princípios do contraditório, da igualdade das partes, da imparcialidade do árbitro e de seu livre convencimento.*

Como se percebe, a aplicação do *iura novit curia* na arbitragem também envolve noções fundamentais do *direito processual brasileiro*: **(i)** a congruência entre a sentença arbitral e os limites da convenção de arbitragem, que está relacionada com os *princípios processuais* da demanda e

---

[291] Como visto anteriormente, o detalhamento dos elementos de direito estrangeiro (outras legislações nacionais) pode ser encontrado na Tese que originou este livro, depositada na Faculdade de Direito da Universidade de São Paulo, denominada "A aplicação do direito pelo árbitro: aspectos relativos ao julgamento do mérito na arbitragem".

A APLICAÇÃO DO *IURA NOVIT CURIA* NA ARBITRAGEM

da inércia e também com o *princípio dispositivo*, como será demonstrado; e **(ii)** o respeito ao devido processo legal, identificado nos *princípios processuais* que constam expressamente do art. 21, § 2º, da lei de arbitragem: contraditório, igualdade das partes, imparcialidade do árbitro e seu livre convencimento.

Portanto, em qualquer das duas hipóteses de anulação da sentença arbitral referidas acima, o debate está no campo *principiológico*. Ao se discutir a aplicação do *iura novit curia* na arbitragem regida pela lei brasileira, é preciso compreender o que significa cada um daqueles *princípios processuais* e como ocorre a sua aplicação na arbitragem.

A lei de arbitragem não define o que seriam esses *princípios* quando aplicados na arbitragem. Nem poderia ser diferente, pois a natureza principiológica é avessa a definições rígidas. São conceitos que decorrem do *sistema* em que o processo arbitral está inserido e que dependem de algum grau de ponderação do julgador no momento de sua aplicação (diz-se que são "mandamentos de otimização", isto é, devem ser aplicados na maior medida possível[292], ao contrário das regras que normalmente são aplicadas na base do "tudo ou nada"[293]). A partir dessa perspectiva, os princípios processuais escapam a qualquer tentativa de catalogação e definições rígidas, pois não haveria como conceber uma lista exaustiva que pudesse ser positivada[294]. Neste sentido, os contornos dos princípios processuais na arbitragem regida pela lei brasileira estão

---

[292] A expressão é de Robert Alexy, Theorie der Grundrechte, trad. esp. **Teoria de los derechos fundamentales**. Madrid: Centro de Estudios Constitucionales, 2001. p. 86-87).

[293] Entre nós, essa mesma distinção entre princípios e regras é utilizada, no campo do direito constitucional, por Virgílio Afonso da Silva (**A constitucionalização do direito: os direitos fundamentais nas relações entre particulares**. São Paulo: Malheiros, 2005, *passim*). Esclarece este autor: "a principal contribuição de Alexy à teoria forte sobre a distinção entre princípios e regras foi o desenvolvimento do conceito de mandamento de otimização. Segundo Alexy, *princípios* são normas que exigem que algo seja realizado na maior medida possível diante das possibilidades fáticas e jurídicas existentes. Definidos dessa forma, os princípios se distinguem das regras de forma clara, pois estas, se válidas, devem sempre ser realizadas por completo" (p. 32). Sobre a aplicação desse debate na arbitragem, ver também ALVES, Rafael Francisco. O devido processo legal na arbitragem. In: Eduardo Jobim e Rafael Bicca Machado (coord.). **Arbitragem no Brasil – Aspectos Jurídicos Relevantes**, São Paulo: Quartier Latin, 2008. p. 381-416.

[294] Flávio Luiz Yarshell também adota a distinção entre princípios e regras com base na obra de Robert Alexy, valendo-se ainda dos conceitos de Ronald Dworkin (**Curso de Direito Processual Civil**, v. I, São Paulo: Marcial Pons, 2014, p. 69-77). Para um estudo anterior

ÁRBITRO E DIREITO

inseridos no *modelo processual brasileiro*[295]-[296], que, por sua vez, está ligado ao padrão de *devido processo legal* vigente em nosso sistema. Em outras palavras, a lei de arbitragem brasileira não está isolada, nem é hermética, ela integra o *devido processo legal* existente na ordem jurídica brasileira. Não há um devido processo legal para a arbitragem e outro para o processo judicial, até mesmo porque a *ordem constitucional*, de onde provêm as garantias processuais, é uma só[297]. Foi nesse sentido que Candido Rangel Dinamarco ressaltou, com correção, que a arbitragem integra a teoria geral do processo[298].

Não se pretende com isso afirmar que as regras de direito processual civil tenham que ser necessariamente *transplantadas* para a arbitragem. Semelhante esforço não teria razão de ser, porque cada mecanismo de composição de conflitos tem sua especificidade. É importante ressaltar e reafirmar a *autonomia da arbitragem* nesse sentido[299]. Mas os meios compositivos *comunicam-se* em um tronco comum, que é justamente o devido processo legal, enraizado na *ordem constitucional brasileira*. Essa

sobre os princípios de direito processual, ver Humberto Theodoro Júnior, Princípios gerais do direito processual civil. **Revista de Processo**, v. 23, 1981, p. 173-191.

[295] Utiliza-se aqui o conceito de modelo processual adotado por Cândido Rangel Dinamarco (**Instituições de Direito Processual Civil**, v. I, São Paulo: Malheiros, 2003. p. 171-172).

[296] Como bem explica Flávio Luiz Yarshell, é a partir dos princípios que se torna "possível definir o modelo processual vigente" (**Curso de Direito Processual Civil**, v. I, São Paulo: Marcial Pons, 2014, p. 69).

[297] Fala-se aqui em devido processo legal, sobretudo, em sua dimensão principiológica, que é a mesma tanto para o processo judicial quanto para a arbitragem. Processo judicial e arbitragem compartilham *princípios processuais*. Mas é claro que as *regras específicas* são distintas em um e outro mecanismo. Esta abordagem parece estar alinhada com o entendimento de Eduardo de Albuquerque Parente, que acaba por adotar o conceito de "devido processo legal arbitral", embora reconheça que, no plano principiológico, há comunicação entre arbitragem e processo estatal (**Processo Arbitral e Sistema**. São Paulo: Atlas, 2012. p. 105).

[298] **A arbitragem na teoria geral do processo**. São Paulo: Malheiros, 2013. p. 17.

[299] Cândido Rangel Dinamarco também parece ter essa preocupação de preservar a *autonomia* da arbitragem, ressaltando o autor, todavia, que o Código de Processo Civil pode ser aplicado à arbitragem *subsidiariamente*, somente na hipótese de ausência de regra específica contida na lei de arbitragem ou que tenha sido estipulada pelas partes (diretamente ou pela remissão a um regulamento de órgão institucional) (**A arbitragem na teoria geral do processo**. São Paulo: Malheiros, 2013. p. 46-47), com o que não concordamos inteiramente. Por sua vez, Eduardo de Albuquerque Parente é mais claro na defesa da autonomia da arbitragem: "o processo arbitral é influenciado por princípios processuais do modelo estatal, mas que não está amarrado a ele" (**Processo Arbitral e Sistema**. São Paulo: Atlas, 2012. p. 71).

A APLICAÇÃO DO *IURA NOVIT CURIA* NA ARBITRAGEM

comunicação principiológica entre a arbitragem e o processo judicial é o que busca o parágrafo 2º do artigo 21, na esteira da lição de Cândido Rangel Dinamarco[300]. Mesmo no plano infraconstitucional, é possível encontrar *princípios processuais* aplicáveis à arbitragem por integrarem o *padrão de devido processo legal* aqui vigente. Uma vez alterado tal padrão, mesmo que essa mudança ocorra somente no plano infraconstitucional, pode haver reflexos para a disciplina da arbitragem regida pela lei brasileira[301], o que será explorado em maiores detalhes adiante.

Por tudo o que ficou exposto até aqui, está claro que o estudo do *iura novit curia* na arbitragem regida pela lei brasileira depende da correta compreensão da *aplicação de cada um daqueles princípios processuais no campo da arbitragem*, à luz do artigo 32, IV e VIII, da lei 9.307/96. É o que se passa a fazer, analisando em detalhe cada uma daquelas duas hipóteses de anulação da sentença arbitral.

2.1.1. O *iura novit curia* e os limites da convenção de arbitragem

Comecemos pelo *princípio da congruência ou correlação entre sentença e pedido*, que está relacionado com outros três princípios, a saber, o *princípio da demanda* (ou da ação), o *princípio da inércia* e o *princípio dispositivo*[302], prin-

---

[300] **A arbitragem na teoria geral do processo.** São Paulo: Malheiros, 2013. p. 17. Eduardo de Albuquerque Parente também sintetiza bem essa *comunicação principiológica* entre a arbitragem e o processo judicial no direito brasileiro: "logo, o sistema do processo arbitral também se comunica com princípios processuais estampados no sistema de garantias da Constituição, que informam todo e qualquer sistema de processo" (**Processo Arbitral e Sistema.** São Paulo: Atlas, 2012. p. 70).

[301] Carlos Alberto Carmona oferece um exemplo concreto a partir da sua mudança de posicionamento em relação às sentenças arbitrais parciais: antes da reforma do Código de Processo Civil de 1973 pela lei 11.232/2005, o autor afirmava que as sentenças arbitrais deveriam ser obrigatoriamente líquidas e certas, não podendo haver julgamento "parcelado", como decorrência do "modelo processual vigente". Com a reforma e a mudança no conceito de sentença, o autor passou a admitir as sentenças parciais na arbitragem. Essa mudança de entendimento, explica o autor, decorreu de alteração no *"padrão do devido processo legal em que se espelhava a Lei de Arbitragem"* (**Arbitragem e processo**: um comentário à lei 9.307/96. 3.ed. São Paulo: Atlas, 2009. p. 394.

[302] A correlação entre esses quatro princípios (demanda ou ação, inércia, dispositivo e congruência) é bem explicada por Flávio Luiz Yarshell. **Curso de Direito Processual Civil.** v. I. São Paulo: Marcial Pons, 2014, p. 124-132. Todavia, dentro da distinção entre princípios e regras exposta anteriormente, é preciso esclarecer que, para este autor, deve-se falar em

cípios cuja violação no âmbito da arbitragem poderá ensejar a *anulação* da sentença por extrapolação dos limites da convenção de arbitragem (artigo 32, IV, da lei 9.307/96).

Em apertada síntese, estabelece o *princípio da demanda (ou da ação)* que o ônus de pleitear a tutela jurisdicional e delimitar a demanda é das partes[303]. Consequentemente, também é das partes o ônus de alegar fatos e fazer prova dos mesmos para obter a tutela jurisdicional pleiteada, o que consubstancia o *princípio dispositivo*[304]. Muito próximo a esses dois princípios está o *princípio da inércia*, pois o julgador não pode proceder *ex officio* (*ne procedat judex ex officio*), tampouco ir além do que as partes pediram, com o consequente *princípio da correlação* entre os pedidos e a tutela jurisdicional concedida[305]. Esses *princípios* estão resguardados por diversos dispositivos do Código de Processo Civil (por exemplo, os artigos 2º, 141, 492, dentre outros).

Não há dúvidas de que esses *princípios* (não as regras específicas) também se aplicam à arbitragem[306], mas dentro da *terminologia* e conforme os *conceitos* estabelecidos pela lei 9.307/96, como se passa a expor.

Demanda é o ato de pleitear tutela jurisdicional[307], seja perante um juiz, seja perante um árbitro. Ao demandar, o autor (ou o réu) coloca uma *pretensão* diante do julgador[308]. Essa *pretensão* constitui o *mérito do*

---

regra da disposição e em regra da congruência, ao invés de princípio dispositivo e princípio da congruência, respectivamente.

[303] Sobre o princípio da demanda, ver YARSHELL, Flávio Luiz Yarshell. **Curso de Direito Processual Civil**, v. I. São Paulo: Marcial Pons, 2014. p. 125.

[304] Novamente, YARSHELL, Flávio Luiz Yarshell. **Curso de Direito Processual Civil**, v. I. São Paulo: Marcial Pons, 2014. p. 125.

[305] Também Flávio Luiz Yarshell vê a regra da congruência como um desdobramento do princípio da demanda: **Curso de Direito Processual Civil**, v. I. São Paulo: Marcial Pons, 2014. p. 130). Ver também ELIAS, Carlos Eduardo Stefen. As reformas processuais e o princípio da congruência entre sentença e pedido. In: **Revista de Processo**, v. 158, 2008, p. 38-64.

[306] Também defendendo a aplicação da regra da congruência e o princípio dispositivo na arbitragem, CORRÊA, Fábio Peixinho Gomes. Os limites objetivos da demanda na arbitragem. In: **Revista Brasileira de Arbitragem**, v. 10, n. 40, 2013, p. 60-61.

[307] Cândido Rangel Dinamarco, **Instituições de Direito Processual Civil**, v. II, São Paulo: Malheiros, 2001, p. 102-103.

[308] Novamente, seguindo a lição de Cândido Rangel Dinamarco, **Instituições de Direito Processual Civil**, v. II, São Paulo: Malheiros, 2001, p. 107.

processo[309]. O mérito não se confunde com o objeto de *conhecimento* do julgador[310], nem com as *questões de mérito* a serem decididas pelo julgador[311], tampouco com a demanda[312], que é o *veículo* para a apresentação da *pretensão*. O mérito (pretensão) constitui o *objeto litigioso do processo*. Retorna-se aqui à discussão em torno do *objeto litigioso*, que já foi trazida anteriormente na Introdução. Tal qual o processo judicial, também a arbitragem possui um *objeto litigioso*[313].

Como se forma o objeto litigioso na arbitragem regida pela lei brasileira? Conforme antecipado no Capítulo I, ao contrário do que ocorre no processo judicial (que é essencialmente *preclusivo* neste ponto[314]), as partes podem, em princípio, apresentar suas *pretensões* em diferentes momentos da arbitragem: **(i)** no momento de assinatura do compromisso arbitral, com a delimitação do objeto a ser decidido pelos árbitros, a teor do que dispõe o artigo 10, III, da lei 9.307/96[315]; **(ii)** no momento da instauração da arbitragem (isto é, com o protocolo do requerimento de arbitragem em órgão institucional, no caso das arbitragens institucionais, ou com a notificação da arbitragem à contraparte, no caso das arbitragens *ad hoc*), na hipótese de já existir cláusula arbitral *cheia*; **(iii)** no momento

---

[309] Novamente, seguindo a lição de Cândido Rangel Dinamarco, **Instituições de Direito Processual Civil**, v. II, São Paulo: Malheiros, 2001, p. 107.

[310] Cândido Rangel Dinamarco, O conceito de mérito em processo civil. In: **Fundamentos do Processo Civil Moderno**, t. I, 6.ed. São Paulo: Malheiros, 2010, p. 324-325, 334-339.

[311] Cândido Rangel Dinamarco, O conceito de mérito em processo civil. In: **Fundamentos do Processo Civil Moderno**, t. I, 6.ed. São Paulo: Malheiros, 2010, p. 307-313.

[312] Cândido Rangel Dinamarco, O conceito de mérito em processo civil. In: **Fundamentos do Processo Civil Moderno**, t. I, 6.ed. São Paulo: Malheiros, 2010, p. 315.

[313] Ricardo de Barros Leonel ressalta a importância do rigor terminológico, distinguindo entre "objeto do processo" e "objeto litigioso do processo", justamente em razão de situações patológicas como a sentença *ultra petita* e a sentença *infra petita* (**Causa de pedir e pedido**: o direito superveniente. São Paulo: Método, 2006, p. 99-100). O autor reconhece, todavia, que a doutrina não é pacífica esse respeito, muitas vezes utilizando as expressões como sinônimas.

[314] A diferença entre o processo judicial e a arbitragem no tocante à formação e à alteração do objeto litigioso é tratada em detalhes por PARENTE. Eduardo de Albuquerque. **Processo Arbitral e Sistema**. São Paulo: Atlas, 2012, p. 174-179.

[315] "Art. 10. Constará, obrigatoriamente, do compromisso arbitral: I – o nome, profissão, estado civil e domicílio das partes; II – o nome, profissão e domicílio do árbitro, ou dos árbitros, ou, se for o caso, a identificação da entidade à qual as partes delegaram a indicação de árbitros; III – a matéria que será objeto da arbitragem; e IV – o lugar em que será proferida a sentença arbitral" (grifou-se).

de assinatura do termo de arbitragem (ou "ata de missão"), que nada mais vem a ser senão um "adendo" à convenção de arbitragem, passando a fazer parte integrante deste, inclusive por expressa disposição legal[316]; finalmente, **(iv)** também é possível que as partes e o árbitro concordem em diferir para momento subsequente (por exemplo, por ocasião da apresentação das chamadas alegações iniciais, após a assinatura do termo de arbitragem) a delimitação ou complementação das *pretensões*. Como se percebe, esses distintos momentos para delimitar o *objeto litigioso na arbitragem*[317] refletem a *flexibilidade* do procedimento arbitral, com grau atenuado de preclusões[318].

Em dado momento, as *pretensões* são estabilizadas (ainda que em fase posterior do processo arbitral, desde que acordado entre partes e árbitros e respeitado o contraditório[319]), *fixando-se assim os limites objetivos e subjetivos da demanda*, para que o árbitro possa compreender quais são os *limites da sua investidura*. Nesse contexto, o árbitro (como qualquer julgador) também está sujeito aos *princípios da demanda e da inércia*[320] e não pode proceder senão dentro dos limites estabelecidos pelas partes.

Se o árbitro extrapolar esses limites, a sentença arbitral é passível de anulação pelo artigo 32, IV, da lei 9.307/96. Pela lei brasileira, não

---

[316] Artigo 19, §1º, da lei 9.307/96.

[317] Cândido Rangel Dinamarco afirma que "não são coincidentes o momento de instauração da arbitragem e o da formação da relação processual, ou processo arbitral" (**A arbitragem na teoria geral do processo**. São Paulo: Malheiros, 2013, p. 50). Embora não exista *necessariamente* uma coincidência entre o momento de instauração da arbitragem e a formação do objeto litigioso (normalmente, são etapas distintas), é *possível*, por outro lado, que esta coincidência ocorra, sobretudo nas arbitragens *ad hoc*. Da mesma forma, ao contrário do que afirma o mesmo autor, também o termo de arbitragem pode servir para a delimitação do objeto litigioso arbitral, como exposto acima. Sobre o princípio da demanda no processo arbitral, ver também PARENTE, Eduardo de Albuquerque. **Processo Arbitral e Sistema**. São Paulo, Atlas, 2012, p. 170-174.

[318] DINAMARCO, Cândido Rangel. **A arbitragem na teoria geral do processo.** São Paulo: Malheiros, 2013, p. 56-57 e 192-193.

[319] Sobre a alteração de pedidos e a mudança do objeto litigioso arbitral, inclusive no curso do processo arbitral, desde que seja respeitado o contraditório, ver também PARENTE, Eduardo de Albuquerque. **Processo Arbitral e Sistema**. São Paulo: Atlas, 2012, p. 174-175.

[320] Mais uma vez, DINAMARCO, Cândido Rangel. **A arbitragem na teoria geral do processo**, São Paulo: Malheiros, 2013, p. 50 e 192. Sobre o princípio da demanda no processo arbitral, ver novamente PARENTE, Eduardo de Albuquerque. **Processo Arbitral e Sistema**. São Paulo, Atlas, 2012, p. 170-174.

A APLICAÇÃO DO *IURA NOVIT CURIA* NA ARBITRAGEM

pode o árbitro decidir nem além[321], nem aquém[322] do que as partes postularam.

Aqui é preciso deixar claro o que significa exatamente a expressão *"fora dos limites da convenção de arbitragem"* que consta do inciso IV do artigo 32.

Em primeiro lugar, não há dúvidas de que ela contempla **(i)** a cláusula compromissória, **(ii)** o compromisso arbitral e, também, **(iii)** o termo de arbitragem (ou ata de missão), pois este, como um "adendo" da convenção de arbitragem, é parte integrante desta, por expressa disposição legal, como já visto[323].

---

[321] Sobre as sentenças arbitrais *extra petita* e *ultra petita*, ver CARMONA, Carlos Alberto. **Arbitragem e processo**: um comentário à lei 9.307/96. 3.ed. São Paulo: Atlas, 2009. p. 405-406; DINAMARCO, Cândido Rangel. **A arbitragem na teoria geral do processo**. São Paulo: Malheiros, 2013, p. 196-198; e PARENTE, Eduardo de Albuquerque. **Processo Arbitral e Sistema**. São Paulo: Atlas, 2012, p. 274.

[322] Em relação à chamada sentença *citra petita*, houve alteração recente na lei de arbitragem brasileira. No regime anterior, da redação original da lei 9.307/96, esta sentença também era passível de anulação pelo inciso V, do artigo 32. Agora, com a promulgação da lei 13.139/15, o inciso V do art. 32 foi expressamente revogado, sendo introduzido o parágrafo 4º no artigo 33, que estabelece a possibilidade de uma sentença arbitral complementar: "§ 4º A parte interessada poderá ingressar em juízo para requerer a prolação de sentença arbitral complementar, se o árbitro não decidir todos os pedidos submetidos à arbitragem."

[323] Inclusive, o Superior Tribunal de Justiça já teve a oportunidade de se pronunciar sobre o tema, esclarecendo que o termo de arbitragem (ou "ata de missão") também é delimitador da controvérsia, conforme referido em nota de rodapé anterior: "19. Em razão dessa liberdade, o Termo se aproxima do compromisso arbitral, porém com ele não se confunde. Isso porque o compromisso arbitral atribui a competência jurisdicional aos árbitros, enquanto o termo de arbitragem pressupõe o juízo regularmente instalado, delimitando-se a controvérsia e a missão dos árbitros. 20. Todavia, porque forjada na liberdade e disponibilidade, o Termo de Arbitragem poderá alterar ou suprir omissões e até sanar irregularidades – somente não se admitem alterações que atinjam o núcleo essencial e cogente relativo à igualdade das partes e ao contraditório. Noutros termos, a assinatura do Termo é momento adequado para que o procedimento seja novamente objeto de deliberação e acordo das partes e dos árbitros. (...) 25. Para além desses argumentos, por si só suficientes para o reconhecimento da validade da sentença arbitral, tem-se ainda que, na hipótese dos autos, houve a delimitação da controvérsia e das regras a serem utilizadas no julgamento arbitral em Ata de Missão firmada pelas partes, assistidas pelos respectivos advogados. Assim, apesar da ata não se confundir com a convenção de arbitragem, é lícito concluir que as partes deliberaram de forma livre e consciente, e aceitaram a instalação e o desenvolvimento do juízo arbitral, afastando-se também por este ângulo qualquer nulidade" (STJ. REsp 1.389.763 – PR, Rel. Min. Nancy Andrighi, DJ 20.11.2013).

ÁRBITRO E DIREITO

Portanto, é passível de anulação a sentença que não respeite os limites da convenção de arbitragem (incluindo o termo de arbitragem).

Mas também é possível que a convenção de arbitragem ou o termo de arbitragem preveja *expressamente* que as partes poderão aditar (ou modificar, ou complementar) suas *pretensões* no curso do procedimento arbitral (frequentemente, por ocasião da apresentação das alegações iniciais de mérito).

Neste caso (e somente neste caso), a sentença arbitral que não respeitar os limites estabelecidos pelas alegações iniciais das partes também será passível de anulação, pois as alegações iniciais estarão igualmente cobertas pela expressão "limites da convenção de arbitragem" contida no inciso IV do artigo 32 (tudo por expressa remissão da própria convenção de arbitragem ou termo de arbitragem).

Um exemplo ilustra bem o ponto. É muito comum que o *escopo* da convenção de arbitragem seja *maior* que o *objeto litigioso arbitral*. Isso ocorre, sobretudo, quando a convenção de arbitragem é da espécie cláusula compromissória. Normalmente, as cláusulas arbitrais possuem redação ampla e abrangente, para incluir em seu escopo, por exemplo, *"toda e qualquer disputa decorrente ou relacionada com o contrato"*[324], justamente por não ser possível prever, com antecedência, quais conflitos poderão surgir no futuro. Surgida determinada disputa naquele contrato, esta *disputa específica* (conforme delimitada pelas partes) será o *objeto litigioso arbitral*, muito embora o escopo da convenção de arbitragem seja *maior*, contemplando *todas as demais disputas* que pudessem surgir e fossem decorrentes ou relacionadas com o contrato. Poderia o árbitro julgar uma *suposta disputa* que, embora não fizesse parte das pretensões das partes naquela *arbitragem específica*, ainda assim estivesse dentro do *escopo da convenção de arbitragem* e, portanto, coberta pela *literalidade* do inciso IV do artigo 32? Evidentemente que não. Não basta a literalidade desse dispositivo, é preciso compreender o sistema arbitral como

---

[324] O Ministro Nelson Jobim, no voto que conduziu à declaração de constitucionalidade dos arts. 6º, 7º, 41 e 42 da lei 9.307/96, classificou esse tipo de cláusula compromissória como "universal" em relação às disputas decorrentes da relação contratual em questão – STF. SE 5.206, Rel. Min. Sepúlveda Pertence, Rel. para acórdão Min. Nelson Jobim, DJ 30.4.2004 (p. 1036 a 1091).

A APLICAÇÃO DO *IURA NOVIT CURIA* NA ARBITRAGEM

um todo, principalmente os *princípios* que representam a base de qualquer processo, incluindo o processo arbitral.

Neste exemplo, estariam sendo desrespeitados aqueles *princípios processuais* indicados anteriormente (princípio dispositivo, princípio da demanda e princípio da inércia). É exatamente por isso que o inciso IV do artigo 32 cuida também da proteção de todos esses princípios processuais que, em última instância, estão relacionados com o *objeto litigioso arbitral*[325]. *A demanda* apresentada pelas partes na arbitragem não deixa de ser decorrência e extensão da convenção de arbitragem, sendo por esta reconhecida como tal.

É a convenção de arbitragem que confere às partes o poder de formular *demandas* perante os árbitros e, por isso, é também ela que estabelece os *limites* dessa postulação perante árbitros. Toda demanda arbitral deve ser formulada *dentro do escopo* da convenção de arbitragem (ou seja, o escopo da convenção *contém* a demanda formulada pelas partes), pois do contrário os árbitros não terão sequer jurisdição para apreciá-la.

Mas não é só do *objeto litigioso arbitral*, do *princípio da demanda (ou da ação)*, do *princípio da inércia* e do *princípio dispositivo* que trata o inciso IV do artigo 32. Carlos Alberto Carmona defende que o desrespeito ao *procedimento arbitral previsto na convenção de arbitragem* também configura um desrespeito aos *limites da convenção de arbitragem*, tornando a sentença passível de anulação pelo inciso IV, do artigo 32[326].

[325] Aparentemente em sentido contrário, Cândido Rangel Dinamarco, **A arbitragem na teoria geral do processo**, São Paulo, Malheiros, 2013, p. 195. O autor afirma que são distintos os temas (a) da correlação entre a sentença arbitral e a demanda deduzida perante os árbitros e (b) o da fidelidade aos limites da convenção de arbitragem. Diz o autor ainda que: "a sentença que extrapola a demanda será nula por violação aos limites fixados nesta (CPC, artigos 128 e 460)". Mas a lei de arbitragem não prevê esta hipótese de anulação da sentença arbitral, com fundamento nos artigos 128 e 460 do CPC. Por isso, a nosso ver, a hipótese de anulação da sentença neste caso é sempre a mesma, o inciso IV do artigo 32, da lei de arbitragem, como exposto no texto acima. Cândido Rangel Dinamarco chega a reconhecer essa possibilidade de "interpretação integrativa", mas reitera a aplicação dos artigos 128 e 460, do CPC: "entendemos, porém, em uma interpretação sistemática apta a relevar a insuficiência da lei, que o art. 32, inc. IV, da Lei de Arbitragem abrange não somente os laudos extrapolantes à própria convenção mas também os que atuam fora do *petitum*. Independentemente dessa legítima interpretação integrativa chega-se porém ao mesmo resultado mediante a aplicação do disposto nos arts. 128 e 460 do Código de Processo Civil" (p. 196-197).

[326] CARMONA, Carlos Alberto. **Arbitragem e processo**: um comentário à lei 9.307/96. 3.ed. São Paulo: Atlas, 2009, p. 406.

ÁRBITRO E DIREITO

Portanto, deve o árbitro respeitar não apenas **(i)** os *limites da convenção de arbitragem* (na literalidade da lei), mas também **(ii)** os *limites do objeto litigioso arbitral e dos princípios da demanda, inércia e dispositivo* e, na verdade, **(iii)** *quaisquer outros limites* estabelecidos pelas partes contratualmente (via termo de arbitragem, por exemplo), mesmo aqueles atinentes apenas ao processo arbitral[327]. Esse é o campo de aplicação do artigo 32, inciso IV, da lei 9.307/96.

Nada impede, inclusive, que as partes disponham *expressamente* na convenção de arbitragem que os árbitros *não* podem aplicar fundamento jurídico distinto daquele que tenha sido invocado por elas (ou seja, uma exclusão do *iura novit curia*). Não haveria aqui qualquer violação do devido processo legal ou mesmo do livre convencimento do árbitro, protegido pelo artigo 21, §2º. Como se percebe, também no tema do *iura novit curia* a liberdade das partes é maior na arbitragem do que no processo judicial. Todavia, é incomum que as partes, logo de saída, procurem *limitar* o poder dos árbitros de promover qualquer inovação em relação aos fundamentos jurídicos, especialmente porque elas ainda desenvolverão seus argumentos no curso do processo arbitral. A regra continua sendo a *ausência* de disposição na convenção de arbitragem sobre os poderes do árbitro na aplicação do direito.

Neste caso de ausência de disposição convencional sobre os poderes do árbitro na aplicação do direito, a questão a ser respondida na análise do *iura novit curia* na arbitragem regida pela lei brasileira é: os *fundamentos jurídicos apresentados pelas partes* integrariam *os limites da convenção de arbitragem*, de tal forma que o árbitro deveria se abster de promover qualquer inovação em relação a esses fundamentos, sob pena de possibilitar a posterior anulação da sentença pelo artigo 32, IV, da lei 9.307/96? Em outras palavras, o árbitro que aplica *fundamento jurídico ex officio* excede seus poderes? Por fundamento jurídico não deve ser entendido o *dispositivo legal*, mas sim o *regime jurídico* aplicável aos fatos narrados, ou seja, a qualificação e as consequências jurídicas decorrentes daqueles

---

[327] Na mesma linha, Fábio Peixinho Gomes Corrêa: "não menos relevante é a invalidade da sentença arbitral que, ao invés de respeitar a escolha das partes por uma arbitragem de direito, faz uso exclusivamente da equidade, em patente violação do art. 2º, da Lei 9.307/96. Nesse aspecto, haverá tanto violação de regra procedimental, mas também desrespeito aos limites objetivos da demanda arbitral..." (Os limites objetivos da demanda na arbitragem. In: **Revista Brasileira de Arbitragem**, v. 10, n. 40, 2013, p. 63).

A APLICAÇÃO DO *IURA NOVIT CURIA* NA ARBITRAGEM

fatos (o que inclui, por exemplo, o que deverá ser objeto de prova para que sejam comprovados os pressuspostos legais daquele *regime jurídico* invocado)[328].

Estando a arbitragem inserida na teoria geral do processo (como visto acima), convém retomar, ainda que brevemente, a discussão a respeito do *objeto do processo* no âmbito judicial (introduzida acima), aprofundando-a particularmente na relação entre **(i)** *pedido*, **(ii)** *causa de pedir* (fatos e fundamentos jurídicos), **(iii)** *julgamento do mérito* e **(iv)** *iura novit curia*. A investigação sobre as diferentes correntes téoricas que influenciaram o direito processual brasileiro nesses temas e o estado atual da doutrina e da jurisprudência poderá iluminar o caminho a ser trilhado no campo arbitral.

Na vigência do Código de Processo Civil de 1973, segundo entendimento majoritário da doutrina e da jurisprudência, embora as partes tivessem o dever de aportar os fatos *e os fundamentos jurídicos* de seus pedidos (artigo 282, III)[329], o julgador *não* estaria adstrito a esses fundamentos jurídicos, podendo requalificar a demanda como bem entendesse, justamente em razão da aplicação do *iura novit curia*"[330].

Em primeiro lugar, é preciso indagar se a *causa de pedir* integra a *delimitação da demanda*. Mesmo aqueles que entendem que *somente os pedidos* integram o *objeto litigioso*, como o faz Cândido Rangel Dinamarco, não deixam de reconhecer a relevância da causa de pedir para a *delimitação* da matéria deduzida em juízo[331]. Hoje, não há dúvidas de que os

---

[328] DINAMARCO, Cândido Rangel. **Instituições de Direito Processual Civil**, v. II, São Paulo: Malheiros, 2001, p. 128.

[329] No Código de Processo Civil de 2015, o equivalente é o artigo 319, III.

[330] DINAMARCO, Cândido Rangel. **Instituições de Direito Processual Civil**, v. II. São Paulo: Malheiros, 2001, p. 71.

[331] Cândido Rangel Dinamarco é claro ao restringir o objeto do processo ao *petitum*, ao mesmo tempo em que reconhece a importância da *causa petendi* para delimitar a demanda (O conceito de mérito em processo civil. In: **Fundamentos do Processo Civil Moderno**, t. I, 6ª ed., São Paulo: Malheiros, 2010, p. 344-349). Em outra obra, o autor também é expresso neste ponto: "a insuficiência do *petitum* para desencadear os impedimentos da litispendência e da coisa julgada não deve porém conduzir à falsa idéia de que o objeto do processo fosse além do pedido e incluísse também os fundamentos, muito menos os sujeitos" (**Instituições de Direito Processual Civil**, v. II, São Paulo: Malheiros, 2001, p. 193). Ver também, do mesmo autor, **Capítulos da sentença**. São Paulo: Malheiros, 2004, p. 50-63. Sobre a relutância da doutrina em incluir a *causa petendi* no conceito de *objeto litigioso*, relata Otávio Domit: "nenhum desses autores brasileiros nega que a causa de pedir desempenhe

pedidos, por sí sós, são insuficientes para estabelecer os limites da matéria *sub judice*[332] e que, portanto, a causa de pedir é um dos *elementos da demanda*[333], ainda que não faça parte do *conceito de mérito*. Como passo seguinte, é preciso indagar se os *fundamentos jurídicos* integram a causa de pedir. Cândido Rangel Dinamarco entende que sim[334]. Por outro lado, José Carlos Barbosa Moreira[335], José Rogério Cruz e Tucci[336] e Cássio Scarpinella Bueno[337] entendem que não. Todavia, mesmo para os auto-

papel decisivo na identificação dos limites objetivos da controvérsia, mas relutam em aceitar que a causa petendi possa integrar o objeto litigioso" (**O juiz e a qualificação jurídica da demanda no processo civil brasileiro**. Dissertação de Mestrado. Faculdade de Direito da Universidade Federal do Rio Grande do Sul, Porto Alegre, 2013, p. 214).

[332] Ricardo de Barros Leonel vai mais longe e afirma que o objeto do processo não consiste exclusivamente nos pedidos das partes: "exemplificando, fosse correta a idéia de que o objeto do processo consiste exclusivamente no pedido, a improcedência da ação buscando a condenação ao pagamento de quantia em dinheiro impediria, definitivamente, que a mesma soma fosse pretendida pelo mesmo autor em face do mesmo réu, ainda que em função de outra dívida" (*Causa de pedir e pedido: o direito superveniente*, São Paulo: Método, 2006, p. 85). Esclarece ainda o autor: "embora os fundamentos de fato e de direito (causa de pedir) não integrem a pretensão, esta não pode ser corretamente compreendida e delimitada sem a visualização daqueles, pois é por meio de tais fundamentos que os limites do objeto litigioso são precisamente definidos" (p. 104). Daí o entendimento do autor de que os pedidos são "iluminados" pela causa de pedir (p. 86). Também defendendo que os pedidos sejam iluminados pela causa de pedir, Heitor Vitor Mendonça Sica, Velhos e novos institutos fundamentais de direito processual civil, In: Camilo Zufelato, Flávio Luiz Yarshell (org.). **40 anos da teoria geral do processo no Brasil**. São Paulo: Malheiros, 2013, p. 450.

[333] Heitor Vitor Mendonça Sica, Velhos e novos institutos fundamentais de direito processual civil, In: Camilo Zufelato, Flávio Luiz Yarshell (org.). **40 anos da teoria geral do processo no Brasil**. São Paulo: Malheiros, 2013, p. 449.

[334] **Instituições de Direito Processual Civil**, v. II. São Paulo: Malheiros, 2001, p. 128.

[335] O autor afirma expressamente: "não integram a *causa petendi*: (a) a qualificação jurídica dada pelo autor ao fato em que apóia sua pretensão (v.g., a referência a 'erro' ou a 'dolo', na petição inicial, para designar o vício do consentimento invocado como causa da pretendida anulação do ato jurídico); (b) a norma jurídica aplicável à espécie (**O novo processo civil brasileiro.** 25.ed. Rio de Janeiro: Forense, 2007, p. 17).

[336] Afirma o autor: "o limite da liberdade do juiz encontra-se naqueles fatos que individualizam a pretensão e que constituem a *causa petendi*: nenhuma qualificação jurídica integra esta e, por via de consequência, nada obsta a livre eleição dos motivos ou normas jurídicas que o agente do Poder Judiciário reputar adequadas" (*A causa petendi no processo civil*, São Paulo: Revista dos Tribunais, 1993, p. 133). Para autor, a mudança da qualificação jurídica não constitui alteração da causa de pedir (p. 158-159).

[337] **Código de Processo Civil Interpretado**. A. C. Marcato (coord.). São Paulo: Atlas, 2004, p. 856-857.

A APLICAÇÃO DO *IURA NOVIT CURIA* NA ARBITRAGEM

res que defendem a primeira posição, o julgador *não* está adstrito aos fundamentos jurídicos invocados pelas partes, tendo liberdade para alterá-los[338].

O que importa, para os fins deste trabalho, é perceber que, *qualquer que seja a posição adotada em relação a esses dois pontos (conceito de mérito e inclusão dos fundamentos jurídicos na causa de pedir)*, todos os autores citados convergem em um ponto: *o julgador pode alterar os fundamentos jurídicos dos pedidos* sem que isso viole a estabilização da demanda (bem como os correspondentes princípios processuais, dentre eles a inércia, o princípio dispositivo e a congruência entre sentença e pedido). É essa a concepção do *iura novit curia* que hoje predomina no direito processual brasileiro[339] e que seria aplicável igualmente ao árbitro[340]. A jurisprudência brasileira (sobretudo os julgados do STF e do STJ) segue essa mesma linha há décadas, adotando concepção alargada do *iura novit curia*, de tal forma que a qualificação jurídica feita pelo juiz sempre prevaleceria

---

[338] Cândido Rangel Dinamarco é claro a respeito: "de todos os elementos da demanda, o que menos relevância tem no sistema é a fundamentação jurídica do pedido, que, por ser um elemento *abstrato* e assim não passar de mera proposta de enquadramento, no sistema processual brasileiro pode ser alterada pelo juiz ao sentenciar (substanciação) (**Instituições de Direito Processual Civil**. v. II, São Paulo: Malheiros, 2001, p. 131).

[339] Comentando o artigo 319 do Código de Processo Civil de 2015, José Rogério Cruz e Tucci mantém a mesma posição já expressada em relação ao Código de 1973 a respeito da *possibilidade de requalificação jurídica* pelo juiz *ex officio*, em razão do brocardo *iura novit curia* (**Comentários ao Código de Processo Civil – Volume VII (arts. 318 a 368)**, coord. José Roberto Ferreira Gouvêa, Luis Guilherme Aidar Bondioli, João Francisco Naves da Fonseca, São Paulo, Saraiva, 2016, p. 61-62).

[340] Nesse ponto, Cândido Rangel Dinamarco é categórico: "como é curial na doutrina do processo, somente quanto aos fundamentos *de fato* existe essa adstrição, não quanto aos de direito (teoria da *substanciação*) – porque, como também é pacífico, *jura novit curia*, e os árbitros, tanto quando os juízes togados, têm a missão e o poder de impor as normas jurídicas verdadeiramente pertinentes ao caso, segundo sua própria interpretação, e não nos termos da interpretação eventualmente proposta pelas partes" (**A arbitragem na teoria geral do processo**. São Paulo: Malheiros, 2013, p. 199). O mesmo entendimento é defendido por Fábio Peixinho Gomes Corrêa: "a persuasão racional dos árbitros se desdobrará a partir das pretensões postas pelas partes, cabendo aos julgadores identificar e aplicar a regra legal apropriada aos fatos suscitados pelas partes, independentemente das regras invocadas pelas partes ou da qualificação jurídica que estas atribuírem aos fatos. Pode-se afirmar, portanto, que as pretensões das partes estão sujeitas à vetusta regra da *mihi factum dabo tibi ius*" (Os limites objetivos da demanda na arbitragem. In: **Revista Brasileira de Arbitragem**. v. 10, n. 40, 2013, p. 58-59).

ÁRBITRO E DIREITO

sobre aquela das partes[341]. Segundo esse entendimento, o juiz pode *desconsiderar* o que as partes alegaram a respeito dos fundamentos jurídicos da demanda, como bem demonstrou a pesquisa jurisprudencial realizada por Otávio Domit em sua dissertação de mestrado[342].

Como se percebe pelo que foi exposto até aqui, essa concepção alargada do *iura novit curia* parte de uma premissa clara: *a separação entre fatos e direito*, sendo os primeiros de responsabilidade das partes e o segundo de responsabilidade do julgador[343].

Essa premissa está na base da tradicional distinção entre a *teoria da substanciação* e a *teoria da individuação*, também já referida anteriormente, no início deste subitem. Convém investigar, agora, em que medida essa discussão pode ser aproveitada na arbitragem, ou seja, se as diferentes teorias podem iluminar, de alguma forma, o caminho a ser trilhado pelo árbitro na aplicação do direito.

É antigo o debate em torno de adoção, pelo direito processual brasileiro, da *teoria da substanciação*, em contraposição à teoria da individuação. Embora predomine o entendimento de que o Código de Processo Civil de 1973 tenha adotado a teoria da substanciação[344], a verdade é que

---

[341] A título ilustrativo, em acórdão julgado em 28 de agosto de 1990, o Relator Ministro Sálvio de Figueiredo Teixeira deixou clara a sua posição de que a qualificação jurídica dada pelo autor não integra a *causa petendi*, de tal forma que o juiz estaria livre para alterá-la desde que permaneça dentro do conjunto fático trazido pelo autor (STJ, REsp 2.403, Rel. Min. Sálvio de Figueiredo Teixeira, DJ 24.09.1990).

[342] DOMIT, Otávio Augusto Dal Molin. **O juiz e a qualificação jurídica da demanda no processo civil brasileiro**. Dissertação de Mestrado. Faculdade de Direito da Universidade Federal do Rio Grande do Sul, Porto Alegre, 2013, p. 15.

[343] Segundo Fábio Peixinho Gomes Corrêa, essa mesma divisão de trabalho deve ser seguida na arbitragem: "às partes cabe a seleção e submissão dos fatos e dos respectivos pedidos, podendo inclusive apresentar sua fundamentação jurídica. Aos árbitros incumbe a função de apreciar livremente os fatos postos e decidir motivadamente os pedidos, inclusive mediante regra jurídica não cogitada pelas partes, desde que concedida oportunidade para se pronunciarem a respeito" (Os limites objetivos da demanda na arbitragem. In: **Revista Brasileira de Arbitragem**, v. 10, n. 40, 2013, p. 68).

[344] Novamente, a lição de Cândido Rangel Dinamarco: "vige no sistema processual brasileiro o sistema da substanciação, pelo qual os fatos narrados influem na delimitação objetiva da demanda e consequentemente da sentença (art. 128), mas os fundamentos jurídicos, não" (**Instituições de Direito Processual Civil**. v. II, São Paulo: Malheiros, 2001, p. 127). Ver também Cássio Scarpinella Bueno, **Código de Processo Civil Interpretado,** Antonio Carlos Marcato (coord.). São Paulo: Atlas, 2004, p. 856-857.

A APLICAÇÃO DO *IURA NOVIT CURIA* NA ARBITRAGEM

nunca houve um consenso claro e seguro entre os autores brasileiros a esse respeito[345]. Muitos autores, inclusive, esforçaram-se para demonstrar a posição *sui generis* do nosso direito, sem buscar necessariamente um "encaixe" em uma ou outra teoria, e defendendo, ao contrário, um equilíbrio entre as duas posições, tal como fez José Ignácio Botelho de Mesquita[346]. Também José Rogério Cruz e Tucci procurou afastar abordagens simplistas que alocassem o direito brasileiro em uma das duas posições de forma rígida e estanque[347]. No mesmo sentido, Ricardo de Barros Leonel[348]. Conclui este autor: "*a virtude está no meio-termo. A melhor solução para o problema da correta concepção sobre o objeto litigioso do processo, e para todas as dificuldades a ele relacionadas no desenvolvimento da relação processual em juízo caminha para a aproximação consensual entre os posicionamentos extremos*"[349].

Esse debate atravessa os séculos, havendo mais dissensos do que consensos. Não é sem razão que os conceitos de mérito, objeto litigioso, pedido e causa de pedir sempre foram objeto de muita controvérsia no direito processual civil, tanto aqui, quanto alhures. A verdade é que não existem respostas absolutas. Tudo depende de cada *modelo processual*, das escolhas feitas pelo legislador de cada país, que também variam com o tempo.

Em relação ao direito brasileiro, parece-nos acertado o alerta feito por José Roberto dos Santos Bedaque, para quem "*é extremamente complexa a exata configuração da causa de pedir, visto que difícil a separação entre a*

---

[345] Sobre o relativo predomínio da teoria da substancição na doutrina processual e a ausência de consenso claro a respeito do tema, ver Ricardo de Barros Leonel, **Causa de pedir e pedido:** o direito superveniente, São Paulo: Método, 2006, p. 31-104. Afirma este autor: "tem prevalecido na doutrina a posição segundo a qual, por força do art. 282, II, do CPC, referindo-se à necessidade de a petição inicial conter a exposição dos 'fatos e fundamentos jurídicos do pedido', teria sido adotada a teoria da substanciação" (p. 90).

[346] *A causa petendi nas ações reivindicatórias*. In: **Teses estudos e pareceres de processo civil.** São Paulo: RT, 2005. v. 1, p. 154.

[347] **A causa petendi no processo civil**. São Paulo: Revista dos Tribunais, 1993, p. 118-122.

[348] "O grande problema das teorias processuais e substanciais extremadas é sua relativa inaptidão para o equacionamento de dúvidas pragmáticas, inerentes à sua aplicação, associada ao equívoco da própria concepção" (**Causa de pedir e pedido: o direito superveniente.** São Paulo: Método, 2006, p. 84).

[349] **Causa de pedir e pedido: o direito superveniente**. São Paulo: Método, 2006, p. 103.

matéria fática e jurídica"[350]. Como visto, sequer poderia ser vista de forma estanque a linha divisória entre pedidos e causa de pedir, como se estivessem em planos completamente separados[351]. Por essas razões, é preciso cautela ao assumir a premissa indicada acima, de que fatos e direito estariam em planos completamente *distintos*[352], da mesma forma em que é preciso cautela por parte do julgador (seja ele um juiz ou o árbitro) no momento de avaliar eventual *requalificação jurídica ex officio* da demanda. A esse respeito, concordamos com a posição defendida por Otávio Domit. O autor é crítico ao entendimento doutrinário e jurisprudencial hoje predominante a respeito do *iura novit curia*, diante da ausência de *dispositivo legal expresso* no direito brasileiro estabelecendo a *liberdade total* do juiz para proceder a essa requalificação jurídica[353]. Na linha de Otávio Domit, entendemos que o direito brasileiro não respalda uma *concepção totalmente alargada* do *iura novit curia*[354].

---

[350] Os elementos objetivos da demanda à luz do contraditório. In: José Rogério Cruz e Tucci; José Roberto dos Santos Bedaque (Coord.). **Causa de pedir de pedido no processo civil**: questões polêmicas. São Paulo: Revista dos Tribunais, 2002, p. 32-33.

[351] No mesmo sentido, Gabbay, Daniela Monteiro. **Pedido e causa de pedir**. São Paulo: Saraiva, 2010, p. 52-53.

[352] No campo da filosofia do Direito, é bastante conhecida a tese de doutoramento de Antonio Castanheira Neves a respeito da dificuldade de se tentar separar rigidamente "questões de facto" e "questões de direito" (**Questão de facto – questão de direito ou o problema metodológico da juridicidade**. Coimbra: Almedina, 1967, *passim*). Entre nós, o tema também é tratado por Knijnik, Danilo. **O Recurso Especial e a Revisão da Questão de fato pelo Superior Tribunal de Justiça, Rio de Janeiro**: Forense, 2005, *passim*. Em sua conclusão, Danilo Knijnik ressalta que há pelos menos três causas (a hermenêutica, a dogmática e a processual) que colocam em dúvida essa separação entre fato e direito para organizar os temas sujeitos a exame no Superior Tribunal de Justiça (p. 268-269). Também criticando a separação estanque entre fatos e direito, Otávio Domit, **O juiz e a qualificação jurídica da demanda no processo civil brasileiro**. Dissertação de Mestrado. Faculdade de Direito da Universidade Federal do Rio Grande do Sul, Porto Alegre, 2013, *passim*.

[353] Domit, Otávio Augusto Dal Molin. **O juiz e a qualificação jurídica da demanda no processo civil brasileiro**. Dissertação de Mestrado. Faculdade de Direito da Universidade Federal do Rio Grande do Sul, Porto Alegre, 2013, *passim*.

[354] Conclui Otávio Augusto Dal Molin Domit: "acreditamos ter conseguido colocar em xeque a tradicional posição firmada pela doutrina nacional, que propugna o acolhimento, em nosso país, da teoria da substanciação da causa de pedir, para a qual a causa petendi é identificada apenas pelos fatos narrados pelo autor" (**O juiz e a qualificação jurídica da demanda no processo civil brasileiro**. Dissertação de Mestrado. Faculdade de Direito da Universidade Federal do Rio Grande do Sul, Porto Alegre, 2013, p. 285).

A APLICAÇÃO DO *IURA NOVIT CURIA* NA ARBITRAGEM

É claro que, *como regra, é requalificação jurídica* pelo julgador (seja ele um juiz ou um árbitro) é *admissível* no direito brasileiro, mas existem *limites*, dentro do *modelo de devido processo legal* vigente entre nós[355]. Dentre esses limites, dois merecem destaque: **(i)** o princípio da demanda, já referido e **(ii)** o princípio do contraditório, objeto de estudo detalhado no próximo item. A qualificação jurídica feita pelas partes é *relevante* para o sistema processual por permitir a delimitação das demandas[356] e possibilitar o exercício do direito de defesa, dentro da garantia constitucional do contraditório. Ao se defender que o julgador (árbitro ou juiz) possa *simplesmente desconsiderar* os fundamentos jurídicos trazidos pelas partes, abre-se o caminho para potenciais violações do princípio da demanda[357] e os correlatos princípios dispositivo e da inércia.

Como se percebe, o *iura novit curia* situa-se entre dois polos: de um lado, a correta delimitação da demanda e, de outro, a preservação das garantias processuais das partes. Não há como se entender a demanda de forma isolada, sem os respectivos direitos de ação e de defesa, com todas as garantias processuais aí inerentes.

No que diz respeito *especificamente* ao campo da arbitragem, existem peculiaridades a serem consideradas no momento de se avaliar o papel do árbitro na aplicação do direito, justamente em razão do artigo 32, inciso IV, da lei 9.307/96, conforme seu campo de aplicação delimitado acima.

Por exemplo, não se pode descartar a hipótese de que as partes *vinculem* seus pedidos expressamente a *uma determinada causa de pedir* no momento de definir o objeto da arbitragem na convenção de arbitragem (da qual é parte integrante o termo de arbitragem), ou seja, não se pode

---

[355] Novamente, as conclusões DOMIT, Otávio Augusto Dal Molin. **O juiz e a qualificação jurídica da demanda no processo civil brasileiro**. Dissertação de Mestrado. Faculdade de Direito da Universidade Federal do Rio Grande do Sul, Porto Alegre, 2013, p. 285.

[356] A respeito da relação entre pretensão, pedido, causa de pedir e objeto litigioso, explica Ricardo de Barros Leonel: "embora os fundamentos de fato e de direito (causa de pedir) não integrem a pretensão, esta não pode ser corretamente compreendida e delimitada sem a visualização daqueles, pois é por meio de tais fundamentos que os limites do objeto litigioso são precisamente definidos" (**Causa de pedir e pedido: o direito superveniente**. São Paulo: Método, 2006, p. 104).

[357] DOMIT, Otávio Augusto Dal Molin. **O juiz e a qualificação jurídica da demanda no processo civil brasileiro**. Dissertação de Mestrado. Faculdade de Direito da Universidade Federal do Rio Grande do Sul, Porto Alegre, 2013, p. 285-286.

ÁRBITRO E DIREITO

descartar a hipótese de que *as causas de pedir* estejam *cristalizadas* na convenção de arbitragem.

Neste caso, os árbitros deverão *interpretar* a convenção de arbitragem[358]. Pode-se pensar, por exemplo, na hipótese de que uma das partes inclua, no campo específico atribuído aos "pedidos" no termo de arbitragem, a *pretensão* de anular determinado negócio jurídico *"em razão da ocorrência de erro"*. Neste caso, é *possível* que essa inclusão seja *intepretada* pelos árbitros como uma *escolha* dessa parte de *estabilizar* a referida causa de pedir e incluí-la nos limites de investidura do árbitro. Talvez o árbitro interpretasse a questão de outra forma se o pedido fosse formulado apenas como "anulação do negócio jurídico", sendo depois substanciado nas manifestações. Tudo depende das *escolhas* que as partes fizeram ao contratarem a convenção de arbitragem. Quanto mais *específicos forem os limites da convenção de arbitragem* com relação ao julgamento do mérito, *menos liberdade* o árbitro terá para aplicar o direito[359].

Mas é claro que também há *limites* para os *limites* que as partes podem estabelecer para a atuação dos árbitros na aplicação do direito. Em relação aos meios de prova, por exemplo, a convenção de arbitragem não pode infringir garantias constitucionais e a ordem pública processual[360]. O argumento deste item trata dos *limites ao objeto litigioso*, tal como

---

[358] Também Fábio Peixinho Gomes Corrêa aponta para eventual necessidade de interpretação da convenção de arbitragem pelos árbitros no momento de se definir os limites objetivos da demanda (Os limites objetivos da demanda na arbitragem. In: **Revista Brasileira de Arbitragem**, v. 10, n. 40, 2013, p. 64).

[359] Em sentido parcialmente contrário, Fábio Peixinho Gomes Corrêa entende que "a ata de missão não se presta propriamente à definição da *causa petendi* ou do *petitum*, ostentando antes funções programáticas, como indicar os objetivos da arbitragem, para o que são descritas a matéria litigiosa e as principais questões fáticas, fixando as balizas para as atividades que serão desempenhas pelos árbitros" (Os limites objetivos da demanda na arbitragem. In: **Revista Brasileira de Arbitragem**, v. 10, n. 40, 2013, p. 58).

[360] Nesse ponto, concordamos com José Antonio Fichtner, Sergio Nelson Mannheimer e André Luís Monteiro: "o árbitro somente está autorizado a desprezar a convenção das partes na arbitragem comercial quando houver violação a preceitos constitucionais ou à ordem pública processual, bem como quando desconfiar que haja conluio das partes para esconder o produto de crimes, para violar direitos de terceiros, que se trata de utilização do processo arbitralpara atingir fim ilícito ou que a convenção processual sobre meios de prova altera o regime das provas legais" (Provas e autonomia das partes na arbitragem. In: José Antonio Fichtner, Sergio Nelson Mannheimer e André Luís Monteiro, **Novos temas de arbitragem**, Rio de Janeiro, FGV, 2014, p. 171).

A APLICAÇÃO DO *IURA NOVIT CURIA* NA ARBITRAGEM

recortado pelas partes. Somente é preciso esclarecer que esse *recorte* não pode chegar a tal ponto de prejudicar as garantias constitucionais e o livre convencimento do árbitro, resguardado pelo artigo 21, § 2º, da lei 9.307/96[361].

Feitas essas ressalvas, *os limites da aplicação do direito pelo árbitro serão aqueles que tiverem sido contratados pelas partes na convenção de arbitragem.*

Ao contrário do juiz, o árbitro não tem, como regra, uma missão perante a sociedade, *mas primordialmente perante as partes.* Isso equivale a dizer que o árbitro não tem o compromisso com a *integridade da ordem jurídica* da mesma forma como ocorre com o juiz: ele tem um compromisso *primordial* com as partes[362]. O árbitro não tem a obrigação de zelar pela correta interpretação do direito *em detrimento do que as partes contrataram a respeito dessa mesma aplicação*[363]. Entre a integridade da ordem jurídica e o respeito ao que as partes contrataram, a missão do árbitro inclina-se para este último.

Algumas regras institucionais – como é o caso das regras de arbitragem da CCI[364] – permitem a alteração dos pedidos após a assinatura da ata de missão, *em circunstâncias excepcionais* e *desde que autorizado pelos*

---

[361] Novamente, concordamos com José Antonio Fichtner, Sergio Mannheimer e André Luís Monteiro, Provas e autonomia das partes na arbitragem. In: José Antonio Fichtner, Sergio Nelson Mannheimer e André Luís Monteiro. **Novos temas de arbitragem**. Rio de Janeiro: Editora FGV, 2014, p. 170.

[362] Embora seja favorável à aplicação do *iura novit curia* na arbitragem, Cândido Rangel Dinamarco reconhece, conforme citação já referida anteriormente, que: "o árbitro não tem todo aquele compromisso *com a lei*, que tem o juiz, mas acima de tudo com as realidades de cada caso e com a *justiça* das soluções que dele se esperam" (**A arbitragem na teoria geral do processo**. São Paulo: Malheiros, 2013, p. 37-38).

[363] Assim, discordamos apenas parcialmente de Fábio Peixinho Gomes Corrêa, quando este defende que o árbitro pode modificar os fundamentos jurídicos trazidos pelas partes por não ser *"obrigado a proferir julgamento que considera ser contrário à lei"* (Os limites objetivos da demanda na arbitragem. In: **Revista Brasileira de Arbitragem**, v. 10, n. 40, 2013, p. 59). O árbitro não precisa decidir de forma contrária a lei: se a parte vinculou *expressamente* o seu pedido a *determinado fundamento jurídico* na convenção de arbitragem (ou no termo de arbitragem) e este fundamento jurídico está *equivocado* na perspectiva do árbitro, basta, então, julgar o pedido *improcedente*. O que não se admite, neste trabalho, é que o árbitro tenha que *necessariamente, mesmo na hipótese de vinculação expressa entre pedido e causa de pedir*, atuar para "corrigir" o fundamento jurídico apresentado pela parte, a pretexto de manter a *integridade* da ordem jurídica.

[364] *Vide* artigo 23 (4).

árbitros[365]. Não há maiores dificuldades neste caso, porque as regras institucionais também *integram* a convenção de arbitragem e, portanto, estão resguardadas pelos *limites* do inciso IV do artigo 32. Se as regras permitem a alteração de pedidos, o árbitro poderá autorizar essa mudança, desde que não haja prejuízo para as garantias processuais das partes[366] – o que será objeto do subitem a seguir.

Não havendo regra procedimental expressa a esse respeito (institucional ou *ad hoc*), a decisão caberá aos árbitros[367], mas eles deverão necessariamente *interpretar a convenção de arbitragem* (e, eventualmente, o termo de arbitragem), de forma a garantir que seus limites sejam respeitados, sob pena de incidirem na hipótese de anulação prevista no artigo 32, inciso IV, da lei 9.307/96. Esse é mais um diferencial do papel do árbitro na aplicação do direito: ao contrário do juiz, que interpreta a lei processual para compreender os limites da sua jurisdição, *o árbitro interpreta um negócio jurídico* – a convenção de arbitragem – que é a base

---

[365] Nesse sentido, existe precedente da CCI, ainda com base nas regras de 1998, em que um árbitro único aceitou a alteração da causa de pedir (de responsabilidade contratual para responsabilidade extracontratual) após a assinatura da ata de missão, por considerar que não houve alteração dos fatos, nem pedidos adicionais: "accordingly, the sole arbitrator determined that the claimant's modificatio of its case merely amounted to a 'new characterization of a claim already presented in the Terms of Reference" (FRY, Jason; GREENBERG, Simon; MAZZA, Francesca. **The Secretariat's Guide do ICC Arbitration** – a practical commentary on the 2012 ICC Rules of Arbitration from the Secretariat of the ICC International Court of Arbitration, 2012, ICC Services, Publications Department, p. 257).

[366] Nos comentários da Secretaria da CCI às regras de 2012, consta que a ausência de prejuízo para a defesa da contraparte é um dos aspectos geralmente considerados pelos tribunais arbitrais para aceitar novos pedidos após a ata de missão (FRY, Jason; GREENBERG, Simon; MAZZA, Francesca. **The Secretariat's Guide do ICC Arbitration** – a practical commentary on the 2012 ICC Rules of Arbitration from the Secretariat of the ICC International Court of Arbitration, 2012, ICC Services, p. 258).

[367] Nesse ponto, concordamos com Fábio Peixinho Gomes Corrêa "diante do silêncio da legislação brasileira a esse respeito, as partes tanto podem estipular consensualmente as situações em que será admitida a formulação de novo pedido ou expressamente conferir poderes aos árbitros para decidirem a respeito da aludida admissão. Se não houver a definição dessa questão na ata de missão ou no regulamento da instituição que administra a arbitragem, restará aos árbitros deliberarem a respeito da admissão das *mutationes libelis,* ponderando os princípios constitucionais que incidem na delimitação objetiva da demanda, tanto sob o aspecto da efetividade da tutela arbitral quanto sob o aspecto da segurança jurídica" (Os limites objetivos da demanda na arbitragem. In: **Revista Brasileira de Arbitragem**, v. 10, n. 40, 2013, p. 66).

A APLICAÇÃO DO *IURA NOVIT CURIA* NA ARBITRAGEM

de sua investidura (excetuada a hipótese do parágrafo único do artigo 8º, da lei 9.307/96). Nesse exercício de *interpretação* dos *limites da convenção de arbitragem*, é indispensável ter em mente a *expectativas das partes* e a *busca por segurança jurídica* que acompanha a contratação da arbitragem como meio compositivo. Nesse sentido, nem tudo pode ser resolvido ou permitido desde que seja preservado o contraditório[368]. Será preciso investigar *a vontade das partes* para estabelecer os corretos limites à jurisdição do árbitro.

Além do que foi exposto, há outro ponto a considerar: como já visto, a regra da eventualidade não é aplicável na arbitragem da mesma forma como ocorre no processo judicial. A formação do *objeto litigioso na arbitragem* também está sujeita aos *limites* estabelecidos pelas partes. Como explicado por José Rogério Cruz e Tucci, há uma ligação direta entre as teorias da substanciação e da individualização e a regra da eventualidade: por exemplo, o surgimento da teoria da individualização na Alemanha está relacionado com o fato de a regra da eventualidade ter sido relegada a segundo plano a partir da entrada em vigor do ZPO de 1879[369]. Como esclarece ainda José Rogério Cruz e Tucci, o direito brasileiro não confere às partes a mesma liberdade para apresentar suas alegações, vigorando, entre nós, um sistema mais preclusivo, quando comparado aos sistemas italiano e alemão[370]. Mas a situação é diversa na arbitragem, porque, mais uma vez, haverá tanta preclusão quanto desejarem as partes. As partes podem *modular*, livremente, as regras sobre preclusão e a regra da eventualidade.

São poucas as hipóteses em que a lei brasileira de arbitragem define a marcha do processo arbitral[371] ou estabelece algum momento pre-

---

[368] Também aqui concordamos com Fábio Peixinho Gomes Corrêa: "...parece ser insuficiente lidar com o tema apenas sob o viés do contraditório. É extreme de dúvidas que o contraditório efetivo tem o potencial de sanar eventual extemporaneidade na submissão de determinado fato ou questão, mas levar esse raciocínio ao extremo propicia que o procedimento arbitral se torne um ambiente de armadilhas" (Os limites objetivos da demanda na arbitragem. In: **Revista Brasileira de Arbitragem**, v. 10, n. 40, 2013, p. 65).

[369] **A causa petendi no processo civil**. São Paulo: Revista dos Tribunais, 1993, p. 75-76.

[370] **A causa petendi no processo civil**. São Paulo: Revista dos Tribunais, 1993, p. 122.

[371] Um desses exemplos ocorre com o artigo 22, §3º, da lei 9.307/96, ao estabelecer que "a revelia da parte não impedirá que seja proferida a sentença arbitral". A esse respeito, Fábio Peixinho Gomes Corrêa, Os limites objetivos da demanda na arbitragem. In: **Revista Brasileira de Arbitragem**, v. 10, n. 40, 2013, p. 71.

clusivo, como faz no *caput* do artigo 20[372] – e, ainda assim, não há *preclusão propriamente dita* em todos os casos[373]. Não havendo uma única regra da eventualidade que seja aplicável em qualquer arbitragem regida pela lei brasileira e estando esta questão sujeita, mais uma vez, às *escolhas feitas pelas partes* na convenção de arbitragem, não se pode pretender classificar o sistema arbitral na teoria da substanciação ou na teoria da individuação[374], conforme se defina uma ou outra teoria (ou a combinação de ambas) como aplicável ao processo judicial brasileiro. Essa é uma ilustração – dentre tantas outras – de que não pode haver, *sempre e necessariamente*, um transporte de teorias ou conceitos afetos ao processo judicial para a arbitragem. As discussões em torno do *objeto litigioso* no âmbito *judicial* não são aplicáveis *da mesma forma* na arbitragem.

Na verdade, o argumento aqui defendido é mais simples: se as partes estabeleceram *limites claros e expressos* à aplicação do direito na convenção de arbitragem, o árbitro deve evitar a aplicação *ex officio* de novos fundamentos jurídicos se estes ultrapassarem os *limites* estabelecidos pelas partes, sob pena de possibilitar a anulação da sentença arbitral pelo artigo 32, inciso IV, da lei 9.307/96.

Por outro lado, tampouco parece ser correto defender, no extremo oposto, uma *interpretação rígida e estrita* do inciso IV, do artigo 32, da lei 9.307/96, a ponto de (i) *impossibilitar* qualquer requalifição jurídica pelo árbitro ou, ainda, (ii) *obrigar* o árbitro a *sempre aplicar corretamente o direito*

---

[372] "Art. 20. A parte que pretender argüir questões relativas à competência, suspeição ou impedimento do árbitro ou dos árbitros, bem como nulidade, invalidade ou ineficácia da convenção de arbitragem, deverá fazê-lo na primeira oportunidade que tiver de se manifestar, após a instituição da arbitragem".

[373] Comentando o artigo 20, explica Carlos Alberto Carmona que: "as matérias tratadas no dispositivo legal são híbridas, e merecem ser separadas para análise diferenciada: há matérias que beiram a ordem pública e que dizem respeito aos princípios do processo (especificados no §2º do artigo 21), cuja violação não comporta saneamento; há outras, porém, que se localizam plenamente na esfera de disponibilidade das partes, a permitir a atuação do princípio da disponibilidade". Entre as matérias que não admitem preclusão, sendo a regra meramente "ordinatória", o autor inclui, com acerto, a nulidade da convenção de arbitragem (**Arbitragem e processo**: um comentário à lei 9.307/96. 3.ed. São Paulo: Atlas, 2009, p. 283-285).

[374] Mais uma vez, a lição de José Rogério Cruz e Tucci, deixando claro que a classificação em uma ou outra teoria depende da concepção de cada sistema possui sobre a regra da eventualidade (**A causa petendi no processo civil**. São Paulo: Revista dos Tribunais, 1993, p. 124-125).

A APLICAÇÃO DO *IURA NOVIT CURIA* NA ARBITRAGEM

escolhido pelas partes, sob pena de possibilitar, igualmente, a anulação da sentença arbitral com base nesse dispositivo legal[375].

Em primeiro lugar, o que vem a ser a aplicação "correta" do direito pelo árbitro é expressão de difícil definição, sendo questionável que o direito comporte *sempre e necessariamente* uma *única* interpretação ou aplicação "correta". Onde estaria a linha divisória entre uma *interpretação razoável* que o árbitro faça do direito aplicável e uma *interpretação equivocada* do direito aplicável? Seriam somente os casos de "erros grosseiros" do árbitro que poderiam sujeitar a sentença arbitral à anulação por ter o árbitro deixado de aplicar o direito escolhido pelas partes na convenção de arbitragem? Não parece haver critérios seguros aqui[376] e, mais importante, não há dispositivo expresso a respeito na lei brasileira de arbitragem, como visto no Capítulo 1. Assim, a lei brasileira não contém meio

---

[375] Como visto no Capítulo 1, é o que defendem Paulo Henrique dos Santos Lucon, Rodrigo Barioni e Elias Marques de Medeiros Neto, A causa de pedir das ações anulatórias de sentença arbitral. In: **Revista de Arbitragem e Mediação**, v. 46, 2015, p. 265-276.

[376] Em busca desses critérios, argumentam Paulo Henrique dos Santos Lucon, Rodrigo Barioni e Elias Marques de Medeiros Neto: "A dificuldade maior é identificar que espécies de erros de aplicação da lei autorizam a anulação da sentença arbitral e sua desconsideração. (...) Quando as partes convencionam a aplicação da lei brasileira, por exemplo, têm em vista a interpretação corrente sobre os diversos dispositivos legais. As partes desejam, por meio da convenção arbitral, que o arcabouço normativo brasileiro seja utilizado como parâmetro para a decisão. Não significa que seja a aplicação da literalidade dos dispositivos, mas no sentido que resulte da aplicação dos diversos métodos interpretativos, que fixam a pauta de conduta a ser seguida pela sociedade. A verdade é que ao prever a aplicação da lei, as partes podem regular como será a condução do procedimento pelo árbitro e a partir de quais premissas de direito a decisão estará fundada. As pautas de conduta estabelecidas pelos órgãos da jurisdição estatal, assim como pela própria doutrina, evidentemente geram nas partes a legítima expectativa de que o julgamento conforme a lei adote essa orientação. Não há, nesse ponto, liberdade para o árbitro pura e simplesmente empreender a interpretação que melhor lhe aprouver, ainda mais quando contrariar toda a doutrina e jurisprudência sobre o tema. Nesse caso, haveria um julgamento que não segue a lei, mas a convicção pessoal do árbitro. Em outras palavras, o julgamento, nesse caso, não seria segundo o ordenamento jurídico eleito, mas segundo o critério de justiça do próprio árbitro, o que representa um julgamento de equidade. (...) Contudo, não comporta cabimento a alegação de que houve julgamento fora dos limites da convenção de arbitragem quando há divergência sobre a interpretação do dispositivo legal aplicado pelo árbitro. Não há vício na decisão arbitral, se houve a aplicação da legislação pertinente, se a interpretação é controvertida ou até mesmo alinhada a determinada corrente jurisprudencial" (A causa de pedir das ações anulatórias de sentença arbitral. In: **Revista de Arbitragem e Mediação**, v. 46, 2015, p. 265-276).

de impugnação à sentença arbitral por *aplicação errônea do direito* pelo árbitro. Por isso, a liberdade do árbitro e seu livre convencimento devem ser respeitados, a teor do que dispõe o artigo 21, § 2º, da lei 9.307/96.

Mas isso não significa dizer que o árbitro não tenha qualquer obrigação de buscar a *interpretação correta do direito* para atender às *expectativas das partes*. Esse ponto será detalhado mais adiante neste Capítulo.

Por todas essas razões, entendemos que, no direito brasileiro, *em princípio*, o árbitro possui o poder de alterar *ex officio* os fundamentos jurídicos trazidos pelas partes para fundamentar adequadamente a sua decisão, *mas dentro de certos limites* (especialmente o respeito às garantias processuais das partes, conforme detalhado a seguir). Mas, neste cenário, não se pode descartar o risco de que tal *requalificação* acarrete, *em concreto*, a extrapolação dos *limites da convenção de arbitragem*, abrindo-se a possibilidade de anulação da sentença arbitral pelo inciso IV do artigo 32[377]. Antes de tudo, é preciso *interpretar* a convenção de arbitragem (e o termo de arbitragem) para verificar, *em concreto*, o que as partes contrataram. É a convenção de arbitragem que define a investidura do árbitro e estabelece os seus limites. É lá que se encontram também os parâmetros para a aplicação do *iura novit curia* na arbitragem regida pela lei brasileira. Por exemplo, se as partes *nada* dispuseram na convenção de arbitragem (incluindo-se aqui o termo de arbitragem) que possa limitar os poderes do árbitro na aplicação do direito (seja, *genericamente*, em relação à aplicabilidade do *iura novit curia*, seja *especificamente*, em relação aos seus respectivos pedidos e causas de pedir), neste caso, não haverá dificuldade em se admitir a possibilidade de *requalificação* jurídica *ex officio* pelo árbitro, sem qualquer ofensa ao inciso IV do artigo 32, da lei 9.307/96. Por outro lado, em qualquer desses cenários discutidos, entendemos que não é possível interpretar esse mesmo inciso IV do artigo 32 como fundamento para impugnar uma sentença arbitral com base *na aplicação errônea do direito* pelo árbitro, discordando, assim, dos autores que defendem a posição contrária, referidos anteriormente.

---

[377] Em sentido contrário, Fabiane Verçosa, "Dá-me os fatos, que lhe darei o direito: uma reflexão sobre o contraditório e iura novit curia em arbitragem". In: **Arbitragem e Mediação: temas controvertidos**. Rio de Janeiro: Forense, 2014, p. 107-108.

2.1.2. O *iura novit curia* e o devido processo legal

A segunda causa de anulação de uma sentença arbitral que está relacionada com o tema do *iura novit curia* é o desrespeito ao devido processo legal, refletido nos *princípios processuais* previstos no artigo 21º, §2º, da lei 9.307/96.

No item anterior, foi discutido em que medida o árbitro poderia aplicar *ex officio* novos fundamentos jurídicos e, mais precisamente, *o que* ele poderia alterar dentro dos limites da convenção de arbitragem (artigo 32, IV, da lei 9.307/96). Neste item, o foco será *como* fazê-lo sem desrespeitar as garantias processuais das partes (artigo 32, VIII, da lei 9.307/96). Na maioria dos casos, aliás, o *iura novit curia* na arbitragem está relacionado mais com *garantias processuais* do que com os *limites* da investidura dos árbitros.

A questão central aqui é: o árbitro que, dentro do seu livre convencimento, aplique *ex officio* um fundamento jurídico (distinto daquele que as partes alegaram) estaria violando as garantias do contraditório, igualdade das partes e da imparcialidade?

Comecemos pelo princípio do contraditório. Há aqui um importante "divisor de águas" no direito brasileiro, pelo menos no plano normativo-positivo. É sabido que o Código de Processo Civil de 2015 pretendeu prestigiar a garantia constitucional do contraditório[378]. São diversos os dispositivos que fazem menção à importância de se observar o contraditório e de que as partes sejam sempre ouvidas previamente, dentre eles, os seguintes:

> "Art. 7º *É assegurada às partes paridade de tratamento em relação ao exercício de direitos e faculdades processuais, aos meios de defesa, aos ônus, aos deveres e à aplicação de sanções processuais, competindo ao juiz zelar pelo* **efetivo contraditório.**
>
> Art. 9º *Não se proferirá decisão contra uma das partes* **sem que ela seja previamente ouvida.** *[...]*
> *Parágrafo único. O disposto no caput não se aplica:*
> *I – à tutela provisória de urgência;*

---

[378] A exposição de motivos do anteprojeto do novo código de processo civil elaborada pela Comissão de Juristas deixa claro o intencional prestígio ao princípio do contraditório no novo CPC.

ÁRBITRO E DIREITO

II – às hipóteses de tutela da evidência previstas no art. 311, incisos II e III;
III – à decisão prevista no art. 701.
Art. 372. O juiz poderá admitir a utilização de prova produzida em outro processo,
*atribuindo-lhe o valor que considerar adequado, **observado o contraditório**. [...]*
Art. 487. Haverá resolução de mérito quando o juiz: [...]
Parágrafo único. Ressalvada a hipótese do § 1º do art. 332, a prescrição e a decadên-
*cia não serão reconhecidas **sem que antes seja dada às partes oportunidade de***
manifestar-se.

Art. 493. Se, depois da propositura da ação, algum fato constitutivo, modificativo ou
extintivo do direito influir no julgamento do mérito, caberá ao juiz tomá-lo em consi-
deração, de ofício ou a requerimento da parte, no momento de proferir a decisão.
*Parágrafo único. **Se constatar de ofício o fato novo, o juiz ouvirá as partes sobre***
***ele antes de decidir**. [...]*

Art. 503. A decisão que julgar total ou parcialmente o mérito tem força de lei nos li-
mites da questão principal expressamente decidida.
§ 1º O disposto no caput aplica-se à resolução de questão prejudicial, decidida expressa
e incidentemente no processo, se:
I – dessa resolução depender o julgamento do mérito;
*II – a seu respeito tiver havido **contraditório prévio e efetivo**, não se aplicando no*
caso de revelia;" (grifamos)

Está claro, assim, o prestígio que o Código de Processo Civil de 2015
confere ao princípio do contraditório. Em particular, o artigo 10º estabelece que:

Art. 10. O juiz não pode decidir, em grau algum de jurisdição, com base em funda-
mento a respeito do qual não se tenha dado às partes oportunidade de se manifestar,
ainda que se trate de matéria sobre a qual deva decidir de ofício.

Como bem esclarece Oreste Nestor de Souza Laspro, por "fundamento", deve-se entender tanto o fundamento de fato quanto aquele de
direito e, neste, incluindo o direito processual e o direito material[379].

---

[379] Da expressa proibição à "decisão-surpresa" no novo CPC. In: **Revista do Advogado**, ano
XXXV, nº 126, 2015, p. 162-163.

A APLICAÇÃO DO *IURA NOVIT CURIA* NA ARBITRAGEM

Assim, o juiz não pode inovar sem antes consultar e ouvir as partes (o chamado "dever de consulta"), mesmo ao aplicar normas cogentes, isto é, *"o exercício do contraditório e a cognição oficiosa do magistrado não se excluem"*[380]. Mas é claro também que essa disposição não é absoluta e comporta exceções, como é o caso, por exemplo, das tutelas de urgência e das tutelas de evidência, novamente como destacado por Oreste Nestor de Souza Laspro[381]. Aliás, como o próprio autor reconhece, algumas dessas exceções já estão contempladas no artigo 9º, transcrito acima.

Antes mesmo da promulgação do novo Código e da inclusão desse dispositivo legal em particular, diversos autores já sustentavam a necessidade de observância do contraditório sempre que o juiz invocasse novo fundamento, mesmo quando se tratasse de matéria sobre a qual ele deveria decidir de ofício, como, por exemplo, Carlos Alberto Alvaro de Oliveira[382], Humberto Theodoro Júnior e Dierle José Coelho Nunes Nunes[383].

A posição de Carlos Alberto Alvaro de Oliveira é bastante enfática a propósito, criticando a "investigação solitária" do julgador e defendendo a abertura ao "diálogo" com as partes, adequando-se, assim, o brocardo *iura novit curia* às exigências da garantia constitucional do contraditório:

> *"Exatamente em face dessa realidade, cada vez mais presente na rica e conturbada sociedade de nossos tempos, em permanente mudança, ostentase inadequada a investigação solitária do órgão judicial. Ainda mais que o monólogo apouca necessariamente a perspectiva do observador e em contrapartida o diálogo, recomendado pelo método dialético, amplia o quadro de análise, constrange à comparação, atenua o perigo de opiniões preconcebidas e favorece a formação de um juízo mais aberto e ponderado. A faculdade concedida aos litigantes de pronunciarse e intervir ativamente no processo*

---

[380] Oreste Nestor de Souza Laspro, Da expressa proibição à "decisão-surpresa" no novo CPC. In: **Revista do Advogado**, ano XXXV, n. 126, 2015, p. 164.

[381] Da expressa proibição à "decisão-surpresa" no novo CPC. In: **Revista do Advogado**, ano XXXV, n. 126, 2015, p. 164.

[382] Carlos Alberto Alvaro de Oliveira, Garantia do Contraditório. In: José Rogério Cruz e Tucci (coord.). **Garantias Constitucionais do Processo Civil**: homenagem aos 10 anos da Constituição Federal de 1988. p. 132-150.

[383] Humberto Theodoro Júnior e Dierle José Coelho Nunes Nunes, Princípo do contraditório: tendências de mudança da sua aplicação. In: **Revista da Faculdade de Direito do Sul de Minas**. Pouso Alegre, v. 28, 2009, p. 177-206.

impede, outrossim, sujeitemse passivamente à definição jurídica ou fáctica da causa efetuada pelo órgão judicial. E exclui, por outro lado, o tratamento da parte como simples "objeto" de pronunciamento judicial, garantindo o seu direito de atuar de modo crítico e construtivo sobre o andamento do processo e seu resultado, desenvolvendo antes da decisão a defesa das suas razões (...). Essas considerações bem demostram não só o inafastável caráter dialético do processo atual como também um novo alcance do antigo brocardo da mihi factum, dabo tibi ius. Antes de nada, afigurase algo arbitrário valorizar abstratamente a disquisição ou o juízo sobre o fato, como totalmente divorciados do juízo de direito. Não somente se exibe artificial a distinção entre fato e direito porque no litígio fato e direito se interpenetram , mas perde força sobretudo no tema ora em exame, em virtude da necessidade do fato na construção do direito e da correlativa indispensabilidade da regra jurídica para determinar a relevância do fato."[384]

Como se percebe, o autor é contrário a uma distinção estanque e "artificial" entre fatos e direito, distinção que funciona justamente como premissa da concepção alargada do *iura novit curia*, já criticada no item anterior. A partir dessa crítica, o autor conclui:

"(...) O conteúdo mínimo do princípio do contraditório não se esgota na ciência bilateral dos atos do processo e na possibilidade de contraditálos, mas faz também depender a própria formação dos provimentos judiciais da efetiva participação das partes. Por isso, para que seja atendido esse mínimo, insta a que cada uma das partes conheça as razões e argumentações expendidas pela outra, assim como os motivos e fundamentos que conduziram o órgão judicial a tomar determinada decisão, possibilitandose sua manifestação a respeito em tempo adequado(...)"[385].

Essas seriam as bases para um *modelo de direito processual cooperativo*, que, segundo alguns, já vigia em nosso direito antes da promulgação do novo Código[386]. Para essa linha de pensamento, o silêncio até então existente no plano *infraconstitucional* (CPC), em nada alterava a obrigação

---

[384] OLIVEIRA, Carlos Alberto Alvaro de. Garantia do Contraditório. In: José Rogério Cruz e Tucci (coord.). **Garantias Constitucionais do Processo Civil**: homenagem aos 10 anos da Constituição Federal de 1988, p. 139-140.

[385] OLIVEIRA, Carlos Alberto Alvaro de. Garantia do Contraditório. In: José Rogério Cruz e Tucci (coord.). **Garantias Constitucionais do Processo Civil**: homenagem aos 10 anos da Constituição Federal de 1988, p. 143-144.

[386] A esse respeito, já defendia Fredie Didier Jr., Os três modelos de direito processual: inquisitivo, dispositivo e cooperativo. In: **Revista de Processo**, v. 198, 2011, p. 213-226.

do juiz de sempre observar o contraditório, *garantia constitucional das partes*, quando pretendesse conhecer *ex officio* matéria não ventilada pelas partes[387], ainda que fosse matéria de ordem pública[388]. Nessa perspectiva, o artigo 10º do novo Código de Processo Civil não trouxe novidade[389]: o contraditório deveria ser entendido como "garantia de não surpresa"[390]. A corroborar essa posição, o Superior Tribunal de Justiça também possuía julgados proibindo "decisões-surpresa"[391].

Esse é um debate que vem de longa data no direito processual, não apenas no Brasil, mas também em outros ordenamentos, sendo conhecida a proibição da chamada sentença de "terceira via", isto é, uma posição distinta daquela que as partes postularam[392].

---

[387] Como explicam Humberto Theodoro Júnior e Dierle José Coelho Nunes Nunes: "a existência de técnica nas legislações processuais (no plano infraconstitucional) de regras com o teor acima expresso nada altera o panorama (talvez mesmo o consolide), pois o comando constitucional que prevê o contraditório e garante um Estado Democrático de Direito já impõe a interpretação do contraditório como garantia de influência a permitir uma comparticipação dos sujeitos processuais na formação das decisões" (Princípio do contraditório: tendências de mudança da sua aplicação. In: **Revista da Faculdade de Direito do Sul de Minas**, Pouso Alegre, v. 28, 2009, p. 190).

[388] Nesse sentido, Ricardo de Carvalho Aprigliano, **Ordem Pública e Processo: o tratamento das questões de ordem pública no direito processual civil**. São Paulo: Atlas, 2011, p. 70-75.

[389] A esse respeito, Oreste Nestor de Souza Laspro, Da expressa proibição à "decisão-surpresa" no novo CPC. In: **Revista do Advogado**, ano XXXV, n. 126, 2015, p. 165.

[390] THEODORO JÚNIOR, Humberto; NUNES, Dierle José Coelho Nunes. Princípo do contraditório: tendências de mudança da sua aplicação. In: **Revista da Faculdade de Direito do Sul de Minas**, Pouso Alegre, v. 28, 2009, p. 190.

[391] Exemplificativamente, REsp 496.348, Rel. Min. José Delgado, DJe de 20.10.2003. "PROCESSUAL CIVIL. DECISÃO EXTRA PETITA. 1. Há violação aos arts. 2o, 128 e 460 do CPC quando o julgado profere decisão fora dos limites em que foi proposta. 2. Há vedação expressa de serem conhecidas pelo juiz questões não suscitadas durante a lide, a cujo respeito a lei exige a iniciativa da parte. 3. Autuação feita pelo INMETRO que foi discutida pela empresa sob a única alegação de a falta não ter sido cometida. Sentença que, impondo surpresa às partes, decide pela impossibilidade legal de o INMETRO, em face da Lei 5.966/73, impor multa. 4. A validade e eficácia da Lei 5.966/73 não foram suscitadas pela embargante, pelo que sobre esse assunto houve omissão de pronunciamento do INMETRO, parte embargada. 5. Recurso provido para anular o acórdão recorrido e a sentença".

[392] É o caso, por exemplo, do direito italiano. A esse respeito, GRADI, Marcos, Il principio del contradittorio e la nullità della sentenza della "terza via". In: **Rivista di Diritto Processuale**, 4/2010, p. 826-848. Com relação ao direito alemão, ao analisar a sua evolução nesse ponto, Ricardo de Barros Leonel explica que prevalece hoje o princípio da colaboração ou

ÁRBITRO E DIREITO

Voltando-se *especificamente à arbitragem*, também já se defendia, antes do Código de 2015, que o árbitro deveria sempre privilegiar o contraditório quando aplicasse *ex officio* qualquer novo fundamento jurídico em arbitragem regida pela lei brasileira. Esta já era a posição de Cândido Rangel Dinamarco, citando o artigo 16 do Código de Processo Civil francês (referido acima) e o então projetado artigo 10º do CPC de 2015[393]. Mesmo esse autor, que defende uma concepção alargada do *iura novit curia* (como visto anteriormente), esclarece que qualquer "inovação" feita pelo árbitro em relação aos fundamentos jurídicos trazidos pelas partes deve sempre respeitar o contraditório, para evitar surpresas:

> *"Decidir por fundamento de direito não alegado pelas partes é em si mesmo perfeitamente legítimo e compatível com a ordem jurídica (jura novit curia), mas essa prática só será realmente legítima quando o juiz ou o árbitro houver tomado o cuidado de alertá-las, ou chamá-las à discussão sobre o novo fundamento. Surpreendê-las pura e simplesmente, decidindo por um fundamento não previsto, constitui infração ao contraditório e à cláusula due process".[394]*

cooperação entre partes e juízes, justamente para evitar as decisões-surpresa. O autor relata ainda a passagem de uma aplicação estrita do *iura novit curia*, para uma concepção de maior colaboração entre partes e juízes na delimitação do direito aplicável (**Causa de pedir e pedido:** o direito superveniente. São Paulo: Método, 2006. p. 197-206).

[393] "O art. 16 do *nouveau code de procédure civile* estabelece que o juiz 'não pode fundamentar sua decisão sobre pontos de direito que ele próprio haja suscitado de ofício, sem ter previamente chamado as partes a apresentar suas alegações'. Tal dispositivo tem sido transposto pela doutrina ao plano da teoria processual, ganhando foros de universalidade e sendo tomado como uma inerência do contraditório – valendo, por isso, como uma severa recomendação endereçada aos juízes de todas as Nações. Apesar do silêncio do direito infraconstitucional brasileiro, é uníssona a doutrina no reconhecimento de que, por aquele motivo, também no Brasil constitui dever do juiz chamar as partes ao contraditório naquela situação prevista pelo *code* francês". **A arbitragem na teoria geral do processo.** São Paulo: Malheiros, 2013. p. 45. Da mesma forma, também Flávio Luiz Yarshell sustentava essa concepção da relação entre o juiz e o contraditório, novamente fazendo referência ao artigo 16 do Código de Processo Civil francês: "o juiz deverá fazer observar o contraditório de sorte a evitar decisões que tomem a parte de surpresa, na esteira do art. 16 do CPC francês e, de forma semelhante, do art. 278, III, do Código alemão. Ainda que ele possa conhecer de dada matéria de ofício, deve previamente abrir oportunidade de manifestação às partes, de modo a assegurar o diálogo e o debate" (**Curso de Direito Processual Civil.** v. I, São Paulo: Marcial Pons, 2014, p. 115).

[394] **A arbitragem na teoria geral do processo.** São Paulo: Malheiros, 2013, p. 199.

Ainda sobre o contraditório, Cândido Rangel Dinamarco esclarece que é fundamental o *diálogo entre árbitro e partes* em relação à *aplicação do direito material*, sobretudo em razão da *multiplicidade de fontes normativas* e *distintas culturas jurídicas* a que possa estar submetido, justamente para evitar qualquer "decisão-surpresa":

> *"Fala a doutrina em uma verdadeira Torre de Babel jurídica, consistente na convivência dessas fontes tão heterogêneas, nem sempre reunindo o árbitro condições para conhecer suficientemente todas elas e bem compreender o significado de cada uma. Como todo julgador, ele tem o poder-dever de julgar conforme as normas pertinentes ao caso, independentemente ou até mesmo de modo contrário ao que alegam as partes, presumindo-se sempre que o juiz conhece o direito (jura novit curia); mas essa liberdade pode encontrar limites derivantes das compreensíveis limitações da sua própria cultura. O mais legítimo expediente apto a superar dificuldades dessa ordem consiste na prática do* diálogo *com as partes, ouvindo-as, provocando suas manifestações etc., e com isso podendo caminhar no sentido da boa aplicação do direito pertinente. Como em todo processo, dialogar é praticar o* contraditório, *e o contraditório não é só uma garantia oferecida pela Constituição às partes, mas também uma imposição endereçada ao juiz ou árbitro. Particularmente em casos como esses, o diálogo atua também como um elemento destinado a evitar que as partes sejam colhidas de surpresa mediante a aplicação de uma norma sequer prevista por elas, o que constituiria direta infração à garantia constitucional do* due process of law. *É indispensável, em outras palavras estabelecer uma sadia convivência entre o princípio jura novit curia e a ética do processo, representada nessa situação pela efetividade do contraditório".[395]*

Independentemente da posição sustentada *antes* da promulgação do novo Código, agora há vedação expressa a "decisões-surpresa" no *padrão de devido processo legal* do direito brasileiro. Uma das implicações imediatas desse novo padrão consiste na "releitura" do *iura novit curia* no direito processual brasileiro[396], com reflexos para a arbitragem. Ainda que já se

---

[395] **A arbitragem na teoria geral do processo**. São Paulo: Malheiros, 2013, p. 44.

[396] A respeito dessa "releitura", explica Oreste Nestor de Souza Laspro: "a releitura da aplicação do aforismo *iura novit curia*: o brocardo, que confere ao magistrado a possibilidade de se valer de norma não invocada pelas partes para aplicá-la ao caso concreto, deve ser redimensionado, a ele se acrescentando a noção de que tal possibilidade não dispensa a prévia manifestação das partes sobre a qualificação jurídica que pretende dar aos fatos e fundamentos do pedido – e tudo como forma de concretizar o contraditório e evitar

ÁRBITRO E DIREITO

admitisse uma concepção do contraditório como impeditivo de "decisões-surpresa" em sede constitucional, o artigo 10º do novo Código de Processo Civil é bem-vindo ao tornar expressa a opção do legislador ordinário. Dentro da *comunicação principiológica* que existe entre os processos judicial e arbitral, o novo dispositivo também *pode* servir de baliza para a atuação do árbitro[397]. Além de prestigiar o contraditório, o dispositivo reforça a *previsibilidade* e a *segurança jurídica*[398], atributos fundamentais para aprimorar a prática da arbitragem em nosso país, sobretudo dentro de uma perspectiva *pragmática* preocupada com *a expectativa dos usuários* em relação ao papel do árbitro na aplicação do direito, como adotada neste trabalho.

Assim, quando o árbitro decidir pela aplicação *ex officio* de determinado fundamento jurídico que é *relevante para o julgamento do mérito* e não foi ventilado por qualquer das partes, ele *deve* ouvir previamente as partes a esse respeito. Também o árbitro tem o dever de consulta[399]. Ainda que a instrução já tenha sido encerrada[400], ele *deve* reabri-la para assegurar o contraditório, o que inclui também, eventualmente, a possibilidade

---

surpresas ao jurisdicionado" (Da expressa proibição à "decisão-surpresa" no novo CPC. In: **Revista do Advogado**, ano XXXV, n. 126, 2015, p. 166).

[397] Em sentido contrário, defendendo que o artigo 10 do novo Código de Processo Civil não é aplicável à arbitragem, VERÇOSA, Fabiane. *"Dá-me os fatos, que lhe darei o direito: uma reflexão sobre o contraditório e* iura novit curia *em arbitragem".* In: **Arbitragem e Mediação:** temas controvertidos. Rio de Janeiro: Forense, 2014, p. 109-111.

[398] LASPRO, Oreste Nestor de Souza. Da expressa proibição à "decisão-surpresa" no novo CPC. In: **Revista do Advogado**, ano XXXV, n. 126, 2015, p. 162-163).

[399] Defendendo a tese oposta, conclui Fabiane Verçosa: *"de lege lata,* no que tange à aplicação do brocardo latino *iura novit curia* e de sua vertente '*da mihi factum, dabo tibi ius*', parece-nos que não se impõe ao árbitro o dever de consultar as partes acerca de um fundamento jamais ventilado por estas ao longo do procedimento arbitral. Assim, a nosso ver, a circunstância de o árbitro basear sua decisão em tal fundamento não inquinaria de nulidade a sentença arbitral" (*"Dá-me os fatos, que lhe darei o direito: uma reflexão sobre o contraditório e* iura novit curia *em arbitragem".* In: **Arbitragem e Mediação:** temas controvertidos. Rio de Janeiro: Forense, 2014, p. 115).

[400] Por exemplo, no caso de uma arbitragem segundo o Regulamento de Arbitragem da CCI, o artigo 27 prevê expressamente que, antes de submeter a minuta de sentença arbitral para o escrutínio da Corte Internacional de Arbitragem, o árbitro ou os árbitros devem "encerrar" o procedimento. Se isso já tiver ocorrido e, no momento da deliberação para a redação da sentença arbitral, o árbitro ou os árbitros perceberem que deve ser aplicado determinado fundamento jurídico ainda não discutido pelas partes, sugere-se, na linha do quanto exposto nesta tese, que o procedimento seja reaberto justamente para permitir

A APLICAÇÃO DO *IURA NOVIT CURIA* NA ARBITRAGEM

de produzir novas provas. A flexibilidade do procedimento arbitral (por definição, menos preclusivo) permite essas "correções de rota" para garantir o respeito ao contraditório.

Portanto, o Código de Processo Civil de 2015 reforça o *efetivo diálogo entre o julgador e as partes*, uma escolha que prestigia uma concepção contemporênea do direito processual[401]. Como explicam Humberto Theodoro Júnior e Dierle José Coelho Nunes Nunes, na mesma linha do trecho de Carlos Alberto Alvaro de Oliveira reproduzido acima, o *diálogo* é importante não como uma garantia formal da audiência bilateral, mas como *efetiva possibilidade de influenciar a formação da convicção do julgador*[402]. Os árbitros não podem, no processo arbitral, *restringir* essa garantia fundamental das partes de serem ouvidas. O diálogo deve ser *potencializado* na arbitragem, jamais diminuído.

Esse destaque ao *diálogo entre partes e julgador* (árbitro ou juiz) na concepção contemporânea do direito processual também foi a conclusão a que chegou Otávio Domit em sua dissertação de mestrado sobre o juiz e a qualificação jurídica da demanda. O autor ressalta que uma concepção *alargada* do *iura novit curia* corresponderia a uma forma já *obsoleta* de conceber o direito processual, em "corte assimétrico", como se o juiz exercesse um papel *centralizador* despreocupado com a posição das partes[403].

---

esse debate e, eventualmente, a produção de novas provas. Entende-se que esse dever do tribunal arbitral existe, sobretudo, quando a lei aplicável for, por exemplo, a lei brasileira.

[401] A esse respeito, ver THEODORO Jr., Humberto; NUNES, Dierle José Coelho. Princípio do contraditório: tendências de mudança da sua aplicação. In: **Revista da Faculdade de Direito do Sul de Minas**, Pouso Alegre, v. 28, 2009, p. 177-206. Também destacando essa feição *dialógica* do novo dispositivo, LASPRO, Oreste Nestor de Souza. Da expressa proibição à "decisão-surpresa" no novo CPC. In: **Revista do Advogado**, ano XXXV, n. 126, 2015, p. 164. Na mesma esteira, ressaltando a importância do diálogo como parte integrante do contraditório, ensina Flávio Luiz Yarshell: "concebido como método de investigação dialética da verdade, o princípio não deve ser reduzido a mero postulado formal, que se esgota na observância da audiência bilateral. A ênfase ao caráter público do processo – (...) – confere ao contraditório destaque como 'diálogo' na formação do juízo [...] Sob essa ótica, o diálogo travado entre as partes e o juiz contribui para uma decisão mais aperfeiçoada na medida em que favorece um juízo mais aberto e ponderado" (**Curso de Direito Processual Civil**. v. I, São Paulo: Marcial Pons, 2014, p. 111).

[402] THEODORO JÚNIOR, Humberto; NUNES, Dierle José Coelho. Princípo do contraditório: tendências de mudança da sua aplicação. In: **Revista da Faculdade de Direito do Sul de Minas**, Pouso Alegre, v. 28, 2009, p. 178-179, 187-188.

[403] "(...) A máxima *iura novit curia* apresenta, à sua base, pressupostos jurídico-culturais alinhados a uma forma de conceber o processo largamente superada pelo nosso processo civil

ÁRBITRO E DIREITO

Quanto ao papel do árbitro, sobretudo em razão da *relação de confiança* que existe no nascedouro do vínculo jurídico entre ele (ou eles) e as partes – de onde uma divisão de trabalho *mais simétrica* – acreditamos que seja ainda maior a importância de um *diálogo constante* a respeito da qualificação jurídica da demanda, dentro de um *modelo cooperativo*[404]. Afinal, qual seria o *prejuízo* de ouvir as partes previamente a respeito do novo fundamento jurídico que o árbitro pretenda aplicar *ex officio*? Talvez somente algum atraso na marcha do processo arbitral, ao convidar manifestações específicas das partes a respeito no novo fundamento, justificável em razão da proteção ao contraditório[405].

Por outro lado, qual seria o prejuízo de se prolatar uma decisão que aplique *ex officio* um novo fundamento jurídico *sem* ouvir as partes previamente? A potencial violação ao contraditório, possibilitando a anulação da sentença arbitral no Poder Judiciário. Entre os dois polos, é preferível resguardar a garantia constitucional[406].

No *âmbito do processo judicial*, mais rígido do que a arbitragem, José Roberto dos Santos Bedaque defende que, se o contraditório está assegurado, é possível relativizar as formalidades impostas pelo sistema

---

contemporâneo. Com efeito, demonstrou-se, de forma razoavelmente segura, que a máxima *iura novit curia* surge, com as características proclamadas, em contexto histórico em que imperava um modelo de processo de corte assimétrico, próprio de uma sociedade marcadamente dividida por estamentos sociais fixos, e caracterizado, sob a perspectiva das posições ocupadas pelos sujeitos processuais, por um juiz superpartes, eminentemente centralizador e pouco afeito ao diálogo" (DOMIT, Otávio Augusto Dal Moli. **O juiz e a qualificação jurídica da demanda no processo civil brasileiro**. Dissertação de Mestrado. Faculdade de Direito da Universidade Federal do Rio Grande do Sul, Porto Alegre, 2013, p. 283).

[404] Vide também CORRÊA, Fábio Peixinho Gomes. Os limites objetivos da demanda na arbitragem. In: **Revista Brasileira de Arbitragem**, v. 10, n. 40, 2013, p. 71.

[405] Novamente, esclarece Oreste Nestor de Souza Laspro: "a celeridade e o princípio da duração razoável do processo podem ceder espaço para o princípio do contraditório: forçoso reconhecer que retardamentos podem acontecer quando o juiz viabiliza o debate prévio sobre questões ainda não ventiladas no processo; mas tal situação não se traduz em inefetividade e nem pode autorizar o sacrifício do contraditório, pilar do processo civil brasileiro". (Da expressa proibição à "decisão-surpresa" no novo CPC. In: **Revista do Advogado**, ano XXXV, n. 126, 2015, p. 167).

[406] Em sentido contrário, defendendo que uma concepção alargada do "dever de consulta" do árbitro pode acabar afetando a "duração da arbitragem para um tempo além do razoável", VERÇOSA, Verçosa. "Dá-me os fatos, que lhe darei o direito: uma reflexão sobre o contraditório e iura novit curia em arbitragem". In: **Arbitragem e Mediação: temas controvertidos**. Rio de Janeiro: Forense, 2014, p. 110.

A APLICAÇÃO DO *IURA NOVIT CURIA* NA ARBITRAGEM

processual, inclusive no que diz respeito, especificamente, à alteração da causa de pedir[407]. Apenas esclarecemos que, *no âmbito da arbitragem*, como já dito anteriormente, nem sempre a preservação do contraditório é *suficiente* para resolver *todos* os percalços que possam surgir no processo, sendo fundamental atentar para os *limites legais e convencionais* da atuação do árbitro, conforme explicado no item anterior.

Nem se diga que, ao convidar as partes a se manifestarem sobre fundamento jurídico que ainda não havia sido objeto de debate, o árbitro estaria "pré-julgando"[408], violando o seu dever de imparcialidade ou mesmo comprometendo a igualdade das partes, princípios fundamentais tutelados pelo art. 21, § 2º, da lei 9.307/96. A rigor, não há correlação entre, de um lado, a proatividade do árbitro na busca do *diálogo efetivo* com as partes com vistas à correta aplicação do direito e, de outro, a violação da sua imparcialidade[409].

---

[407] Nas palavras do autor: "se a matéria foi submetida ao contraditório e à ampla defesa, concedendo-se às partes todas as oportunidades para produzir prova a respeito, o vício concernente à técnica processual não constitui óbice à participação. Assegurou-se a efetivação do contraditório e da ampla defesa [...]. A exposição minuciosa dos fatos e a formulação precisa da pretensão permitem ao réu saber exatamente o que deve apresentar como matéria de defesa. O que mais importa, pois, é que o pedido e a causa de pedir sejam submetidos ao devido processo legal, ainda que sua introdução não tenha observado as exigências legais" (**Os elementos objetivos da demanda à luz do contraditório**. In: José Rogério Cruz e Tucci; José Roberto dos Santos Bedaque (coord.). **Causa de pedir de pedido no processo civil**: questões polêmicas. São Paulo: RT, 2002. p. 35). Esse entendimento do autor foi aprofundado em sua Tese de Titularidade, publicada em livro: "se, inadvertidamente, for introduzida no processo causa de pedir não deduzida na inicial e o contraditório abranger a nova realidade fática, não há por que desconsiderá-la. As regras da correlação, da eventualidade e da preclusão visam a assegurar a amplitude da defesa e o normal desenvolvimento do processo" (BEDAQUE, José Roberto dos Santos. **Efetividade do processo e técnica processual**. São Paulo: Malheiros: 2006, p. 133).

[408] Fabiane Verçosa, por exemplo, entende que o "dever de consulta" do árbitro implica "o risco de parecer que o árbitro está adiantando o seu julgamento" ("Dá-me os fatos, que lhe darei o direito: uma reflexão sobre o contraditório e iura novit curia em arbitragem". In: **Arbitragem e Mediação**: temas controvertidos. Rio de Janeiro: Forense, 2014, p. 110).

[409] Mais uma vez, a lição de Cândido Rangel Dinamarco a respeito do padrão de atuação do juiz é aplicável também ao árbitro: "o juiz participa em contraditório, também, pelo diálogo. A moderna ciência do processo afastou o irracional dogma segundo o qual o juiz que expressa seus pensamentos e sentimentos sobre a causa, durante o processo, estaria prejulgando e, portanto, afastando-se do cumprimento do dever de imparcialidade" (**Instituições de Direito Processual Civil**. v. III, São Paulo: Malheiros, 2001, p. 224-225). No mesmo sentido, Oreste Nestor de Souza Laspro: "não se sustenta a ideia de que a intimação prévia das partes

ÁRBITRO E DIREITO

Como visto, é *dever* do árbitro buscar a aplicação do direito *da melhor forma possível*. Para tanto, o diálogo com as partes é *fundamental*. Nesse ponto, concordamos com Ricardo Aprigliano: o autor esclarece que constitui um "falso problema" o argumento de que o juiz estaria "pre-julgando" a causa ao suscitar uma questão perante as partes, mesmo que se trate de matéria de ordem pública[410]. O mesmo raciocínio pode ser aplicado ao árbitro.

A questão realmente parece estar posta em termos equivocados. Isso porque, se tal "pré-julgamento" de fato existe, ele encontra-se, em princípio, somente *na mente do árbitro* e o que se quer evitar é justamente que ele *permaneça* somente na mente do árbitro. O que se defende aqui é que o árbitro *verbalize* seus entendimentos *ainda preliminares* na forma de *questionamentos* para as partes, justamente para que elas possam *participar* da formação de sua convicção[411]. Em outras palavras, o que se defende é a *transparência no julgamento do mérito* para evitar que as partes sejam *surpreendidas* com a sentença arbitral.

A concepção contemporânea de processo requer que todas as discussões que eventualmente possam influir no resultado do julgamento

---

– para falarem sobre matéria de ofício – seria indicativo de prejulgamento da causa, pois aí se vislumbra a oportunidade para o juiz verificar se a decisão que iria tomar é acertada – ou não; tampouco existe parcialidade nesta postura, já que o juiz age sem armadilhas ou sur-presas para com todos os litigantes do processo. *Ad argumentandum*, um magistrado que de-tecta uma decisão de ofício e não previne os litigantes a tal respeito também correria o risco de beneficiar uma parte em detrimento da outra; e se ele corre o risco de ser parcial viabili-zando o debate prévio ou sendo omisso, é preferível aquela primeira opção, mais alinhada à segurança jurídica (Da expressa proibição à "decisão-surpresa" no novo CPC. In: **Revista do Advogado**, ano XXXV, n. 126, 2015, p. 167).

[410] **Ordem Pública e Processo:** o tratamento das questões de ordem pública no direito processual civil. São Paulo: Atlas, 2011, p. 74.

[411] Essa concepção da imparcialidade do árbitro parece estar em linha com aquela defendida por Carlos Eduardo Stefen Elias em sua tese de doutorado sobre o tema: "a imparcialidade não se revela como a inexistência de *preferência* ou *predisposição* do julgador a uma das teses apresentadas no processo ou à pessoa mesma de uma das partes, tal como comumente colocado pela doutrina, em conceito que entendemos negativo. A imparcialidade deve ser objeto de um conceito positivo, que ponha em relevo a sua função de, a despeito das preferências do julgador (inerentes a qualquer ser humano), possibilitar a *influência* das partes no seu convencimento, pela consideração dos argumentos apresentados no processo" (Carlos Eduardo Stefen Elias, **Imparcialidade dos árbitros**. Tese (Doutorado), Faculdade de Direito da Universidade de São Paulo. São Paulo, 2014, p. 75).

A APLICAÇÃO DO *IURA NOVIT CURIA* NA ARBITRAGEM

sejam trazidas à luz, de modo que as partes possam *debatê-las* e, assim, persuadir o árbitro em um ou outro sentido por meio de argumentos técnicos. É essa *possibilidade de influir no convencimento do julgador* que está na raiz do contraditório.

Defender o oposto seria mitigar a tal ponto o contraditório que o árbitro sequer estaria autorizado, por exemplo, a fazer perguntas para as partes e suas testemunhas durante a audiência, novamente com o receio de estar "pré-julgando". Não nos parece acertada essa posição, sobretudo sob a ótica dos *usuários da arbitragem*, sendo bastante recorrente que o árbitro participe *ativamente* de questionamentos às partes e suas testemunhas, demonstrando estar preparado para a audiência (como esperam as partes)[412]. De todo modo, ao convidar as manifestações das partes, é *prudente* que o árbitro procure formular perguntas *abertas*, que procurem contemplar os *diferentes pontos de vista* sobre a aplicação daquele fundamento específico, evitando, assim, qualquer *impressão equivocada* das partes sobre a sua isenção. Tomados os devidos cuidados, estarão assegurados os princípios da imparcialidade do árbitro e da igualdade das partes.

À luz do exposto, seria possível afirmar que o papel do juiz e o papel do árbitro são os mesmos em relação à aplicação do *iura novit curia*? Não exatamente. Como visto acima, o árbitro tem *mais ferramentas* à disposição para permitir um efetivo diálogo com as partes (*flexibilidade procedimental*), ao mesmo tempo em que sua obrigação de fazê-lo é maior, dentre outras razões, porque *não há possibilidade de recurso*. Eventual *error in judicando* do árbitro não poderá ser corrigido em instâncias superiores, o que favorece a ideia de que o debate deva ser *aprofundado* na

---

[412] Eduardo de Albuquerque Parente discute com bastante clareza as peculiaridades da produção da prova oral na arbitragem, a preparação dos árbitros para a audiência e, sobretudo, a postura ativa dos árbitros nos questionamentos e, até mesmo, na elucidação dos fatos. O autor cita, inclusive, a possibilidade de o árbitro requerer o depoimento pessoal de uma das partes, quando nenhuma delas assim requereu (**Processo Arbitral e Sistema**. São Paulo: Atlas, 2012, p. 243-248). José Emílio Nunes Pinto também destaca a importância de o árbitro participar diretamente da inquirição às testemunhas: "não é incomum, quando a audiência tem previsão de um número determinado de dias, que os árbitros distribuam partes dos dias, de forma igualitária, entre requerentes e requeridos, reservando um dia inteiro para o Tribunal Arbitral, que poderá utilizar para inquirições adicionais e/ou reparti-lo entre as partes" (Anotações práticas sobre a produção de prova na arbitragem. **Revista Brasileira de Arbitragem**, ano VI, n. 25, 2010, p. 19-25).

ÁRBITRO E DIREITO

arbitragem *na maior medida possível*. A *relação de confiança* que, via de regra, prevalece entre partes e árbitro também é fator importante, sobretudo em razão das expectativas das partes, como já exposto. Além disso, muito embora as partes normalmente participem da escolha do árbitro, ele pode não estar familiarizado com o direito aplicável, por se tratar de direito estrangeiro (sobretudo no ambiente transnacional) – conforme citação de Cândido Rangel Dinamarco reproduzida acima, que fala em *"Torre de Babel jurídica"*. Muitas vezes, o árbitro sequer é versado em Direito (pode ser um engenheiro, por exemplo), o que novamente reforça a importância de ouvir as partes sobre a aplicação do direito.

Como se percebe, são muitas as particularidades da arbitragem que apontam para uma preocupação ainda maior com o *efetivo diálogo* entre árbitro e partes. Isso significa que *sempre* que o árbitro introduzir *qualquer* inovação no processo arbitral deve *necessariamente* ouvir as partes, pois do contrário a sentença arbitral, *em todos os casos*, seria passível de anulação pelo direito brasileiro? Não é assim. Novamente, *princípios processuais* não são afetos a critérios *rígidos* que possam ser estabelecidos de forma exaustiva *a priori*. É evidente que as circunstâncias do caso são fundamentais para delimitar até que ponto o árbitro violou o devido processo legal. O papel do jurista é buscar delimitar alguns desses critérios.

Não é *toda e qualquer* inovação que, por si só, desencadearia a necessidade de consultar as partes para se preservar o contraditório. É possível, por exemplo, que determinado fundamento jurídico já constasse dos documentos acostados na arbitragem, ainda que não tivesse sido objeto de debate específico entre as partes. Se as partes tinham a oportunidade de fazer esse debate e *deliberadamente optaram* por não fazê-lo, pode não haver violação ao contraditório, dependendo das circunstâncias específicas do caso. É preciso lembrar que o contraditório significa informação *necessária*, mas reação *possível*[413]. Particularmente em se tratando de direitos disponíveis (como necessariamente é o caso da arbitragem),

---

[413] YARSHELL, Flávio Luiz. **Curso de Direito Processual Civil**. v. I. São Paulo: Marcial Pons, 2014, p.103-104. A esse respeito, esclarece Cândido Rangel Dinamarco: "a doutrina vem há algum tempo identificando o contraditório no binômio informação-reação, com a ressalva de que, embora a primeira seja absolutamente necessária sob pena de ilegitimidade do processo e nulidade de seus atos, a segunda é somente possível" (**Instituições de Direito Processual Civil**. v. I. São Paulo: Malheiros, 2003, p. 218).

"a reação é mera potencialidade porque corresponde à posição processual de ônus, no contexto do assim denominado princípio dispositivo"[414].

Além disso, também é preciso compreender qual seria exatamente o papel do novo fundamento invocado *ex officio* pelo árbitro no contexto da sentença arbitral. É comum que árbitros façam referência a argumentos *adicionais*, como *reforço* a sua fundamentação, ou seja, há fundamentos *suficientes* e pode haver também fundamentos *complementares*. É possível que a inovação esteja situada *apenas* nestes últimos, de tal forma que, se eles não tivessem sido incluídos, a conclusão seria a mesma. Embora não seja recomendável proceder dessa forma, se o árbitro inovar *apenas* em um fundamento *complementar*, não se pode dizer que haverá *necessariamente* um vício na sentença arbitral.

Por outro lado, não pode o árbitro se escudar no princípio de que compete às partes pleitear a tutela jurisdicional adequada e provar o que alegam para tornar-se simplesmente *indiferente* ao desfecho do processo arbitral, deixando de ventilar novo fundamento jurídico que entenda ser relevante para o julgamento do feito[415] (desde que tal novo fundamento esteja dentro dos limites impostos pela convenção de arbitragem e pelo termo de arbitragem). Na perspectiva dos usuários da arbitragem e à luz do direito brasileiro, não há espaço para o árbitro *indiferente*. A missão do árbitro é buscar a aplicação correta do direito. Se o árbitro entende que há *relevante fundamento jurídico* que não fora invocado pelas partes e que possa afetar diretamente o julgamento do mérito da arbitragem, cabe a ele trazer o tema à atenção das partes, convidando-as a se manifestarem a respeito e lhes facultando, eventualmente, a produção provas, isto é, assegurando o efetivo contraditório, desde que, novamente, tal novo fundamento esteja dentro dos limites impostos pela convenção de arbitragem e pelo termo de arbitragem.

---

[414] YARSHELL, Flávio Luiz. **Curso de Direito Processual Civil**. v. I. São Paulo: Marcial Pons, 2014, p. 106.

[415] Em concepção moderna do direito processual, tampouco se admite que um juiz siga indiferente a eventuais deficiências do processo (seja por qualificação jurídica equivocada, seja por falta de provas) em razão do princípio da demanda e do princípio dispositivo. Nas palavras de Cândido Rangel Dinamarco: "o princípio dispositivo vai sendo mitigado e a experiência mostra que o juiz moderno, suprindo deficiências probatórias do processo, não se desequilibra por isso e não se torna parcial" (**Instituições de Direito Processual Civil**. v. III. São Paulo: Malheiros, 2001, p. 224).

ÁRBITRO E DIREITO

O que não se admite é o árbitro *passivo*, que pouco se importa com a correta aplicação do direito. Como já dito, o árbitro deve buscar a aplicação do direito da *melhor forma possível*. É o que esperam as partes, que depositaram nele (e no próprio instituto da arbitragem) a sua *confiança*.

A análise de alguns casos da jurisprudência brasileira a respeito da aplicação do *iura novit curia* na arbitragem ajudará a compreender os critérios que têm sido adotados pelo Poder Judiciário para delimitar o papel do árbitro na aplicação do direito.

2.1.3. O *iura novit curia* e a sentença arbitral na jurisprudência brasileira

O Poder Judiciário brasileiro já teve a oportunidade de tratar do *iura novit curia* na arbitragem em, pelo menos, dois casos que chegaram até o Superior Tribunal de Justiça[416].

No primeiro caso, os fundos *Matlinpatterson Global Opportunities Partners II L.P* e *Matlinpatterson Global Opportunities Partners (Cayman) II L.P* ajuizaram ação contra *VRG Linhas Aéreas S/A* com o objetivo de anular sentença arbitral proferida em arbitragem administrada pela Câmara de Comércio Internacional (CCI). Dentre os fundamentos que embasaram o pedido anulatório, destaca-se para fins deste trabalho a alegação de violação do devido processo legal e do contraditório em razão de o tribunal arbitral haver julgado o mérito com base em fundamento jurídico que, na visão dos autores, não havia sido objeto de debate entre as partes (em especial, a alegação de dolo de terceiro). O processo foi distribuído em 13 de dezembro de 2010 para a 8ª Vara Cível Central da Comarca de São Paulo (Processo nº 583.00.2010.214068-4 / 0214068-16.2010.8.26.0100). Em 1º de julho de 2011, em julgamento antecipado da lide (art. 330, I, do CPC), o juiz julgou improcedente o pedido de anulação por entender não estar configurada qualquer hipótese do artigo 32, da lei 9.307/96. Em particular, o juiz entendeu que a alteração da *qualificação jurídica da demanda* pelo tribunal arbitral é aceita pelo direito brasileiro em razão do *iura novit curia*, e que a cláusula arbitral, tal

---

[416] Todas as informações sobre os processos aqui referidas são *públicas* e foram exclusivamente obtidas *online*, a partir das decisões judiciais que se encontram nos sites dos respectivos tribunais.

como redigida, não limitou a cognição dos árbitros à luz do inciso IV do artigo 32, da lei 9.307/96[417].

Em 16 de outubro de 2012, em sede de apelação (Apelação nº 0214068-16.2010.8.26.0100), a Câmara Reservada de Direito Empresarial do Tribunal de Justiça do Estado de São Paulo, em acórdão relatado pelo Des. Roberto Mac-Cracken, deu parcial provimento ao recurso, apenas para reduzir a verba honorária, mantendo-se, no mais, a sentença judicial recorrida. Com relação à alegação de violação do devido processo legal e do contraditório, o TJSP ratificou a aplicação do brocardo *iura novit curia* na arbitragem, tal como decidido em 1ª instância, e ainda especificou que a teoria da substanciação também seria aplicável ao processo arbitral[418].

No Superior Tribunal de Justiça, em sede de recurso especial (AgInt no REsp 1.656.613 – SP, Rel. Min. Lázaro Guimarães, DJ 6.4.2018), entendeu o Relator que *"a modificação do entendimento lançado no v. acórdão recorrido demandaria o revolvimento do suporte fático-probatório dos autos, assim como a interpretação de cláusulas contratuais, o que é inviável em sede de recurso especial, a teor das Súmulas 5 e 7 do Superior Tribunal de Justiça"*. Neste sentido, o recurso foi improvido (em 12.12.2017), o mesmo ocorrendo com o agravo interno (em 03.04.2018), de tal forma que se manteve íntegra a sentença arbitral proferida.

No segundo caso, *TEC Incorporações e Empreendimentos Imobiliários S/A e Patrimonial Volga Ltda.*, ajuizaram ação contra *Patri Sete Empreendimentos*

---

[417] Essa sentença judicial foi comentada por Vera Cecília Monteiro de Barros, *Anulação de sentença arbitral: vinculação de parte não signatária à cláusula compromissória e aplicação do princípio iura novit curia à arbitragem* – Comentários à Sentença 583.00.2010.214068-4 da 8ª Vara Cível do Foro Central da Comarca de São Paulo. In: **Revista de Arbitragem e Mediação**, n. 32, 2012, p. 309 e ss.

[418] Disponível em: https://esaj.tjsp.jus.br/cjsg/getArquivo.do?cdAcordao=6300560&cd Foro=0. Acesso em: mai. 2018. Esse acórdão foi comentado por Fabiane Verçosa, Alegação de Cerceamento de Defesa. Vínculo Societário que Legitima a Participação na Arbitragem. *Venire Contra Factum Proprium*. Tribunal de Justiça de São Paulo. Apelação Cível nº 0214068-16.2010.8.26.0100. Matlinpatterson Global Opportunities Partners II L.P e outra vs. VRG Linhas Aéreas S/A J. 16.10.2012. Relator: Roberto Mac-Cracken. In: Revista Brasileira de Arbitragem, n. 36, 2012, p. 120-156. O acórdão também foi comentado por Claire Debourg e Gustavo Scheffer Da Silveira, *Note: Matlinpatterson Global Opportunities Partners II L.P. e outra v. VRG Linhas Aéreas S.A., Tribunal de Justiça de São Paulo, Apelação Cível nº 0214068-16.2010.8.26.0100, 16 October 2012*, In: **Revue de l'Arbitrage**. Comité Français de l'Arbitrage; 2014, Volume 2014 Issue 3, p. 773-776.

Imobiliários Ltda. com o objetivo de anular sentença arbitral proferida em arbitragem administrada pela Câmara de Conciliação, Mediação e Arbitragem CIESP/FIESP. Dentre os fundamentos que embasaram o pedido anulatório, destaca-se para fins deste trabalho, novamente, a alegação de violação do devido processo legal e do contraditório em razão de o tribunal arbitral haver julgado o mérito com base em fundamento jurídico que, na visão dos autores, não havia sido objeto de debate entre as partes – tratando-se, portanto, de "sentença surpresa". O processo foi distribuído em 3 de abril de 2012 para a 21ª Vara Cível Central da Comarca de São Paulo (Processo nº 583.00.2012.133123 / 0133123-71.2012.8.26.0100). Inicialmente, em 3 de abril de 2012, o juiz indeferiu a medida liminar pleiteada. Interposto agravo de instrumento, o recurso foi desprovido pelo Tribunal de Justiça, conforme consta do próprio relatório da sentença. Em sentença proferida no dia 5 de dezembro de 2012, o juiz julgou improcedente o pedido de anulação da sentença arbitral. Em relação à alegação de "sentença-surpresa" em violação ao contraditório, decidiu o juiz que, no modelo processual então vigente (CPC de 1973), vigorava o brocardo *iura novit curia*, que também seria aplicável à arbitragem.

Em 7 de novembro de 2013, em sede de apelação (Apelação nº 0133123-71.2012.8.26.0100), a 1ª Câmara Reservada de Direito Empresarial do Tribunal de Justiça do Estado de São Paulo, em acórdão relatado pelo Des. Marcelo Fortes Barbosa Filho, por maioria de votos, negou provimento ao recurso. Com relação à alegação de violação do contraditório, o TJSP mais uma vez ratificou a aplicação do *iura novit curia* na arbitragem, tal como decidido em 1ª instância. O Des. Ênio Zuliani declarou voto divergente, entendendo que a sentença arbitral deveria ser anulada, por entender que não houve "uma fundamentação consentânea com a exposição do fato"[419].

No Superior Tribunal de Justiça, foi negado provimento ao recurso especial (REsp 1.636.102-SP, Rel. Min. Ricardo Villas Bôas Cueva, DJ 01.08.2017), mantendo-se íntegra, portanto, a sentença arbitral. Em particular, foi rejeitada a alegação de violação do contraditório, reconhecendo-se o poder do árbitro de *requalificar juridicamente* os fatos

---

[419] https://esaj.tjsp.jus.br/cjsg/getArquivo.do?cdAcordao=7168122&cdForo=0&vlCaptcha=EZiXU. Acesso em: mai. 2018.

A APLICAÇÃO DO *IURA NOVIT CURIA* NA ARBITRAGEM

narrados pelas partes, desde que respeitados os limites objetivos da demanda, sendo aplicável a teoria da substanciação e o *iura novit curia* na arbitragem[420]. O acórdão também faz menção ao artigo 10º do Código de Processo Civil de 2015: "*Vale destacar, por fim, que a impossibilidade de se decidir com base em fundamento a respeito do qual não se tenha dado às partes a oportunidade de se manifestar (art. 10 do CPC/2015), sem pretender aprofundar o estudo acerca da amplitude desse novo dispositivo e da sua aplicabilidade ou não à arbitragem, somente foi inserida em nosso ordenamento jurídico após a prolação da sentença arbitral, de modo que, na situação examinada, não estavam os árbitros impedidos de embasar suas conclusões em fundamentos jurídicos não aventados pelas partes, desde que observados os limites objetivos da pretensão inicialmente deduzida, os quais, conforme já esclarecido, foram plenamente respeitados.*" No mesmo sentido, em seu voto-vista, a Ministra Nancy Andrighi esclareceu que: "*As recorrentes se insurgem contra suposta violação ao contraditório, baseada no fato de a decisão ter se distanciado das postulações por elas apresentadas. Ora, as postulações iniciais são expostas pelas partes de forma a iluminar o julgamento de quem toma a decisão, mas não são vinculantes, podendo o julgador se pautar apenas nos fatos e a eles atribuir a qualificação jurídica que entender mais adequada. Assim, não há que se falar também em violação ao princípio do contraditório*".

Como se percebe, o Poder Judiciário brasileiro, pelo menos à luz dos julgados referidos acima, admite a aplicação do *iura novit curia* na arbitragem.

2.2. O árbitro e o *iura novit curia*: entre o mérito e o procedimento arbitral

Como foi possível perceber pela investigação realizada neste Capítulo, o *iura novit curia* é um tema inserido na intersecção entre o *julgamento do mérito da arbitragem* e a regulação do *processo arbitral* propriamente dito. É um daqueles pontos em que o modo pelo qual o árbitro disciplina

---

[420] O acórdão cita, inclusive, o mesmo trecho da obra de Cândido Rangel Dinamarco reproduzido acima: "como é curial na doutrina do processo, somente quanto aos fundamentos *de fato* existe essa adstrição, não quanto aos de direito (teoria da *substanciação*) – porque, como também é pacífico, *jura novit curia*, e os árbitros, tanto quando os juízes togados, têm a missão e o poder de impor as normas jurídicas verdadeiramente pertinentes ao caso, segundo sua própria interpretação, e não nos termos da interpretação eventualmente proposta pelas partes" (**A arbitragem na teoria geral do processo**. São Paulo: Malheiros, 2013, p. 199).

o processo arbitral terá reflexos sobre o modo pelo qual ele julgará o mérito do caso e vice-versa. Certamente, esse *locus* peculiar do tema desempenha papel importante nas controvérsias e debates surgidos a seu respeito. Algumas constatações podem ser extraídas sobre o papel do árbitro na aplicação do direito a partir das pesquisas realizadas aqui.

Em primeiro lugar, não parece haver *respostas únicas* para as perguntas formuladas no início deste Capítulo. Aliás, um dos problemas da atual *dogmática* da arbitragem, tal como constatado pela pesquisa aqui realizada, é insistir em encontrar essas respostas *únicas*, um problema que também será detalhado adiante. Não há um consenso sobre **(i)** a possibilidade de o árbitro aplicar o direito *ex officio* sem estar vinculado à qualificação jurídica apresentada pelas partes e **(ii)** sobre os limites existentes nessa atuação *ex officio* do árbitro à luz das garantias processuais das partes.

O Relatório da *International Law Associaton* (ILA) – *Ascertaining the Contents of the Applicable Law in International Commercial Arbitration* – tratando da determinação do direito aplicável na arbitragem e de seu conteúdo[421], tema que está diretamente associado ao *iura novit curia*, reconhece que **(i)** não há uniformidade nem mesmo nas regras nacionais aplicáveis ao processo judicial a respeito deste tema[422] e **(ii)**, no campo da arbitragem, não há regras gerais (*hard law*)[423], nem práticas arbitrais uniformes ao redor do mundo (*soft law*)[424]. A própria concepção do Relatório tem como premissa a existência de certo "vazio normativo". A partir desta constatação, o Relatório apresenta o que seu comitê considerou como *"princípios gerais intrínsecos"* à arbitragem internacional, que são analisados adiante.

Qual é o estado atual do debate? Muitas das legislações, precedentes e autores reconhecem, em maior ou menor grau: **(i)** o *ônus* das partes de introduzir tanto as questões de fato quanto as questões de direito que embasam as suas alegações, vale dizer, os fatos e os fundamentos jurídicos e também **(ii)** o *poder* do árbitro (e não dever) de investigar *ex officio*

---

[421] Conferência do Rio de Janeiro em agosto de 2008. Disponível em: http://www.ila-hq.org/en/committees/index.cfm/cid/19. Acesso em: mai. 2018.

[422] Vide p. 12 do referido Relatório.

[423] Vide p. 13 do referido Relatório.

[424] Vide p. 17 do referido Relatório.

o direito e aplicá-lo conforme entender correto, independentemente da qualificação jurídica que tenha sido feita pelas partes. Apesar de muitas das fontes reconhecerem essas duas premissas, isto é, essa "divisão de trabalho" entre árbitros e partes, a ponto de alguns autores entenderem que elas já estariam fora de questão no âmbito da arbitragem internacional[425], a realidade é que ainda há muita controvérsia neste tema.

O Relatório ILA[426] parece hesitante em reconhecer até mesmo um *poder* (quanto mais um *dever*) dos árbitros de aplicar o direito *ex officio*, recomendando que árbitros atenham-se ao seu mandato[427] e não introduzam questões jurídicas que não tenham sido debatidas pelas partes[428]. Crítica a essa concepção *restritiva* do papel do árbitro adotada no Relatório ILA, Cécile Chainais a denominou de *"jura non novit arbiter"*, uma vertente que, segundo a autora, não reflete corretamente a missão do árbitro[429].

Por outro lado, mesmo entre aqueles que reconhecem um *dever* dos árbitros de aplicar o direito *ex officio*, parece haver consenso no sentido de que o árbitro não deveria "surpreender" as partes em sua atuação *ex*

---

[425] Esse parece ser o pressuposto de Antonias Dimolitsa (The Raising Ex Officio of New Issues of Law: a Challenge for Both Arbitrators and Courts. In: Fabio Bortolotti e Pierre Mayer (eds.). **The Application of Substantive Law by International Arbitrators**, Dossiers, ICC Institute of World Business Law, 2014, p. 22).

[426] Conferência do Rio de Janeiro em agosto de 2008. Disponível em: http://www.ila-hq.org/en/committees/index.cfm/cid/19. Acesso em: mai. 2018.

[427] "Another implication is that arbitrators must take care not to stray beyond their mandate. Rendering an award beyond the submission to arbitration is one of the limited bases on which an award can be annulled or can be denied recognition and enforcement under the New York Convention. Arbitrators who decide a dispute on a legal rule not invoked by the parties could in some cases be accused of exceeding their mandate, even if such an approach would have been entirely acceptable in a court exercising a iura novit curia approach. Although many modern arbitration laws and the New York Convention give arbitrators a wide mandate that makes excess of mandate and related challenges likely to fail, the principle that arbitrators act within a party conferred mandate remains relevant as this is a feature distinguishing arbitration from litigation. Arbitrators sitting in jurisdictions with a wider review than strictly ultra petitum may thus be advised to take this into account" (Conferência do Rio de Janeiro em agosto de 2008. Disponível em: http://www.ila-hq.org/en/committees/index.cfm/cid/19. Acesso em: mai. 2018, p. 18-19).

[428] Vide, em especial, as recomendações 5 e 6 do referido Relatório.

[429] L'arbitre, le droit et la contradiction: l'office du juge arbitral à la recherche de son point d'équilibre, **Revue de l'Arbitrage**. Comité Français de l'Arbitrage, 2010, v. 2010, Issue 1, p. 16.

ÁRBITRO E DIREITO

officio e que eventuais surpresas poderiam levar à anulação da sentença arbitral por violação do contraditório e do devido processo legal.

Assim, se há algum "núcleo duro" no tema do *iura novit curia* na arbitragem, ele parece gravitar em torno da ideia de que as partes não podem ser "surpreendidas" pela atuação do árbitro na aplicação do direito. O Relatório ILA também reconhece esse "núcleo duro", como decorrência do devido processo legal[430].

Mas, mesmo em relação a esse "núcleo duro", ainda há controvérsias sobre o que significaria a possível "surpresa" das partes. De saída, o termo é vago demais: a surpresa seria aferida por elementos subjetivos (o que as partes, subjetivamente, esperavam do árbitro) ou objetivos (o que as partes deveriam esperar do árbitro ou o que era, objetivamente, razoável de ser esperado)? O fato de haver algum elemento constante dos documentos juntados na arbitragem possibilitando referência a determinada qualificação jurídica ou dispositivo legal ou contratual não invocado pelas partes é suficiente para evitar a "surpresa"? É possível distinguir entre, de um lado, dúvidas razoáveis e, de outro, erros grosseiros ou inescusáveis em relação ao direito aplicável? Mais uma vez, não existem respostas únicas.

Abaixo, são apresentadas algumas proposições extraídas da pesquisa realizada, com o objetivo de avançar no debate deste tema específico e, com isso, possibilitar uma compreensão mais aprimorada da relação entre o árbitro e o direito.

2.2.1. *Iura novit curia* é questão cultural: diversidade de perspectivas

O dissenso no tema do *iura novit curia* não deveria surpreender. O direito processual – e as garantias processuais, em particular – é *produto cultural*[431]. Cada jurisdição regula o processo de uma forma e essa regulação

---

[430] "*This principle implies that parties should have a reasonable opportunity to address important legal points. This principle could be invoked if, in determining the contents of applicable law, the arbitrators "take the parties by surprise" by applying a rule or a principle that has not been invoked by the parties and which the latter could not foresee to be applied or as to the relevance of which they have not been given sufficient opportunity to express their position*" (Conferência do Rio de Janeiro em agosto de 2008. Disponível em: http://www.ila-hq.org/en/committees/index.cfm/cid/19. Acesso em: mai. 2018, p. 20).

[431] A esse propósito, Oscar G. CHASE, *Law, Culture, and Ritual – Disputing Systems in Cross-cultural context*, New York University Press, 2005, p. 47-53. Entre nós, Humberto Theodoro

está intimamente relacionada com o contexto histórico-sócio-político--econômico do país e suas instituições[432]. Cada país integra determinado *modelo processual*, associado a certo padrão de processo, vale dizer, a uma dada *cultura processual*. Assim, não se pode pretender uma *concepção única de Justiça* para o mundo todo. O que existe hoje é uma *diversidade de perspectivas*, que deve ser respeitada, tanto para o processo judicial quanto para a arbitragem.

É claro que alguns princípios e noções básicas de Justiça podem ser compartilhados por determinada comunidade de países, o que levou inclusive, à elaboração dos conhecidos *Principles and Rules of Transnational Civil Procedure*[433], mas nem por isso deve-se impor uma concepção de direito e de processo em detrimento de outra[434].

Fatores culturais também exercem influência sobre o *processo arbitral* e, por consequência, sobre a possível aplicação do *iura novit curia* na arbitragem. Essa influência pode ocorrer de diferentes modos, destacando-se dois deles: **(i)** quando há controle judicial da sentença arbitral (em sede de anulação ou em sede de reconhecimento e execução) e **(ii)** mesmo na ausência de qualquer controle. Adota-se aqui uma abordagem que contempla esses diferentes modos. Nos casos em que a arbitragem não está vinculada, *a priori*, a determinada ordem jurídica estatal ou

---

Júnior, Princípios gerais do direito processual civil. **Revista de Processo**, v. 23, 1981, p. 173-191. Ver também Otávio Augusto Dal Molin Domit, **O juiz e a qualificação jurídica da demanda no processo civil brasileiro**. Dissertação de Mestrado. Faculdade de Direito da Universidade Federal do Rio Grande do Sul, Porto Alegre, 2013, p. 22.

[432] Neste sentido, Oscar G. Chase; Helen Hershkoff; Linda Silberman; Yasuhei Taniguchi; Vincenzo Varano. **Civil Litigation in Comparative Context**. Thomson West, 2007, p. 2.

[433] A esse respeito, ver Hazard, Geoffrey C. Jr.; Taruffo, Michele; Sturner, Rolf; Gidi, Antonio. **Introduction to the Principles and Rules of Transnational Civil Procedure (2001)**. Faculty Scholarship Series. Paper 2345. Disponível em: http://digitalcommons.law.yale.edu/fss_papers/2345. Acesso em: set. 2015.

[434] Cássio Scarpinella Bueno faz interessante análise desses princípios do processo civil transnacional e o Código de Processo Civil de 1973, concluindo, ao final, que embora revelem interessantes opções procedimentais, a função como "modelo" é minimizada para a experiência brasileira, por exemplo (Os princípios do processo civil transnacional e o Código de Processo Civil brasileiro: uma breve aproximação. In: Carlos Alberto de Salles (coord.). **As Grandes Transformações do Processo Civil Brasileiro:** homenagem ao professor Kazuo Watanabe. São Paulo: Quartir Latin, 2009. p. 433-456.

ÁRBITRO E DIREITO

quando *prescinde de qualquer controle estatal*, ainda assim pode ocorrer um *choque de culturas* entre árbitros, partes e seus representantes.

Não é raro encontrar em uma mesma arbitragem atores de *distintas culturas jurídicas*, sobretudo no ambiente *transnacional* em que normalmente está inserida a arbitragem. Neste caso, é natural que esses diferentes atores tenham *distintas expectativas* a respeito da regulação do processo arbitral[435] e, em particular, quanto à possibilidade de ser aplicado o *iura novit curia* na arbitragem e o modo de fazê-lo.

Aqui, uma primeira constatação da *diversidade de perspectivas* no *iura novit curia*.

Por outro lado, quando uma jurisdição nacional exerce controle sobre a arbitragem, ela o faz a partir de sua *própria concepção de arbitragem*, o que não escapa da influência de *fatores culturais*. Assim, a arbitragem pode estar sujeita ao *padrão de devido processo legal* de determinado país. Sob esta perspectiva, a arbitragem pode ser vista como integrante da *teoria geral do processo* e do *modelo processual* do país em questão[436].

Um exemplo bem ilustra esse último ponto. A Convenção de Nova Iorque estabelece que os países signatários *poderão* recusar o reconhecimento ou a execução de uma sentença arbitral estrangeira ou não-doméstica que tiver violado o devido processo legal ou, para usar os termos da própria Convenção, quando a parte não tiver tido a oportunidade de "apresentar seus argumentos", conforme artigo V(1)(b)[437]. Agora, o que constitui violação do devido processo legal no caso concreto é algo que estará sujeito à apreciação de cada jurisdição nacional, quando chamada a realizar o controle judicial da sentença arbitral, dentro das regras estabelecidas pela Convenção. A *diversidade* dentro de certos limites foi justamente um dos propósitos da UNCITRAL na formulação da Convenção de Nova Iorque. Por exemplo, embora a Convenção tenha o propósito de harmonizar as hipóteses de denegação do

---

[435] André Abbud é preciso neste ponto: "se, como é comum, as partes e os árbitros vem de países e culturas diferentes, terão também diferentes expectativas quanto ao modo como determinadas questões processuais devem ser resolvidas" (**Soft law e produção de provas na arbitragem internacional**. São Paulo: Atlas, 2014, p. 59).

[436] Novamente, a referência a Candido Rangel Dinamarco, **A arbitragem na teoria geral do processo**, São Paulo: Malheiros, 2013, p. 17.

[437] Disponível em: http://www.planalto.gov.br/ccivil_03/decreto/2002/D4311.htm. Acesso em: mai. 2018.

A APLICAÇÃO DO *IURA NOVIT CURIA* NA ARBITRAGEM

reconhecimento e execução das sentenças arbitrais estrangeiras, ela nada diz a respeito das hipóteses de anulação dessas sentenças em seu local de prolação. Nesta área, novamente, ainda prevalece a diversidade de critérios e práticas[438], o que, inclusive, favorece a prática do chamado "*forum shopping*"[439].

A relação entre hipóteses de anulação da sentença arbitral na sede e hipóteses de denegação do reconhecimento e execução desta mesma sentença em outros locais está longe de ser pacífica ou mesmo de haver uma prática "universal" a respeito. Ao contrário, há uma *multiplicidade de visões e práticas* a propósito[440]. Para ficar no presente tema, quando o árbitro aplica o direito sem ter ouvido as partes previamente a esse respeito há violação do devido processo legal? Parece claro que *não há uma resposta única* e que há *distintos padrões de devido processo legal* a esse respeito ao redor do mundo[441].

---

[438] Analisando o papel da sede em sua tese de doutorado, Adriana Braghetta também conclui que ainda não há "absoluta autonomia" da arbitragem e que a harmonização de práticas e critérios ainda é incompleta ao redor do mundo: "não se chegou, e não se chegará tão cedo, a um momento de absoluta autonomia da arbitragem internacional para que a sede não tenha nenhuma importância no controle primário do laudo, já que as sugestões que surgiram para a harmonização do sistema de controle do laudo ainda são quase utópicas – no mínimo, distantes – e, até lá, é função do direito internacional privado alguma tentativa de coordenação, como bem se depreende da Convenção de Nova Iorque" (**A Importância da sede da arbitragem:** visão a partir do Brasil. Rio de Janeiro: Renovar, 2010, p. 230).

[439] Conforme esclarecem também Linda Silberman e Maxi Scherer: "*although the Convention provides grounds for exceptions to recognition and enforcement of an arbitral award, it says nothing about the grounds for review or set-aside at the place of arbitration. Thus, each country establishes its own regime for reviewing and/or annulling awards rendered in that country. It is therefore not surprising to learn that informed parties and their counsel are likely to take into account the legal regime with respect to set aside when they select the situs for the arbitration*" (*Forum Shopping and Post-Award Judgments*, In: Franco Ferrari (ed.) **Forum Shopping in the International Commercial Arbitration Context**. *Munich: SELP Sellier European Law Publishers – NYU Center for Transnational and Commercial Law*, 2013, p. 314).

[440] Novamente, SILBERMAN, Linda Silberman e SCHERER, Maxi. *Forum Shopping and Post-Award Judgments*, In: Franco Ferrari (ed.). **Forum Shopping in the International Commercial Arbitration Context**, *Munich: SELP Sellier European Law Publishers – NYU Center for Transnational and Commercial Law*, 2013, p. 315-317).

[441] Leonardo Furtado chega a uma conclusão equivalente em relação à definição do *iura novit curia* na arbitragem (Iura Novit Curia em Arbitragem e as Cortes Européias. In: **Revista Brasileira de Arbitragem**, n. 36, Curitiba: Comitê Brasileiro de Arbitragem, 2012, p. 53-54).

ÁRBITRO E DIREITO

Essa segunda abertura à *diversidade de perspectivas* é atributo inerente à regulação da arbitragem, particularmente pela Convenção de Nova Iorque (como visto acima) e um dos fatores de seu sucesso, considerando que ela já foi adotada por mais de 150 países.

Afirmar que a arbitragem pode estar sujeita a alguma influência do *modelo processual* de cada país – por exemplo, quando há o controle judicial da sentença arbitral – em nada afeta a *autonomia* do instituto. Ademais, a influência de aspectos *culturais domésticos* também está ligada ao grau de *transnacionalidade* de cada procedimento e ao modo pelo qual cada país regula essa interação, pois nem todas as arbitragens possuem elementos *transnacionais* e nem todos os países lidam com a *transnacionalidade* da mesma forma. A pluralidade de perspectivas é inexorável aqui. Também não se pode esquecer que *distintas ordens jurídicas* podem estar em jogo, inclusive uma *ordem jurídica que seja transnacional por natureza*, como, por exemplo, a *lex mercatoria*[442].

Como visto nos Capítulos iniciais, há muito tempo a arbitragem adquiriu um estatuto autônomo do ponto de vista doutrinário e também em diversos precedentes judiciais e seria certamente um retrocesso negá-lo. Gradativamente, no plano *dogmático*, a arbitragem consolida um *regime transnacional próprio*, que não está necessariamente atrelado a determinada lei estatal – daí falar na sua "deslocalização"[443]. Na hipótese de controle judicial da arbitragem, essa *autonomia* deverá ser garantida a partir de cada jurisdição nacional. Isso ocorrerá na medida em que as jurisdições nacionais reconhecerem as *especificidades da arbitragem no ambiente trans-*

---

[442] Sobre a diferenciação da *lex mercatoria* como ordem jurídica transnacional autônoma, ver MENDES, Rodrigo Octávio Broglia. **Arbitragem, lex mercatoria e direito estatal:** uma análise dos conflitos ortogonais no direito transnacional. São Paulo: Quartier Latin, 2010, p. 59-101. Também sobre o tema, ver HUCK, Hermes Marcelo. **Sentença estrangeira e lex mercatoria:** horizontes e fronteiras do comercio internacional. São Paulo: Saraiva, 1994, p. 101-122.

[443] Cabem aqui as palavras precisas de Rodrigo Octávio Broglia Mendes: "portanto, a arbitragem não seria nem jurisdicionalista, nem contratualista, muito menos híbrida. Fui tudo isso, mas já não é mais nada disso. Ela desenvolver-se-ia a partir do suporte de um regime autônomo, constituído primordialmente por regras não-estatais e práticas arbitrais geralmente aceitas. Com isso, mover-se-ia de uma concepção de 'localização' da arbitragem, isto é, a partir da sua ligação a uma certa ordem jurídica estatal, para uma deslocalização, a não ligação com qualquer território" (**Arbitragem, Lex mercatoria e direito estatal: uma análise dos conflitos ortogonais no direito transnacional**. São Paulo: Quartier Latin, 2010, p. 122).

nacional[444], dentre elas a *especificidade da missão do árbitro* quando comparada à missão do juiz. Não se pode negar, assim, as *interfaces* que ainda existem entre as *ordens jurídicas transnacionais* e as *ordens jurídicas nacionais*. Não se pode pretender simplificar uma realidade que é, invariavelmente, *complexa*[445].

Nesse contexto, fica claro que devem ser evitadas *analogias superficiais* entre o processo arbitral e o processo judicial. Não faz sentido, por exemplo, pretender que o árbitro desempenhe o mesmo papel que um juiz, como já explicado logo na Introdução e reforçado neste Capítulo. Árbitro e juiz possuem missões semelhantes, mas distintas[446]. A missão do juiz é com a sociedade e a do árbitro é *prioritariamente* com as partes[447].

Nesse ponto, está correto o entendimento exposto no Relatório ILA de que os padrões e as regras aplicáveis ao *iura novit curia* no processo judicial *não devem* conformar a arbitragem ou lhe servir de *baliza necessária*[448]. Por outro lado, no extremo oposto, *tampouco se pode pressupor a existência, hoje, de uma arbitragem universal que seja totalmente alheia à influência*

---

[444] Há mais de três décadas, já destacava Albert Jan van den Berg que a jurisprudência de diversos países desenvolvia a diferenciação entre as noções domésticas de devido processo legal e aquelas que deveriam ser aplicadas no contexto da arbitragem internacional, particularmente no que diz respeito à interpretação e aplicação do citado artigo V(1) (b) da Convenção de Nova Iorque: *"The narrow interpretation of Article V(1)(b) becomes particularly evident where the courts hold that a violation of domestic notions of due process does not necessarily constitute a violation of due process in a case where the award is foreign"* (**The New York Arbitration Convention of 1958. Towards a Uniform Judicial Interpretation**. The Hague: TMC Asser Institute, 1981, p. 297).

[445] Mais uma vez, esse ponto é bem desenvolvido na obra de MENDES, Rodrigo Octávio Broglia. **Arbitragem, lex mercatoria e direito estatal:** uma análise dos conflitos ortogonais no direito transnacional. São Paulo: Quartier Latin, 2010, *passim*, particularmente p. 149-162.

[446] Por sua vez, Thomas Clay entende que o árbitro e o juiz possuem a mesma missão (resolver o conflito, "fazer Justiça"), mas com funções distintas (**L'arbitre**. Paris: Dalloz, 2001, p. 104 e também p. 194).

[447] William W. Park é bastante claro neste ponto: ao analisar o papel do árbitro na aplicação do direito, o autor argumenta que, ao contrário do juiz, o árbitro está mais preocupado com a expectativa das partes e a previsibilidade de sua decisão do que com a função de atender a valores sociais ou interesses públicos (The Predictability Paradox – Arbitrators and Applicable law In: Fabio Bortolotti e Pierre Mayer (eds.). **The Application of Substantive Law by International Arbitrators**, Dossiers, ICC Institute of World Business Law, 2014, p. 60-61).

[448] Conferência do Rio de Janeiro em agosto de 2008. Disponível em: http://www.ila-hq. org/en/committees/index.cfm/cid/19. Acesso em: mai. 2018, p. 12.

de quaisquer fatores culturais das jurisdições nacionais[449]. O desenvolvimento da arbitragem como uma ordem jurídica transnacional é um processo em andamento, ainda incompleto e inacabado[450]. Mas não se pode confundir ordem jurídica *transnacional* com ordem jurídica *global*.

Não existe uma ordem jurídica global[451]. Se é verdade que a arbitragem avançou muito em direção a sua *transnacionalização* nas últimas décadas[452], particularmente quanto à regulação do *processo arbitral* (com todas as vantagens daí decorrentes[453]), também é verdade que ainda existem *diferenças culturais* que não podem ser negligenciadas[454]. Essa *diversidade* não deve ser tomada como uma "patologia" a ser extirpada[455].

---

[449] Um autor bastante crítico da ideia de uma "ordem jurídica arbitral" universal é Jan Paulsson, **The Idea of Arbitration.** Oxford University Press, 2013, p. 39-44.

[450] Assim como a própria *lex mercatoria*, da qual, em certo sentido, a arbitragem é parte integrante. Nesse sentido, Rodrigo Octávio Broglia Mendes, **Arbitragem, lex mercatoria e direito estatal: uma análise dos conflitos ortogonais no direito transnacional.** São Paulo: Quartier Latin, 2010, p. 82.

[451] Rodrigo Octávio Broglia Mendes é bastante cuidadoso a propósito e também rechaça a adoção de posturas extremadas, refutando igualmente a ideia de universalização ao tratar, por exemplo, da ordem pública: "o que se coloca em dúvida é se a ordem pública transnacional realmente é passível de ser universalizada, no sentido de ser uma 'metaordem pública' que tem precedência sobre todas as outras. Defendemos que essa universalização não é possível" (**Arbitragem, lex mercatoria e direito estatal: uma análise dos conflitos ortogonais no direito transnacional**. São Paulo: Quartier Latin, 2010, p. 49).

[452] A *transnacionalização* da prática da arbitragem está em boa medida associada a sua autorregulamentação. Autorregulamentação tende a produzir *harmonização* de práticas, mas essa *harmonização* é limitada e está em andamento, não havendo, propriamente, uma *uniformização*, como explica MANGE, Flávia Foz Mange. **Processo Arbitral: aspectos transnacionais.** São Paulo: Quartier Latin, 2013, p. 191-192 e p. 261.

[453] ABBUD, André. **Soft law e produção de provas na arbitragem internacional**. São Paulo: Atlas, 2014, p. 174.

[454] Novamente, diz André Abbud: "é importante frisar que a *soft law* – e a observação se aplica também em matéria de produção de provas – não suprime nem poderia suprimir as diferenças existentes entre os países a respeito do modo de se conduzir o processo arbitral. Obviamente, diretrizes e recomendações, da mesma forma que normas jurídicas, não têm o condão de anular variações culturais. Uma arbitragem internacional presidida por um árbitro inglês em Londres continuará sendo diferente de outra conduzida por um tribunal latino--americano no Brasil. O estilo de um requerimento de arbitragem ou de um depoimento escrito de testemunha feitos por profissional de Cingapura seguirá se distinguindo daqueles elaborados por um alemão. Isso talvez seja ainda mais verdadeiro em tema tão dependente dos traços de cada povo como a ética" (**Soft law e produção de provas na arbitragem internacional**. São Paulo: Atlas, 2014, p. 81).

Quando se fala da influência de *fatores culturais* na arbitragem, é comum recorrer à tradicional divisão entre os chamados "sistemas adversariais" (geralmente associados à *common law*) e os "sistemas inquisitivos" (geralmente associados à *civil law*).

Essa distinção vem perdendo força nas últimas décadas, pelo menos tal como tradicionalmente concebida[456]. Sistemas adversariais que tradicionalmente confiavam a condução do procedimento mais às partes do que ao juiz tem realizado reformas processuais recentes na direção oposta, ou seja, de conferir mais poderes ao juiz (poderes instrutórios, conciliatórios etc), como é o caso, por exemplo, dos Estados Unidos[457]. Por sua vez, "sistemas inquisitivos" passaram a investir mais no protagonismo das partes. Parece equivocado, portanto, partir do pressuposto de uma *separação rígida* entre as diferentes culturas jurídicas[458]. Por outro lado, parece ser igualmente equivocado pretender que as diferenças já estejam totalmente superadas. Mesmo em termos mais restritos, a divisão conserva alguma utilidade e razão de ser[459]. Essa "aproximação relativa" entre os dois sistemas e a manutenção de importantes *diferenças culturais* também influencia a regulação da arbitragem ao redor do

---

[455] Também Adriana Braghetta, em sua tese de doutorado sobre a sede da arbitragem, defende a preservação dessa diversidade como um modo útil para "acomodar" as distintas expectativas das partes (**A Importância da sede da arbitragem:** visão a partir do Brasil. Rio de Janeiro: Renovar, 2010. p. 235).

[456] Para um relato e uma crítica a respeito dessa clássica distinção, ver Samuel ISSACHAROFF, **Civil Procedure**, 2.ed. Thomson West, 2009. p. 170. No campo da arbitragem, ver também MANGE, Flávia. **Processo Arbitral:** aspectos transnacionais. São Paulo: Quartier Latin, 2013, p. 184-185.

[457] Neste sentido, Samuel ISSACHAROFF, **Civil Procedure.** 2.ed. Thomson West, 2009, p. 171. Ver também Nicolò TROCKER e Vincenzo VARANO, **The Reforms of Civil Procedure in Comparative Perspective**, Torino: Giappichelli, 2005, p. 244-245.

[458] Vários autores que tratam do direito processual comparado são críticos dessa distinção, como por exemplo TROCKER, Nicolò; VARANO, Vincenzo. **The Reforms of Civil Procedure in Comparative Perspective**, Torino: Giappichelli, 2005, p. 243-245: *"just like any other abstract distinction, it must be avoided because it is useless as an instrument of analysis, and is not suited to understand meaningful aspects of the various procedural systems"*.

[459] Concordamos com André Abbud: "as expressões *common law* e *civil law* não precisam ser abandonadas, como se nada significassem – o que não é verdade. Tomadas como modelos teóricos, tipos ideais weberianos, elas fornecem representações úteis para a investigação e análise de algumas das principais diferenças existentes entre os países sobre os modos de se conduzir a arbitragem e, em especial, de se produzirem provas" (**Soft law e produção de provas na arbitragem internacional**. São Paulo: Atlas, 2014, p. 70).

ÁRBITRO E DIREITO

mundo e sua aplicação ao *iura novit curia* será analisada em detalhes no próximo subitem.

Além dessa divisão entre "sistemas adversariais" e "sistema inquisitivos", os *fatores culturais* também conformam outros elementos dos diferentes *modelos processuais*, como, por exemplo, a relação entre o princípio dispositivo e o contraditório e, a separação entre os *sistemas de substanciação vs. individuação*. Como visto no item sobre o direito brasileiro, é longevo o debate, em processo civil, sobre essa divisão. Aqui parece residir mais um ponto nevrálgico do debate em torno do *iura novit curia*. Mais do que a "filiação" ao sistema do *common law* ou do *civil law*, é a forma pela qual cada país, cada *modelo processual* lida com o princípio dispositivo, a formulação da demanda e a correspondente distribuição de papéis entre distintos *atores do processo arbitral* (árbitros e partes) que parece influir na regulação que esse mesmo país faz da relação entre o árbitro e o direito e, em particular, do *iura novit curia* na arbitragem. Portanto, parece claro que não se pode negligenciar a influência de *distintas culturas processuais* sobre a regulação da arbitragem[460]. O *iura novit curia* é um dos temas que corroboram essa afirmação, como comprovado neste trabalho.

2.2.2. Sendo questão cultural, não convém cogitar de regra transnacional obrigatória e vinculante (*hard law*). A *soft law* é ainda incipiente no tema

Questões culturais altamente controversas normalmente não são susceptíveis de regulação *transnacional* via *hard law*[461], como, por exemplo,

---

[460] Um dos estudos mais reconhecidos a esse respeito já completou 20 anos: Bryant G. Garth e Yves Dezalay, **Dealing in virtue: international commercial arbitration and the construction of a transnational legal order**, Chicago: University of Chicago Press, 1996, *passim*. Um dos estudos de caso dos autores trata justamente da influência do modo de litigar dos advogados dos grandes escritórios americanos sobre a prática da arbitragem internacional, particularmente sobre a prática europeia, então dominada por professores. Alterou-se, assim, na visão dos autores, o "centro de gravidade" da arbitragem ao longo das décadas. Os autores bem sintetizam esse choque cultural: "But the reality of the relation of forces between this small club of learned artisans and these great conglomeratesof legal experts was that, rather quickly, those who had opened the doors of their club to the Anglo-American practitioners became bothered by the transformation of approaches to arbitration under the influence of "American lobby" (p. 54).

[461] Adota-se aqui a mesma conceituação de *hard law* apresentada por André Abbud, **Soft law e produção de provas na arbitragem internacional**. São Paulo: Atlas, 2014, p. 10-17.

convenções e tratados internacionais. Seria muito difícil (e sequer desejável), nesse cenário, que uma convenção internacional dispusesse sobre o tema do *iura novit curia* na arbitragem. Seria improvável um consenso entre os países, por exemplo, no âmbito da UNCITRAL.

Não é difícil obter o acordo de que as sentenças arbitrais devem respeitar as garantias processuais das partes de modo geral e não chega a surpreender que esta seja, justamente, uma das causas de denegação do reconhecimento de uma sentença arbitral pela Convenção de Nova Iorque de 1958, como visto acima. O difícil é expandir esse consenso para aspectos mais concretos dessa garantia, como seria o caso, por exemplo, de proibir os julgadores (árbitros ou juízes) de aplicar *ex officio* o direito sem antes respeitar o contraditório, como faz agora o Código de Processo Civil brasileiro em relação ao juiz.

Esse pode ser um bom indicativo de que, via de regra, a melhor forma de se regular o *processo arbitral* no ambiente *transnacional* seja mesmo pela via do *soft law*[462]. Também não é sem razão que muitos autores valem-se de termos vagos e genéricos para discutir a aplicação do *iura novit curia* na arbitragem, defendendo que os árbitros deveriam aplicar um *standard* mais "generoso"[463] ou que deveriam ser mais "prudentes" e "cautelosos"[464]. Ao analisar o papel do árbitro na aplicação do direito e interpretação dos contratos à luz da expectativa das partes em torno da *previsibilidade* da arbitragem, William Park chega ao ponto de defender que, na busca do equilíbrio, o "senso comum" é preferível à ideologia[465]. São sinais claros de que é difícil formular uma regra rígida para o *iura novit curia* no ambiente transnacional.

---

[462] ABBUD, André Abbud. **Soft law e produção de provas na arbitragem internacional.** São Paulo: Atlas, 2014, p. 74-75.

[463] Essa é a posição defendida por MEIER, Andrea; MCGOUGH, Yolanda. *Do Lawyers Always Have to Have the Last Word? Iura Novit Curia and the Right to Be Heard in International Arbitration: an Analysis in View of Recent Swiss Case Law*, In: **ASA Bulletin**, Association Suisse de l'Arbitrage, Kluwer Law International 2014, Volume 32 Issue 3, p. 490 – 507.

[464] POUDRET, Jean-François; BESSON, Sébastien. **Droit Comparé de L'Arbitrage International.** Bruylant, L.G.D.J., Schulthess, 2002, p. 504-505.

[465] *The Predictability Paradox – Arbitrators and Applicable law.* In: Fabio Bortolotti e Pierre Mayer (eds.). **The Application of Substantive Law by International Arbitrators**, Dossiers, ICC Institute of World Business Law, 2014, p. 69. Especificamente em relação ao *iura novit curia*, o autor defende a tese de que as partes não devem ser surpreendidas (p. 63-64).

ÁRBITRO E DIREITO

Como visto no item anterior, a pergunta "é aplicável o *iura novit curia* na arbitragem?" não tem sentido quando *desvinculada* de um determinado *contexto cultural*, de um *determinado direito aplicável*, inclusive porque os *tribunais nacionais* também podem ter um papel relevante na *concretização* dessa aplicação, por exemplo, no momento em que apreciam pedidos de anulação ou de reconhecimento da sentença arbitral[466].

Mesmo na hipótese de uma arbitragem *transnacional,* que não esteja vinculada, em princípio, a uma determinada ordem jurídica *estatal,* o árbitro não pode deixar de atentar, por exemplo, ao *regime jurídico* a que pode estar submetida a sentença arbitral que ele proferirá, caso uma das partes decida executar essa sentença.

Rodrigo Mendes bem captou essa peculiaridade da arbitragem como um dos *limites* inerentes a sua *transnacionalização*: o árbitro tem a obrigação de se preocupar minimamente com a exequibilidade da sentença que prolata[467]. Em última instância, do ponto de vista do papel a ser desempenhado pelo árbitro na aplicação do direito, é temerário que sejam *ignorados* os possíveis regimes jurídicos a que estará submetida a sentença arbitral.

Sem exigir que o árbitro *conheça (ou mesmo busque investigar) todos* os possíveis direitos aplicáveis, é recomendável que ele, ao menos, procure atentar para o *contexto cultural e jurídico* em que a arbitragem está inserida. Gabriele Kaufmann-Kohler é categórica: não há espaço para uma regra "dura" de *iura novit curia* na arbitragem internacional justamente em razão do *contexto diversidade cultural*[468].

---

[466] A propósito, concordamos com Gisela Knuts: *"it must be kept in mind that the issue of application of the principle of jura novit curia in international arbitration cannot be entirely delocalized. Since it is for the courts at the seat of arbitration to determine whether an arbitral award shall be set aside or upheld, the application of the principle of jura novit curia will ultimately be reviewed against the backdrop of the rules regarding the setting aside of arbitral awards at the arbitral seat, i.e., the lex arbitri. Also, local courts that review challenges will in all likelihood be influenced by the application of the principle of jura novit curia in court litigation at the seat of arbitration"* (*Jura Novit Curia and the Right to Be Heard – An Analysis of Recent Case Law*. In: **Arbitration International,** *Kluwer Law International*, 2012, v. 28, n. 4, p. 669-688).

[467] MENDES, Rodrigo Octávio Broglia. **Arbitragem, Lex mercatoria e direito estatal: uma análise dos conflitos ortogonais no direito transnacional,** São Paulo: Quartier Latin, 2010, p. 99, p. 109-110 e p. 128.

[468] *"First, a hard and fast iura novit curia rule would be inappropriate in international arbitration. This is due to the transnational legal environment involving participants from different legal cultures.*

Um dos mitos desenvolvidos em torno do tema do *iura novit curia* ao longo das últimas décadas está relacionado justamente com a tradicional distinção entre *common law* e *civil law*, já criticada no item anterior. Muitos dos trabalhos acadêmicos e esforços institucionais desenvolvidos sobre a aplicação do *iura novit curia* na arbitragem procuram, primeiramente, apresentar as diferenças entre esses "dois mundos" para depois propor alternativas para aproximá-los em busca de regras ou práticas "transnacionais". Foi o que ocorreu, por exemplo, no Relatório ILA referido acima, que procura explicitar essas divergências e convergências entre *common law* e *civil law* e proceder a categorizações a partir dessa distinção básica[469], para depois descartar analogias e passar a uma tentativa de construir *diretrizes próprias e autônomas para a arbitragem (soft law)*.

Logo no primeiro exercício já se encontra alguma dificuldade, pois não é fácil separar *common law* e *civil law* no tema do *iura novit curia* e os autores tampouco concordam a respeito dessas diferenças. Essa distinção – se já está desgastada no âmbito do processo civil de modo geral – não possui a relevância que se costuma atribuir a ela no tema aplicação do *iura novit curia* na arbitragem[470].

Como se percebe, este trabalho *rejeita* a ideia de que *generalizações* como a divisão entre *civil law* e *common law* possam ser úteis para a compreensão da relação entre o árbitro e o direito aplicável. A realidade é sempre mais rica e complexa[471]. O próprio Relatório ILA não deixa de

---

It is also due to the possible difficulties of access to the applicable law, be it for reasons of language, availability, or reliability of the pertinent sources" (Gabrielle Kaufmann-Kohler. The Governing Law: Fact or Law? – A Transnational Rule on Establishing its contents. In: **Best Practices in International Arbitration**. ASA Special Series , n. 26, 2006, p. 79-85).

[469] Conferência do Rio de Janeiro em agosto de 2008. Disponível em: http://www.ila-hq. org/en/committees/index.cfm/cid/19. Acesso em: mai. 2018, especialmente páginas 2-3 e 8-11.

[470] Nesse ponto, concordamos com Gisela Knuts Jura Novit Curia and the Right to Be Heard – An Analysis of Recent Case Law. In: **Arbitration International**, Kluwer Law International, 2012, v. 28, n. 4, p. 669-688.

[471] A afirmação está em linha com o entendimento de André Abbud: "a oposição entre um sistema da common law e um sistema da civil law é uma simplificação radical da realidade, generalização repleta de aproximações. Usá-la sem ter em mente essa limitação pode levar a conclusões apressadas equivocadas" (**Soft law e produção de provas na arbitragem internacional**. São Paulo: Atlas, 2014. p. 70).

ÁRBITRO E DIREITO

reconhecer sua fragilidade ao constatar que existem muitas situações que escapam a sua tentativa de categorização entre os dois sistemas[472].

A verdade é que ainda não há *soft law* com regras claras e específicas sobre o tema do *iura novit curia* na arbitragem, sendo o Relatório ILA uma tentativa ainda muito incipiente nesse sentido. Em alguns pontos (como é o caso das recomendações 5 e 6) o Relatório parece tomar partido e ser contrário à aplicação do *iura novit curia* na arbitragem. Em outras passagens (como é o caso da recomendação 7), o Relatório ILA parece adotar a postura inversa. Ainda, em outros momentos (como é o caso, por exemplo, das recomendações 1, 2, 3, 4, 9 e 12), é tão *genérico* que não contribui para fortalecer a *segurança* e *previsibilidade* que se busca com o uso da *soft law*[473]. Tudo isso nos leva a questionar se seria até mesmo viável buscar o estabelecimento de diretrizes e *standards transnacionais* para tema do *iura novit curia*[474]. Como já dito, a *prática transnacional* da arbitragem ainda está em franca evolução e expansão, não sendo possível *cristalizá-la em todos os temas* afetos ao instituto neste momento.

O que propõe este trabalho é um caminho menos extremado: de fato, o papel do árbitro não deve ser *equiparado* ao papel de um juiz estatal, pois, como visto na Introdução, há importantes diferenças em relação à missão de cada qual. Nesse sentido, é correto dizer que *analogias* são temerárias. Por outro lado, também não é correto negligenciar o *modelo processual* em que uma *determinada arbitragem* possa estar inserida em razão do *direito aplicável a ela*. O risco que se corre é um árbitro acreditar que as *diretrizes e recomendações* constantes do Relatório ILA sejam suficientes para pautar o seu padrão de conduta, independentemente do *contexto* em que a arbitragem está inserida. Não são. Aliás, em várias passagens, o Relatório ILA não deixa de reconhecer que o árbitro deve

---

[472] Conferência do Rio de Janeiro em agosto de 2008. Disponível em: http://www.ila-hq.org/en/committees/index.cfm/cid/19. Acesso em: mai. 2018. p. 11.

[473] Sobre o *soft law* como instrumento para conferir segurança e previsibilidade, ver André Abbud, **Soft law e produção de provas na arbitragem internacional**. São Paulo: Atlas, 2014. p. 62-63.

[474] André Abbud também reconhece a existência de temas cuja regulamentação via *soft law* pode ser discutível: "não é qualquer diretriz ou recomendação escrita que conseguirá veicular com sucesso práticas amplamente aceitas internacionalmente – até porque, em determinadas áreas, a própria existência ou extensão de tais práticas transnacionais consagradas é altamente discutível" (**Soft law e produção de provas na arbitragem internacional**. São Paulo: Atlas, 2014. p. 82).

A APLICAÇÃO DO *IURA NOVIT CURIA* NA ARBITRAGEM

conhecer bem o direito aplicável, mas, ainda assim, prossegue na busca de *"princípios gerais intrínsecos à arbitragem comercial internacional"*, com o que não concordamos. Na ausência de *hard law* ou mesmo de um *soft law* preciso, talvez o ponto de equilíbrio esteja na criação de regras *ex ante* pelas próprias partes ou, em seu silêncio, pelos árbitros, no início do procedimento. É importante que essa regra seja estabelecida *desde o início do procedimento* para evitar que haja *desconfiança* a respeito da postura dos árbitros com a criação de regras *ex post facto*[475]. Em outras palavras, uma "normativização *in concreto*"[476] talvez seja salutar no tema do *iura novit curia*, se o propósito é *evitar surpresas* e promover *segurança e previsibilidade*.

Em suma, paradoxalmente, é o *direito aplicável à arbitragem* que fornece as balizas mais importantes às perguntas sobre o modo pelo qual o árbitro deve lidar com o *direito aplicável*, como detalhado a seguir. As respostas são *diversas e multifacetadas por natureza*, o que ocorre, sobretudo, com a aplicação do *iura novit curia*[477].

2.2.3. A importância de se conhecer o direito aplicável

Em se tratando de um tema *cultural*, com *multiplicidade de perspectivas* ao redor do mundo, não havendo uma regra única de caráter *transnacional* (*hard law*) e sendo a *soft law* existente (Relatório ILA, por exem-

---

[475] Esse risco é bem explicado, mais uma vez, por André Abbud, **Soft law e produção de provas na arbitragem internacional**. São Paulo: Atlas, 2014, p. 60-61.

[476] A expressão é de Flávia Mange e uma das conclusões a que chegou a autora em seu trabalho caminha justamente nessa direção: "o estudo conclui que há necessidade de atuação mais ativa das partes e dos árbitros no que diz respeito ao esclarecimento, diante do caso concreto, do modo como o procedimento arbitral se desenvolverá. Nesse sentido, a terceira parte desta obra defendeu a necessidade de maior normativização *in concreto* com a realização de uma conferência processual preparatória para acordar questões processuais e propôs uma lista de verificação com tópicos que podem ser analisados nessa ocasião" (**Processo Arbitral:** aspectos transnacionais. São Paulo: Quartier Latin, 2013. p. 262).

[477] Essa foi a mesma conclusão a que chegou Marta Viegas de Freitas Monteiro: *"the reality of the lack of guidance has strongly contributed to the ambiguity of the current situation. The existing legal literature dealing with the effect of the jura novit curia principle in international commercial arbitration is, as examined in Chapter 3, characterized by a consistent lack of consensus. Moreover, no uniform approach has been developed in practice either"* (**Jura Novit Curia in International Commercial Arbitration**, Dissertação de Mestrado, Universidade de Helsinki, Setembro de 2013. Disponível em: https://helda.helsinki.fi/bitstream/handle/10138/40746/Pro%20 gradu.pdf?sequence=5. Acesso em: mai.2018).

ÁRBITRO E DIREITO

plo) ainda incipiente, há uma questão preliminar (e fundamental) que deve ser respondida *antes* de se indagar se o *iura novit curia* é aplicável à arbitragem e de que forma fazê-lo: *qual é o direito aplicável à arbitragem?* Ou melhor, quais são *as ordens jurídicas aplicáveis à arbitragem ou com ela relacionadas, sejam elas estatais ou não-estatais, domésticas ou transnacionais, e como se inter-relacionam?* O *direito aplicável à arbitragem* provavelmente não conterá uma resposta exata e precisa sobre a aplicação do *iura novit curia* na arbitragem[478], mas fornecerá, em grande medida, as balizas para a compreensão do *contexto cultural* em que está inserida e também o *modelo processual* ou *modelos processuais* em questão, fornecendo diretrizes importantes para compreender as *expectativas das partes* sobre o papel do árbitro na aplicação do direito e até que ponto ele estaria autorizado a aplicar novos fundamentos jurídicos *ex officio*.

Aqui, novamente, uma das dificuldades encontradas neste tema do *iura novit curia*: um tribunal arbitral formado por profissionais *estrangeiros* em relação ao local da arbitragem e ao direito aplicável à arbitragem tenderá a aplicar esse direito de acordo com a sua *própria cultura jurídica*, independentemente da *cultura* existente no local da arbitragem[479]. Esse descompasso poderá ocorrer sempre que as legislações nacionais permitirem que estrangeiros sejam árbitros. O mesmo vale para o papel das partes e de seus advogados, que muitas vezes contemplam uma pluralidade de nacionalidades e distintas culturas jurídicas.

Embora esta seja realidade muito comum na prática da arbitragem (e uma de suas maiores vantagens e riquezas), também há riscos que não podem ser desconsiderados: se o árbitro aplica o direito *segundo a*

---

[478] Normalmente, os direitos nacionais não são exaustivos na regulação do procedimento arbitral e nos poderes dos árbitros, como explica André Abbud, **Soft law e produção de provas na arbitragem internacional**. São Paulo: Atlas, 2014. p. 56-57.

[479] Mais uma vez, André Abbud é preciso: "a arbitragem internacional é com frequência palco de encontro de partes, advogados e árbitros originários de culturas diferentes. Naturalmente, esse encontro não se faz sem tensões. Cada profissional tem sua própria formação e experiência, ligadas com maior ou menor força ao específico país em que adquiridas. Frente às muitas formas diferentes de se conduzir a resolução de uma disputa nos vários Estados, é comum que cada ator envolvido com uma arbitragem internacional tente influenciar o "modo de ser" do processo de forma a aproximá-lo o máximo possível de sua zona de conforto. Mesmo quando essa conduta não é adotada como estratégia intencional, resulta inconscientemente da 'visão de mundo' e bagagem cultural particulares a cada pessoa" (**Soft law e produção de provas na arbitragem internacional**. São Paulo: Atlas, 2014. p. 69).

sua concepção, vale dizer, segundo a sua *"lente"*, desconsiderando a *cultura jurídica local*, o *modelo processual local*, pode violar alguma garantia processual e, com isso, colocar em risco a própria sentença arbitral, particularmente se viola preceitos legais do local de prolação da sentença[480]. Como visto acima, o árbitro tem a obrigação de buscar prolatar uma sentença que seja *exequível*, como atributo *inerente* a sua investidura. Do contrário, ou seja, na hipótese de um árbitro totalmente *descomprometido* com o resultado de seu trabalho, a própria arbitragem perderia a razão de ser[481].

O *iura novit curia* é uma ficção[482]. Sempre foi uma ficção. O adágio não significa que o julgador já conheça, de antemão, todo e qualquer direito que seja aplicável à arbitragem (tarefa que sequer seria possível, nem se poderia cogitar). Ele deve conhecer *determinado direito*, pelo menos o *direito aplicável à arbitragem*, ou seja, as ordens jurídicas envolvidas na resolução daquele conflito específico (o que requer, primeiro, o conhecimento do idioma da arbitragem[483]).

---

[480] Gisela Knuts é precisa neste ponto: *"no matter how well established the principle of jura novit curia may be in the arbitrators' own legal culture, the determination of the contents of the lex causae must at all times be consistent with the provisions regarding setting aside of an arbitral award applicable at the seat of the arbitration"* (Jura Novit Curia and the Right to Be Heard: an analysis of recent case law. In: **Arbitration International**, *Kluwer Law International*, 2012, v. 28, n. 4, p. 669-688).

[481] Neste ponto específico, concordamos com Thomas Clay: *"Pour autant, l'arbitre ne peut se désintéresser, avant que la sentence soit rendue, de la manière dont elle va être exécutée après. C'est même une de ses obligations. [...] On peut attendre de lui non pas qu'il se contente de rendre une sentence, mais qu'il rende une sentence* susceptible d'exécution, *c'est-à-dire qu'il déploie tout ce qui est en son pouvoir pour qu'elle soit exécutée. Il pèse dès lors sur l'arbitre une véritable obligation de prendre en compte l'exécution de la sentence. D'ailleurs, les litigants n'attendent pas tant de l'arbitre une sentence qu'une décision de justice exécutoire. Telle est la cause de leur obligation dans le contrat qui les unit à l'arbitre. L'arbitre est même choisi en fonction de son aptitude à rendre une sentence qui pourra être exécutée par le litigant triomphant. Car quelle pourrait être l'utilité d'une sentence qui ne serait exécutable nulle part? 'Guère plus qu'un chiffon de papier', a déjà répondu le Professeur Pierre Mayer.»* (*Le rôle de l'arbitre dans l'exécution de la sentence arbitrale*, **Bulletin de la CCI**, vol. 20, n. 1, 2009).

[482] Julian Lew afirma que o adágio *iura novit curia* é totalmente "artificial", a menos que um dos árbitros seja verdadeiramente um *expert* no direito aplicável em particular (Iura Novit Curia and Due Process. In: **Liber Amicorum en l'honneur de Serge Lazareff**. Paris: Pedone, 2011, p. 411).

[483] Sobre a importância de o árbitro ser conhecedor do idioma da arbitragem, esclarece Carlos Alberto Carmona: "tangendo a questão da competência, vem também à baila o tema do conhecimento de línguas estrangeiras, o que interessa em especial à arbitragem internacional.

ÁRBITRO E DIREITO

Ainda que não conheça esse direito logo no início da arbitragem, se ele possui a *confiança* das partes, deve buscar conhecê-lo ao longo do procedimento. A rigor, espera-se que o árbitro seja *competente* na matéria[484]. Mas, ainda que o árbitro seja um leigo (um engenheiro, por exemplo), poderá valer-se de *experts* em questões jurídicas. O que ele não pode é se furtar de empregar seus melhores esforços para compreender *o direito aplicável à arbitragem*. Nesse sentido, o *iura novit curia* é pressuposto de sua própria aplicação, pois é o *direito aplicável à arbitragem* que fornece as balizas sobre como deve ser *aplicado o direito na arbitragem*. Do contrário, o árbitro sequer saberá como *julgar* o caso, mesmo na hipótese de arbitragens por equidade[485].

Com essa premissa, não se pretende retornar a uma *concepção territorialista* da arbitragem, há muito superada, como visto anteriormente. Pelo contrário, o pressuposto aqui sempre foi o de que uma *multiplicidade de ordens jurídicas* (estatais ou não) podem regular a arbitragem. Como visto, o direito da "sede" da arbitragem não é o único que pode informar o *direito aplicável à arbitragem*[486] e já existem diversos precedentes a esse respeito ao redor do mundo[487]. Por outro lado, parece também

---

Aqui não se pode negar que a falta de domínio pleno do idioma em que a arbitragem haverá de se desenvolver desqualifica o árbitro, tornando-o incapaz de proferir julgamento adequado". Prossegue o autor: "se não dominar o idioma escolhido pelos contendentes, deve recusar o encargo" (**Arbitragem e processo**: um comentário à lei 9.307/96. 3.ed. São Paulo: Atlas, 2009. p. 244).

[484] A lei brasileira de arbitragem, por exemplo, enumera a competência como um dos atributos de todo e qualquer árbitro, a teor do que dispõe o art. 13, §6º, da lei 9.307/96: "No desempenho de sua função, o árbitro deverá proceder com imparcialidade, independência, competência, diligência e discrição". A esse respeito, comenta Carlos Alberto Carmona: "quer a lei que o árbitro seja competente, isto é, que tenha conhecimento, aptidão e capacidade que o habilitem a dirimir a controvérsia que lhe será submetida" (**Arbitragem e processo**: um comentário à lei 9.307/96. 3.ed. São Paulo: Atlas, 2009. p. 243).

[485] Mesmo no caso da arbitragem por equidade, Martim Della Valle entende que o árbitro deva conhecer, pelo menos, a "ordem pública internacional" dos locais da execução da sentença arbitral (**Arbitragem e Equidade:** uma abordagem internacional. São Paulo: Atlas, 2012. p. 185).

[486] Também relativizando o papel da "sede" da arbitragem, MENDES, Rodrigo Octávio Broglia. **Arbitragem, lex mercatoria e direito estatal:** uma análise dos conflitos ortogonais no direito transnacional. São Paulo: Quartier Latin, 2010, p. 57 e 114-116.

[487] Sobre esses precedentes a respeito da autonomia da arbitragem, ver Rafael Francisco Alves, **A Inadmissibilidade das medidas antiarbitragem no direito brasileiro.** São Paulo: Atlas, 2009, p. 32-37.

equivocado pressupor a existência de uma *"ordem jurídica arbitral"* totalmente desvinculada de qualquer outra ordem jurídica. Tão arriscado quanto pressupor que deva haver, necessariamente, um direito estatal por trás de toda arbitragem é pressupor que toda arbitragem esteja *necessariamente desvinculada* de qualquer ordem jurídica estatal e que, portanto, o árbitro pode se guiar por diretrizes e recomendações derivadas de supostos princípios gerais inerentes à "arbitragem internacional", como se houvesse uma "arbitragem universal".

Muitas das legislações nacionais – a exemplo da legislação brasileira – não aceitam anular uma sentença arbitral com base em *error in judicando*, apenas *error in procedendo*. Disso decorre que os árbitros, em princípio, não se tornam *responsáveis* pelo *conteúdo do seu julgamento*, vale dizer, pelo *mérito* daquilo que foi julgado. Isso não significa que o árbitro deva, de antemão, deixar de se *comprometer* com a *correta aplicação do direito* ao mérito. Essa postura não seria compatível com a sua missão, tal como concebida neste trabalho. Certamente não é essa a *expectativa das partes*[488], que nele depositaram a sua *confiança*. Pelo contrário, o árbitro deve ser ainda mais zeloso em relação ao julgamento do mérito da arbitragem justamente por não haver "recurso" contra a sentença arbitral (como reconhecem diversas legislações nacionais, a exemplo da brasileira), nem ser possível ajuizar uma ação anulatória da sentença arbitral alegando erro de julgamento (*error in judicando*). Conforme determina, por exemplo, a lei brasileira, o árbitro é juiz de fato e de direito[489], o que significa dizer que ele deve, sim, buscar a correta aplicação do direito e empregar seus melhores esforços nesse sentido, como será detalhado a seguir.

---

[488] Rodrigo Octávio Broglia Mendes também trata das expectativas das partes, mas dentro de uma concepção própria da teoria dos sistemas, falando, assim, em "expectativas legítimas dos negócios transnacionais" em contraposição à ideia de autonomia da vontade das partes (**Arbitragem, lex mercatoria e direito estatal:** uma análise dos conflitos ortogonais no direito transnacional. São Paulo: Quartier Latin, 2010. p. 139).

[489] "Art. 18. O árbitro é juiz de fato e de direito, e a sentença que proferir não fica sujeita a recurso ou a homologação pelo Poder Judiciário".

ÁRBITRO E DIREITO

2.2.4. Os limites da investidura do árbitro: via de regra, as partes são livres para estabelecer regras *ex ante* a respeito do *iura novit curia*

Colocadas as premissas sobre a importância de o árbitro conhecer e, eventualmente investigar o *direito aplicável à arbitragem* e o *direito aplicável na arbitragem*, a próxima questão é: o que exatamente o árbitro deve procurar ao analisar esses direitos? O primeiro passo é compreender o que as partes contrataram, vale dizer, interpretar a convenção de arbitragem *à luz dos direitos aplicáveis* (ainda que este direito seja uma ordem transnacional) para estabelecer os limites de sua investidura.

Como visto no decorrer deste capítulo, a discussão em torno do *iura novit curia* está relacionada, de certa forma, com os limites da investidura do árbitro. É um princípio relativamente assentado na prática da arbitragem ao redor do mundo que o árbitro não pode ir nem além, nem aquém do que foi pedido pelas partes – como é o caso, por exemplo, da legislação brasileira, estudada neste Capítulo.

Assim, o árbitro que aplique *ex officio* fundamentos jurídicos que não foram aportados pelas partes corre o risco de exceder a missão que lhe foi conferida, o que poderá levar à anulação da sentença arbitral. Esse risco foi reconhecido pelo Relatório ILA[490]. Todavia, não concordamos com a visão daqueles que defendem haver "excesso de mandato" também quando há supostamente *aplicação errônea do direito* pelo árbitro. Entendemos que o inciso IV do artigo 32 da lei 9.307/96 não admite este interpretação extensiva[491].

Independentemente dessa discussão, há relativo consenso que as partes possuem o poder de limitar a cognição dos árbitros. Segundo Cécile Chainais, essa limitação pode ocorrer de duas formas: **(i)** as partes podem indicar *expressamente* uma *lista exaustiva* de fundamentos jurídicos a serem aplicados pelo árbitro (o que a própria autora qualificou de "hipótese de escola") ou, mais diretamente, **(ii)** as partes podem sim-

---

[490] Conferência do Rio de Janeiro em agosto de 2008. Disponível em: http://www.ila-hq.org/en/committees/index.cfm/cid/19. Acesso em: mar. 2015.

[491] Em sentido contrário, Paulo Henrique dos Santos Lucon, Rodrigo Barioni e Elias Marques de Medeiros Neto, A causa de pedir das ações anulatórias de sentença arbitral. In: **Revista de Arbitragem e Mediação.** v. 46, 2015, p. 265-276.

A APLICAÇÃO DO *IURA NOVIT CURIA* NA ARBITRAGEM

plesmente excluir a aplicação do *iura novit curia*, por disposição expressa da convenção de arbitragem ou da ata de missão[492]. A primeira hipótese é equivalente à possibilidade de "cristalização" da causa de pedir que foi discutida nesta Capítulo, quando tratamos do *iura novit curia* na arbitragem regida pela lei brasileira.

Em princípio, salvo alguma norma de natureza cogente que seja aplicável à arbitragem (conforme será desenvolvido no próximo capítulo), não há razão para impedir que as partes limitem a cognição do árbitro, considerando que, via de regra, são as próprias partes que definem a missão do julgador privado, sendo o procedimento arbitral flexível o bastante para permitir essa *modulação* do que o árbitro pode ou não conhecer[493]. Como visto, não há risco ao livre convencimento do árbitro aqui. Esse risco só existe quando a restrição atinge diretamente os meios de prova, tarifando-os de forma rígida.

Portanto, o primeiro passo do árbitro na aplicação do direito é sempre a *interpretação* da própria convenção de arbitragem que é a base do procedimento arbitral e a fonte de seus poderes. Essa análise ocorre dentro do poder do árbitro de apreciar a sua própria competência (competência-competência)[494]. Como bem explicado por Rodrigo Mendes, o princípio competência-competência é uma das normas criadas pela dogmática da arbitragem para lidar com o paradoxo do contrato "autovalidante": o que garante a validação do contrato é a decisão (e a autoridade) do árbitro[495].

---

[492] Cécile Chainais, L'arbitre, le droit et la contradiction: l'office du juge arbitral à la recherche de son point d'équilibre. **Revue de l'Arbitrage**. Comité Français de l'Arbitrage, 2010, v. 2010, Issue 1 p. 18-19.

[493] Essa possibilidade também é reconhecida por Julian D. M. Lew, Iura Novit Curia and Due Process. In: **Liber Amicorum en l'honneur de Serge Lazareff**. Paris: Pedone, 2011, p. 397-417.

[494] Sobre o tema, Rafael Francisco Alves, **A Inadmissibilidade das medidas antiarbitragem no direito brasileiro.** São Paulo: Atlas, 2009, *passim*.

[495] **Arbitragem, lex mercatoria e direito estatal:** uma análise dos conflitos ortogonais no direito transnacional. São Paulo: Quartier Latin, 2010, p. 82-84.

2.2.5. Na ausência de regras estabelecidas pelas partes, via de regra os árbitros *podem* aplicar *ex officio* o direito, mas é preciso atentar para o contexto jurídico-cultural em que o procedimento está inserido

Na ausência de regras que tenhan sido estabelecidas pelas partes na convenção de arbitragem ou na ata de missão (termo de arbitragem), o próximo passo é o árbitro buscar outras fontes normativas, como, por exemplo, **(i)** as regras institucionais aplicáveis, que integram a convenção de arbitragem por referência (no caso de uma arbitragem institucional), **(ii)** as regras de direito doméstico que sejam eventualmente aplicáveis ou mesmo **(iii)** a prática da arbitragem transnacional, dependendo do grau de transnacionalidade do procedimento em questão[496]. A dificuldade é que raramente as regras institucionais e as regras de direito doméstico são específicas sobre o *iura novit curia* ou mesmo sobre a aplicação do direito pelo árbitro[497]. O que essas regras frequentemente estabelecem são *diretrizes mínimas* da atuação do árbitro e, dentro dessas diretrizes, normalmente o árbitro possui amplos poderes para regular o procedimento arbitral[498] – a teor do que dispõem, por exemplo, os artigos 21 e 22 da lei brasileira de arbitragem (Lei 9.307/96) – o que pode eventualmente incluir o estabelecimento de regras específicas sobre a determinação do direito aplicável e sua efetiva aplicação no caso concreto.

Nesse amplo campo de atuação do árbitro dentro da flexibilidade procedimento arbitral, é geralmente aceito que o árbitro tenha a *faculdade* de aplicar o direito *ex officio*, mas não a *obrigação* de fazê-lo[499]. Antonias Dimolitsa entende, inclusive, que esse *poder* dos árbitros decorre

---

[496] Essas fontes, ao lado do acordo entre as partes visto no item anterior, são reconhecidas por Julian D. M. Lew, Iura Novit Curia and Due Process. In: **Liber Amicorum en l'honneur de Serge Lazareff**. Paris: Pedone, 2011, p. 397-417.

[497] Essa constatação também é feita por Julian D. M. Lew, Iura Novit Curia and Due Process. In: **Liber Amicorum en l'honneur de Serge Lazareff**. Paris: Pedone, 2011, p. 397-417. Todavia, o autor aponta algumas exceções, como a seção 22(1) das regras de arbitragem da London Court of International Arbitration.

[498] Esta é a constatação de Julian D. M. Lew, Iura Novit Curia and Due Process. In: **Liber Amicorum en l'honneur de Serge Lazareff**. Paris: Pedone, 2011, p. 397-417.

[499] Nesse sentido, Jean-François Poudret e Sébastien Besson. **Droit Comparé de L'Arbitrage International. Bruylant**, L.G.D.J., Schulthess, 2002, p. 504-505, 510-511 e 784-785; Andrea Meier e Yolanda Mcgough, Do Lawyers Always Have to Have the Last Word? Iura Novit Curia and the Right to Be Heard in International Arbitration: an Analysis

de sua *missão jurisdicional*, não necessariamente do *iura novit curia*[500]. De qualquer forma, é aqui que entra a importância da investigação a ser feita pelo árbitro em relação ao *contexto cultural* e ao *modelo processual* em que a arbitragem está inserida à luz do direito aplicável. O árbitro somente deve fazer uso dessa *faculdade* de aplicar o direito *ex officio* se estiver convencido de que essa atitude é condizente com as *expectativas das partes* considerando as *circunstâncias do caso* e, particularmente, o *contexto cultural* em que o procedimento está inserido.

O árbitro não é mero "servidor" das partes[501], mas também não pode se descuidar do fato de que sua missão é prioritariamente atender as suas *expectativas*. É por isso que, frequentemente, as partes preferem um árbitro que esteja *culturalmente próximo* a elas[502], ao invés de um *julgador distante*. Assim, não se deve tomar essa *faculdade* do árbitro de aplicar o direito *ex officio* como uma *prática transnacional da arbitragem*. A verdade é que não existe uma diretriz clara e específica na *prática transnacional* a esse respeito[503], como visto na introdução deste item de fechamento do Capítulo. Ademais, nem todos os casos possuem um componente *transnacional* a ponto de permitir que o árbitro possa se guiar *apenas* por *práticas transnacionais*. Na maior parte dos casos, há *elementos culturais e jurídicos* à luz do direito aplicável que podem fornecer as balizas necessárias à atuação do árbitro.

Assim, antes de recorrer a supostos "princípios gerais" inerentes à arbitragem, é prudente que o árbitro investigue e compreenda o *contexto*

---

in View of Recent Swiss Case Law. In: **ASA Bulletin**, Kluwer Law International 2014, Volume 32 Issue 3, p. 503-507.

[500] Entende a autora que a prolação de uma sentença arbitral justa está obviamente dentro das expectativas das partes (The Raising Ex Officio of New Issues of Law: a Challenge for Both Arbitrators and Courts. In: Fabio Bortolotti e Pierre Mayer (eds.). **The Application of substantive law by international arbitrators**, Dossiers, ICC Institute of World Business Law, 2014, p. 23).

[501] Esse ponto é bem esclarecido por Rodrigo Mendes, **Arbitragem, lex mercatoria e direito estatal:** uma análise dos conflitos ortogonais no direito transnacional. São Paulo: Quartier Latin, 2010, p. 133.

[502] Neste sentido, LEE, João Bosco Lee; PROCOPIAK, Maria Cláudia. A obrigação da revelação do árbitro: está influenciada por aspectos culturais ou existe um verdadeiro standard universal? In: **Revista Brasileira de Arbitragem**, v. 14, 2007, p. 17-18.

[503] LEW, Julian D. M. Lew. Iura Novit Curia and Due Process. In: **Liber Amicorum en l'honneur de Serge Lazareff**, Paris: Pedone, 2011, p. 410-411.

ÁRBITRO E DIREITO

em que o procedimento está inserido. Não é apenas porque o árbitro é um "estrangeiro" em relação ao direito aplicável (no sentido de não ter sido formado e qualificado nesse direito) que ele pode, desde logo, recorrer a esses supostos *"princípios gerais"* sem antes considerar os demais elementos normativos presentes no direito aplicável. O que se pretende evitar é que o árbitro recorra rapidamente a esses "princípios gerais" como uma "zona de conforto", simplesmente por não estar familiarizado com o direito aplicável. Não parece que isso estaria de acordo com as expectativas das partes. Ademais, os casos em que há *efetiva transnacionalidade* são menos numerosos do que normalmente se supõe. Na generalidade dos casos, há um direito nacional claramente identificável e aplicável ao caso. O árbitro não pode se furtar de seu *dever* de, pelo menos, *buscar conhecer* esse direito aplicável.

Como visto anteriormente, Cécile Chainais é bastante crítica ao entendimento de que o árbitro jamais deveria aportar novos fundamentos jurídicos *ex officio*, afirmando que esta é uma concepção ultrapassada, um modelo de julgamento próprio do século XIX, do julgador passivo[504]. A autora entende ser fundamental que os árbitros tenham esta *faculdade*, citando o exemplo de um procedimento arbitral em que nenhuma das partes tenha invocado os fundamentos jurídicos necessários para a solução do conflito. Neste caso, ainda segundo a visão da autora, parece claro que o árbitro não possa simplesmente julgar por equidade (na ausência de autorização expressa das partes nesse sentido), devendo ele convidar as partes a apresentar suas alegações sobre os fundamentos jurídicos pertinentes ao caso[505]. Em linhas gerais, concordamos com

---

[504] Nas palavras da autora: *"D'abord, elle est sous-tendue par l'idéal d'un juge neutre et inactif, qui n'est pas sans rappeler une conception 'XIXe siècle' du juge étatique, telle qu'elle prévalait dans le Code de procédure civile de 1806: une situation où les parties règnent sans partage sur le litige et où le juge – en l'espèce, l'arbitre –, largement déresponsabilisé, n'est qu'un automate chargé de dire le droit. Or l'Histoire a révélé les failles d'un tel modèle – inertie des parties, lenteur du procès, course aux comportements procéduriers, etc. Si devait se confirmer un réel mouvement en faveur du principe émergent "Jura non novit curia", on risquerait fort d'offrir aux parties à un arbitrage du XXIe siècle un juge arbitral qui serait un mauvais décalque du juge étatique du XIXe siècle...»* (L'arbitre, le droit et la contradiction: l'office du juge arbitral à la recherche de son point d'équilibre. In: **Revue de l'Arbitrage**. Comité Français de l'Arbitrage, 2010, v. 2010, Issue 1, p. 14-15).

[505] *"Même dans l'hypothèse – assez improbable en réalité – où les parties apporteraient peu ou pas d'éléments de droit, cela n'autoriserait nullement l'arbitre à statuer en équité, voire à ne pas statuer du tout. Il se rendrait alors coupable d'un déni de justice».* (L'arbitre, le droit et la contradiction:

A APLICAÇÃO DO *IURA NOVIT CURIA* NA ARBITRAGEM

esse posicionamento da autora, mas ele não pode ser tomado como uma regra a ser sempre seguida. Entendemos, nesse sentido, que não há nada de *inerente* à missão jurisdicional do árbitro que o autorize a sempre aplicar *ex officio* o direito sem considerar as manifestações das partes, da mesma forma como não há nada *inerente* à arbitragem que impeça o árbitro de fazê-lo.

O mesmo pode ser dito em relação à possibilidade de a aplicação *ex officio* do direito pelo árbitro afetar sua independência e imparcialidade[506]. Como visto neste Capítulo, entendemos que, *à luz do direito brasileiro*, se o árbitro consultar as partes, formulando-lhes perguntas sobre o direito aplicável, não haverá necessariamente um prejulgamento que pudesse afetar a sua imparcialidade. Mas, dentro da abordagem de *diversidade cultural* adotada neste trabalho, não se pode dizer que essa mesma conclusão possa ser estendida para outros contextos, como se esta fosse uma *prática transnacional* a ser sempre seguida. Nesse ponto, é importante a ressalva contida no Relatório ILA de que, em alguns contextos, a aplicação de novos fundamentos jurídicos *ex officio* pelo árbitro *pode eventualmente* colocar em risco a sua imparcialidade na visão de uma das partes, a despeito das duras críticas feitas por Cécile Chainais a essa ressalva[507]. Ainda que não concordemos com a correlação feita por alguns

---

l'office du juge arbitral à la recherche de son point d'équilibre. In: **Revue de l'Arbitrage**. Comité Français de l'Arbitrage, 2010, v. 2010, Issue 1 p. 15-16).

[506] Nesse sentido, diz Antonias Dimolitsa: *"There is a great discussion about the risk for the arbitrators to give thus the impression that they favour one party. We think that such a risk is debatable. It seems quite improbable that an arbitrator may be considered as partial by inviting all parties to discuss a legal issue the arbitrator raised ex officio – an act that does not prejudge the final solution of the dispute – if such invitation is specific and punctual, while the arbitrator's overall behaviour during the entire procedure does not give rise to any blame. To the extent known, there is no example in case law of refusing enforcement or setting aside an award for impartiality of an arbitrator based on such a reason"* (The Raising Ex Officio of New Issues of Law: a Challenge for Both Arbitrators and Courts. In: Fabio Bortolotti e Pierre Mayer (eds.). **The Application of substantive law by international arbitrators**. Dossiers, ICC Institute of World Business Law, 2014, p. 23).

[507] Criticando o Relatório ILA, diz a autora: *"selon le Rapport, l'exigence pour les arbitres de faire preuve d'ouverture d'esprit (openmindness) implique pour eux le respect de ce que l'on pourrait définir, à la lecture du texte, comme un principe de précaution en matière de relevé d'office des moyens de droit: 'les arbitres devraient prendre soin d'éviter de donner l'apparence qu'ils prennent parti en faveur d'un seul côté du litige' et se garder de prendre des initiatives qui iraient en ce sens. Les arbitres qui développeraient des problèmes juridiques selon une application stricte du principe jura novit curia risqueraient ainsi, selon le même rapport, de soustraire l'arbitrage aux parties et d'apparaître partiaux. Le texte va même*

ÁRBITRO E DIREITO

entre a postura pró-ativa do árbitro na aplicação do direito e sua isenção para julgar o conflito (para nós, não há correlação alguma), é importante considerar, novamente, que *fatores culturais* podem influenciar as visões opostas, que devem ser respeitadas.

2.2.6. Na aplicação do direito *ex officio* pelo árbitro, devem ser respeitadas as garantias processuais das partes. O melhor *standard* é a prudência.

Em razão do contexto de *diversidade cultural* e *ausência de respostas únicas* e *regras claras e específicas*, o melhor *standard* ou padrão de conduta do árbitro em relação ao *iura novit curia* não provém da lei ou da jurisprudência (*hard law*), nem de diretrizes e recomendações de "princípios gerais" da arbitragem (*soft law*), mas da *prudência*[508].

Como visto, as causas de anulação e de denegação do reconhecimento e execução de sentenças arbitrais são, por definição, *restritivas* e, como tais, não oferecem boa diretriz para a atuação dos árbitros. Além disso, como também foi possível perceber neste Capítulo, os precedentes são *casuístas*, sem que seja possível estabelecer, claramente, *critérios gerais* que possam ser adotados ou aplicados *a priori*. Em boa parte dos precedentes, *circunstâncias particulares* foram definidoras. No tema do *iura novit curia*, as decisões ainda não atingiram um grau de *maturidade* e *generalidade* a ponto de serem consideradas *regras* para guiar comportamentos posteriores. Talvez esse grau nunca seja atingido, nem seja desejável neste tema, justamente por conta da *diversidade cultural* apontada anteriormente.

---

jusqu'à considérer que 'l'arbitre peut, et même devrait se départir de toutes ses connaissances au seuil de la salle d'audience'. En somme, Jura non novit curia; à en croire le Rapport – moins nuancé, en cela, que ne le sont les résolutions ensuite proposées – la maxime de l'office du juge arbitral au regard du droit applicable au litige serait: 'dans le doute, abstiens-toi' (L'arbitre, le droit et la contradiction: l'office du juge arbitral à la recherche de son point d'équilibre. **Revue de l'Arbitrage.** Comité Français de l'Arbitrage; Comité Français de l'Arbitrage 2010, v. 2010, Issue 1, p. 13-15).

[508] Também se referindo à "prudência" como diretriz a guiar o árbitro em sua decisão de ouvir as partes quando aplica fundamento jurídico *ex officio*, DIMOLITSA, Antonias Dimolitsa. The Raising Ex Officio of New Issues of Law: a Challenge for Both Arbitrators and Courts. In: Fabio Bortolotti e Pierre Mayer (eds.). **The application of substantive law by international arbitrators**. Dossiers, ICC Institute of World Business Law, 2014, p. 27-28.

Nesse contexto *multicultural* em que está inserida a arbitragem, considerando que as partes podem ter *expectativas distintas* em relação ao que é esperado delas e do árbitro, é sempre mais *prudente* que o árbitro as ouça *antes* de aplicar fundamento jurídico não invocado, para evitar chegar ao ponto de surpreendê-las[509]. Praticamente, a *proibição de surpreender* as partes parece ser o *denominador comum*, desde a aplicação mais alargada do *iura novit curia* na arbitragem até a concepção *mais restritiva* do poder dos árbitros de aplicar *ex officio* novo fundamento. Nenhum autor analisado admitiu a possibilidade de uma decisão que pudesse tomar as partes de surpresa[510]. A *previsibilidade* é fundamental.

Essa constatação reforça, mais uma vez, a importância de se buscar uma *perspectiva pragmática* da arbitragem, preocupada, sobretudo, com os interesses de seus usuários. Na dúvida, *o árbitro deve preservar o contraditório para fortalecer a previsibilidade do julgamento*, porque seria isso que as partes desejariam *ex ante* (perspectiva dos usuários). Novamente, a importância da relação de confiança entre árbitros e partes[511]. Ademais, as partes também desejam uma sentença que seja *exequível*, retomando-se a obrigação de *melhores esforços* do árbitro nesse sentido, o que também está relacionado com sua *prudência* na *preservação do contraditório*[512].

No mesmo sentido, William Park argumenta que há uma tendência de os árbitros *favorecerem* os termos do contrato, ao invés de se sensibilizarem por aspectos envolvendo políticas públicas ou valores sociais, o que o autor trata como o "paradoxo da previsibilidade". Na visão do autor, o contrato é o *centro de previsibilidade* das partes em uma arbitragem. Sendo "criaturas" do consentimento das partes, entende o autor que os árbitros devem *fidelidade às expectativas das partes expressas no contrato*, esclarecendo, ainda, os árbitros não estão preocupados em aplicar "valores

---

[509] MEIER, Andrea Meier; MCGOUCH, Yolanda. Do Lawyers Always Have to Have the Last Word? Iura Novit Curia and the Right to Be Heard in International Arbitration: an Analysis in View of Recent Swiss Case Law, **ASA Bulletin**, Association Suisse de l'Arbitrage, Kluwer Law International 2014, Volume 32 Issue 3, p. 500-507.

[510] Na mesma linha, KNUTS, Gisela. Jura Novit Curia and the Right to Be Heard: *an analysis of recent case law*. In: **Arbitration International**, *Kluwer Law International*, 2012, v. 28, n. 4, p. 669-688.

[511] Novamente, DIMOLITSA, Antonias Dimolitsa. **The application of substantive law by international arbitrators**, Dossiers, ICC Institute of World Business Law, 2014, p. 23.

[512] Nesse sentido, LEW, Julian. Iura Novit Curia and Due Process. In: **Liber Amicorum en l'honneur de Serge Lazareff**. Paris: Pedone, 2011, p. 412.

ÁRBITRO E DIREITO

sociais" e possuem missão perante as partes, diferentemente do juiz, que julga também para toda a sociedade:

> "[...] Bearing obligations to the citizenry as a whole, judges may seek to implement societal values that sometimes trump private agreements. [...] No similar social engineering usually falls to arbitrators. As creatures of the parties' consent, arbitrators must show special fidelity to shared expectations expressed in contract or treaty, fixing their eyes on existing norms rather than proposals for the law as it should be [...] When interpreting the law, arbitrators may be more inclined to take statutes and cases as they are, rather than considering public policies that justify shaping or stretching norms to meet new social or economic challenges"[513].

2.2.7. A missão do árbitro é aplicar o direito *"da melhor forma possível"*? O sentido da "Justiça particular" ou de que forma o procedimento pode aprimorar o julgamento do mérito na arbitragem

Por tudo o que ficou exposto neste Capítulo e, particularmente, nos itens anteriores, está relativamente claro que, embora não existam respostas únicas, há alguns critérios que podem ser extraídos a respeito do papel do árbitro na aplicação do direito.

Em primeiro lugar, o árbitro deve se preocupar com as *expectativas das partes* como razão de ser não apenas da sua missão como julgador, mas da própria arbitragem como mecanismo de solução de conflitos[514]. Ao atentar a essas expectativas, o árbitro deve empregar os seus *melhores esforços* para aplicar o direito corretamente, ou seja, aplicar o direito "da melhor forma possível"[515]. Para alguns autores, isso significa uma

---

[513] William W. Park, The Predictability Paradox – Arbitrators and Applicable law In: Fabio Bortolotti e Pierre Mayer (eds.). **The application of substantive law by international arbitrators**. Dossiers, ICC Institute of World Business Law, 2014, p. 60-61.

[514] Essa busca por atender às expectativas dos usuários da arbitragem também é defendida por Thomas Clay. **L'arbitre**. Paris: Dalloz, 2001, p. 624-625.

[515] Também defendendo o *standard* de que a decisão do árbitro seja "a melhor possível", Thomas Clay. **L'arbitre**. Paris: Dalloz, 2001, p. 621-622. No mesmo sentido, também citando Thomas Clay e fazendo referência às expectativas das partes e à confiança que elas depositam no árbitro para buscar "a melhor decisão possível", Antonias Dimolitsa, The Raising Ex Officio of New Issues of Law: a Challenge for Both Arbitrators and Courts. In: Fabio Bortolotti e Pierre Mayer (eds.). **The application of substantive law by international**

A APLICAÇÃO DO *IURA NOVIT CURIA* NA ARBITRAGEM

obrigação de meio[516], não de resultado. Mas é preciso *qualificar* adequadamente essa afirmação e a expressão *"melhores esforços"*[517].

Por um lado, essa ideia aponta para uma *liberdade fundamental do árbitro*, ou seja, ela significa que, eventualmente, o árbitro *poderá* ir além do que foi argumentado pelas partes em relação ao direito aplicável, conforme visto ao longo deste Capítulo e dentro do que Thomas Clay denominou de "dever de liberdade" do árbitro[518]. Essa *liberdade* é normalmente reconhecida pelas legislações nacionais, desde que o árbitro *não extrapole os limites da convenção de arbitragem* (como ocorre, por exemplo, na lei brasileira).

Por outro lado, essa *liberdade* do árbitro não pode significar *indiferença* em relação à *correta aplicação do direito*. Certamente, não é o que as partes esperam. Ao optarem pela arbitragem, as partes não têm em mente uma suposta Justiça de "segunda classe", em que a aplicação do direito seria *abaixo* do esperado. Quando contratam a arbitragem e, mais especificamente, quando contratam um árbitro, a *confiança* que as partes nele depositam também está relacionada com a *confiança* de que o direito seja aplicado *corretamente*. Como discutido na Introdução, não importa

arbitrators. Dossiers, ICC Institute of World Business Law, 2014, p. 23. Cabe aqui lembrar, novamente, as palavras de Luiz Olavo Baptista, já citadas em nota anterior, quando o autor refere-se expressamente ao julgamento "segundo o seu melhor juízo" (**Arbitragem comercial internacional**. São Paulo: Lex Magister, 2011, p. 174-175).

[516] Novamente, BAPTISTA, Luiz Olavo. **Arbitragem comercial internacional**. São Paulo: Lex Magister, 2011, p. 174-175. No mesmo sentido, esclarece PAULSSON, Jan. **The idea of arbitration**. Oxford University Press, 2013, p. 94).

[517] Aqui, deve ser mencionada a obra de Manuel Gomes da Silva, no sentido de que a obrigação de meio diferencia-se da obrigação de resultado pelo fato de esta representar uma verdadeira *garantia* prestada em favor da contraparte (com o correspondente dever de indenizar em caso de inadimplemento desta garantia), o que não parece existir no caso do papel do árbitro. O árbitro não *garante* às partes, no sentido técnico do termo, a aplicação correta do direito. Conforme mencionado em nota anterior, esclarece Manuel Gomes da Silva: "a 'obrigação de resultado' é uma relação de crédito em que, além do dever de prestar, existe garantia do resultado, isto é, o dever de indemnizar pela falta objectiva do resultado; mostra-se, numa palavra, que o obrigar-se alguém a um resultado não é assumir um dever de prestar particularmente intenso, mas assumir, ao lado do dever de efectuar a prestação, um dever especial de indemnizar – pormenor este, de grande importância, porque o defeito básico da noção de obrigação de resultado é precisamente, como melhor diremos em breve, o de confundir o dever de prestar com esse dever de garantia" (**O dever de prestar e o dever de indemnizar**. Lisboa: Ramos, Afonso & Moita, 1944, p. 376-377).

[518] Sobre este "devoir de liberté", CLAY, Thomas. **L'arbitre**. Paris: Dalloz, 2001, p. 620-625.

aqui o aspecto *subjetivo* dessa confiança, mas sim o seu aspecto *normativo*. As partes possuem a legítima *expectativa* de que suas *expectativas* sejam mantidas no estado em que estavam antes do conflito (é *a expectativa da expectativa* ou algo similar ao que se denomina, na teoria do direito, de *expectativa normativa*[519]).

Assim, por exemplo, no caso das relações contratuais (que respondem pela maioria dos casos submetidos à arbitragem), a parte *esperava* que o contrato fosse cumprido, agora ela *espera* que o árbitro determine o cumprimento do contrato *de acordo com a sua expectativa original*. Em outras palavras, as partes *confiam* que o árbitro manterá e preservará a *confiança original*, que estava na base do contrato e que justificou a celebração do negócio jurídico[520], salvo circunstâncias *excepcionais* que, à luz do direito aplicável, possam justificar a alteração do pacto celebrado[521]. De modo geral, não esperam as partes que o árbitro interfira no *risco* que foi calculado, negociado e precificado pelas partes quando da celebração do negócio jurídico[522]. Em relação ao *julgamento do mérito*, é isso o que as partes, via de regra, *esperam* do árbitro. Também o árbitro, tanto quanto o juiz, deve *decidir o conflito, por-lhe um fim*[523], por meio da

---

[519] FERRAZ JR., Tercio Sampaio. **Introdução ao estudo do direito**: técnica, decisão, dominação. 8ª ed. São Paulo: Atlas, 2015, p. 73-77.

[520] Com razão Ronaldo Porto Macedo Jr.: "as expectativas dos contratantes diante dos contratos descontínuos, segundo a terminologia desenvolvida por Luhmann, são essencialmente normativas, à medida que os agentes esperam que as ações sejam cumpridas conforme o acordo previsto. Pelo mesmo motivo é esperada a imposição legal no caso de seu descumprimento. Em razão disto, a expectativa das partes contratantes é, basicamente, uma *expectativa normativa*" (Contratos relacionais e defesa do consumidor. São Paulo: Max Limonad, 1998, p. 209).

[521] Dentre essas circunstâncias excepcionais, está o princípio da cláusula *rebus sic stantibus*, como bem explicado por FERRAZ JR., Tercio Sampaio. **Introdução ao estudo do direito**: técnica, decisão, dominação. 8ª ed. São Paulo: Atlas, 2015, p. 281.

[522] Nesse sentido, novamente, Cristiano de Sousa Zanetti, *O Risco Contratual*, In: LOPEZ, Teresa Ancona; LEMOS, Patrícia Faga Iglecias; JUNIOR, Otavio Luiz Rodrigues (coord.). **Sociedade de Risco e Direito Privado. Desafios normativos, consumeristas e ambientais.** São Paulo, Atlas, 2013, p. 455-456.

[523] A expressão *"por fim ao conflito"* deve ser entendida em termos técnico-dogmáticos e não propriamente fáticos. Tercio Sampaio Ferraz Jr. explica bem essa diferença: "absorção de insegurança significa, pois, que o ato de decidir transforma incompatibilidades indecidíveis em alternativas decidíveis, ainda que, num momento subsequente, venha a gerar novas situações de incompatibilidade eventualmente até mais complexas que as anteriores. Absor-

A APLICAÇÃO DO *IURA NOVIT CURIA* NA ARBITRAGEM

correta aplicação do direito. Neste sentido, o direito é um só: não existe, por exemplo, um Código Civil a ser aplicado pelo juiz e outro a ser aplicado pelo árbitro. As regras materiais são as mesmas. A diferença reside em algumas *nuances processuais* na aplicação deste direito pelo árbitro, particularmente no tocante ao *iura novit curia*, como detalhado neste Capítulo. Do mesmo modo, a aplicação de determinadas normas cogentes e o controle da ordem pública pelo árbitro possui *nuances*, quando comparados ao papel exercido pelo juiz, como será detalhado no próximo Capítulo. Nem por isso se pode dizer que existam duas "ordens públicas materiais", uma controlada pelo juiz e outra pelo árbitro, como será esclarecido no próximo Capítulo.

Embora não exista uma *sanção* para o árbitro que não aplique corretamente o direito (salvo os casos de culpa grave ou dolo, como visto no Capítulo 1), a expectativa dessa *aplicação correta* provém tanto de sua *autoridade institucionalizada*[524], quanto da *confiança* que as partes nele depositam. Não é porque a arbitragem está na "periferia" do sistema jurídico[525], como visto na Introdução, que as partes não desejam a *correta aplicação do direito* pelo árbitro. Em outras palavras, o fato de que a não--aplicação de uma norma jurídica pelo árbitro não afeta *necessariamente* a efetividade ou eficácia social dessa mesma norma (no contexto do

---

ção de insegurança, portanto, nada tem a ver com a idéia mais tradicional de obtenção de harmonia e consenso, como se em toda decisão estivesse em jogo a possibilidade de eliminar-se o conflito. Ao contrário, se o conflito é incompatibilidade que exige decisão é porque ele não pode ser dissolvido, não pode acabar, pois então não precisaríamos de decisão, mas de simples opção que já estava, desde sempre, implícita dentre as alternativas. Decisões, portanto, absorvem insegurança não porque eliminem o conflito, mas porque o transformam" (**Introdução ao estudo do direito**: técnica, decisão, dominação. 8ª ed. São Paulo: Atlas, 2015, p. 272-274).

[524] Sobre essa "autoridade institucionalizada", FERRAZ JR., Tercio Sampaio. **Introdução ao estudo do direito**: técnica, decisão, dominação. 8ª ed. São Paulo: Atlas, 2015, p. 86-92.

[525] Como bem explica Rodrigo Octávio Broglia Mendes, dentro de uma análise baseada na teoria dos sistemas, tanto o contrato quanto a arbitragem (que nasce do contrato) estão, em princípio, na "periferia" do sistema jurídico, enquanto o Poder Judiciário é o centro, considerando que todos estão submetidos a suas decisões dentro de um dado território. Porém, a arbitragem pode ser vista, em um certo sentido, como o "centro da periferia". Por outro lado, considerando-se a *ordem jurídica transnacional*, a arbitragem também pode ser vista como o centro da *lex mercatoria* (**Arbitragem, lex mercatoria e direito estatal:** uma análise dos conflitos ortogonais no direito transnacional. São Paulo: Quartier Latin, 2010, p. 88).

ÁRBITRO E DIREITO

direito nacional[526]) não influencia o fato de que as partes *esperam* a *correta aplicação do direito* pelo árbitro. É preciso distinguir esses pontos e, mais uma vez, ter em vista as *expectativas das partes*, como usuários que representam a razão de ser da arbitragem.

Portanto, é preciso cuidado ao se afirmar que a obrigação do árbitro de aplicar o direito seria apenas de "meio", não de resultado. A afirmação deve ser entendida no sentido de que o árbitro não *garante* determinado resultado da arbitragem, inclusive por ser protegido o seu livre convencimento (artigo 21, §2º, da lei 9.307/96). Em outras palavras, o árbitro não assumiu nenhum *dever de indenizar*[527] em relação a eventual *aplicação errônea do direito*, mas isso não quer dizer que ele não tenha que buscar a *adequada aplicação do direito*, atendendo às expectativas das partes. O que as partes buscam na arbitragem é, acima de tudo, uma *boa decisão*[528]. Ao se classificar a obrigação do árbitro apenas como "melhores esforços" pode-se perder de vista justamente o *fim* a que se destina[529]: proferir uma decisão de qualidade. Por isso, essa terminologia deve ser empregada com cautela. A busca pela *boa decisão* é o *centro gravitacional da arbitragem* e representa a *essência* da missão do árbitro.

Como conclusão, à luz da pesquisa realizada neste Capítulo, pode-se afirmar que a diferenciação entre o papel do árbitro e o papel do juiz na aplicação do direito está mais ligada ao *caminho* a ser percorrido (procedimento), o qual, por sua vez, *poderá* afetar também o *resultado* a ser obti-

---

[526] Em se tratando das ordens jurídicas nacionais, é a aplicação pelo Poder Judiciário, como "centro" do sistema, que afeta a efetividade ou eficácia social de determinada norma em última instância. Esse parece ser também o entendimento de FERRAZ JR., Tercio Sampaio. **Introdução ao estudo do direito**: técnica, decisão, dominação. 8ª ed. São Paulo: Atlas, 2015, p. 158-161.

[527] Novamente, refere-se aqui a SILVA, Manuel Gomes da. **O dever de prestar e o dever de indemnizar**. Lisboa: Ramos, Afonso & Moita, 1944, p. 376-377.

528 Em pesquisa empírica realizada em 2010 pela *School of International Arbitration* da Queen Mary University of London, em parceria com o escritório *White & Case*, constatou-se que um dos principais fatores para a escolha dos árbitros (tanto do presidente do tribunal arbitral, quanto dos co-árbitros) é a *qualidade* das sentenças arbitrais (p. 26).

[529] Nesse sentido, a lição de Manuel Gomes da Silva: " (...) é um erro prescindir inteiramente da ideia de resultado para caracterizar certas obrigações. Quando ao devedor se exigem simples cautelas, simples actos de prudência e de diligência, é o fim em vista a diretriz que o orienta na determinação dos actos que deve praticar, e desempenha por isso papel importantíssimo na estrutura da obrigação" (**O dever de prestar e o dever de indemnizar**. Lisboa: Ramos, Afonso & Moita, 1944, p. 372-373).

A APLICAÇÃO DO *IURA NOVIT CURIA* NA ARBITRAGEM

do (julgamento do mérito). Em outras palavras, não é correto contrapor, de um lado, o entendimento de que o juiz deva *aplicar corretamente o direito*, conforme prescreve a ordem jurídica nacional da qual ele faça parte (e que impõe os limites de sua jurisdição) e, de outro, o entendimento de que o árbitro deva aplicar o direito de *alguma outra forma*, ou seja, de uma *forma distinta da "correta"*[530]. Os distintos papéis não podem ser construídos dessa forma, que nos parece uma simplificação indevida da realidade.

As partes esperam que o árbitro aplique o direito de uma forma *qualificada* e essa *qualificação* está relacionada com a regulação *"sob medida"* do *procedimento arbitral* e do *diálogo* que ocorre entre partes e julgador, mas de modo algum pressupõe que o árbitro *deva* chegar a uma solução *distinta* daquela que seria a "correta" à luz do direito aplicável, aos olhos de um juiz[531]. O raciocínio é um tanto diverso: no fundo, a expectativa

---

[530] Vale reproduzir um trecho de Carlos Alberto Carmona que, a despeito de ser longo, bem sintetiza essa conclusão: "quando as partes resolvem libertar-se das peias do processo estatal e optam pela arbitragem não estão criando um método livre de solução de disputas, que tenha diferença ontológica em relação àquele oferecido pelo Estado. Querem as partes, sim, um mecanismo mais flexível de solução de controvérsias, mas isso não significa que os árbitros devam transformar-se em verdadeiros profetas à procura do justo, do bom e do équo, afastando-se dos sistemas legislativos. Se as partes não derem aos árbitros o poder de julgar por equidade, esperam os contendes que os julgadores profiram uma solução que aplique a norma jurídica que deveria ter regulado fisiologicamente a espécie. É preciso tomar um certo cuidado com visões românticas, que imaginam que o árbitro tenha a função primordial de harmonizar as partes, organizar suas relações futuras, encontrar pontos de convergência ou conduzir os litigantes a um acordo. Não é isso o que se espera da arbitragem. Não é essa a função do árbitro. O árbitro é um julgador, não um conciliador. Assim, perdem-se em conjecturas aqueles que supõem que os árbitros devam aplicar a lei de forma diferente em relação ao que fariam os juízes estatais. Os árbitros, por serem juízes qualificados, terão oportunidade de estudar melhor o caso, avaliar melhor as provas, perquirir melhor as normas jurídicas que regem a espécie e terão oportunidade de fazer um bom julgamento. Um bom juiz – se fosse especializado e se pudesse dedicar-se de corpo e alma a uma causa específica ao invés de decidir centenas delas – provavelmente faria o mesmo. Os métodos, como se vê, podem ser diferentes – e realmente são! – mas a função de árbitros e juízes é substancialmente a mesma" (Flexibilização do Procedimento Arbitral. In: **Revista Brasileira de Arbitragem**, n. 24, 2009, p. 11).

[531] Novamente, diz Carlos Alberto Carmona: "(...) a tão decantada flexibilidade do procedimento arbitral não significa permitir-se aos árbitros um julgamento frouxo, desconectado das regras de direito material que as partes querem ver aplicadas, livre de compromissos com o ordenamento jurídico escolhido na convenção de arbitragem. Arbitragem não é uma cruzada em busca do Santo Graal: os árbitros recebem a incumbência clara e precisa de

das partes é que essa regulação *"sob medida"* do *procedimento arbitral* (isto é, a *liberdade* de escolher o árbitro, os direitos aplicáveis, as regras de procedimento etc) é justamente o que permitirá ao árbitro chegar a uma *decisão de qualidade*, isto é, à decisão mais *em consonância com as suas expectativas*. A rigor, as partes *confiam* que tanto elas quanto o árbitro terão *mais instrumentos* à disposição no âmbito da arbitragem para chegar a essa *decisão de qualidade*, terão mais *poderes* para, de forma *colaborativa*, buscar a *boa decisão*. Mais do que a obtenção de uma *resposta distinta* (no sentido de ser *distinta* do que prescreve a lei), é esse o sentido de *"Justiça particular"* que envolve o papel do árbitro na aplicação do direito[532] e que

julgar um litígio segundo este ou aquele ordenamento, com a aplicação destas ou daquelas regras, e devem ater-se com denodo a tal missão. Não se lhes pede que aproximem as partes ou que facilitem acordos; exige-se-lhes um julgamento justo, com a aplicação adequada da lei e do direito. Todos os ordenamentos exigem – note-se o verbo! – que seus juízes julguem com equidade (não por equidade, mas sim com equidade, ou seja, aplicando a lei para que atinja o bem comum); todo e qualquer julgador deve agir assim. Neste ponto, confluem as funções de juízes e árbitros. Portanto, o árbitro – da mesma forma que o juiz (da mesma forma!) – deve julgar a causa, aplicando a norma que regulou a fattispecie, o fato típico. Árbitros e juízes, portanto, têm a mesma função – jurisdicional – de dizer o direito, sendo certo que, quando as partes expressamente assim admitirem, poderão os árbitros julgar por equidade, afastando o direito posto. Mas isso só ocorrerá se e quando as partes quiserem. Se nada disserem, os árbitros, tal qual os juízes estatais, devem aplicar o direito posto. Não reside aí, portanto, a flexibilidade do procedimento arbitral" (Flexibilização do Procedimento Arbitral. In: **Revista Brasileira de Arbitragem**, n. 24, 2009, p. 20).

[532] Neste ponto, concordamos apenas *parcialmente* com Tercio Sampaio Ferraz Jr., quando o autor diferencia a argumentação jurídica presente na arbitragem daquela existente no processo judicial: "as situações, porém, variam um pouco quando pensamos, por exemplo, na diferença entre as decisões prolatadas por juízes (marcadamente condicionais: o juiz é responsável pelo correto emprego dos preceitos normativos de direito substantivo e processual – proibição da decisão *contra legem*) e as decisões que ocorrem em juízos arbitrais, em que os árbitros se sentem dominados pela finalidade e são responsáveis na medida em que os fins colimados sejam atingidos com o mínimo de perturbação ou o máximo possível de acordo. Por isso, mesmo, a argumentação jurídica, no caso da decisão pelo magistrado (ou no caso de decisões administrativas) reforça as considerações formais, insiste no respeito ao direito posto mesmo em detrimento do aproveitamento das condicionantes de fato, enquanto nos juízos arbitrais prevalece o apelo a argumentos teleológicos e valorativos, à justiça do caso concreto, mesmo que isto ocorra em detrimento das condições legais. Daí, em muitos contratos, a expressa proibição de que, em caso de arbitragem, os árbitros recorram à equidade" (**Introdução ao estudo do direito**: técnica, decisão, dominação. 8ª ed. São Paulo: Atlas, 2015, p. 284). Todavia, não acreditamos que, no caso da arbitragem, a chamada "Justiça do caso concreto" possa ocorrer "em detrimento das condições legais", nem que a argumentação jurídica das partes deva inclinar-se nesse sentido (salvo na hipótese de terem contra-

A APLICAÇÃO DO *IURA NOVIT CURIA* NA ARBITRAGEM

representa uma das hipóteses testadas neste trabalho, conforme indicado na Introdução.

Em que consiste exatamente essa regulação *"sob medida"* do procedimento arbitral que traz em si a *confiança das partes* de que obterão uma decisão *mais qualificada* em relação ao *julgamento do mérito*, isto é, uma decisão mais rente às suas expectativas? Comecemos pelo ponto para o qual o árbitro não deve se descuidar: *as garantias processuais das partes*, particularmente o contraditório, reconhecido como limite à liberdade de atuação do árbitro em diversas ordens jurídicas, como é o caso da brasileira. É razoalvemente estabelecido na prática da arbitragem que o árbitro não deve *surpreender* as partes com a sua decisão, como visto anteriormente. Na dúvida, é preferível ser *prudente* e *questionar* as partes sobre algum fundamento jurídico que esteja sendo aplicado *ex officio*[533]. Tendo em vista essas características do papel do árbitro na aplicação do direito, também é recomendável que o árbitro tenha *proximidade cultural* com o conflito e com as partes, a menos que algum elemento desse conflito aponte para a necessária *neutralidade* do julgador, em casos em que há relevante *transnacionalidade*. Mas nem todo caso tem caráter *transnacional*. Há casos cujo objeto é *transnacional* por definição, como, por exemplo, aqueles atinentes ao *comércio internacional*, ou mesmo aqueles que possuem importantes elementos envolvendo *múltiplas jurisdições* (sede, direito aplicável, idioma, nacionalidade das partes etc). Nesses casos, o fato de o tribunal arbitral ser composto por árbitros de *distintas culturas jurídicas* (distintas nacionalidades) pode ser um elemento importante, tanto pela *diversidade de perspectivas*, quanto pela *neutralidade*. Porém, também existem casos que, embora tenham *aparência* de "arbitragem internacional" (por exemplo, pela simples composição do tribunal arbitral, com árbitros de distintas nacionalidades) são, na verdade, estritamente ligados a uma única *cultura jurídica* e a um determinado *contexto sócio-econômico*. São casos em que as peculiaridades ou especificidades do *direito local* e do *mercado local* não podem ser negligenciadas pelos julgadores.

---

tado a arbitragem por equidade), tampouco que o árbitro deva buscar "o máximo possível de acordo".

[533] A possibilidade (e a importância) do árbitro fazer questionamentos às partes também é aventada por Thomas Clay. **L'arbitre**. Paris: Dalloz, 2001, p. 622.

ÁRBITRO E DIREITO

Assim, é recomendável que o árbitro esteja *familiarizado* com o direito aplicável[534] e com *as práticas negociais*, isto é, que tenha *expertise* em relação à matéria deduzida em juízo. Essa *especialidade*, como bem anota Carlos Alberto Carmona, é e sempre foi uma das principais vantagens do instituto da arbitragem[535] (via de regra, as partes desejam e escolhem um *expert*). Para tanto, é fundamental que o árbitro, em primeiro lugar, conheça o *idioma* em que a arbitragem se desenvolverá[536], como já mencionado.

Há uma diferença na base da arbitragem que se reflete em grande parte dos elementos da arbitragem. Como visto na Introdução e no Capítulo 1, *a autoridade do árbitro difere da autoridade do juiz*. A autoridade do juiz provém do Estado, de uma concepção de Estado e sociedade que é antiga e pressupõe *hierarquia*. No caso da arbitragem, o que as partes buscam é justamente o oposto, é a *horizontalidade*. O árbitro é alguém de sua *comunidade*, não é um estranho, não é impessoal. Ao escolher a arbitragem, as partes desejam um julgamento pelos seus pares. Quando escolhem um árbitro, as partes normalmente desejam um julgador que esteja "perto", alguém próximo[537]. Em setores específicos da economia – como é o caso dos mercados de energia, petróleo e gás, mineração, infraestrutura e construção civil, seguros, etc. – a *expertise* do árbitro desempenha papel fundamental, tanto em sua escolha pelas partes, quanto na posterior aplicação do direito no caso concreto[538].

---

[534] Aqui, as palavras de Luiz Olavo Baptista: "o árbitro deve ter conhecimento do ramo de direito aplicável àquela situação ou ao contexto desta. Por isso mesmo, nas arbitragens internacionais acrescenta-se a esse requisito o da familiaridade com o direito aplicável" (**Arbitragem comercial internacional**. São Paulo: Lex Magister, 2011, p. 160). Mais adiante, o autor complementa, afirmando que o direito aplicável está ligado à língua em que foi escrito e à cultura que gerou as normas (p. 160).

[535] Conforme passagem, já reproduzida em nota anterior, de Carlos Alberto Carmona, **A arbitragem no processo civil brasileiro.** São Paulo: Malheiros, 1993, p. 75.

[536] Novamente, as palavras de Luiz Olavo Baptista: "Um árbitro internacional pode não ser nativo do Estado que editou a norma aplicável, mas precisa compreender as implicações socioculturais e os valores que integram o sistema jurídico em que ela se insere. Não fará isso se não dominar a língua" (**Arbitragem comercial internacional**. São Paulo: Lex Magister, 2011, p. 161).

[537] Neste sentido, JanPaulsson, **The Idea of Arbitration**. Oxford University Press, 2013, p. 1-4.

[538] Em pesquisa empírica realizada em 2013 pela *School of International Arbitration* da *Queen Mary University of London*, em parceria com a PricewaterhouseCoopers (PWC), com foco

A APLICAÇÃO DO *IURA NOVIT CURIA* NA ARBITRAGEM

Há tanta *variedade* nas arbitragens praticadas em cada um desses setores (não apenas em questões procedimentais, mas, sobretudo, em práticas negociais, usos e costumes etc), que seria realmente *temerário* insistir na construção de *modelo único (e universal)* para a arbitragem. Em última instância, ao escolher a arbitragem, as partes desejam uma *Justiça personalizada*[539], exatamente no sentido indicado acima, ou seja, uma regulação *"sob medida"* de seu procedimento para que haja *efetivo diálogo* entre partes e julgador.

Porém, é comum encontrar casos em que a sentença arbitral *surpreende* as partes, por estar *longe demais* daquilo que elas esperavam. Por que isso ocorre? Primeiro, talvez tenha faltado *aprofundar o contraditório*. Os árbitros têm negligenciado não apenas a aplicação correta do direito (incluindo o contrato), mas aspectos da *cultura local*, do *mercado local*, das *práticas negociais, usos e costumes* que podem ser determinantes na solução do conflito. O contraditório deve ser visto como *diálogo efetivo* com as partes: *o árbitro precisa ouvir mais e também perguntar mais*. Faz parte da *relação de confiança* que se estabelece entre as partes e o árbitro. Em segundo lugar, e de certa forma também relacionado com o contraditório, é possível que o árbitro tenha *privilegiado* o seu *próprio senso de Justiça* (o que mais se aproxima de um julgamento por equidade), ainda que esse sentimento seja *contrário* ao direito aplicável. Em uma arbitragem *de direito*, não é admissível que o árbitro julgue conforme seus *próprios*

em três setores específicos (serviços financeiros, energia e construção), foi constada que a *expertise* dos árbitros é vista como um dos principais *benefícios* do uso da arbitragem nesses setores. Ademais, conforme indicado em nota de rodapé na Introdução, na pesquisa realizada em 2012 pelo Comitê Brasileiro de Arbitragem – CBAr em parceria com o Instituto de Pesquisas Ipsos, o principal critério para a escolha de árbtros é *"Ser especialista ou professor no Direito ou na matéria submetida à arbitragem"* (66%) (*vide* página 22) (Pesquisa disponível em: http://www.cbar.org.br/PDF/Pesquisa_CBAr-Ipsos-final.pdf. Acesso em: mai. 2018).

[539] Essa é também uma das conclusões de Daniel de Andrade Levy em sua tese de doutorado sobre o abuso da arbitragem, criticando o excesso de teorias despreocupadas com a realidade prática da arbitragem internacional: *"à une periode où l'arbitrage international connaît cet essor théorique, l'abus de droit pourrait préserver ce retour aux parties et à leur cas d'espèce. Le choix de l'arbitrage comme mécanism alternatif de réglement de différends est une option por une solution personnalisée et spécifique du litige. Jamais um critère permettant ce rapprochement n'a semblé si utile"* (**Les abus de l'arbitrage commercial international**, Tese de Doutorado, Université Panthéon-Assas, Paris, França, março de 2013, p. 609).

ÁRBITRO E DIREITO

critérios do justo ou do injusto[540], muito menos *desconsiderando* as visões das partes a propósito[541].

Muitos árbitros se veem como "internacionais" e aplicam a mesma lógica e a mesma concepção do direito em todo e qualquer caso[542]. Mas não é isso o que as partes esperam. As partes querem o árbitro

---

[540] Nesse sentido, ver Carlos Alberto Carmona, Flexibilização do Procedimento Arbitral. In: **Revista Brasileira de Arbitragem**, n. 24, 2009, p. 20.

[541] Em recente pesquisa empírica realizada pelo *College of Commercial Arbitrators (CCA)* em parceria com o *Straus Institute for Dispute Resolution*, da Pepperdine School of Law, 212 árbitros foram entrevistados e tiveram que responder 65 questões. Os resultados da pesquisa são apresentados e debatidos por Thomas J. Stipanowich e Zachary P. Ulrich, Arbitration in Evolution: Current Practices and Perspectives of Experienced Commercial Arbitrators. **American Review of International Arbitration**, v. 25, n.3-4, 2014, p. 395-480. Há questões específicas a respeito da deliberação dos árbitros e prolação da sentença arbitral. Dentre os resultados neste ponto, vale destacar que 25% dos entrevistados afirmaram se sentirem "livres" para seguir o *próprio senso de Justiça*, ainda que *contrário* ao direito aplicável, um índice preocupante (*vide* página 455 do referido artigo, especificamente a tabela 6 e o tópico *"I feel free to follow my own sense of equity and fairness in rendering an award even if the result would be contrary to applicable law"*). Contraditoriamente, 86,7% dos mesmos entrevistados responderam que "fazem o melhor" para determinar e seguir o direito aplicável no momento da prolação da sentença arbitral (*vide* página 455 do referido artigo, especificamente a tabela 6 e o tópico *"In the absence of a contrary agreement between the parties, I do my best to ascertain and follow applicable law in rendering an award"*).

[542] Cabem aqui as críticas feitas por Carlos Alberto Carmona a propósito: "o que são esses árbitros internacionais? São pessoas que se colocam à disposição para julgar causas que envolvam nacionais diferentes. Mas que nacionais diferentes? Se eu tiver um brasileiro e um argentino envolvidos em uma disputa em que se tenha que aplicar o direito uruguaio, será que algum desses grandes árbitros internacionais está qualificado para julgar? Ele não sabe nada de direito uruguaio... Trata-se mais de uma questão de mercado: as pessoas gostam de se colocar num patamar diferenciado. E quando você as conhece, fica absolutamente certo de que não são árbitros internacionais. Isso efetivamente não existe" (Entrevista com Carlos Alberto Carmona. In: **Revista de Arbitragem e Mediação**, v. 40/2014, p. 433-445). Luiz Olavo Baptista também destaca o cuidado que árbitros "internacionais" devem ter ao aplicar o direito *nacional*: "existem arbitragens que aplicam princípios gerais de Direito; estas são facilmente conduzidas a um consenso. Mas, se a arbitragem aplica o Direito nacional e houver um árbitro que não conhece esse Direito, o risco para os advogados naquela arbitragem aumenta, porque o árbitro que não conhece o Direito nacional vai ler aquela lei tendo em vista o *background* do seu sistema; aí, a consequência é diferente. Fica mais complicado para o tal árbitro entender o caso sob a ótica do Direito nacional..." (Luiz Olavo Baptista, in: Mauricio Almeida Prado e Renata Duarte de Santana (org.). **O Brasil e a globalização:** pensadores do direito internacional. São Paulo: Editora de Cultura, 2013, p. 24).

A APLICAÇÃO DO *IURA NOVIT CURIA* NA ARBITRAGEM

próximo, mas ele se *distancia* ao aplicar concepções *padronizadas* de um suposto *direito transnacional* (ou *supranacional*) que não atende *necessariamente* a todos os casos. Normalmente, isso pode significar aplicar o contrato em sua acepção mais literal, ainda que *descontextualizada*, ainda que *desvinculada das circustâncias* do caso concreto, e *independentemente* do que determina o direito aplicável sobre como interpretar negócios jurídicos[543]. É a "zona de conforto", a "zona de segurança" de qualquer árbitro. É para onde ele se volta quando não tem *disponibilidade de tempo* para *aprofundar* sua investigação. Mas será que era isso que as partes esperavam dele? Certamente não.

Defender o contrário seria inutilizar séculos de evolução das *distintas culturas jurídicas* sobre hermenêutica jurídica e interpretação dos negócios jurídicos[544]. Os contratos devem ser cumpridos, não há dúvida sobre o *pacta sunt servanda*. Mas mesmo a vontade das partes expressa no contrato não está alheia a influências culturais. Como já dito, não existe

---

[543] No caso do direito brasileiro, por exemplo, vide o que determinam os artigos 112 e 113 do Código Civil.

[544] Concordamos, neste ponto, com Guilherme Carneiro Monteiro Nitschke, que também critica a "fuga para a *lex mercatoria*" nesses casos: "O que não se pode cogitar, em nenhuma hipótese, é que os árbitros afastem a aplicação do direito escolhido pelas partes e forcejem a substitutiva incidência da *lex mercatoria*. Como já se tratou nos Capítulos anteriores, há de se ter cuidado com esse entendimento, seja porque o ideal de uniformização não deve ser visto como parte do ofício arbitral ou como factível sob o guarda-chuva de "leis uniformes", seja porque dar-se prevalência à *lex mercatoria* é postura que mascara distorções e sobreposições ao direito escolhido pelas partes – ou, muitas vezes, o próprio desconhecimento do ordenamento local por parte dos árbitros, já que a "fuga para a *lex mercatoria*" é, em alguns casos, solução mais fácil e menos exigente, mormente para quem está acostumado com seus ditames e, circunstancialmente, desacostumado com o direito escolhido pelas partes. Dar preferência ao direito transnacional deve ser postura de absoluta exceção, sob pena de ter-se por agredida a autonomia privada e, ato contínuo, obter-se decisão de difícil homologação ou execução perante o juízo estatal. Por fim, essa mesma cautela há de ser assumida com relação à hermenêutica contratual. A advertência é pertinente tendo em vista que, em algumas arbitragens, tem-se pendido por uma interpretação mais restritiva, mais presa ao texto do contrato, circunstância que configura outra forma de vilipêndio ao direito escolhido pelos litigantes (quando, por evidente, esse direito impuser que o intérprete vá além da literalidade). Ora, a escolha das partes abarca também o rol de normas de interpretação contratual contido no direito escolhido, não podendo o árbitro dele se desgarrar" (Ativismo arbitral e *lex mercatoria*. In: **Revista de Arbitragem e Mediação**, v. 44, 2015, p. 89-122).

ÁRBITRO E DIREITO

contrato "no vácuo"[545], muito menos direito no "espaço sideral"[546]. Além de buscar entender o direito aplicável, o árbitro não pode se furtar dessa tarefa de investigar e compreender o *contexto cultural* em que esse direito é aplicado, inclusive o contexto em que os contratos foram celebrados[547].

[545] Cabe aqui a lição de Ronaldo Porto Macedo Jr.: "analisar o contrato enquanto prática implica entendê-lo como um elemento indissoluvelmente ligado à sociedade na qual ele existe. As razões para tal afirmação são bastante triviais à medida que não se concebe uma relação contratual sem instituições estabilizadoras, regras sociais, valores, economia e linguagem. Em outras palavras, não existe contrato fora do contexto de uma dada *matriz social* que lhe dá significado e lhe define as regras" (**Contratos relacionais e defesa do consumidor**. São Paulo: Max Limonad, 1998, p. 152). No âmbito da dogmática contratual, é conhecida a clássica lição de Enzo Roppo a esse respeito: "uma vez que o contrato reflete, pela sua natureza, operações econômicas, é evidente que o seu papel no quadro do sistema resulta determinado pelo gênero e pela quantidade das operações econômicas a que é chamado a conferir dignidade legal, para além do modo como, entre si, se relacionam – numa palavra pelo modelo de organização econômica a cada momento prevalecente. Analogamente, se é verdade que a sua disciplina jurídica – que resulta definida pelas leis e pelas regras jurisprudenciais – corresponde instrumentalmente à realização de objetivos e interesses valorados consoante as opções políticas e, por isso mesmo, contingentes e historicamente mutáveis, daí resulta que o próprio modo de se e de se conformar do contrato como instituto jurídico, não pode deixar de sofrer a influência decisiva do tipo de organização político-social a cada momento afirmada. Tudo isto se exprime através da fórmula da *relatividade do contrato* (como aliás de todos os outros institutos jurídicos): o contrato muda a sua disciplina, as suas funções, a sua própria estrutura segundo o contexto econômico-social em que está inserido" (**O Contrato**. Coimbra: Almedina, 2009, p. 24).

[546] Esta advertência foi feita por Hermes Marcelo Huck há mais de vinte anos: "não há um direito no espaço sideral. O direito há sempre de estar vinculado ao homem e suas várias e criativas relações jurídicas, econômicas e sociais. O comércio é internacional, mas não logrou ser supranacional. Ele se faz a partir de territórios nacionais, sujeito a fronteiras nacionais, com ajustes territoriais, impostos e taxas locais etc." (**Sentença estrangeira e lex mercatoria**: horizontes e fronteiras do comercio internacional. São Paulo: Saraiva, 1994, p. 128). Em trecho anterior, o autor criticou também a ideia do "contrato no vácuo" (p. 115).

[547] Luiz Olavo Baptista é preciso neste ponto: "exemplificando – a santidade do contrato, isto é o valor que se atribui à expressão da vontade e a sua literalidade variam conforme a cultura, assim como a importância relativa da interpretação de cada palavra. Há locais em que o contrato é uma manifestação de princípios e interesses, cujo conteúdo pode ou deve variar de acordo com as mudanças do ambiente socioeconômico. Há outros em que o contrato é encerrado na torre de marfim do literalismo absoluto em que a obrigação expressa pela parte no texto predomina sobre qualquer outra coisa ou consideração. Mas, como acontece com todas as coisas humanas, há lugares em que gradações e nuanças entre essas concepções aparecem. A escolha de um árbitro que foi formado num sistema em que a valoração do texto contratual é mais ou menos rígida que naquele da lei aplicável o levará, consciente ou

A APLICAÇÃO DO *IURA NOVIT CURIA* NA ARBITRAGEM

As partes esperam uma análise cuidadosa do árbitro. Frequentemente são partes sofisticadas, bem assessoradas e bem representadas, que discutem questões *complexas*, não dúvidas que possam ser resolvidas facilmente. Como o árbitro pode fazer essa ponte entre a expectativa das partes e a busca pela aplicação do direito "da melhor forma possível"? Com dedicação, comprometimento[548], disposição e, sobretudo, com o contraditório. O árbitro deve ter *tempo e disponibilidade para aprofundar o contraditório*. É esse o sentido de "Justiça particular" que se busca na arbitragem. As partes não desejam um *árbitro indiferente*[549]. No limite, o que as partes esperam da arbitragem pode ser resumido dessa forma: *contraditório efetivo, serem ouvidas, dialogar com o árbitro, expor plenamente suas razões e provar o que alegam, tudo com a confiança de que este procedimento qualificado resultará em uma decisão igualmente qualificada em relação ao julgamento do mérito, isto é, uma decisão mais próxima de suas expectativas.*

As partes *confiam* que terão a oportunidade de explicar (e provar) por que é preciso interpretar o contrato de uma determinada maneira (e não de outra). Há casos em que o contrato deve ser aplicado estritamente porque o comportamento das partes condiz com isso. Em outros casos, não. A crítica está, portanto, em uma *padronização irrefletida* que desrespeita as *circunstâncias do caso*, as *peculiaridades locais*, o *contexto*

---

inconscientemente, a interpretar e julgar de acordo com os valores de seu universo cultural e não com os daquele escolhido pelas partes. O resultado, então, será desastroso. Mas este é o menor dos inconvenientes. Ignorante no todo ou em parte do direito aplicável, o árbitro poderá recorrer – como vi acontecer na prática –a institutos ou práticas alheias ao sistema jurídico a que o contrato se sujeita, acarretando consequências indesejáveis e inesperadas para as partes, ou dificuldades para os demais árbitros" (**Arbitragem Comercial Internacional**. São Paulo: Lex Magister, 2011, p. 161).

[548] Nas palavras de Jan Paulsson: "*Commitment. The parties desire an arbitrator who is personally and deeply engaged in the task at hand: resolving a dispute and forestalling contagious disharmony. In this commitment lies a promise to the arbitrants; they can trust the arbitrator to get to the bottom of the thing, to identify and to consider all the reasons even idiosyncratic, why one feels the other is in the wrong...*" (**The Idea of Arbitration.** Oxford University Press, 2013, p. 8).

[549] Jan Paulsson também é categórico ao afirmar que uma das principais razões pelas quais as partes escolhem a arbitragem é para fugir da impessoalidade e indiferença existen no sistema público de Justiça: "*the idea of arbitration is above all at a great remove from some features of the imagined 'judicial temperament', such as an impersonal attitude and na indifference to the parties*" (**The Idea of Arbitration.** Oxford University Press, 2013, p. 9).

econômico e cultural do negócio celebrado e, com isso, desrespeita as próprias partes, a pretexto de aplicar um pretenso direito totalmente *"supranacional"*, como se, por exemplo, determinada concepção de *lex mercatoria* pudesse ser estendida a todas as arbitragens[550]. Nesse cenário, perdem as partes, mas, acima de tudo, perde o instituto da arbitragem.

---

[550] Diz Hermes Marcelo Huck: "a concepção de direito da *lex mercatoria* é inoportuna, enquanto nela se pretenda ver um sistema jurídico supranacional, pois vem marcada por uma ideologia que almeja ver afastada qualquer intervenção dos direitos nacionais sobre as relações do comércio internacional (...). Sem qualquer defesa do intervencionismo, não se pode negar que o Estado deva exercer função essencial nas relações do comércio internacional, buscando minimizar as distorções que o flagrante desequilíbrio econômico entre as nações injeta nas relações comerciais. Não há um direito vagando no espaço" (**Sentença estrangeira e *lex mercatoria*:** horizontes e fronteiras do comercio internacional. São Paulo: Saraiva, 1994, p. 119).

Capítulo 3
A Aplicação de Normas Cogentes pelo Árbitro e o Controle da Ordem Pública

Quando se investiga o papel do árbitro na aplicação do direito, é comum deparar-se com questões antecedentes: *qual direito*? A atuação do árbitro no julgamento do mérito da arbitragem deveria *mudar* conforme a *natureza* do direito aplicável? Em caso positivo, de que forma e em que circunstâncias?

Na Introdução, esclarecemos que, em princípio, este trabalho **(i)** pressupõe que o direito já esteja *determinado* (dispensando-se, assim, uma discussão em torno do conflito de leis na arbitragem, salvo análises pontuais) e **(ii)** também se volta a *qualquer norma jurídica* que o árbitro tenha que aplicar, tanto de fontes *domésticas,* quanto *internacionais* ou *transnacionais,* incluindo princípios e regras, usos e costumes, *lex mercatoria* e eventuais outras normas não-estatais e aquelas cujo caráter jurídico-vinculante ainda é controverso, como por exemplo *standards* de *soft law* (alguns deles discutidos no Capítulo anterior) e os princípios UNIDROIT. O objetivo é evitar a restrição da análise a uma categoria específica de norma jurídica que pudesse comprometer (ou limitar) as conclusões sobre a relação entre o árbitro e o direito, até mesmo porque algumas das hipóteses deste trabalho dizem respeito justamente à *liberdade* do árbitro na aplicação do direito, o que frequentemente envolve uma *multiplicidade de ordens jurídicas.*

Mas, no Capítulo anterior, ao se discutir a possibilidade de os árbitros aplicarem o direito *ex officio*, não houve a preocupação de distinguir entre *diferentes níveis de imperatividade* das normas jurídicas. Em particular, não houve a preocupação em distinguir entre *normas cogentes* (ou imperativas) e *normas dispositivas*, muito embora esta distinção esteja relacionada com alguns dos principais debates no campo da arbitragem hoje. Não raro, inclusive, as discussões em torno do *iura novit curia* envolvem também a literatura sobre a aplicação de normas cogentes e vice-versa, como adiantado na Introdução. Assim como ocorreu com o *iura novit curia*, acredita-se que o aprofundamento do estudo sobre *aplicação de normas cogentes pelo árbitro* também iluminará a relação entre o árbitro e o direito, objetivo maior deste trabalho, pelas razões que se passa a detalhar.

Normas cogentes (ou imperativas) são normalmente conceituadas de forma negativa: aquelas que *não* podem ser derrogadas pelas partes. Por definição, estão *fora da esfera de disponibilidade das partes*. Assim, pela doutrina predominante, o conceito é mesmo circular: aquilo que as partes *não podem dispor* tem natureza *cogente*[551].

É rico o debate acadêmico em torno do conceito de normas cogentes[552]. Por um lado, é comum encontrar o uso indistinto de *normas cogen-*

---

[551] Essa circularidade também foi reconhecida por Bermann, George A. The Origin and Operation of Mandatory Rules. In: George A. Bermann e Loukas A. Mistelis (eds.). **Mandatory Rules in International Arbitration.** New York: JurisNet, 2011, p. 6-7.

[552] Por exemplo, é longevo o debate na França, especialmente nos campos do direito internacional privado e da arbitragem, sobre os conceitos de *"lois de police"*, *"lois d'application immédiate"*, *"lois de d'application nécessaire"*, *"lois d'ordre public"*, como detalhado por Christophe Seraglini. **Lois de Police et justice arbitrable international.** Paris: Dalloz, 2001, p. 1-13. Em 1986, o *International Council for Commercial Arbitration* realizou seu Congresso na cidade de Nova Iorque sobre o tema *"Comparative Arbitration Practice and Public Policy in Arbitration"*, sendo que algumas das exposições feitas neste evento (posteriormente publicadas como artigos) serão discutidas neste Capítulo. Mais recentemente, o tema do controle das normas cogentes e da ordem pública na arbitragem também foi objeto de um relatório da **International Law Associaton (ILA):** Final report on public policy as a bar to enforcement of international arbitral awards, relativo à Conferência de Nova Déli de 2002, Disponível em: http://www.ila-hq.org/en/publications/. Acesso em: 15 out. 2015. Este relatório também destaca a ocorrência de controversos debates entre os participantes, o que será discutido em maiores detalhes neste Capítulo. Outro exemplo, em evento realizado na Universidade de Columbia (NYC) em junho de 2007 sobre o tema *"Mandatory Rules in International Arbitration"*, com palestrantes de distintas culturas jurídicas, houve ampla diversidade de visões sobre normas cogentes e o controle da ordem pública na arbitragem, como sintetizado por George Bermann na Introdução do livro publicado a respeito: *"the participantes display a range of views on how the notion of mandatory rules of law should be approached and treated"* (The Origin

tes e *normas de ordem pública*[553], da mesma forma como também é comum afirmar que normas cogentes representam o *interesse público* ou *valores da sociedade* que extrapolam a esfera individual[554]. Por outro lado, também não foram poucos os esforços para delimitar com maior precisão cada um desses conceitos, um debate que ganha cores distintas à luz das regras específicas de cada ordem jurídica ou mesmo no plano do direito internacional.

De modo geral, são temas que o Estado decide *retirar da esfera de deliberação das partes*. Essa decisão pode se expressar de diversas formas: por meio de leis postas pelo Estado, por uma comunidade de países (como, por exemplo, a União Européia[555]) ou pela *comunidade de Estados* refletida no direito internacional, segundo alguns autores[556]. Também não se pode esquecer que a própria arbitragem tem sido palco da emergência de uma *ordem pública transnacional*[557], ligada à *lex mercatoria*[558], processo

and Operation of Mandatory Rules. In: George A. Bermann e Loukas A. Mistelis (eds.). **Mandatory Rules in International Arbitration**. New York: JurisNet, 2011, p. 1).

[553] No campo do direito processual civil, por exemplo, não há a tradição de distinguir normas cogentes das normas de ordem pública. A esse respeito, a lição de Cândido Rangel Dinamarco: "São de ordem pública todas as normas (processuais ou substanciais) referentes a relações que transcendam a esfera de interesses dos sujeitos privados, disciplinando relações que os envolvam mas fazendo-o com atenção ao interesse da sociedade como um todo, ou ao interesse público. Existem normas processuais de ordem pública e outras, também processuais, que não o são (...). Esses diferentes graus de imperatividade indicam a existência de normas processuais cogentes, ao lado de normas processuais dispositivas – aquelas, com imperatividade absoluta e nenhuma liberdade deixada às partes para disporem de modo diferente, ainda que de acordo; estas, dotadas de imperatividade relativa e portanto portadoras de preceitos suscetíveis de serem alterados pelos litigantes" (**Instituições de Direito Processual Civil**, v.I, 3.ed. São Paulo: Malheiros, 2002, p. 69-70).

[554] Nesse sentido, APRIGLIANO, Ricardo de Carvalho. **Ordem Pública e Processo: o tratamento das questões de ordem pública no direito processual civil**. São Paulo: Atlas, 2011, p. 7, 15 e 17.

[555] BERMANN, George A. The Origin and Operation of Mandatory Rules. In: George A. Bermann e Loukas A. Mistelis (eds.). **Mandatory Rules in International Arbitration**. New York: JurisNet, 2011, p. 5.

[556] BERMANN, George A. The Origin and Operation of Mandatory Rules. In: George A. Bermann e Loukas A. Mistelis (eds.). **Mandatory Rules in International Arbitration**. New York: JurisNet, 2011, p. 20-21.

[557] Ricardo Ramalho Almeida também distingue entre (i) ordem pública interna, (ii) ordem pública internacional – ambas se referindo a determinado *direito nacional* e – (iii) a ordem pública transnacional ou "verdadeiramente" internacional, seguindo doutrina nacional e

ÁRBITRO E DIREITO

que ainda está em andamento. Portanto, as *fontes* das normas cogentes e da ordem pública são *variadas* e não parece haver razão para tentar restringi-las neste trabalho.

Da mesma forma, também são *multifacetados os fins* pretendidos pelas distintas *dimensões* de cogência e de ordem pública. Por exemplo, a concepção da ordem pública para o *direito interno* nem sempre coincide com aquela do *direito internacional privado*. A primeira está preocupada com a *delimitação da esfera de contratação* (excluindo determinados temas da esfera da autonomia privada), ao passo que a segunda volta-se ao *afastamento de determinadas normas jurídicas* como "salvaguarda dos interesses fundamentais da sociedade"[559] (um problema de conflito de leis, portanto). Ambas as dimensões interessam a este trabalho[560], mas a discussão em torno do direito internacional privado será *limitada* (como antecipado acima), pois o tema da *aplicação* do direito pelo árbitro, tal como aqui recortado, pressupõe que este direito já esteja *determinado*.

Ainda no campo da arbitragem, a ordem pública se presta a distintos fins: **(i)** para afastar determinadas normas jurídicas (que tenham sido escolhidas pelas partes, por exemplos), **(ii)** para *anular* uma sentença arbitral *doméstica* ou mesmo para **(iii)** denegar a *homologação* de uma sentença arbitral *estrangeira*[561]. Novamente, todas essas dimensões serão objeto de estudo neste Capítulo, dentro do objetivo maior de se compreender o papel do árbitro na aplicação do direito, ainda que as pes-

---

internacional que também será estudada neste Capítulo (**Arbitragem comercial internacional e ordem pública**. Rio de Janeiro: Renovar, 2005, p. 25-26).

[558] Sobre a *lex mercatoria* como um direito privado *transnacional* e o papel da arbitragem neste contexto, ver MENDES, Rodrigo Octávio Broglia. **Arbitragem, lex mercatoria e direito estatal:** uma análise dos conflitos ortogonais no direito transnacional. São Paulo: Quartier Latin, 2010, p. 59-95; e HUCK, Hermes Marcelo. **Sentença estrangeira e *lex mercatoria*:** horizontes e fronteiras do comercio internacional. São Paulo: Saraiva, 1994, p. 63.

[559] ALMEIDA, Ricardo Ramalho. **Arbitragem comercial internacional e ordem pública**. Rio de Janeiro: Renovar, 2005, p. 1.

[560] Para uma análise aprofundada de ambas as dimensões, ver ALMEIDA, Ricardo Ramalho. **Arbitragem comercial internacional e ordem pública.** Rio de Janeiro: Renovar, 2005, p. 24-50.

[561] Essas dimensões que conectam os temas da arbitragem e da ordem pública também foram estudadas por Ricardo Ramalho Almeida, apenas com a diferença de que o autor (i) separa a noção de *arbitrabilidade* em um item a parte e (ii) está mais preocupado com aspectos internacionais do que propriamente com a arbitragem doméstica (**Arbitragem comercial internacional e ordem pública**. Rio de Janeiro: Renovar, 2005, p. 4-8).

A APLICAÇÃO DE NORMAS COGENTES PELO ÁRBITRO E O CONTROLE DA ORDEM PÚBLICA

quisas tenham sido mais *limitadas* no que diz respeito ao ponto **(i)**, como já explicado.

O que existe em comum nesses distintos fins que desempenha a ordem pública é o papel exercido pelo *Estado* como *importante balizador* da atuação do árbitro, mas sem que isso represente *necessariamente* riscos ou prejuízos à *autonomia da arbitragem*. O *necessário diálogo* entre árbitros e juízes, entre arbitragem e Estado, será uma constante preocupação deste Capítulo. Como reforçado no Capítulo 2, também aqui será necessário compreender que as práticas da arbitragem estão *cada vez mais harmônicas*, mas, ainda assim, seria *temerário* falar, desde logo, em um *direito supranacional*[562]. É preciso ponderação e, sobretudo, conexão com a realidade.

A tarefa de precisar um *conceito fluido por natureza* seria menos árdua se fosse possível indicar quais *valores* as normas cogentes e a ordem pública (em suas variadas dimensões) procuram resguardar, de modo a reconhecer os *limites* dos agentes privados em seu ambiente de contratação e os *limites* dos julgadores em seu papel de aplicar o direito. Mas já se sabe, de antemão, que um rol exaustivo desses valores (ou mesmo qualquer conceituação abrangente a esse respeito) está *ab initio* fadado ao insucesso, mesmo porque cada ordem jurídica (um Estado nacional, uma comunidade de Estados ou qualquer outra ordem que possa ser qualificada de *jurídica*) tem a *liberdade* de definir os próprios valores que pretenda resguardar a ponto de impedir atos de disposição sobre eles. Ademais, perder-se-ia o caráter intrinsecamente *vago* de todo *conceito jurídico indeterminado*, como é o caso da ordem pública[563].

Como se perceberá neste Capítulo, o debate sobre o *conceito de normas cogentes* e também do *conceito de ordem pública* é um terreno incerto

---

[562] Crítico a esse direito *supranacional*, novamente HUCK, Hermes Marcelo. **Sentença estrangeira e *lex mercatoria*:** horizontes e fronteiras do comercio internacional. São Paulo: Saraiva, 1994, p. 110-122.

[563] Neste ponto, esclarece André Abbud: "compreende-se, assim, por que não progrediram sugestões para que fosse elaborada uma lista fixadora das matérias consideradas de ordem pública pela comunidade internacional. Uma lista desse tipo não só seria inviável, dada a indeterminibilidade apriorística do conceito, como ainda é indesejável, pois um elenco rígido de situações violadoras da ordem pública, cristalizando concepção localizada no tempo, suprimiria a dinâmica evolutiva do requisito legal" (**Homologação de sentenças arbitrais estrangeiras.** São Paulo: Atlas, 2008, p. 205).

e altamente controverso. Ainda assim, não se pode furtar a um esforço de definição que seja importante para os propósitos deste trabalho, nem que seja apenas para se identificar alguns *critérios mínimos* a serem utilizados nesta discussão. Em particular, a correta distinção entre a *aplicação de normas cogentes* e a possível *violação da ordem pública* nos parece de grande relevância para o campo da arbitragem, sobretudo porque a segunda é causa de *anulação da sentença arbitral* em diversos países (como a França, por exemplo[564]), além de também ser uma das causas de *denegação* do reconhecimento ou execução de uma sentença arbitral estrangeira, conforme Artigo V(2)(b) da Convenção de Nova Iorque[565].

Em outras palavras, se o árbitro deixa de aplicar uma norma cogente *nem sempre* a sentença que prolatar estará sujeita à anulação (como será visto neste Capítulo), ao passo que se esta mesma sentença violar a ordem pública, *provavelmente* ela não será aceita pelo Poder Judiciário que seja eventualmente chamado a atestar a validade desta arbitragem, tudo a depender, mais uma vez, do direito aplicável à arbitragem e do conceito de ordem pública do país onde se encontra aquele Judiciário em questão. Um tema de ordem pública do *local de prolação da sentença arbitral* pode não ser visto *necessariamente* como de ordem pública nos demais países em que esta mesma sentença vier a ser executada. Existem diversos precedentes envolvendo sentenças arbitrais *anuladas* na sede da arbitragem que foram, todavia, reconhecidas em outros países[566]. Mais

---

[564] No direito francês, uma sentença arbitral relativa a uma *arbitragem interna*, pode ter sua execução denegada ou pode ser *anulada* por violação à ordem pública, conforme, respectivamente, artigos 1488 e 1492 (5º) do Código de Processo Civil francês. Por outro lado, ainda no direito francês, uma sentença arbitral relativa a uma *arbitragem internacional* sediada na França também pode ser anulada por violação da ordem pública, mas ordem pública *internacional*, conforme artigo 1520 (5º) do mesmo Código, assim como uma sentença arbitral relativa a uma arbitragem internacional sediada no exterior também pode ter seu reconhecimento ou *exequatur* denegado por violação da *ordem pública internacional*, conforme os artigos 1514 e 1525, do Código. Neste sentido, ver HARB, Jean-Pierre; LOBIER, Christophe; PRADO, Ana Sylvia. Nova Lei Francesa de Arbitragem: Decreto n. 2011-48, de 13 de janeiro de 2011. In: **Revista Brasileira de Arbitragem**, n. 32, 2011, p. 25-26.

[565] "*V. 2. Recognition and enforcement of an arbitral award may also be refused if the competent authority in the country where recognition and enforcement is sought finds that: (...) (b) The recognition or enforcement of the award would be contrary to the public policy of that country*".

[566] Para análise mais detalhada de alguns desses casos, ver ALVES, Rafael Francisco. **A Inadmissibilidade das medidas antiarbitragem no direito brasileiro**. São Paulo: Atlas, 2009, p. 32-37.

uma vez, a arbitragem convive com uma *multiplicidade de perspectivas* sobre este tema.

Mas, afinal, por que aprofundar o estudo do julgamento do mérito da arbitragem a partir dessa categoria específica de normas jurídicas que estão *fora da esfera de disponibilidade das partes*? A resposta é simples: justamente porque a *disponibilidade de direitos* é uma das bases da arbitragem, como visto na Introdução e Capítulo 1. Essa tensão entre, de um lado, a *autonomia privada* e, de outro, aquilo que é *cogente e imperativo*, os limites entre uma e outra esfera, o *transitar entre o público e o privado*, poderá fornecer subsídios importantes sobre o papel do árbitro na aplicação do direito. Em outras palavras, a correta compreensão do papel do árbitro na *aplicação de normas cogentes* e no *controle da ordem pública* poderá fornecer subsídios valiosos a respeito da sua missão, da sua relação com as partes e, em última análise, a respeito da sua relação com o direito[567].

Sendo a arbitragem um mecanismo *privado* de resolução de conflitos voltado para a resolução de conflitos sobre direitos *disponíveis*, haveria alguma razão para se preocupar com *direitos* que *transcendam* esse campo?[568] Se o árbitro é um julgador *contratado*, via de regra, com base na *confiança* que as partes nele depositam, estando, portanto, *a serviço delas*, por que ele deveria se preocupar, por qualquer razão que seja, com a esfera da *cogência ou imperatividade* de normas, que parece dizer respeito à sociedade de modo geral? Considerando que o *árbitro não possui um foro propriamente dito* (pelo menos, não da mesma forma que um juiz se vincula a determinado foro), ou seja, considerando que um árbitro não está *necessariamente* adstrito a determinado país, nem tem a incumbência de resguardar valores ou preservar a integridade da ordem jurídica de determinado país, por que ele deveria se preocupar com normas que transcendam a esfera de disponibilidade das partes? Por que o árbitro

---

[567] O estudo sobre normas cogentes auxilia o estudo sobre o papel do árbitro na aplicação do direito e vice-versa. Esse segundo caminho foi o escolhido por Christophe Seraglini em sua tese de doutorado, **Lois de Police et justice arbitrable international**. Paris: Dalloz, 2001, p. 13: *"Seule une réflexion précise sur la fonction de l'arbitre peut permettre de justifier les obligations que l'on entendrait mettre à sa charge, et expliquer en quoi ces obligations incluent celle d'appliquer les lois de police"*.

[568] A mesma pergunta foi feita por Christophe Seraglini, na introdução de sua tese de doutorado sobre o tema, **Lois de Police et justice arbitrable international**. Paris: Dalloz, 2001, p. 5.

ÁRBITRO E DIREITO

deveria exercer qualquer função de *controle da ordem pública*? Por mais contra intuitivo que possa parecer, corrente *majoritária* da doutrina e da jurisprudência em diversos países entende que o árbitro tem *algum papel* a desempenhar na aplicação de normas cogentes e no controle da ordem pública (em suas diversas dimensões)[569], ainda que os *contornos exatos* desse papel variem *significativamente* de uma ordem jurídica a outra, como será demonstrado neste Capítulo.

Nesse contexto, é relativamente aceito que a arbitragem não pode se tornar um "porto seguro" para a prática de atos ilícitos, para a prática de atos que atentem contra a ordem pública[570]. Alguns autores defendem que um possível ponto de consenso seria o dever do árbitro de aplicar *normas processuais cogentes da "sede" da arbitragem*[571], enquanto outros autores entendem que a sede não deveria ter um *status* especial[572], sendo que o seu papel deveria ser equalizado pelo árbitro somente dentro da obrigação deste de buscar, na medida do possível, prolatar uma sentença *exequível*. Em outras palavras, os árbitros deveriam olhar para tanto o direito da "sede", quanto para o direito de potenciais locais de execução da sentença na medida em que esses direitos possam influenciar ou determinar os *requisitos necessários* para a prolação de uma sentença *passível de execução*.

---

[569] Algumas respostas a essas perguntas são oferecidas por ALMEIDA, Ricardo Ramalho. **Arbitragem comercial internacional e ordem pública**. Rio de Janeiro: Renovar, 2005, p. 65.

[570] A esse respeito, ver MENDES, Rodrigo Octávio Broglia. **Arbitragem, lex mercatoria e direito estatal:** uma análise dos conflitos ortogonais no direito transnacional. São Paulo: Quartier Latin, 2010, p. 108.

[571] Como afirma George A. Bermann: *"there is widespread agreement that, irrespective of what the generally applicable law might be, an international arbitral tribunal is bound to apply or otherwise respect mandatory rules of arbitral procedure of the place of arbitration (...). Mandatory rules of procedure of the situs essentially tell the parties which procedural norms they must respect if they expect to validly arbitrate on the territory, and they tell the arbitral tribunal which procedural norms it must respect if it expects to render an award that is safe from local annulment"* (The Origin and Operation of Mandatory Rules. In: George A. Bermann e Loukas A. Mistelis (eds.). **Mandatory Rules in International Arbitration**. New York: JurisNet, 2011, p. 7).

[572] Esta parece ser, por exemplo, a posição de Rodrigo Octávio Broglia Mendes: "não parece existir razões especiais para conferir um tratamento especial às regras imperativas da ordem jurídica do local da arbitragem, sendo que aqueles que investigam essa hipótese parecem estar presos a uma concepção jurisdicionalista da arbitragem" (**Arbitragem, lex mercatoria e direito estatal:** uma análise dos conflitos ortogonais no direito transnacional. São Paulo: Quartier Latin, 2010, p. 114-116).

A APLICAÇÃO DE NORMAS COGENTES PELO ÁRBITRO E O CONTROLE DA ORDEM PÚBLICA

Assim, uma primeira razão pela qual o árbitro deve atentar a normas cogentes e também a preceitos de ordem pública é a *reserva* que os Estados possuem, dentro de sua soberania nacional, de recusar a homologação de uma sentença arbitral que não atenda aos requisitos estabelecidos em sua legislação[573].

Nesse contexto, as maiores controvérsias parecem estar **(i)** em delimitar o que exatamente o árbitro *deve* (ou *pode*) fazer ao *considerar* essas normas cogentes no julgamento do mérito de uma arbitragem (ou seja, *como* aplicá-las) e de que modo elas estariam relacionadas com o conceito de ordem pública e, finalmente, **(ii)** se o árbitro deveria atentar apenas a normas *processuais* da "sede", ou também às normas de *direito material* (atinentes ao mérito propriamente dito), incluindo a ordem pública dos possíveis locais de *execução* da sentença ou de outros países que não estejam necessariamente relacionados com a arbitragem. São esses os principais termos do debate atual.

No Capítulo anterior, chegou-se à conclusão que, via de regra, dependendo do(s) direito(s) aplicável(is), o árbitro *pode* aplicar o direito *ex officio*, ou seja, uma *autorização*, não necessariamente uma obrigação. Mas será que, dependendo do *grau de imperatividade* do direito em questão, haveria um *dever* do árbitro de aplicá-lo *ex officio*? *Deve* o árbitro *sempre* aplicar uma norma cogente, ainda que as partes não a tenham invocado? O fato de esta norma cogente pertencer ao direito do *local da arbitragem* tem algum impacto sobre o papel do árbitro em sua aplicação? Se o árbitro deve buscar prolatar uma sentença arbitral que seja *exequível* e se boa parte das legislações nacionais – assim como a Convenção de *Nova Iorque – determina* que o árbitro deva ter algum papel no *controle da ordem pública, particularmente no que diz respeito à "sede" da arbitragem*, é preciso buscar compreender *em que consistiria exatamente esse papel*. Este é o propósito deste capítulo.

Outras perguntas podem ser formuladas: *deve* o árbitro *aplicar normas cogentes* apenas à luz da *resolução da disputa diante de si* ou atentando para interesses que *extrapolem* aqueles das partes? A relação que o árbitro

---

[573] Ponto também considerado por Ricardo Ramalho de Almeida, conforme citação anterior (**Arbitragem comercial internacional e ordem pública.** Rio de Janeiro: Renovar, 2005, p. 65).

ÁRBITRO E DIREITO

possui com *normas cogentes* possui *natureza diversa* da relação que um juiz possuiria com as mesmas normas?[574]

Uma *primeira hipótese*, como parte daquelas que foram explicitadas na Introdução, é a de que o árbitro também teria *algum papel perante a coletividade* e não apenas perante as partes. Ao que parece, os Estados *reservaram* ao árbitro (e dele esperam) *algum papel* para controlar regras que *transcendam* o interesse exclusivo das partes em disputa. Dependendo da conclusão a ser alcançada a partir da pesquisa aqui realizada, as repercussões podem ser significativas para o papel do árbitro na aplicação do direito, já que sua função não mais atenderá a fins *exclusivamente* privados, apenas *preponderantemente* privados.

Todavia, *outra hipótese* pode ser formulada em sentido diverso: quando o árbitro atenta para (ou mesmo aplica) uma norma cogente (que foi invocada pelas partes ou, conforme o direito aplicável, que ele mesmo aplicado *ex officio*), ele não o faz *necessariamente* por consideração aos valores da sociedade (fundamentais, essenciais etc.), mas porque isso também *faria parte da sua missão jurisdicional*.

Em outras palavras, dentro da perspectiva *pragmática* deste trabalho, *integraria a investidura do árbitro* prolatar uma sentença que, não apenas seja passível de execução (o que a violação a normas cogentes ou à ordem pública pode minar), mas que *primordialmente* atenda às *expectativas das partes*[575]. Assim, o árbitro deveria buscar a aplicação correta do direito, porque é isso o que as partes esperam dele, e esse julgamento pode envolver a aplicação de *normas cogentes* ou o controle da ordem pública.

Este Capítulo buscará respostas a esses questionamentos, que estão relacionados, em última instância, com aquelas quatro hipóteses formuladas na Introdução. Essa tensão existente entre o árbitro e o direito foi captada por Rodrigo Mendes, defendendo o autor que a *diferenciação* de uma *ordem jurídica transnacional* ligada à arbitragem passaria, *necessariamente*, pela preocupação dos árbitros de atentar, de um lado, para

---

[574] Esse tema também é exposto por Christophe Seraglini. **Lois de Police et justice arbitrable international**. Paris: Dalloz, 2001, p. 10-11.

[575] Ricardo Ramalho Almeida também tem como norte o respeito às legítimas expectativas das partes: "o propósito fundamental da arbitragem, nessa perspectiva puramente contratual, será atender às legítimas expectativas das partes, ligadas às reconhecidas vantagens desse método privado e alternativo de resolução de litígios" (**Arbitragem comercial internacional e ordem pública**, Rio de Janeiro: Renovar, 2005, p. 64).

"*expectativas negociais*" (buscando a prolação de um laudo exequível) e, de outro, para "*a reserva de ordem pública*"[576]. São temas que também serão aprofundados no presente Capítulo.

Ainda dentro da *perspectiva pragmática* que tem pautado o presente trabalho, é preciso, como passo inicial, ter clareza sobre as *expectativas dos usuários* da arbitragem neste tema. O que esperam as partes, em primeiro lugar, é obter uma sentença arbitral de mérito que resolva *definitivamente* o conflito e seja *exequível*. Mais ainda, uma vez obtida a sentença de mérito, as partes também esperam legitimamente que ela possa ser *preservada* na *máxima extensão possível*, como visto na Introdução. Assim, é preciso investigar aqui **(i)** em que medida os *diferentes modelos protegem* o julgamento de mérito da arbitragem contra ataques baseados em alegações de aplicação errônea de normas cogentes ou violação da ordem pública pelo árbitro e **(ii)** de que forma essa *proteção* afeta a relação entre o árbitro e o direito, conforme hipótese formulada na Introdução. O estudo de temas como normas cogentes e ordem pública na arbitragem não deveria se desviar desse norte que é a *preservação máxima* da sentença arbitral e a *excepcionalidade* de sua possível impugnação.

Neste contexto, assim como foi feito no Capítulo anterior, será estudado, primeiro, o direito brasileiro (**item 3.1**), buscando-se compreender como o nosso ordenamento lida com esses dois conceitos – *normas cogentes e ordem pública* – tanto no direito positivo, quanto na jurisprudência pátria, para, a partir daí, extrair as conclusões condizentes com os propósitos deste trabalho. Após, tais conclusões sobre o direito brasileiro serão cotejadas com a discussão que ocorre em outros países, inclusive à luz das práticas *transnacionais* da arbitragem (**item 3.2**).

3.1. A aplicação de normas cogentes pelo árbitro e o controle da ordem pública no direito brasileiro

O modelo brasileiro de controle da ordem pública pelo árbitro também é *restritivo*, favorecendo *a liberdade do árbitro na aplicação do direito*.

---

[576] MENDES, Rodrigo Octávio Broglia. **Arbitragem, lex mercatoria e direito estatal:** uma análise dos conflitos ortogonais no direito transnacional. São Paulo: Quartier Latin, 2010, p. 105-111. Ver também, do mesmo autor, Regras imperativas e arbitragem internacional: por um direito transnacional privado? In: **Revista de Arbitragem e Mediação.**São Paulo: Revista dos Tribunais, n. 19, p. 43-47.

ÁRBITRO E DIREITO

A lei brasileira de arbitragem (lei 9.307/96) prevê o controle da ordem pública, *expressamente*, em *apenas* duas hipóteses: **(i)** na escolha do direito aplicável pelas partes (artigo 2º, §1º, da lei 9.307/96) e **(ii)** no reconhecimento e execução de uma sentença arbitral estrangeira [artigo V(2)(b) da Convenção de Nova Iorque e artigo 39, II, da lei 9.307/96]. Entre uma e outra hipótese, será necessário investigar também em que medida há proteção à ordem pública *na sentença arbitral doméstica,* além do que está *expressamente positivado*, em especial no que diz respeito à aplicação do direito pelo árbitro (julgamento do mérito).

Mas antes de passar à análise mais detida de cada um desses pontos – e mesmo para que eles possam ser corretamente compreendidos e investigados – é necessário, como passo inicial, delimitar melhor os conceitos que serão utilizados, particularmente os conceitos de **(i)** normas cogentes **(ii)** ordem pública e bons costumes e **(iii)** disponibilidade de direitos, todos eles à luz, sobretudo, do direito brasileiro.

3.1.1. Conceitos prévios: normas cogentes, ordem pública, bons costumes e disponibilidade no direito brasileiro

Na Introdução deste Capítulo, foi apontada a dificuldade existente na conceituação das normas cogentes e da ordem pública, problema dogmático que parece insolúvel.

Se a definição exata beira o impossível, pela própria natureza dos conceitos envolvidos[577], é possível, por outro lado, delimitá-los com algum grau de coerência, sobretudo à luz do direito brasileiro. Quando menos, será possível dizer o que eles *não são* e, mais especificamente, *diferenciá-los* entre si. Esse esforço inicial já será suficiente para dissipar muitas das dúvidas e confusões feitas nesta seara e possibilitar o desenvolvimento do tema dentro dos propósitos deste trabalho.

Normas cogentes, ordem pública, bons costumes e disponibilidade de direitos são distintas *categorias jurídicas,* que não devem ser confundidas.

Em primeiro lugar, é importante esclarecer o que significam esses conceitos considerando **(i)** o direito internacional privado e **(ii)** o direito interno, ambos na perspectiva do direito brasileiro, objeto deste subitem.

---

[577] Como esclarecido na introdução deste Capítulo, nas palavras de André Abbud, são "conceitos jurídicos indeterminados" (**Homologação de sentenças arbitrais estrangeiras.** São Paulo: Atlas, 2008. p. 204).

No plano do direito internacional privado, é inegável que, de todos esses conceitos, destaca-se a ordem pública[578], cuja principal função, neste campo, é aquela de retirar a eficácia extraterritorial de determinada lei estrangeira, isto é, referida lei *deixa de ter eficácia no territorial nacional*[579], ainda que fosse aplicável em princípio. No direito brasileiro, em particular, esta função é atribuída tanto à *ordem pública*, quanto aos *bons costumes*, a teor do que dispõe o artigo 17, da Lei de Introdução às normas do Direito Brasileiro (Decreto-Lei nº 4.657, de 4 de setembro de 1942)[580].

Conforme explica Luis Antonio da Gama e Silva em sua tese de livre docência, essa função específica da *ordem pública* era desconhecida do direito romano (aliás, a própria expressão não lhes era própria, como será detalhado adiante)[581]. Após analisar em detalhes a doutrina pátria, Luis Antonio da Gama e Silva conclui que:

> *"Ordem pública é o conjunto de direitos, de caráter privado, cuja obediência o Estado impõe, para que haja harmonia entre o Estado e os indivíduos, e dêstes entre sí, em salvaguarda dos interêsses substanciais da sociedade. A ordem pública é um princípio, porque dele se deduzem regras, que visam garantir essa harmonia, regras cuja obediência se exige, ainda que contra a vontade do titular do direito. Decompondo--se, assim, o conceito, encontramos nêle os seguintes elementos constitutivos: relações*

---

[578] Ricardo Ramalho Almeida, na abertura de seu livro, já citada anteriormente, chega a dizer que "a ordem pública é o princípio mais importante do direito internacional privado, funcionando, nessa disciplina, como principal critério de compatibilidade entre distintos ordenamentos jurídicos e atuando na salvaguarda dos interesses fundamentais da sociedade" (**Arbitragem comercial internacional e ordem pública.** Rio de Janeiro: Renovar, 2005, p. 1).

[579] Esta é uma lição clássica, como explica Luis Antonio da Gama e Silva em sua tese de livre docência: "a lei estrangeira não terá eficácia no território do Estado, quando for contrária a certos princípios, como a soberania nacional, a ordem pública e os bons costumes, tal como dispõe a legislação pátria, aqui citada, apenas, a título de referência. Portanto, uma primeira conclusão de impõe: ainda que princípios de direito internacional privado estabeleçam que a lei competente para reger determinada relação jurídica seja a lei estrangeira, esta não terá aplicação, quando for contrária à ordem pública" (**A ordem pública em direito internacional privado.** Tese (livre-docência). Faculdade de Direito da Universidade de São Paulo, 1944, p. 12).

[580] *"Art. 17. As leis, atos e sentenças de outro país, bem como quaisquer declarações de vontade, não terão eficácia no Brasil, quando ofenderem a soberania nacional, a ordem pública e os bons costumes".*

[581] **A ordem pública em direito internacional privado.** Tese (livre-docência). Faculdade de Direito da Universidade de São Paulo, 1944, p. 15-28.

jurídicas privadas, interêsse substancial da sociedade e irrenunciabilidade do direito pelo seu titular"[582].

É interessante notar, nessa primeira aproximação, o entendimento do autor de que ordem pública incide sobre *relações jurídicas privadas*, nas quais, em princípio, vigora o princípio da *disponibilidade de direitos*. Como se percebe, mesmo no campo do direito internacional privado, não há que se confundir a ordem pública com direitos indisponíveis, ainda que aquela implique também a *irrenunciabilidade* de direitos. O problema desta definição é, contraditoriamente, a sua *indefinição*, pois é possível incluir toda a sorte de questões sob a rubrica da "*salvaguarda dos interêsses substanciais da sociedade*"[583].

Mais recentemente, Guido Fernandes Silva Soares conceituou a ordem pública sem fazer referência a expressões vagas (como "valores fundamentais da sociedade"), preferindo, ao contrário, tratar de sua *funcionalidade*, isto é, a impossibilidade de serem afastadas pela vontade das partes[584]. O autor retoma a lição do jurista italiano Mancini, distinguindo três tipos de normas: (a) as leis supletivas, (b) as leis imperativas e (c) as leis de ordem pública[585]. Aqui, a distinção entre *imperatividade*

---

[582] **A ordem pública em direito internacional privado.** Tese (livre-docência). Faculdade de Direito da Universidade de São Paulo, 1944, p. 168-169.

[583] A propósito, conclui o mesmo autor ao final da sua obra: "ninguém poderá contestar que, quando estão em jogo os interesses superiores da coletividade, em qualquer de suas manifestações, os demais direitos devem ser paralisados. O contrário, seria a destruição da própria ordem jurídica". **A ordem pública em direito internacional privado.** Tese (livre-docência). Faculdade de Direito da Universidade de São Paulo, 1944, p. 220-221. Todavia, não concordamos com essa concepção do autor.

[584] Eis o conceito utilizado pelo autor: "poderíamos definir a ordem pública de um sistema jurídico, como o conjunto de normas e princípios de tal maneira inerentes a ele, que não permitem serem afastados por outros de outros sistemas. É a lei local, que se impõe de maneira absoluta, impedindo que a vontade das partes ou leis estranhas ao foro disponham sobre a matéria por ela regulada, de modo taxativo. Sua existência constitui princípio fundamental do sistema jurídico e, nas hipóteses em que haja permissividade da lei para as partes construírem um sistema particular normativo (via contrato) ou para elas buscarem soluções normativas em outros sistemas (via eleição de lei estrangeira, nos contratos internacionais), a lei local se imporá, se for considerada uma norma de ordem pública." (A ordem pública nos contratos internacionais. In: **Revista de Direito Mercantil, Industrial, Econômico e Financeiro**, n. 55, 1984, p. 122).

[585] A ordem pública nos contratos internacionais. In: **Revista de Direito Mercantil, Industrial, Econômico e Financeiro**, n. 55, 1984, p. 122-129.

A APLICAÇÃO DE NORMAS COGENTES PELO ÁRBITRO E O CONTROLE DA ORDEM PÚBLICA

e *ordem pública*. O autor também reconhece que os preceitos de ordem pública recaem sobre *relações privadas* e eles serão tanto mais *restritos* quanto maior for o *liberalismo nos contratos*, conforme o modelo adotado em cada Estado[586]. Assim, novamente a diferenciação entre *disponibilidade* de direitos e os preceitos de *ordem pública*. Comentando o referido artigo 17 da Lei de Introdução às normas do Direito Brasileiro, Guido Soares entende que se trata de preceito de ordem pública *internacional*, porque diz respeito à possível aplicação de um direito estrangeiro, o que se contrapõe à ordem pública *interna*, que diz respeito aos dispositivos da lei doméstica[587]. Por fim, o autor traz ainda um terceiro conceito, o de *"ordem pública verdadeiramente internacional"*, isto é, *"inerente ao sistema internacional dos contratos comerciais"*[588]. Essas distinções são importantes e serão retomadas no decorrer deste Capítulo.

Já Irineu Strenger, em seu artigo sobre aplicação de normas de ordem pública nos laudos arbitrais de 1986[589], explicava que a França já distinguia entre ordem pública *interna* e ordem pública *internacional* e que, no Brasil, a noção de ordem pública *internacional* somente era reconhecida via Código Bustamante. O autor, ainda assim, defendia a existência de uma ordem pública internacional[590].

---

[586] Diz o autor: "nos sistemas legislativos em que prepondera o liberalismo nos contratos, a ilha dos preceitos de ordem pública é restrita, ao passo em que nos sistemas de maior intervenção estatal nos negócios privados, aqueles preceitos se transformam em inteiros continentes, nos quais a liberdade da vontade para criar normas entre as partes, se constitui em lagoazinhas de exceções" (A ordem pública nos contratos internacionais. In: **Revista de Direito Mercantil, Industrial, Econômico e Financeiro**, n. 55, 1984, p. 122-129).

[587] A ordem pública nos contratos internacionais. In: **Revista de Direito Mercantil, Industrial, Econômico e Financeiro**, n. 55, 1984, p. 122-129.

[588] A ordem pública nos contratos internacionais. In: **Revista de Direito Mercantil, Industrial, Econômico e Financeiro**, n. 55, 1984, p. 122-129.

[589] Aplicação de normas de ordem pública nos laudos arbitrais. In: **Revista dos Tribunais**, v. 606, 1986, p. 9-12.

[590] Em suas palavras: "A doutrina brasileira também não é profusa no tratamento da matéria. Pessoalmente, contudo, temos defendido a distinção entre ordem pública interna e internacional, principalmente porque o legislador, ao formular um preceito, o faz porque interessa à sociedade que determinada coisa, pessoa, ou relação seja regulada pela lei de maneira precisa" (Aplicação de normas de ordem pública nos laudos arbitrais. In: **Revista dos Tribunais**, v. 606, 1986, p. 9-12).

ÁRBITRO E DIREITO

Em obra mais recente[591], além de diferenciar claramente as "regras de ordem pública" das "leis imperativas"[592], Irineu Strenger mantém aquela distinção entre ordem pública *interna* e ordem pública *internacional* e, ainda, com base em autores estrangeiros, desenvolve a ideia da *ordem pública transnacional*, um terceiro conceito que não se confunde com os dois primeiros[593]. Todavia, o autor não deixa de recorrer aos *"valores essenciais"* no momento de conceituar a ordem pública[594].

Por sua vez, Jacob Dolinger, em artigo mais recente, destaca *três níveis* de ordem pública quando justaposto o direito internacional privado e o direito interno: *"a proteção contra a vontade contratual das partes, a proteção contra a aplicação de determinadas normas de direito estrangeiro e a proteção contra certas situações adquiridas no exterior, inclusive sentenças estrangeiras, em que o raio de alcance da ordem pública decresce do primeiro nível para o segundo nível e do segundo para o terceiro"*[595]. No segundo nível, o autor apresenta importante distinção entre *cogência* das normas e matérias de *ordem pública*[596]. *Ainda, no direito internacional "em sentido mais amplo"*, o autor distingue igualmente entre três níveis, sendo o último nível representado, na visão do autor, por uma "ordem pública mundial" ou "verdadeiramente transnacional", esclarecendo o autor que aqui não se está diante de um direito *interno* (ao contrário do que ocorre na diferenciação daqueles três primeiros níveis), mas do direito *internacional* em sua acepção mais larga[597].

---

[591] **Arbitragem comercial internacional**. São Paulo: Ltr, 1996.

[592] **Arbitragem comercial internacional**. São Paulo: Ltr, 1996, p. 214-215.

[593] **Arbitragem comercial internacional**. São Paulo: Ltr, 1996, p. 217.

[594] Referido autor assim define a ordem pública: "conjunto de normas e princípios que, em um momento histórico determinado, refletem o esquema de valores essenciais, cuja tutela atende de maneira especial cada ordenamento jurídico concreto" (**Arbitragem comercial internacional**. São Paulo: Ltr, 1996, p. 215).

[595] A ordem pública internacional em seus diversos patamares. In: **Revista dos Tribunais**, v. 828, 2004, p. 33-36.

[596] A ordem pública internacional em seus diversos patamares. In: **Revista dos Tribunais**, v. 828, 2004, p. 33-42).

[597] Em suas palavras: "Justifica-se esta bifurcação da ordem pública no plano do direito internacional porque, quando se analisa o direito internacional privado distinguindo-o do direito interno, está-se processando uma clivagem dentro da ordem jurídica interna, na medida em que o sistema que rege a solução do conflito das leis é, basicamente, de direito interno. Assim, no plano do direito de cada jurisdição, na perspectiva doméstica, por assim dizer, cabe ser detalhista e destacar um grau para aplicar a lei estrangeira e outro grau relativo ao

A APLICAÇÃO DE NORMAS COGENTES PELO ÁRBITRO E O CONTROLE DA ORDEM PÚBLICA

Nadia de Araújo, analisando doutrina nacional e internacional, também destaca a diferenciação entre os conceitos de ordem pública e de normas imperativas no campo do direito internacional privado, sobretudo a partir da doutrina francesa[598]. A autora ainda destaca a dificuldade de se encontrar *critérios claros* para essas definições[599].

Passando para o plano do *direito interno*, como primeira distinção, é importante esclarecer desde logo que normas cogentes, ordem pública e bons costumes dizem respeito aos *limites de contratação das partes*, atuando como "critérios de fechamento", ao lado da boa fé, função social etc.[600] – ao passo que a disponibilidade de direitos é categoria afeta à *qualidade dos direitos* em questão, o que também poderá impor, *indiretamente*, certos limites à liberdade contratual das partes, como se detalhará.

Foi dito que *normas cogentes* protegem valores que *extrapolam* os interesses individuais (das partes, empresas, cidadãos). Os interesses individuais não deixam de ser importantes aqui, mas são *residuais*, preponderando, neste caso, o *interesse público* (do Estado ou da sociedade). Também foi dito que as *normas cogentes* contrapõem-se às chamadas *normas dispositivas*, que podem ser fruto de livre deliberação e modificação

---

cumprimento da sentença estrangeira e qualquer outra manifestação de direito adquirido no exterior. Mas, quando se coloca o direito internacional privado ao lado do direito internacional em sua dimensão mais ampla, em sua perspectiva realmente internacional, as distinções do recurso à ordem pública no plano interno perdem um pouco de sua importância, não mais relevante o cuidado em classificar o funcionamento da cláusula de exceção para efeitos internacionais em aplicação direta e aplicação indireta da lei estrangeira, sendo perfeitamente natural que as duas manifestações da ordem pública no campo do direito internacional privado ocupem um só grau na escala de aplicação do princípio. É tudo uma questão de relatividade" (A ordem pública internacional em seus diversos patamares. In: **Revista dos Tribunais**, v. 828, 2004, p. 33-42).

[598] Explica a autora: "para os franceses, a ordem pública é considerada como uma exceção quando, após a determinação da lei aplicável pela regra de conexão, esta deixa de ser considerada pelo juiz para solucionar a questão porque contrária à concepção do foro a esse respeito e, portanto, inaplicável. Por outro lado, as regras consideradas como de aplicação imediata (*lois de police*) são aquelas cujo conjunto é considerado como de domínio de regulamentação estatal e que por todos deve ser seguido, para salvaguardar a organização política, social ou econômica do país (**Contratos Internacionais**: autonomia da vontade, Mercosul e convenções internacionais. 3. ed. Rio de Janeiro: Renovar, 2004, p. 36-37).

[599] **Contratos Internacionais**: autonomia da vontade, Mercosul e convenções internacionais. 3.ed. Rio de Janeiro: Renovar, 2004, p. 38-39.

[600] Cristiano de Sousa Zanetti, **Direito contratual contemporâneo**: a liberdade contratual e sua fragmentação. Rio de Janeiro: Forense, São Paulo: Método, 2008, p. 278.

ÁRBITRO E DIREITO

pelas partes[601], justamente porque atendem *preponderantemente* aos seus interesses, sendo o interesse público apenas *residual* aqui. Como se percebe, a definição também pode passar pela *preponderância* dos interesses envolvidos.

Normas cogentes estão preocupadas *preponderantemente* com os interesses que dizem respeito à coletividade. A ordem pública e os bons costumes também[602]. Mas seria um equívoco identificar essas três categorias, porque existem normas cogentes que *não são* de ordem pública[603], nem dizem respeito aos bons costumes, como se passa a detalhar.

Embora todas essas categorias digam respeito a interesses que *extrapolam o plano individual*, a ordem pública e os bons costumes, segundo parcela significativa da doutrina, estão supostamente ligados a *valores fundamentais do Estado ou de uma determinada sociedade*[604], isto é, o conjunto de aspectos sociais, políticos, econômicos, culturais, morais que estão na base dessa sociedade e que, portanto, constituiriam o seu

---

[601] Não se deve ignorar, contudo, a existência de *relações dispositivas* que, em determinadas circunstâncias, não poderão ser derrogadas pelas partes em razão da incidência de *normas cogentes*, como, por exemplo, o artigo 424, do Código Civil: "Nos contratos de adesão, são nulas as cláusulas que estipulem a renúncia antecipada do aderente a direito resultante da natureza do negócio". Nesse sentido, Cristiano de Sousa Zanetti, **Direito contratual contemporâneo:** a liberdade contratual e sua fragmentação. Rio de Janeiro: Forense, São Paulo: Método, 2008, p. 256-262.

[602] Explica Ricardo de Carvalho Aprigliano: "as leis imperativas, portanto, indiscutivelmente limitam e condicionam o domínio da autonomia da vontade. (...) Entre elas, algumas apresentam particular repercussão, revelam-se mais críticas e importantes para o sistema, na medida em que tutelam interesses que se sobrepõem aos meros interesses das partes daquela relação jurídica. Tais interesses, porque envolvem aspectos sociais, morais, econômicos e até religiosos de uma determinada sociedade, acabam sendo considerados de especial importância e repercussão. Sempre que se identifica esta relevância sobre determinadas relações jurídicas, se está diante de normas de ordem pública (**Ordem pública e processo:** o tratamento das questões de ordem pública no direito processual civil. São Paulo: Atlas, 2011, p. 16-17).

[603] No mesmo sentido, APRIGLIANO, Ricardo de Carvalho. **Ordem pública e processo:** o tratamento das questões de ordem pública no direito processual civil. São Paulo: Atlas, 2011, p. 27.

[604] Eis a definição de Orlando Gomes a propósito, citando Henri de Page: "A lei de ordem pública seria 'aquela que entende com os interesses essenciais do Estado ou da coletividade, ou que fixa, no Direito Privado, as bases jurídicas fundamentais sobre as quais repousa a ordem econômica ou moral de determinada sociedade" (**Contratos**. 26ª ed. Rio de Janeiro: Forense, 2009, p. 28).

A APLICAÇÃO DE NORMAS COGENTES PELO ÁRBITRO E O CONTROLE DA ORDEM PÚBLICA

"núcleo essencial", variando no tempo e no espaço[605]. Novamente, é uma questão de gradação.

Nessa conceituação, pode-se dizer que as normas cogentes formam um conjunto *mais amplo*, no qual está *contido* o conjunto *mais restrito* da ordem pública e dos bons costumes. Esta também parece ser a concepção de Orlando Gomes a propósito[606].

Nessa mesma linha, Pontes de Miranda já dividia as normas cogentes em distintas categorias, conforme a *gradação das consequências* de sua violação[607]. Dentre essas categorias, o autor fala em *"regras cogentes não--invalidantes"* e também *"regras cogentes rescisoriais"*, aquelas que afetam apenas o *plano da eficácia* do negócio jurídico: "o negócio jurídico existe, vale, mas pode ser *cindido*. Algo ocorreu, ao ser concluído, que vai dar ensejo, mediante ação do interessado, à rescisão"[608]. Note-se que, aqui, a plena realização da cogência da norma jurídica fica a cargo do interessado,

---

[605] Uma definição semelhante de ordem pública é feita por Ricardo de Carvalho Aprigliano nas conclusões de sua tese: "A ordem pública tem sido considerada como o conjunto de princípios que refletem os valores fundamentais de uma determinada sociedade. Estes valores, que se encontram na sua base, sofrem modificações conforme o tipo de sociedade, o tempo e o lugar, mas de modo geral estão associados com aspectos morais, sociais, econômicos e religiosos desta mesma sociedade" (**Ordem pública e processo:** o tratamento das questões de ordem pública no direito processual civil. São Paulo: Atlas, 2011, p. 239). O autor também fala em núcleo essencial em trecho anterior (p. 17).

[606] Nas palavras do autor: "via de regra, as leis coativas são de ordem pública, uma vez que também não podem ser derrogadas pela vontade particular – *privatorum pactis mutari non potest*. Incorreria em equívoco, todavia, quem as equiparasse. Se toda lei de ordem pública é imperativa, ou proibitiva, nem toda lei coativa é de ordem pública. Para a proteção de certos interesses privados, contém a lei preceitos coativos, mas as disposições que tendem a essa finalidade não entendem com os interesses essenciais da sociedade, não se considerando, portanto, regras de ordem pública" (**Contratos**. 26ª ed. Rio de Janeiro: Forense, 2009, p. 29).

[607] Nas palavras do autor: "as regras jurídicas cogentes, quanto às consequências da sua violação, devidem-se em a) regras cogentes repelentes ou pré-excludentes, regras que negam existência ao fato jurídico, inclusive ao negócio jurídico, b) regras cogentes nulificantes, ou que dão ensejo à nulidade do ato jurídico, inclusive negócio jurídico, c) regras cogentes anulativas, que têm como consequência a anulabilidade, d) regras cogentes não-invalidantes, que são aquelas de que resultam consequências que não são a de inexistência, nem a de não--validade (reparação do dano, caducidade de algum direito, medidas disciplinares, óbices ao exercício de algum direito, rescindibilidade)" (**Tratado de Direito Privado:** parte geral. T. III, 4.ed. São Paulo: Revista dos Tribunais, 1983, p. 57).

[608] **Tratado de Direito Privado:** parte geral. t. III, 4.ed. São Paulo: Revista dos Tribunais, 1983, p. 46.

ÁRBITRO E DIREITO

que pode simplesmente permanecer inerte e, com isso, praticamente renunciar (de forma tácita) à *cogência* que lhe favoreceria (o exemplo que Pontes de Miranda utiliza a propósito é a disciplina do vício redibitório). Assim entendido esse grau mínimo de cogência da norma jurídica, é preciso reconhecer que ele estaria bem próximo de uma norma dispositiva propriamente dita. As fronteiras, novamente, misturam-se. De todo modo, fica claro que, nesse campo mínimo da cogência, não parece haver nenhuma preocupação de ordem pública, se esta for considerada como síntese dos *valores fundamentais* do Estado ou de uma determinada sociedade. Daí porque, mais uma vez, a confusão entre cogência e ordem pública não tem razão de ser. A *gradação da cogência das normas a partir das consequências de sua infração* nos parece ser um caminho acertado para se analisar cada categoria ou instituto jurídico e sua eventual relação com a chamada "ordem pública".

Todavia, no *direito brasileiro contemporâneo*, não se pode perder de vista que a compreensão da cogência das normas, suas consequências e os limites ao direito de contratar estão também relacionados com as *distintas categorias de contratos*: os limites *modificam-se* conforme estejamos diante de um "contrato clássico", um contrato por adesão, um contrato de consumo etc.[609]. Essa "fragmentação da liberdade contratual"[610] pode ter consequências para a compreensão da disciplina das *normas cogentes* no direito brasileiro.

Avançando-se na diferenciação entre as múltiplas categorias, convém tratar da distinção entre ordem pública e os bons costumes. Costuma-se distingui-los pela *perspectiva moral*: os bons costumes estariam ligados, assim, aos *valores morais ou éticos* subjacente a uma determinada

---

[609] Cristiano de Sousa Zanetti, **Direito contratual contemporâneo:** a liberdade contratual e sua fragmentação. Rio de Janeiro: Forense, São Paulo: Método, 2008, p. 264-266.

[610] Nas palavras de Cristiano de Sousa Zanetti: "no direito brasileiro vigente, impõe diferenciar entre os contratos submetidos aos limites clássicos, os contratos civis concluídos por adesão e os contratos que disciplinam relações de consumo. As limitações à liberdade contratual se manifestam de maneira diferenciada em cada um deles. Não se trata de simples expansão do milenar limite da licitude, mas sim de verdadeira fissura na liberdade contratual, visto que não se está a regular de modo diferenciado apenas dados contratos. Praticamente todos os contratos, típicos ou atípicos, podem ser pactuados entre consumidores ou sob a forma de adesão. Disso decorre a fragmentação da liberdade contratual no direito brasileiro" (**Direito contratual contemporâneo:** a liberdade contratual e sua fragmentação. Rio de Janeiro: Forense, São Paulo: Método, 2008, p. 266).

A APLICAÇÃO DE NORMAS COGENTES PELO ÁRBITRO E O CONTROLE DA ORDEM PÚBLICA

sociedade, localizada no tempo e no espaço[611]. Mas esta não parece ser uma diferenciação muito precisa, porque também a ordem pública pode ter como a ética e os costumes como fonte normativa[612]. Novamente, os conceitos embaralham-se.

Para avançar, é preciso compreender **(i)** a origem dos dois conceitos e **(ii)** a função que eles exercem hoje.

Quanto a sua *origem*, não há dúvida de que o direito romano já se valia da categoria dos bons costumes, inclusive para reconhecer a nulidade ou ineficácia dos chamados negócios jurídicos imorais[613], ainda que estas não fossem as únicas consequências possíveis[614] e ainda que a própria definição do que seriam bons costumes nem sempre fosse clara e unívoca[615]. Por outro lado, os romanos não utilizavam a expressão "ordem pública", que só passou a fazer sentido a partir da afirmação da autonomia privada e dos princípios de liberdade contratual que não

---

[611] Como faz Orlando Gomes, ao distinguir entre contratos proibidos (que violam a ordem pública) e contratos imorais (que violam os bons costumes) (**Contratos.** 26ª ed. Rio de Janeiro: Forense, 2009, p. 185-187). Sobre o conceito de contrato imoral, diz o autor: "contrato imoral é o que ofende os bons costumes. Esta locução significa, em Direito, o conjunto de princípios que, em determinado tempo e lugar, constituem as diretrizes do comportamento social no quadro das exigências mínimas da moralidade média" (p. 185).

[612] Neste sentido, MALAURIE, Philippe. **L'ordre public et le contrat:** Etude de Droit civil comparé France, Anglaterre, URSS, Reims: Editions Matot-Braine, 1953, p. 15.

[613] Nas palavras de José Carlos Moreira Alves: "*quer no direito clássico, quer no direito pós-clássico e justinianeu, os negócios jurídicos imorais (isto é, os contrários aos bons costumes) eram nulos*" (**Direito Romano**, v. I, Rio de Janeiro: Borsoi, 1965, p. 191). Por sua vez, Charles Maynz fala em ineficácia dos negócios jurídicos contrários aos bons costumes no direito romano: "*toute convention qui a pour objet un fait contraire aux lois et aux bonnes moeurs est absolument inefficace*" (**Cours de Droit Romain.** v. II, Bruylant-Christophe, 1877, p. 145-146).

[614] Cristiano de Sousa Zanetti, **Direito contratual contemporâneo:** a liberdade contratual e sua fragmentação. Rio de Janeiro: Forense, São Paulo: Método, 2008, p. 25-26.

[615] Sobre os bons costumes como limite à liberdade contratual no direito romano, escreve Cristiano de Sousa Zanetti: "existiam, entretanto, limites que se impunham a todas as categorias negociais, a saber, a licitude e a não violação aos bons costumes. Não havia coincidência entre ambos. Os bons costumes remetiam à consciência social predominante e eram delimitados em sentido negativo, ou seja, a partir do elenco dos atos que lhe fossem contrários. As locuções usadas pelos romanos para cuidar dos atos praticados contra as normas jurídicas e os bons costumes não eram uniformes, o que gera fundadas dificuldades para se extremar os respectivos sentidos" (**Direito contratual contemporâneo:** a liberdade contratual e sua fragmentação. Rio de Janeiro: Forense, São Paulo: Método, 2008, p. 23-24).

ÁRBITRO E DIREITO

tinham, naquela época, os mesmos contornos que possuem hoje[616]. A expressão mais próxima, no direito romano, do que se entende hoje por "ordem pública", era o "*jus publicum*", mas ainda assim a relação não é precisa[617]. A dificuldade reside no fato de que o "*jus publicum*" cobria, ao mesmo tempo, diversas noções modernas como "leis imperativas", "ordem pública", "utilidade pública", "abuso de direito" etc. e, portanto, o paralelo não é adequado[618]. Assim, ao contrário dos bons costumes, a "ordem pública" parece ter genealogia moderna, ligada à formação do Estado moderno e à delimitação da autonomia privada, desenvolvendo-se, sobretudo, a partir do século XIX com a Revolução Francesa[619] e o posterior movimento de codificação do direito privado (em especial o Código Napoleônico)[620], sem ignorar que também os legisladores modernos muitas vezes empregavam os termos "ordem pública" e "bons costumes" de forma indistinta, juntamente com outras expressões como "interesse público", "bem comum" etc[621].

Quanto à *função* que os conceitos de ordem pública e bons costumes exercem hoje, sendo ambos *limites à liberdade contratual*, pode-se com-

[616] Nas palavras de Philippe Malaurie: "*l'ordre public ne peut se concevoir que dans un système juridique qui connaît le principe général de l'autonomie de la volonté et de la liberté contractuelle qui a toujours été ignoré à Rome*» (**L'ordre public et le contrat:** etude de droit civil comparé France, Anglaterre, URSS, Reims: Editions Matot-Braine, 1953, p. 45).

[617] Vide MALAURIE, Philippe. **L'ordre public et le contrat:** etude de droit civil comparé France, Anglaterre, URSS, Reims: Editions Matot-Braine, 1953, p. 45.

[618] A esse respeito, MALAURIE, Philippe. **L'ordre public et le contrat: L'ordre public et le contrat:** etude de droit civil comparé France, Anglaterre, URSS, Reims: Editions Matot-Braine, 1953, p. 44-45.

[619] Vale citar as notas de Nelson Saldanha a propósito, ainda que o autor empregue outro significado de ordem pública: "um dos pontos de partida da organização político-social contemporânea se encontra no conceito de ordem pública, que a Revolução Francesa fixou" (**O jardim e a praça: ensaio sobre o lado privado e o lado público da vida social e histórica**. Porto Alegre: Fabris, 1986, p. 24).

[620] Nesse sentido, Philippe Malaurie, **L'ordre public et le contrat: L'ordre public et le contrat:** etude de droit civil comparé France, Anglaterre, URSS, Reims: Editions Matot-Braine, 1953, p. 27 e 44-45. Também explica Ricardo Ramalho de Almeida: «a dogmática civilista da ordem pública insere-se no mesmo paradigma contratual que consagrou a autonomia da vontade, nascido das grandes codificações, notadamente a francesa de 1804" (**Arbitragem comercial internacional e ordem pública**. Rio de Janeiro: Renovar, 2005, p. 16-17).

[621] Philippe Malaurie, **L'ordre public et le contrat:** etude de droit civil comparé France, Anglaterre, URSS, Reims: Editions Matot-Braine, 1953, p. 27.

preender os bons costumes como um elemento *complementar e integrante* da noção de ordem pública (ou seja, formando um conjunto mais restrito de valores morais, dentro do conjunto maior representado pela ordem pública), de tal forma que a sua utilização ao lado da ordem pública é vista, muitas vezes, como "complemento" em benefício da *clareza*, a exemplo do que ocorreu na elaboração do Código Napoleônico[622]. Esse parece ser o caso também do uso da expressão "bons costumes" em alguns dispositivos do direito brasileiro, como se verá a seguir.

Assim definidas, normas cogentes, ordem pública e bons costumes não se prestam ao estabelecimento de fronteiras muito precisas[623]. Há *alto grau de subjetividade* na delimitação do que constituiria, exatamente, esse *"núcleo essencial"* de valores fundamentais de uma determinada sociedade[624] ou mesmo o conjunto mais restrito de "valores morais" da coletividade.

Por isso, muitos autores tentaram estabelecer listas indicativas contendo exemplos de normas consideradas de ordem pública[625]. Também existem julgados do Superior Tribunal de Justiça que adotaram a mesma orientação, como é o caso da Sentença Estrangeira Contestada nº 802, relatada pelo Ministro José Delgado, que adotou rol elaborado por Maria Helena Diniz[626]. Todavia, não raras vezes essas listas contêm *expressões igualmente vagas ou genéricas* ou mesmo referência a diplomas legislativos inteiros, ou seja, a dificuldade de se compreender com maior precisão o

---

[622] MALAURIE, Philippe. **L'ordre public et le contrat:** etude de droit civil comparé France, Anglaterre, URSS, Reims: Editions Matot-Braine, 1953, p. 30.

[623] Sobre a natureza arbitrária de qualquer tentativa de estabelecer demarcações teóricas precisas entre a ordem pública e os bons costumes, ver MALAURIE, Philippe. **L'ordre public et le contrat:** etude de droit civil comparé France, Anglaterre, URSS, Reims: Editions Matot-Braine, 1953, p. 29.

[624] Essa dificuldade também foi capturada por Orlando Gomes: "essa idéia geral não traça diretriz suficientemente clara para guiar o juiz obrigado a invocá-la, porquanto não é fácil determinar taxativamente os *interesses essenciais* do Estado e da coletividade, variáveis em função até do regime político dominante. Por outro lado, os pilares da ordem econômica e moral de determinada sociedade são em número reduzido. Considerados apenas os fundamentais, limitar-se-ia, demasiadamente, o conceito de ordem pública" **Contratos**. 26ª ed. Rio de Janeiro: Forense, 2009, p. 28).

[625] Como fez, por exemplo, Orlando Gomes, tanto para a ordem pública, quanto para os bons costumes (**Contratos**. 26ª ed. Rio de Janeiro: Forense, 2009, p. 28-29).

[626] Sentença Estrangeira Contestada 802, Rel. Min. José Delgado, Corte Especial, j. 19.09.2005.

ÁRBITRO E DIREITO

que significa ordem pública ou bons costumes persiste[627], e o exercício se revela de pouca utilidade prática[628].

A jurisprudência também pode ser fonte de explicitação do que seja a ordem pública[629], mas é preciso proceder com rigor técnico e conceitual, para evitar ainda maior confusão. Por isso, parece ser mais proveitoso distinguir *caso-a-caso*, de forma *exemplificativa*, as normas que estariam relacionadas com a ordem pública ou com os bons costumes e aquelas que apenas teriam natureza cogente (em distintos graus de cogência). É assim que deve ser com todo *conceito jurídico indeterminado* e é assim que também procederemos neste trabalho: buscar analisar *cada categoria específica* a partir de um *enfoque preocupado com a gradação **(i)** dos valores que a norma em questão procura proteger, bem como **(ii)** das consequências de sua violação*.

Para este fim, seguiremos, em princípio, a definição de ordem pública segundo a doutrina dominante, isto é, a *fundamentalidade* dos valores e interesses que são protegidos ou resguardados pela norma jurídica em questão, a despeito de reconhecermos as limitações e as desvantagens

---

[627] Por exemplo, o rol elaborado por Orlando Gomes a propósito das normas de ordem pública contém pontos específicos que, de fato, facilitam e auxiliam o debate (como, por exemplo, "*a proibição do anatocismo*"). Por outro lado, o mesmo rol também contém referências que são tão amplas, genéricas e sujeitas a controvérsias quanto a própria noção de ordem pública (como, por exemplo, "*as leis que consagram ou salvaguardam o princípio da liberdade e da igualdade dos cidadãos, e, particularmente, as que estabelecem o princípio da liberdade de trabalho, de comércio e de indústria*") (**Contratos**. 26ª ed. Rio de Janeiro: Forense, 2009, p. 28-29). Não seria a lei de arbitragem consagradora da *liberdade do cidadão* em escolher como deseja resolver seus conflitos, fomentando também a *liberdade do comércio e de indústria* para se autoregular? Mas nem por isso tem esse diploma legal caráter de ordem pública.

[628] A propósito, concordamos com a crítica feita por Ricardo de Carvalho Aprigliano a esse precedente do STJ: "não são todas as matérias indicadas no rol proposto por Maria Helena Diniz, e acolhido pelo Superior Tribunal de Justiça, que poderão ser enquadradas nestes conceitos. A rigor, difícil conceber, por exemplo, que todas as normas penais reflitam interesses coletivos, que transcendem o interesse das partes. Fosse assim, seria o caso de abolir os crimes dependentes de iniciativa privada, como são os de calúnia, injúria e difamação, ou ainda, toda a disciplina legal sobre crimes de menor potencial ofensivo, que admitem transação penal (tantas vezes convertida em simples indenização à vítima)" (**Ordem Pública e Processo: o tratamento das questões de ordem pública no direito processual civil**. São Paulo: Atlas, 2011, p. 30).

[629] Nesse sentido, Custódio da Piedade Ubaldino Miranda. **Teoria geral do negócio jurídico**. 2.ed. São Paulo: Atlas, 2009, p. 42.

A APLICAÇÃO DE NORMAS COGENTES PELO ÁRBITRO E O CONTROLE DA ORDEM PÚBLICA

dessa conceituação (dentre elas, o *alto grau de subjetividade* indicado acima). De agora em diante, sempre que se fizer menção à expressão "ordem pública" na análise do direito brasileiro, incluem-se aí os bons costumes, a menos que alguma distinção seja feita a propósito.

Prosseguindo nas delimitações conceitos, cabe distinguir a ordem pública e os bons costumes da indisponibilidade de direitos, outra confusão conceitual que é feita com alguma frequência pela doutrina. Novamente, são categoriais jurídicas distintas.

Não é correto afirmar, por exemplo, que tudo aquilo que for de ordem pública pertence *necessariamente* ao campo dos direitos indisponíveis. Também existem normas de ordem pública que incidem sobre direitos disponíveis[630].

Aqui, parece-nos que será proveitosa uma análise a partir do *direito material*, mais especificamente, do direito privado, começando pela Lei de Introdução às normas do Direito Brasileiro (Decreto-Lei nº 4.657/42) e depois passando pelo Código Civil (lei 10.406/02) e pelo Código de Defesa do Consumidor (lei 8.078/90).

Dispõe o artigo 17 da Lei de Introdução, já referido acima:

> *"Art. 17. As leis, atos e sentenças de outro país, bem como quaisquer declarações de vontade, não terão eficácia no Brasil, quando ofenderem a soberania nacional, a ordem pública e os bons costumes."*

O dispositivo em questão é claro ao mencionar tanto a *ordem pública* quanto os *bons costumes* (além da soberania nacional) como categorias cuja *violação* conduz à *ineficácia* de leis, atos, sentenças e também das *"declarações de vontade"*. Mais recentemente, o Regimento Interno do Superior Tribunal de Justiça agregou uma quarta categoria, a *"dignidade*

---

[630] A propósito, explica Ricardo de Carvalho Aprigliano: "a ordem pública não é incompatível com a disponibilidade sobre certos aspectos do direito, nem com a renúncia ou transação. (...) As leis de ordem pública de direito material importam, de fato, em restrições à liberdade das partes, impõem padrões de comportamento, prescrevem a nulidade de atos praticados em sua violação, mas não implicam absoluta indisponibilidade sobre o direito. Em resumo, é equivocada a concepção de que a ordem pública significa indisponibilidade dos direitos, afinal, demonstrou-se que pode haver atos de disposição mesmo sobre normas que possuem natureza de ordem pública" (**Ordem pública e processo:** o tratamento das questões de ordem pública no direito processual civil. São Paulo: Atlas, 2011. p. 19-21).

da pessoa humana", nos termos de seu artigo 216-F[631], que tem sido sistematicamente aplicado pela jurisprudência desta Corte Superior, em conjunto com os artigos 15 e 17 da Lei de Introdução, na homologação de sentenças estrangeiras[632].

A seu turno, o Código Civil de 2002 utiliza a expressão "ordem pública" em *apenas cinco* de seus dispositivos. Esse dado já é, em si, relevante: dentre 2.046 disposições legais, apenas cinco (ou 0,25%) tratam *expressamente* da ordem pública, muito embora existam diversas outras *normas cogentes* no corpo do Código Civil que não são conceituadas, expressamente, como "ordem pública"[633]. Eis os dispositivos:

> *"Art. 20. Salvo se autorizadas, ou se necessárias à administração da justiça ou à manutenção da **ordem pública,** a divulgação de escritos, a transmissão da palavra, ou a publicação, a exposição ou a utilização da imagem de uma pessoa poderão ser proibidas, a seu requerimento e sem prejuízo da indenização que couber, se lhe atingirem a honra, a boa fama ou a respeitabilidade, ou se se destinarem a fins comerciais."*
> (grifamos)

---

[631] RISTJ, Artigo 216-F *"Não será homologada a sentença estrangeira que ofender a soberania nacional, a dignidade da pessoa humana e/ou a ordem pública"* (incluído pela Ementa Regimental n. 18, de 2014).

[632] Apenas a título exemplificativo, ver SEC 3555, Rel. Min. Napoleão Nunes Maia Filho, DJ 19.10.2015, SEC 11117, Rel. Min. Raul Araújo, DJ 16.10.2015, SEC 10860, Rel. Min. Raul Araújo, DJ 16.09.2015.

[633] Por exemplo, o artigo 413 do Código Civil, tratando da redução equitativa da cláusula penal: *"Art. 413. A penalidade deve ser reduzida eqüitativamente pelo juiz se a obrigação principal tiver sido cumprida em parte, ou se o montante da penalidade for manifestamente excessivo, tendo-se em vista a natureza e a finalidade do negócio."* A norma possui *natureza cogente*, embora não pareça proteger qualquer *"valor fundamental"* da sociedade brasileira. Os negócios entre partes capazes que assumiram livremente os riscos ao contratarem uma cláusula penal estão sujeitos a essa limitação constante do artigo 413. Não há nenhum "valor maior" da sociedade aqui. Trata-se apenas de opção do legislador para limitar a contratação das partes nesse ponto. Sobre a natureza cogente de tal disposição, diz Judith Martins-Costa: "O contrato pode dispor a proibição da redução? Isto é, o art. 413 contém norma dispositiva ou de *jus cogens*? Cremos que a norma é cogente, não podendo ser afastada pela autonomia privada, seja em face dos valores que contém, seja em razão da linguagem imperativa na qual vazada. Trata-se do cometimento de um poder-dever ao julgador. Isto não impede, não obstante, que as partes, no próprio contrato, ajustem, desde logo, parâmetros de redução, os quais, todavia, também estão sujeitos ao crivo judicial, na forma modelada pelo art. 413" (**Comentários ao novo Código Civil. volume V, tomo II:** do inadimplemento das obrigações. Rio de Janeiro: Forense, 2009. p. 711-712). No mesmo sentido, Jorge Cesa Ferreira da Silva, **Inadimplemento das obrigações**. São Paulo: Editora Revista dos Tribunais, 2007. p. 279-280.

*"Art. 122. São lícitas, em geral, todas as condições não contrárias à lei, à **ordem pública** ou aos bons costumes; entre as condições defesas se incluem as que privarem de todo efeito o negócio jurídico, ou o sujeitarem ao puro arbítrio de uma das partes."* (grifamos)

"Art. 606. Se o serviço for prestado por quem não possua título de habilitação, ou não satisfaça requisitos outros estabelecidos em lei, não poderá quem os prestou cobrar a retribuição normalmente correspondente ao trabalho executado. Mas se deste resultar benefício para a outra parte, o juiz atribuirá a quem o prestou uma compensação razoável, desde que tenha agido com boa-fé.

*Parágrafo único. Não se aplica a segunda parte deste artigo, quando a proibição da prestação de serviço resultar de **lei de ordem pública.**"* (grifamos)

*"Art. 1.125. Ao Poder Executivo é facultado, a qualquer tempo, cassar a autorização concedida a sociedade nacional ou estrangeira que infringir **disposição de ordem pública** ou praticar atos contrários aos fins declarados no seu estatuto"* (grifamos)

Art. 2.035. A validade dos negócios e demais atos jurídicos, constituídos antes da entrada em vigor deste Código, obedece ao disposto nas leis anteriores, referidas no art. 2.045, mas os seus efeitos, produzidos após a vigência deste Código, aos preceitos dele se subordinam, salvo se houver sido prevista pelas partes determinada forma de execução.

*Parágrafo único. Nenhuma convenção prevalecerá se contrariar preceitos de **ordem pública**, tais como os estabelecidos por este Código para assegurar a função social da propriedade e dos contratos.* (grifamos)

Por outro lado, o Código Civil de 2002 utiliza a expressão "bons costumes" também em *cinco dispositivos*, alguns coincidentes com aqueles indicados acima:

*"Art. 13. Salvo por exigência médica, é defeso o ato de disposição do próprio corpo, quando importar diminuição permanente da integridade física, ou contrariar os **bons costumes.**"* (grifamos)

*"Art. 122. São lícitas, em geral, todas as condições não contrárias à lei, à ordem pública **ou aos bons costumes**; entre as condições defesas se incluem as que privarem*

de todo efeito o negócio jurídico, ou o sujeitarem ao puro arbítrio de uma das partes." (grifamos)

*"Art. 187. Também comete ato ilícito o titular de um direito que, ao exercê-lo, excede manifestamente os limites impostos pelo seu fim econômico ou social, pela boa-fé ou **pelos bons costumes**."* (grifamos)

"Art. 1.336. São deveres do condômino:
(...)
*IV – dar às suas partes a mesma destinação que tem a edificação, e não as utilizar de maneira prejudicial ao sossego, salubridade e segurança dos possuidores, **ou aos bons costumes**."* (grifamos)

"Art. 1.638. Perderá por ato judicial o poder familiar o pai ou a mãe que:
(...)
*III – praticar atos contrários à moral e **aos bons costumes;**"* (grifamos)

Como se percebe, são nove dispositivos ao todo, tratando de matérias *distintas.*

No tocante à regulação das condições, por exemplo, uma condição que deixe ao arbítrio de apenas uma das partes determinada estipulação – as chamadas condições potestativas ou arbitrárias, estipulando, por exemplo, "se eu quiser"[634] – primeiro, **(i)** podem envolver apenas e tão somente *direitos disponíveis* (não se confundem com a indisponibilidade de direitos, portanto) e, segundo, **(ii)** não parecem ofensivas a "valores maiores" da sociedade, a despeito de sua *proibição* constar *expressamente* da lei, conforme dispõe o artigo 122 reproduzido acima (portanto, não se confundem com a ordem pública propriamente dita ou com os bons costumes). Se o legislador pretendesse esclarecer, ainda no artigo 122, que as "condições arbitrárias" são exemplos de ofensas à ordem pública, ele poderia ter dito que *"consideram-se ofensivas à ordem pública e aos bons*

---

[634] Nesse ponto, cabe a lição de Antônio Junqueira de Azevedo: "estão, também, entre as que contaminam de nulidade todo o negócio: as meramente potestativas (ditas arbitrárias, por exemplo, 'se eu quiser') e as que privarem de todo efeito o ato (art. 115 do CC), pois ambas revelam a total falta da vontade de obrigar-se" (**Negócio jurídico:** existência, validade e eficácia. 4.ed. São Paulo: Saraiva, 2002, p. 47). O artigo 115 do Código Civil de 1916, referido pelo autor, corresponde ao artigo 122 do Código Civil de 2002.

A APLICAÇÃO DE NORMAS COGENTES PELO ÁRBITRO E O CONTROLE DA ORDEM PÚBLICA

costumes as condições que privarem de todo efeito o negócio jurídico, ou o sujeitarem ao puro arbítrio de uma das partes". Porém, a opção do legislador foi outra e a redação do dispositivo é clara a propósito: apenas qualifica as "condições arbitrárias" como exemplos de "condições defesas" (isto é, proibidas). Inclusive, essa era também a redação do artigo 115 do Código Civil de 1916, que sequer mencionava a "ordem pública"[635].

Fica claro, pela redação do antigo artigo 115, que o adjetivo "defesas" dizia respeito às condições "ilícitas" (isto é, proibidas), mas não necessariamente às imorais ou ofensivas à ordem pública. A doutrina antiga também reconhecia as condições "imorais" como nulas, mas *separava* essa categoria daquelas condições ditas como potestativas ou pelo menos não as identificava completamente[636]. Inclusive, porque nem toda condição potestativa era necessariamente nula, apenas aquelas que deixam ao arbítrio de uma das partes se deseja se vincular ou não[637] (no fundo, o *"quero se eu quiser"* representa ausência de vinculação, ausência de consentimento[638]). O ponto importante aqui é que a condição sujeita

[635] Código Civil de 1916. Art. 115. *"São lícitas, em geral, todas as condições, que a lei não vedar expressamente. Entre as condições defesas se incluem as que privarem de todo efeito o ato, ou o sujeitarem ao arbítrio de uma das partes."*

[636] Paulo de Lacerda, **Manual do Código Civil Brasileiro.** v. III, Rio de Janeiro: Jacintho Ribeiro dos Santos, 1926. p. 99-146. Mesmo entre as condições consideradas imorais, a doutrina antiga entendia que era necessário que o resultado prático fosse condenado pela lei ou pela "moral social". Nas palavras de Paulo de Lacerda: "existe, na doutrina, geral accordo em affirmar que o acontecimento estabelecido como condição não deve ser apreciado em si mesmo, para decidir de sua moralidade; cumpre ter em vista os effeitos da *declaração condicionada*. Ha, portanto, necessidade de examinar se o resultado pratico da convenção subordinada a uma condição é condenado pela lei ou moral social" (p. 100).

[637] Paulo de Lacerda, **Manual do Código Civil Brasileiro.** v. III. Rio de Janeiro: Jacintho Ribeiro dos Santos, 1926, p. 146-184. Em particular, conclui o autor: "tudo isso demonstra que ao systema de nosso Codigo Civil não repugna a idéa de uma condição potestativa pendente da vontade do devedor. O que se deve concluir é que somente ás condições denominadas *puramente potestativas* pelos commentadores franceses, e meramente potestativas pelos italianos, se refere a condenação do art. 115, quando diz defesas as condições que sujeitarem o acto ao arbítrio de uma das partes" (p. 175-176).

[638] Explica, novamente, Paulo de Lacerda: "na verdade, não ha quem conteste que o acto jurídico se não constituirá validamente, se o obrigado declarar – eu satisfarei tal prestação, se o quizer – É o mesmo que se não obrigar a coisa alguma, e o acto será nullo, por falta de consentimento; desnecessário será, para isso, estabelecer o princípio que a condição potestativa a cargo do devedor nulifica o acto jurídico" (**Manual do Código Civil Brasileiro.** v. III. Rio de Janeiro: Jacintho Ribeiro dos Santos, 1926. p. 171).

ÁRBITRO E DIREITO

ao puro arbítrio de uma das partes é *nula* (defesa, proibida), mas não necessariamente "imoral" ou ofensiva à "ordem pública". Portanto, a artigo 122 do Código Civil oferece-nos um bom exemplo para diferenciar entre disponibilidade de direitos, normas cogentes e ordem pública.

Outro exemplo é a *regulação do preço* no contrato de compra e venda. Estabelece o artigo 489, do Código Civil, que é *nulo* o contrato de compra e venda quando deixa ao arbítrio exclusivo de uma das partes a fixação do preço[639], ao se estipular, por exemplo, "pagarás o que quiseres"[640]. Não há dúvidas de que estamos no campo dos *direitos patrimoniais disponíveis* (passíveis, portanto, de serem objeto de contrato de compra e venda). Mas estaríamos diante de um *imperativo de ordem pública*? Se um dos contraentes decidir não pagar nada (o que igualaria esse negócio a uma doação, descaracterizando a compra e venda), qual seria o "valor maior ou fundamental" da sociedade que estaria sendo violado? Na verdade, parece que este é mais um exemplo de *norma cogente* (a estipulação seria, de qualquer forma, *ilícita*), mas *sem* o caráter de *ordem pública*. Por outro lado, poder-se-ia argumentar que há o *interesse social* de que um contrato de compra e venda não seja *descaracterizado* em seus "elementos categoriais essenciais"[641], o preço, pois do contrário a coletividade também perderia suas referências. Mas neste caso o "social" seria tão *amplo* que o conceito de ordem pública perderia sua razão de ser, pois seria difícil encontrar categoria jurídica que não tivesse algum "interesse social" nesse sentido.

---

[639] Art. 489. Nulo é o contrato de compra e venda, quando se deixa ao arbítrio exclusivo de uma das partes a fixação do preço.

[640] A esse respeito, esclarece, novamente, Antônio Junqueira de Azevedo: "o que não é possível é a indeterminação absoluta, como a constante da seguinte estipulação: pagarás o que quiseres. Em tal caso, não se pode afirmar que haja venda, pois, se convier ao adquirente nada pagar, transmudar-se-á unilateralmente em simples doação o primitivo negócio jurídico. Tal estipulação é nula, porque submetida ao arbítrio exclusivo de uma das partes, configurando, pois, condição potestativa, proibida por lei (CC, art. 115)" (**Negócio jurídico:** existência, validade e eficácia. 4.ed. São Paulo: Saraiva, 2002. p. 44-45). Novamente, o artigo 115 do Código Civil de 1916, referido pelo autor, corresponde ao artigo 122 do atual Código Civil. No mesmo sentido, Caio Mário da Silva Pereira, **Instituições de Direito Civil**. atual. Caitlin Mulholland, 19ª ed. Rio de Janeiro: Forense, 2015. p. 158-159.

[641] Conforme definido por Antônio Junqueira de Azevedo, **Negócio jurídico:** existência, validade e eficácia, 4.ed. São Paulo: Saraiva, 2002. p. 43-44.

A APLICAÇÃO DE NORMAS COGENTES PELO ÁRBITRO E O CONTROLE DA ORDEM PÚBLICA

No tema das *nulidades* que afetam o negócio jurídico, muitas (talvez a maioria) possuem, de fato, natureza de *ordem pública*[642], porém nem todas. Dito de outro modo, os contratos que violem a ordem pública ou os bons costumes são *nulos*[643] (dependendo da cogência das normas, a violação pode afetar até mesmo o plano da inexistência, segundo alguns autores[644]), mas nem toda nulidade do contrato está ligada *necessariamente* à ordem pública e aos bons costumes. Mais uma vez, será preciso compreender as especificidades do instituto em questão, para se realizar a devida *gradação*.

Também é comum a *indistinção* entre disponibilidade de direitos, normas cogentes e ordem pública no direito do consumidor. Uma das prováveis causas dessa confusão reside no fato de o legislador ter incluído, logo na abertura do Código de Defesa do Consumidor, um dispositivo que faz referência ao caráter de ordem pública de suas normas:

> *"Art. 1º O presente código estabelece normas de proteção e defesa do consumidor, de **ordem pública e interesse social**, nos termos dos arts. 5°, inciso XXXII, 170, inciso V, da Constituição Federal e art. 48 de suas Disposições Transitórias."* (grifamos)

É comum encontrar autores que, com base nesse dispositivo, apresentam de forma *indistinta* os conceitos cogência e ordem pública[645].

---

[642] Comentando o Código Civil de 1916, Clovis Bevilaqua, por exemplo, entendia que todas as hipóteses de *nulidade de pleno direito* do negócio jurídico ofendiam "princípios básicos da ordem jurídica, garantidores dos mais valiosos interesses da coletividade" (**Código Civil dos Estados Unidos do Brasil Comentado**. v. 1, Rio de Janeiro: Editora Paulo de Azevedo, Livraria Francisco Alves, 1959. p. 330-331).

[643] Nesse sentido, Orlando Gomes, **Contratos**, 26ª ed. Rio de Janeiro: Forense, 2009. p. 29. Ver também Philippe Malaurie, **L'ordre public et le contrat:** etude de droit civil comparé France, Anglaterre, URSS, Reims: Editions Matot-Braine, 1953. p. 16.

[644] A propósito, explica Pontes de Miranda: "quando as regras jurídicas cogentes se referem a serem ou não serem os negócios jurídicos, dizem-se pré-excludentes: o *negotium* entra, ou não entra no mundo jurídico. A cogência é absoluta. Se as regras jurídicas cogentes admitem a entrada do negócio jurídico que as infringia, ou se referem à *validade* (regras jurídicas nulificantes, regras jurídicas anulativas), ou ao *conteúdo* (regras jurídicas preenchentes, distintas das regras jurídicas dispositivas, que são enchentes, por se referirem essas a lugares que a vontade poderia preencher), ou à eficácia (regras jurídicas eficacígenas, regras jurídicas limitadoras ou pré-excludentes ou excludentes de efeitos" (**Tratado de Direito Privado:** parte geral. T. III, 4ª ed. São Paulo: Revista dos Tribunais, 1983. p. 45).

[645] Nesse sentido, José Geraldo Brito Filomeno, Capítulo I – Disposições Gerais, In: Ada Pellegrini Grinover et al. **Código Brasileiro de Defesa do Consumidor:** comentado pelos

ÁRBITRO E DIREITO

Porém, a confusão não tem razão de ser. Primeiro, porque o próprio dispositivo esclarece que o *"código estabelece normas"* de ordem pública, o que não significa dizer que *todas* as normas desse Código são de ordem pública. Sendo inegável que determinados preceitos de defesa do consumidor avizinham-se da ordem pública[646] – como é o caso, por exemplo, de algumas causas de *nulidade de cláusulas contratuais* por *abusividade*, conforme artigo 51, do Código[647] – é igualmente inegável que *nem todos* os dispositivos desse diploma tenham esse caráter. Do contrário, certamente teríamos dificuldade para aceitar, tecnicamente, que tantas transações fossem feitas em juízo (sobretudo, nos Juizados Especiais Cíveis), todos os dias, tratando de direito do consumidor. Ainda que a ordem pública não se confunda *necessariamente* com direitos indisponíveis, o índice de autocomposição no campo do consumidor demonstra que, provavelmente, as *questões pecuniárias* decorrentes de *direitos individuais* que são frequentemente objeto de acordo não envolvem, diretamente, preocupações de ordem pública. Não sem razão, o Superior Tribunal de Justiça já teve a oportunidade de afirmar que o fato de o Código de Defesa

---

autores do anteprojeto. 9ª ed. Rio de Janeiro: Forense Universitária, 2007. p. 22-28. Arruda Alvim, Thereza Alvim, Eduardo Arruda Alvim, James Marins, **Código do Consumidor Comentado.** 2ª ed. São Paulo: Revista dos Tribunais, 1995. p. 16.

[646] Em sua dissertação de mestrado sobre o tema da responsabilidade civil do fabricante e a defesa do consumidor, José Reinaldo Lima Lopes já ponderava que esse campo da responsabilidade também atende a anseios ligados ao direito público, isto é, aos interesses da coletividade, embora o autor não faça referência expressa à ordem pública, falando de uma *"ordem do bem comum"*. Em suas palavras: "A responsabilidade do fabricante é a um só tempo um tema de direito comercial, de direito civil, de processo civil e de direito administrativo. Tratá-la estritamente do ponto de vista do Código Civil ou do art. 159 especificamente é tratá-la com impropriedade. Vale acrescentar sempre a experiência do direito comercial, constantemente sensível aos usos e costumes do comércio, do direito público, que leva em conta uma consideração coletiva e da ordem do bem comum, etc." (**Responsabilidade civil do fabricante e a defesa do consumidor.** São Paulo: Revista dos Tribunais, 1992. p. 15). Ao final, conclui o autor: "a responsabilidade civil do fornecedor é também uma forma de controle que caminha ao lado, mas não se confunde, com as definições do Poder de Polícia. É, no entanto, uma responsabilidade que tem algo no sentido do direito público" (p. 146).

[647] Nesse sentido, Ricardo de Carvalho Aprigliano, **Ordem Pública e Processo:** o tratamento das questões de ordem pública no direito processual civil. São Paulo: Atlas, 2011. p. 31, 33 e ss. Entendendo que o artigo 51 do Código de Defesa do Consumidor é "matéria de ordem pública", STJ. REsp 1.013.562, Rel. Min. Castro Meira, DJ 05.11.2008.

A APLICAÇÃO DE NORMAS COGENTES PELO ÁRBITRO E O CONTROLE DA ORDEM PÚBLICA

do Consumidor anunciar suas normas (ou parte delas) como de ordem pública e interesse social não torna automaticamente *indisponíveis* os direitos do consumidor[648].

Outro campo do direito brasileiro em que também há muita confusão conceitual entre disponibilidade de direitos, ordem pública e normas cogentes é a representação comercial, regulada pela lei nº 4.886/65. Segundo parcela da doutrina e da jurisprudência, trata-se de norma de ordem pública[649]. Todavia, seguindo as diretrizes aqui desenvolvidas, o diploma legal em questão, tratando de *direitos disponíveis*, contém dispositivos legais de *natureza cogente* – como é o caso de alguns dos elementos indicados em seu artigo 27 – mas que não possuem *necessariamente* o caráter de ordem pública[650]. Em se tratando de direitos disponíveis, tampouco haverá dificuldade em se admitir a arbitragem neste campo[651].

---

[648] STJ. REsp 767.052, Rel. Min. Humberto Gomes de Barros, DJ 01.08.2007. Comentando esse julgado, ver também Ricardo de Carvalho Aprigliano, **Ordem pública e processo:** o tratamento das questões de ordem pública no direito processual civil. São Paulo: Atlas, 2011. p. 40. Em sentido aparentemente contrário, STJ, REsp 586.316, Rel. Min. Herman Benjamin, DJ 19.03.2009.

[649] Nesse sentido, diz WALD, Arnoldo. Do regime jurídico do contrato de representação comercial. In: **Revista dos Tribunais.** v. 696, 1993. p. 20-21. No Superior Tribunal de Justiça, existem julgados reconhecendo o "caráter social" da lei de representação comercial, ainda que muitas vezes não se utilize a expressão "ordem pública". Neste sentido, ver REsp 9.144, Rel. Min. Min. Nilson Naves, DJ 01.07.1991; REsp 1.162.985, Rel. Min. Nancy Andrighi, DJ 25.06.2013.

[650] Nesse sentido, ver o acórdão da 24ª Câmara de Direito Privado do Tribunal de Justiça de São Paulo, Apelação nº 7.030.387-8, Rel. Des. Salles Vieira, julgado em 18.10.2007. Em particular, esclarece o Relator que o contrato em questão não ofende a ordem pública por eleger a lei de Nova Iorque como aplicável e não contemplar as hipóteses do artigo 27 da Lei 4.886/6. Em sentido contrário, entendendo haver aqui preceitos de "ordem pública", particularmente no tocante ao artigo 27, Rubens Requião, **Do representante comercial:** comentários à Lei nº 4.886, de 9 de dezembro de 1965. 8ª ed. Rio de Janeiro: Forense, 2000. p. 168-169.

[651] *Vide* o acórdão do extinto 1º Tribunal de Alçada Civil do Estado de São Paulo. Agravo de Instrumento 1.111.650-0, Rel. Des. Waldir de Souza José, j. 24.09.2002: "como a lei 9.307/96, em seu art. 2º, permite que as partes possam livremente escolher as regras de direito que serão aplicadas na arbitragem, não se verifica o impedimento arguido. Pela mesma razão, não se vislumbra vício em haver previsão de que seja com base no direito francês que os árbitros venham a resolver a pendenga. Embora o contrato de agência, ou representação comercial, seja regulado por lei especial, isso não significa que não pudesse a relação aqui questionada ser alvo de disposição pelas contratantes, uma vez que o direito ali agitado é disponível para ambas as partes e, portanto, não vem revestido da característica da irrenunciabilidade.

ÁRBITRO E DIREITO

Para concluir esse item sobre delimitações conceituais, ordem pública e bons costumes também não se confundem com a noção de *interesse público*. Aqueles dizem respeito às situações em que o Estado decide *retirar da esfera da autonomia* dos agentes privados a possibilidade de modificar ou evitar a incidência de determinada norma jurídica, ao passo que o *interesse público* diz respeito às relações entre particulares (empresas e cidadãos) e o Estado[652]. São âmbitos distintos de atuação do Direito, que tampouco podem ser confundidos com a disponibilidade de direitos[653].

Por todas as razões expostas acima e, particularmente, porque ordem pública não se confunde com disponibilidade de direitos, o objeto da arbitragem pode, eventualmente, envolver questões de ordem pública[654]. Também por essa razão o árbitro *pode decidir* questões de ordem pública no julgamento de mérito de uma arbitragem[655].

Não há norma cogente tutelando esse direito, afivelando-o e submetendo-o por conta de interesse do Estado ou por conta de interesse social direto, de sorte a impedir que sobre os valores dele objeto pudessem os contratantes dispor segundo o seu alvitre".

[652] Quem bem explica este ponto é HADDAD, Luís Gustavo. **Função social do contrato:** um ensaio sobre seus usos e sentidos, São Paulo, Saraiva, 2013. p. 198-199.

[653] LEMES, Selma. **Arbitragem na administração pública:** fundamentos jurídicos e eficiência econômica. São Paulo: Quartier Latin, 2007. p. 133.

[654] Novamente, as palavras de Ricardo de Carvalho Aprigliano: "a arbitragem convive tranquilamente com a ordem pública, devendo ser afastada qualquer conclusão no sentido de que, se a matéria envolver normas ou preceitos de ordem pública, não pode ser submetida à arbitragem. A origem desta confusão está na mistura de conceitos como a indisponibilidade de direitos e o controle da ordem pública, como se fossem fenômenos idênticos, ou umbilicalmente associados" (**Ordem pública e processo:** o tratamento das questões de ordem pública no direito processual civil. São Paulo: Atlas, 2011. p. 44).

[655] Recentemente, o Superior Tribunal de Justiça teve a oportunidade de discutir o tema no julgamento do REsp 1.550.260, Rel. Min. Paulo de Tarso Sanseverino, Rel. p/ac. Min. Ricardo Villas Bôas Cueva, DJ 20.3.2018. Em decisão majoritária, entenderam os Ministros que compete ao árbitro decidir a respeito de alegada falsidade de assinatura, ainda que se possa entender que este tema envolveria matéria de ordem pública. Os votos-vista dos Ministros Moura Ribeiro e Marco Aurélio Belizze são claros a esse respeito: "*É bem verdade que a arbitragem somente pode ser convencionada para solucionar questões afetas a direitos patrimoniais disponíveis (art. 1º da Lei nº 9.306/1996), ficando excluída a possibilidade de as partes confiarem a um árbitro a apreciação de direitos indisponíveis, como por exemplo questões de estado, direitos de personalidade ou vinculadas a interesses de menores. Essa ressalva diz respeito, no entanto, à matéria entabulada pelo contrato que será submetido à arbitragem. Nada impede que, uma vez estatuída a cláusula arbitral, o árbitro seja instado a enfrentar questões de ordem pública. Isso pode ocorrer, por exemplo, quando alegada a*

A APLICAÇÃO DE NORMAS COGENTES PELO ÁRBITRO E O CONTROLE DA ORDEM PÚBLICA

Esse é um ponto importante que será demonstrado ao longo deste item: não apenas a ordem pública não torna *inarbitrável* determinada matéria, como também compete ao árbitro realizar o *primeiro controle da ordem pública* se ela estiver, de alguma forma, relacionada com o objeto da arbitragem[656].

Nesse contexto, começa-se a cogitar da utilização da arbitragem em áreas tradicionalmente vistas como redutos de indisponibilidade de direitos. Analisadas as situações e as circunstâncias com o devido rigor, percebe-se que talvez determinados aspectos dessas áreas possam apresentar, dentro de certos limites, a natureza de *patrimonialidade* e *disponibilidade* que requer a lei de arbitragem, como é o caso do

---

incapacidade da parte para contratar ou, como no caso, a falsidade material da assinatura lançada no contrato" (Voto do Min. Moura Ribeiro); *"o Juízo arbitral é competente, como precedência de qualquer outro, a deliberar sobre a higidez da instituição da arbitragem, ainda que envolva questão de ordem pública, como é o caso da alegação de falsidade material da assinatura inserta no contrato"* (Voto do Min. Marco Aurélio Bellizze). No caso Gevisa S.A vs. GVA Representações e Engenharia Ltda (Foro Central da Comarca de São Paulo, SP, 6ª Vara Cível, Processo 02.006313-0, sentença de 16.09.2003), foi pleiteada a anulação da sentença arbitral com fundamento na aplicação de normas de ordem pública, por se tratar de contrato de representação comercial, acarretando, portanto, a indisponibilidade dos direitos em questão. O juiz afastou a confusão entre disponibilidade de direitos e violação a ordem pública. A sentença está publicada na Revista de Direito Bancário, do Mercado de Capitais e da Arbitragem, n. 22, 2003, p. 430-433, e foi comentada nas seguintes obras: ALVES, Rafael Francisco Alves. **A inadmissibilidade das medidas antiarbitragem no direito brasileiro**. São Paulo: Atlas, 2009. p. 158-159); GONÇALVES, Eduardo Damião. O Papel da Arbitragem na Tutela dos Interesses Difusos e Coletivos. In: LEMES, Selma Ferreira; CARMONA, Carlos Alberto; BATISTA MARTINS, Pedro (coords). **Arbitragem:** estudos em homenagem ao prof. Guido Fernando da Silva Soares. São Paulo: Atlas, 2007. p. 151-153; LEMES, Selma. A arbitragem e a jurisprudência paulista, In: Ana Paula Rocha do Bonfim e Hellen Monique Ferreira de Menezes (coord.), **Dez anos da lei de arbitragem:** aspectos atuais e perspectivas para o instituto. Rio de Janeiro, Lumen Iuris, 2007. p. 176-177.

[656] Concordamos, neste ponto, com Ricardo de Carvalho Aprigliano: "além de ser perfeitamente possível que a matéria submetida a julgamento em processos arbitrais envolva questões de ordem pública, não se deve olvidar que é dos próprios árbitros a tarefa inicial e precípua de controlar a incidência e aplicação de leis de ordem pública na arbitragem, como forma de assegurar a plena eficácia da sua decisão e prevenir ataques, seja em arbitragem nacional, seja em internacional" (**Ordem pública e processo: o tratamento das questões de ordem pública no direito processual civil**. São Paulo: Atlas, 2011. p. 45).

ÁRBITRO E DIREITO

direito ambiental[657] e do que se costuma denominar direito coletivo[658]. De todo modo, a experiência da arbitragem brasileira nesses campos é ainda muito incipiente para que seja possível extrair conclusões. O que importa para este trabalho é a clareza de que não se pode utilizar a categoria da "ordem pública" como espécie de "salvo-conduto" que tornaria *automaticamente indisponíveis todos os direitos* relacionados[659]. Será preciso, sempre, analisar as *especificidades* de cada situação, sem tratar os diversos

---

[657] Eduardo Damião Gonçalves, por exemplo, entende que determinadas questões da área ambiental são passíveis de arbitragem: "diferente é a questão colocada em casos em que as autoridades discutem com os particulares a recomposição, por exemplo, de um terreno contaminado. Podemos partir de um dos muitos exemplos de contaminação ambiental em que haja um grupo de partes potencialmente responsáveis pelo dano ambiental. Sem entrar aqui na discussão de responsabilidade ambiental e de sua forma de apuração, partindo do pressuposto de que haja uma intenção firme das partes em remediar determinado terreno contaminado com potencial responsabilidade de empresas estatais e de particulares, poder-se-ia pensar na arbitragem como método de definição da parte de contribuição de responsabilidade de cada participante" (O Papel da Arbitragem na Tutela dos Interesses Difusos e Coletivos. In: LEMES, Selma Ferreira; CARMONA, Carlos Alberto; BATISTA MARTINS, Pedro (coords). **Arbitragem:** estudos em homenagem ao prof. Guido Fernando da Silva Soares. São Paulo: Atlas, 2007. p. 158).

[658] A arbitrabilidade de certos aspectos do direito coletivo é defendida por Rômulo Greff Mariani: "os direitos difusos e coletivos *stricto sensu*, via de regra, não são arbitráveis. Isso não impedirá, contudo e também como regra, que a forma de cumprimento das obrigações já estabelecida sobre esses direitos (num Termo de Ajustamento de Conduta, por exemplo) seja levada a arbitragem. Já no que tange aos direitos individuais homogêneos, o campo de atuação de arbitrabilidade será maior. Como regra, aferiu-se a sua disponibilidade e patrimonialidade" (**Arbitragens coletivas no Brasil**. São Paulo: Atlas, 2015. p. 196).

[659] No campo do direito ambiental, é correta a advertência feita por Thomas Clay e Luiz Claudio Aboim: "a matéria ambiental é arbitrável? Sabemos que ela se constitui essencialmente de dispositivos imperativos, os quais as partes não podem derrogar. Não obstante, é o árbitro competente para decidir um litígio em que se aplique uma norma de ordem pública? A resposta, em verdade, não apresenta dúvida: a jurisprudência francesa confirmou, desde há muito tempo e de forma constante, que 'a arbitrabilidade do litígio não é excluída pelo simples fato de que uma norna de ordem pública seja aplicável em relação ao direito litigioso. Não é, portanto, pelo fato de a matéria ser de ordem pública que ela não é arbitrável. Os árbitros também são competentes, por exemplo, para decidir litígios sobre matéria de direito comunitário da concorrência. Também o são em matéria ambiental, à condição de que uma convenção arbitral tenha sido celebrada". Sobre o tema ver também ALVES, Rafael Francisco. A arbitragem no direito ambiental: a questão da disponibilidade de direitos. In: Carlos Alberto de Salles, Solange Telles da Silva, Ana Maria de Oliveira Nusdeo. (Org.). **Processos coletivos e tutela ambiental.** Santos: Universitária Leopoldianum, 2007. p. 199-221.

A APLICAÇÃO DE NORMAS COGENTES PELO ÁRBITRO E O CONTROLE DA ORDEM PÚBLICA

campos do direito (direito ambiental, direito coletivo, direito do consumidor, direito trabalhista) como se fossem "blocos monolíticos" que admitissem apenas um "sim" ou um "não" para a arbitragem. Em cada qual, há nuances relativas à ordem pública[660] e outras tantas relativas à possível *indisponibilidade* de direitos.

Como *conceitos jurídicos indeterminados*, a ordem pública e os bons costumes servem como verdadeiras "válvulas de escape" para que agentes do Estado em diferentes níveis (Executivo, Legislativo e Judiciário) possam *retirar* ou *excluir* determinados temas da esfera de livre deliberação das partes, sendo que esses temas, como dito, variam não apenas no tempo e no espaço, mas também de acordo com o ramo do Direito em questão[661].

Atuando, portanto, como "válvulas de escape" em benefício do Estado a *pretexto* de proteger interesses *supostamente* de toda a sociedade, a ordem pública e os bons costumes são categorias jurídicas que criam *incertezas* e geram muita *insegurança* para agentes privados. Nunca se sabe qual será o próximo tema considerado de ordem pública ou relativo a bons costumes para o fim de afastar determinada regra privada que tenha sido estabelecida a seu respeito. Parecem claros os riscos que se corre aqui. O risco maior, no caso da arbitragem, é que todo o esforço de anos na resolução de determinada disputa tenham sido em vão diante de eventual *anulação* posterior da sentença arbitral em razão de ter supostamente violado a ordem pública (este ponto será detalhado adiante). Esse é o pior cenário e o que mais se pretende evitar com este trabalho. Todo o esforço deve ser empreendido para que se evite a *inutilização* do trabalho de árbitros e advogados a pretexto de supostamente preservar "interesses maiores" de toda a sociedade.

Também na arbitragem, como se demonstrará nos próximos itens, a ordem pública e os bons costumes são mal compreendidos, mal inter-

---

[660] Nessa mesma linha, APRIGLIANO, Ricardo de Carvalho. **Ordem pública e processo: o tratamento das questões de ordem pública no direito processual civil.** São Paulo: Atlas, 2011. p. 29-30.

[661] Os distintos ramos do Direito parecem ter concepções próprias do que seja ordem pública, como bem anotado por APRIGLIANO, Ricardo de Carvalho. **Ordem pública e processo: o tratamento das questões de ordem pública no direito processual civil.** São Paulo: Atlas, 2011. p. 5.

ÁRBITRO E DIREITO

pretados e mal utilizados[662]. Novamente, é preciso ter maior cuidado e rigor no trato desses conceitos.

Pelo que ficou claro, o papel do árbitro na aplicação do direito poderá envolver não apenas normas cogentes, como também, eventualmente, o *controle da ordem pública*. Nos próximos itens, demonstraremos *como* o árbitro pode desempenhar esse papel à luz das *expectativas das partes* e também até que ponto pode haver *controle posterior* pelo Poder Judiciário, de acordo com o direito brasileiro.

3.1.2. O controle da ordem pública na escolha do direito aplicável

Feitos os esclarecimentos conceituais iniciais, a primeira porta de controle da ordem pública na arbitragem diz respeito ao direito aplicável. Pelo direito brasileiro, a escolha das partes sobre o direito aplicável na arbitragem e à arbitragem não pode contrariar os bons costumes e a ordem pública, nos termos do artigo 2º, §1º, da lei 9.307/96[663]. Aqui, há um debate preliminar[664] importante.

Alguns autores entendem que, pela lei brasileira, o controle da ordem pública sobre a escolha do direito aplicável, só poderia ocorrer em relação a "*arbitragens internacionais*", isto porque, segundo os mesmos autores, nas "*arbitragens domésticas*", as partes não poderiam exercer sua *autonomia* para escolher outro direito, devendo ser aplicada *necessariamente* a lei doméstica[665].

---

[662] Ricardo de Carvalho Aprigliano também captou o uso deturpado da expressão "ordem pública" (processual) pelo Poder Judiciário, criticando-a pela falta de correta compreensão dos juízes a respeito dos fins do processo (**Ordem pública e processo: o tratamento das questões de ordem pública no direito processual civil**. São Paulo: Atlas, 2011. p. 3).

[663] Nesse sentido, o art. 2, §1º, da lei 9.307/96: "§ 1º Poderão as partes escolher, livremente, as regras de direito que serão aplicadas na arbitragem, desde que não haja violação aos bons costumes e à ordem pública".

[664] Seria possível citar, ainda, um segundo debate, a respeito do possível conflito entre art. 2, §1º, da lei 9.307/96 e o artigo 9º da Lei de Introdução às Normas do Direito Brasileiro (Decreto-Lei nº 4657, de 4 de setembro de 1942). Todavia, esse debate está praticamente superado hoje, prevalecendo o entendimento de que não há conflito normativo algum. A propósito, ver Carlos Alberto Carmona, **Arbitragem e processo**: um comentário à lei 9.307/96. 3.ed. São Paulo: Atlas, 2009. p. 67-68.

[665] Neste sentido, LEE, João Bosco. A Lei 9.307/96 e o direito aplicável ao mérito do litígio na arbitragem comercial internacional, In: **Revista de Direito Bancário e do Mercado de Capitais**. vol. 11, 2001, p. 347; e VERÇOSA, Fabiane. *Arbitragem Interna v. Arbitragem Internacional: Breves Contornos da Distinção e sua Repercussão no Ordenamento Jurídico Brasileiro face ao*

A APLICAÇÃO DE NORMAS COGENTES PELO ÁRBITRO E O CONTROLE DA ORDEM PÚBLICA

Discordamos dessa posição por três razões: **(i)** a lei 9.307/96 não adotou a distinção entre *"arbitragem doméstica"* e *"arbitragem internacional"*, haja vista ser monista o sistema brasileiro, como visto anteriormente; **(ii)** a lei 9.307/96 também não restringe o princípio da autonomia das partes (com o consequente poder de escolha do direito aplicável) apenas a arbitragens "internacionais" ou mesmo "estrangeiras" (bastando ver o artigo 2, §1º, já referido); **(iii)** por fim, na prática, não é incomum que arbitragens sediadas no Brasil contemplem a aplicação de leis estrangeiras (sem nenhum outro elemento de conexão que seja estrangeiro), da mesma forma como também já existem precedentes judiciais reconhecendo a amplitude da autonomia das partes na escolha do direito aplicável pela lei 9.307/96, independentemente de qualquer elemento de conexão estrangeiro[666]. Portanto, o artigo 2º, §1º é aplicável tanto a sentenças estrangeiras, quanto a sentenças domésticas[667].

A pergunta que resta agora é: como seria feito, em concreto, esse *controle* da violação da ordem pública na *sentença arbitral doméstica* regida pela lei brasileira? Em outras palavras, quando as partes optam pela aplicação de um direito estrangeiro em arbitragem situada no Brasil e esse direito estrangeiro viola a ordem pública brasileira, como deve ser feito esse controle ou, melhor, quem pode ou deve fazê-lo? Pelo que ficou esclarecido no item antecedente, entendemos que o árbitro é o primeiro a fazer esse controle, pois foi a ele que as partes confiaram o julgamento do mérito, inclusive *o mérito da regularidade da convenção de arbitragem*[668]. Havendo violação da ordem pública brasileira, a hipótese é de *nulidade da convenção de arbitragem neste ponto específico*. Por força do princípio competência-competência, reconhecido pela lei brasileira, compete ao árbitro decidir *em primeiro lugar* sobre esta questão, a teor do que dispõe

---

Princípio da Autonomia da Vontade. In: Carmen Tiburcio; Luis Roberto Barroso (coord.). **O direito internacional contemporâneo:** estudos em homenagem ao Prof. Jacob Dolinger. Rio de Janeiro: Renovar, 2006. p. 448-449.

[666] Nesse sentido, reitera-se a referência ao acordão do 1º Tribunal de Alçada Civil do Estado de São Paulo, citado anteriormente, Agravo de Instrumento 1.111.650-0, Rel. Des. Waldir de Souza José, j. 24.09.2002.

[667] Nesse sentido, ver Nádia de Araújo, **Contratos internacionais:** autonomia da vontade, Mercosul e convenções internacionais. 3.ed. Rio de Janeiro: Renovar, 2004. p. 118-119.

[668] Por sua vez, Carlos Alberto Carmona defende a existência de "concorrência concorrente" entre árbitro e juiz (**Arbitragem e processo:** um comentário à lei 9.307/96. 3.ed. São Paulo: Atlas, 2009. p. 70-71).

ÁRBITRO E DIREITO

o artigo 8º, *caput* e parágrafo único, da lei 9.307/96, como visto no Capítulo 1. Assim, competirá ao árbitro reconhecer a *nulidade* da disposição contratual, *deixando de aplicar* o direito escolhido pelas partes *naquela questão específica* (se esta separação for possível) fazendo-o de modo fundamentado e respeitando o contraditório. Nesta hipótese, o árbitro ainda terá que *determinar* o direito aplicável *em substituição* ao direito estrangeiro violador da ordem pública[669].

Mas o que ocorre se o árbitro *não* fizer corretamente esse controle da ordem pública na escolha do direito aplicável, isto é, o que ocorre se o árbitro deixar de reconhecer a inexistência ou nulidade em questão? Neste caso, caberá o controle do Poder Judiciário[670]. A violação do artigo 2º, §1º, da lei 9.307/96 em sentença arbitral *doméstica* conduz a uma *hipótese expressa de anulação* da sentença: a nulidade da convenção de arbitragem (art. 32, inciso I, da lei 9.307/96[671]). A escolha do direito aplicável contrária aos bons costumes ou à ordem pública é *nula* por ser *ilícito* o seu objeto, conforme artigos 104, II[672] e 166, II[673], ambos do Código Civil. A convenção de arbitragem é regida tanto pelos *dispositivos específicos* da lei de arbitragem, quando por aqueles *dispositivos gerais* do Código Civil, aplicáveis a todo e qualquer negócio jurídico (dentre eles, a convenção arbitral). Assim, é preciso aplicar o artigo 2º, §1º, da lei 9.307/96 em conjunto com os artigos 104 a 166, do Código Civil. O art. 32, inciso I, da lei 9.307/96 possibilita a anulação de uma sentença arbitral por ser *nula a convenção de arbitragem,* sendo que esta *nulidade* pode estar relacionada com a *ilicitude do seu objeto,* por exemplo, por envolver matéria que não pode ser submetida à arbitragem (tais como os direitos indisponí-

---

[669] Com o mesmo entendimento, Carlos Alberto Carmona: "sendo considerada inadmissível a escolha das partes relativamente às regras de direito a serem aplicadas pelo árbitro, por violação à ordem pública, considerará este ineficaz a escolha, procedendo ao julgamento com a aplicação das normas que entender adequadas, sem que a ineficácia da escolha da lei afete a validade do pacto arbitral" (**Arbitragem e Processo**: um comentário à lei 9.307/96, 3ª ed. São Paulo: Atlas, 2009. p. 70-71).

[670] No mesmo sentido, Carlos Alberto Carmona, **Arbitragem e processo**: um comentário à lei 9.307/96. 3.ed. São Paulo: Atlas, 2009. p. 70-71.

[671] Conforme redação dada pela Lei 13.129, de 2015.

[672] *"Art. 104. A validade do negócio jurídico requer: I – agente capaz; II – objeto lícito, possível, determinado ou determinável; III – forma prescrita ou não defesa em lei".*

[673] *"Art. 166. É nulo o negócio jurídico quando: (...) II – for ilícito, impossível ou indeterminável o seu objeto (...)"*

veis[674]) – a teor do que dispõe o artigo 1º da lei 9.307/96 e também o artigo 852, do Código Civil[675] – ou por envolver a escolha de um direito que atente *contra os bons costumes ou contra a ordem pública.*

Por outro lado, é conhecida a regra da conservação dos negócios jurídicos, cujo propósito é que a *"atividade negocial seja preservada ao máximo, a fim de se tutelar juridicamente o resultado prático perseguido pelas partes"*[676], conforme artigo 184, do Código Civil[677]. Assim, sendo *nula* a escolha das partes sobre o direito aplicável, esta nulidade pode *eventualmente* recair *apenas* sobre o dispositivo *específico* do direito estrangeiro cuja aplicação potencialmente violaria os bons costumes ou a ordem pública, preservando-se a escolha das partes em relação aos demais dispositivos, *se essa separação for possível*. Mas é preciso cuidado aqui, porque normalmente esse *recorte* ou *fragmentação* do direito aplicável pode deixar de respeitar a intenção das partes (um dos requisitos do artigo 184), que, via de regra, escolhem um *direito uno* para reger suas relações. Da mesma forma e ainda à luz do artigo 184, do Código Civil, se eventualmente a nulidade recair sobre *todo o direito aplicável* escolhido pelas partes, ainda assim, apenas esta *disposição específica* da convenção de arbitragem será nula, não as demais, novamente se tal separação for possível. A rigor, para contrapor essa possibilidade de separação, seria necessário demonstrar

---

[674] Esta hipótese é aventada por Carlos Alberto Carmona, **Arbitragem e processo**: um comentário à lei 9.307/96. 3.ed. São Paulo: Atlas, 2009. p. 400-401. O autor sustenta, inclusive, que esta é uma das poucas hipóteses que pode sobreviver eventualmente ao prazo decadencial de 90 dias e ser objeto de posterior ação declaratória (p. 399).

[675] *"Art. 852. É vedado compromisso para solução de questões de estado, de direito pessoal de família e de outras que não tenham caráter estritamente patrimonial".*

[676] As palavras são de Cristiano de Sousa Zanetti, **A conservação dos contratos nulos por defeito de forma**. São Paulo: Quartier Latin, 2013. p. 55-56.

[677] *"Art. 184. Respeitada a intenção das partes, a invalidade parcial de um negócio jurídico não o prejudicará na parte válida, se esta for separável; a invalidade da obrigação principal implica a das obrigações acessórias, mas a destas não induz a da obrigação principal".* Sobre esse dispositivo, ver Cristiano de Sousa Zanetti. **A conservação dos contratos nulos por defeito de forma**, São Paulo: Quartier Latin, 2013, p. 58-59). O autor também cita obra de Antônio Junqueira de Azevedo, cujo trecho ajuda igualmente a elucidar a regra da conservação, ainda que faça referência à regra do Código anterior – artigo 153 – equivalente ao atual artigo 184: "a nulidade de uma cláusula, por sua vez, apesar de o negócio ser um todo, pode não levar à nulidade do negócio; a regra da nulidade parcial (*utile per inutile non vitiatur*) admite que o negócio persista, sem a cláusula defeituosa 'se esta for separável'" (**Negócio jurídico:** existência, validade e eficácia. 4.ed. São Paulo: Saraiva, 2002. p. 68-69).

ÁRBITRO E DIREITO

que as partes contrataram a arbitragem *apenas e tão somente se* aquele direito específico fosse aplicável, ou seja, como condição essencial. Do contrário, nula a cláusula específica de direito aplicável, estará *preservada* a escolha das partes pela arbitragem e também as demais regras que elas tenham contratado (por exemplo, a opção entre arbitragem *ad hoc* ou institucional e, neste caso, a própria escolha da instituição que administrará o procedimento, etc.). Nesta hipótese, como dito acima, caberá ao árbitro realizar a devida *integração* da convenção de arbitragem e *determinar* o direito aplicável *em substituição* ao direito estrangeiro violador da ordem pública.

Para concluir, é preciso esclarecer desde logo que esse controle da ordem pública sobre o *direito aplicável* à arbitragem e na arbitragem não deve ser realizado a partir de uma perspectiva *puramente doméstica*. Como será demonstrado em maiores detalhes no próximo item, tanto o árbitro, quanto o juiz que seja eventualmente chamado a analisar o controle feito pelo árbitro devem ter em mente as *práticas transnacionais da arbitragem*, adotando-se, assim, uma *concepção mais restritiva* da ordem pública neste âmbito.

3.1.3. O controle da ordem pública na aplicação do direito pelo árbitro na sentença arbitral doméstica

Ainda no âmbito de uma *sentença arbitral doméstica*, o que ocorre se o árbitro violar a ordem pública *diretamente*, no momento de aplicar o direito no caso concreto? O Poder Judiciário poderia ser chamado a intervir? Mais especificamente, uma *sentença arbitral doméstica* pode ser anulada por *violação à ordem pública* quando esta violação ocorre diretamente no *julgamento do mérito* da arbitragem? E quando o árbitro deixar de aplicar *normas cogentes*, seria possível *anular* a sentença arbitral doméstica em razão disso? No plano interno, tratando-se do *julgamento do mérito da arbitragem*, interessa-nos, sobretudo, o *direito material*, isto é, a ordem pública *material* e as normas cogentes de direito *material*. Mas também será estudado o controle da *ordem pública processual*, inclusive como uma forma de se buscar respostas àquela primeira inquietação[678].

---

[678] Sobre essas distintas concepções de ordem pública no plano interno, sobretudo quanto à contraposição entre ordem pública material e processual, ver APRIGLIANO, Ricardo de

Como se verá, o artigo 32 da lei 9.307/96 trata de algumas hipóteses de possível violação da *ordem pública processual*, como, por exemplo, o desrespeito aos princípios do devido processo legal (artigo 21, §2º e artigo 32, VIII), mas não trata *expressamente* da violação da *ordem pública material* como causa de anulação da sentença arbitral *doméstica* (embora a hipótese de nulidade da convenção de arbitragem – artigo 32, II – possa ser considerada, em parte, como ordem pública *material*).

Acreditamos que a melhor forma de abordar essas questões, já que estamos no campo da ordem pública, é distinguir pela *gravidade do vício*, isto é, iniciar por aqueles vícios que, de tão graves, podem afetar até mesmo a *existência* da sentença arbitral, passando depois a tratar mais diretamente da possibilidade de *anular* a sentença arbitral, com base no artigo 32, da lei 9.307/96, por violação da ordem pública.

3.1.3.1. A ordem pública processual e sua influência no julgamento do mérito da arbitragem. Competência-competência.

É interessante notar que a doutrina pátria tem se debruçado muito pouco sobre o tema da *inexistência* da sentença arbitral, havendo poucos estudos específicos a respeito deste tema[679]. Dentre as possíveis razões para essa lacuna, duas podem ser destacadas. Primeiro, trata-se de fenômeno de rara ocorrência, não havendo, inclusive, qualquer notícia de uma decisão judicial brasileira que tenha, de alguma forma, *reconhecido a inexistência* de uma sentença arbitral[680]. Segundo, esse também é um

---

Carvalho. **Ordem pública e processo: o tratamento das questões de ordem pública no direito processual civil**, São Paulo: Atlas, 2011. p. 5-13.

[679] Uma das exceções é Clávio Valença Filho, Da sentença arbitral inexistente. In: Clávio de Melo Valença Filho; João Bosco Lee, **Estudos de arbitragem**. Curitiba: Juruá, 2009. p. 184-188.

[680] Em pesquisa realizada pelo Comitê Brasileiro de Arbitragem em parceria com a Fundação Getulio Vargas, dentro da jurisprudência construída ao longo de 12 anos (entre 1996 e 2008), das 33 decisões de 2ª instância que apreciaram o mérito do pedido de anulação da sentença (seja em sede de ação anulatória, seja em sede de embargos ou impugnação em execução), em apenas *uma* delas foi requerida a declaração de inexistência da sentença arbitral, no conhecido caso CAOA vs. Renault. O pedido foi rejeitado em acórdão do Tribunal de Justiça de São Paulo na Apelação n. 985.413-0/1, Rel. Des. Antônio Benedito Ribeiro Pinto, julgado em 20.06.06,. A íntegra do relatório está disponível em: http://cbar.org.br/PDF/Pesquisa_GV-CBAr_relatorio_final_1_etapa_2fase_24.06.09.pdf. Acesso em mai.

ÁRBITRO E DIREITO

tema que preocupa os usuários da arbitragem tanto pela *falta de critérios claros e objetivos*, quanto pelas *consequências (negativas)* advindas de eventual reconhecimento da inexistência de uma sentença arbitral, já que o inexistente sequer adentra o mundo jurídico[681]. Todavia, não é porque o tema é difícil ou preocupante que ele possa deixar de ser enfrentado em um trabalho científico. Muito pelo contrário, seu estudo é importante justamente para dissipar a incerteza e a insegurança que pairam sobre ele, buscando-se, assim, os critérios que parecem faltar. Para o presente trabalho, o tema importa porque há autores defendendo que a *violação da ordem pública no julgamento do mérito* levaria à *inexistência* da sentença arbitral[682]. É preciso, pois, investigar em que medida a *ordem pública* (processual e material) poderia separar o *ato processual existente* daquele *inexistente*, no tocante à sentença arbitral[683].

Como passo inicial, parece ser útil estabelecer um paralelo com a sentença *judicial*, pois, conforme explicado no Capítulo 1, a sentença

2018. Comentários a esse caso e, especificamente, a este acordão, podem ser encontrados em ALVES, Rafael Francisco. **A inadmissibilidade das medidas antiarbitragem no direito brasileiro,** São Paulo: Atlas, 2009. p. 234-238.

[681] Sobre a dificuldade de se precisar os contornos do tema da inexistência, já dizia Enrico Tullio Liebman: "esse conceito situa-se entre os mais discutidos em todos os campos do direito e, além de contraditório em si mesmo, é muito pouco satisfatório, em virtude da impossibilidade de precisá-lo em seus contornos. Mas parece que não se pode prescindir inteiramente dele, pelo menos como meio convencional para designar a pura e simples *inexistência do ato*, quando se depara com uma espécie de fato puramente ilusória, que não chegou a dar vida a um ato qualquer e que por isso fica fora do âmbito de valoração das categorias da validade e da invalidade. O ato inexistente deve, por isso, indicar uma realidade de fato que não conseguiu penetrar no mundo do direito" (**Manual de Direito Processual Civil**, v. 1, 3.ed. trad. Cândido Rangel Dinamarco, São Paulo: Malheiros, 2005. p. 339).

[682] Essa é a posição defendida, por exemplo, por Giovanni Bonato, **La natura e gli effetti del lodo arbitrale:** studio di diritto italiano e comparato. Napoli: Jovene, 2012. p. 279. Entre os brasileiros, Clávio de Melo Valença Filho entende que a violação à ordem pública acarreta a "nulidade absoluta" da sentença arbitral, mas as consequências são similares à hipótese de inexistência, pois, segundo o autor, o decurso do prazo não convalidaria essa sentença (**Poder judiciário e sentença arbitral:** de acordo com a nova jurisprudência constitucional. Curitiba: Juruá, 2003. p. 132 e p. 164).

[683] Vale ressaltar, desde logo, que qualquer decisão do árbitro que não trate do objeto da arbitragem (seu mérito) ou, quando que tratando do mérito, seja apenas provisória (e não definitiva) não pode ser tida propriamente como "sentença", sendo comumente denominada, na prática, de "ordem processual".

A APLICAÇÃO DE NORMAS COGENTES PELO ÁRBITRO E O CONTROLE DA ORDEM PÚBLICA

arbitral é equiparada àquela, conforme artigo 31, da lei 9.307/96[684]. Mas essa equiparação precisa ser bem compreendida. Evidentemente, não são *todas* as regras aplicáveis à sentença judicial que poderiam ser automaticamente "transportadas" à sentença arbitral. Basta pensar nas regras atinentes aos recursos cabíveis contra a sentença judicial, que não se aplicam à arbitragem, conforme artigo 18, da lei 9.307/96[685]. Da mesma forma, como também visto no Capítulo 1, a disciplina da ação rescisória da sentença judicial não é aplicável na arbitragem, pois a lei de arbitragem possui um sistema próprio de *juízo rescindente* (a ação anulatória prevista no artigo 33), não se admitindo, por outro lado, o *juízo rescisório* na sentença arbitral[686].

Com essa ressalva em mente, no campo do processo judicial, é conhecido o (controverso) debate em torno das sentenças judiciais *inexistentes* ou viciadas por *nulidade equiparável à inexistência,* que *sequer transitariam em julgado,* dispensando, assim, a propositura da ação rescisória[687] – debate que ainda está longe de se encerrar[688]. José Roberto dos Santos Bedaque, por exemplo, esclarece que a distinção entre *inexistência* e *nulidade absoluta* é importante no caso da *sentença* justamente pelo fato de sua *inexistência não ser passível de convalidação*[689]. *Nulidades processuais podem*

---

[684] "Art. 31. A sentença arbitral produz, entre as partes e seus sucessores, os mesmos efeitos da sentença proferida pelos órgãos do Poder Judiciário e, sendo condenatória, constitui título executivo".

[685] "Art. 18. O árbitro é juiz de fato e de direito, e a sentença que proferir não fica sujeita a recurso ou a homologação pelo Poder Judiciário".

[686] Nesse sentido, DINAMARCO, Cândido Rangel Dinamarco. **A arbitragem na teoria geral do processo**. São Paulo, Malheiros, 2013. p. 205).

[687] A esse respeito, ver Flávio Luiz Yarshell, **Ação Rescisória:** juízos rescindente e rescisório. São Paulo: Malheiros, 2005. p. 240-275.

[688] Sobre as incertezas deste campo, explica Flávio Luiz Yarshell: "A doutrina é consideravelmente incerta a propósito do tema e, de forma não pouco frequente, a referência à categoria peca pela falta de critérios objetivos e envereda para o casuísmo. De fato, não há consenso na doutrina – com reflexos certos sobre a jurisprudência – acerca do que seja 'ato inexistente'. De forma semelhante, não há consenso sobre quais seriam as invalidades cuja gravidade tão intensa autorizaria equiparação à inexistência, dispensando a ação rescisória" (**Ação Rescisória:** juízos rescindente e rescisório. São Paulo: Malheiros, 2005. p. 241).

[689] **Efetividade do processo e técnica processual**. São Paulo: Malheiros, 2006. p. 493-494.

se convalidar com a passagem do tempo, mas não a inexistência da sentença[690]. A sentença inexistente jamais transita em julgado[691]. Para avançar, é preciso debater algumas hipóteses específicas, que também dizem respeito à arbitragem.

Por exemplo, a falta ou nulidade da citação que ocasiona a revelia do réu (sem posterior comparecimento espontâneo) como causa de *inexistência* da sentença judicial tem sido objeto de muita controvérsia na doutrina. Flávio Yarshell não tem dúvidas de que essa situação conduziria à *inexistência* da sentença[692], na esteira das lições de Enrico Tullio Liebman[693]. Também Roque Komatsu[694], Teresa Arruda Alvim Wambier[695] e João Batista Lopes[696] possuem o mesmo entendimento. Por outro lado,

---

[690] Explica o autor: "se o problema é de inexistência da sentença, não há como conferir-lhe efeito jurídico, podendo a parte interessada deduzir o vício, que não se sujeita a qualquer tipo de preclusão" (**Efetividade do processo e técnica processual**. São Paulo: Malheiros, 2006. p.494-496).

[691] Neste sentido, KOMATSU, Roque. **Da invalidade no processo civil**. São Paulo: Editora Revista dos Tribunais, 1991. p. 164.

[692] Diz o autor: "não há dúvidas de que a falta ou nulidade da citação estão incluídas dentre as situações que configuram a inexistência e, como tal, dispensam a propositura da ação rescisória" (**Ação Rescisória: juízos rescindente e rescisório**. São Paulo: Malheiros, 2005, p. 242, nota 5).

[693] Diz o autor: "primeiro e fundamental requisito para a existência de um processo sempre foi, é e sempre será a citação do réu, para que possa ser ouvido em suas defesas. *Audiatur et altera pars*. É com a citação que se instaura o processo. Sem esse ato essencial não há verdadeiramente processo, nem pode valer a sentença que vai ser proferida (...) Só um desses vícios, o maior de todos, a falta de citação, é ainda hoje motivo de nulidade *absoluta* ou de inexistência da sentença" (**Estudos sobre o processo civil brasileiro**. São Paulo: Saraiva, 1947. p. 181-186).

[694] Afirma Roque Komatsu: "parece que a apontada tradição não socorre o entendimento de que se trata de nulidade, pelo menos em relação ao réu, não citado ou citado nulamente e reputado revel (no caso, não ocorreu a verdadeira revelia). Trata-se de inexistência da sentença e também do processo" (**Da invalidade no processo civil**, São Paulo: Editora Revista dos Tribunais, 1991. p. 162).

[695] Explica a autora: "uma sentença proferida em processo em que tenha havido citação viciada e em que o réu tenha sido revel é *inexistente*, porque o foi, também, o processo. Neste caso, portanto, estar-se-á diante de sentença que não tem aptidão para produzir coisa julgada..." (**Nulidades do Processo e da Sentença**. 6.ed. São Paulo: Revista dos Tribunais, 2007. p. 356).

[696] "Somente na hipótese excepcional de falta de citação será cogitável a ação declaratória de inexistência (jurídica) da sentença" (**Ação declaratória**. 6ª ed. São Paulo: Revista dos Tribunais, 2009. p. 114)

A APLICAÇÃO DE NORMAS COGENTES PELO ÁRBITRO E O CONTROLE DA ORDEM PÚBLICA

Cândido Rangel Dinamarco[697] e Paulo Henrique dos Santos Lucon[698] acreditam que essa sentença *chega a produzir efeitos*, tratando-se, na verdade, de uma *(grave) nulidade*. Nessa mesma linha, José Roberto dos Santos Bedaque também defende que essa sentença *existe*, mas eventualmente *não produzirá efeitos* em relação ao réu, que é rigorosamente um *terceiro* e, como tal, *não* está sujeito à autoridade da coisa julgada material[699]. Todavia, prossegue este autor, se a sentença for de *improcedência*, ou seja, se ela beneficiar o réu, ele poderá utilizá-la contra o autor, porque este, sim, estará vinculado a ela[700]. Portanto, ainda na visão de José Roberto dos Santos Bedaque, a *sentença existiria* em relação ao autor[701].

Embora concordemos com a tese de que a *sentença judicial* proferida contra réu revel que não foi devidamente citado *existe*, porém pode ser *nula* (ou, ao menos, *ineficaz* em relação ao réu revel não citado, por ser um terceiro[702]), o que importa para os fins de se compreender a disciplina da sentença *arbitral*, é um *ponto de convergência*, entre a maior parte dos autores citados: *em relação ao réu, a sentença (inexistente, nula ou ineficaz, conforme a posição adotada) jamais se convalidará – e, portanto, jamais produzirá efeitos – apenas pela passagem do tempo*[703]. Trata-se, portanto, de

---

[697] Na visão do autor: "a sentença proferida contra réu revel não citado ou mal citado existe juridicamente e tem a eficácia de título executivo. Não é lícito falar em inexistência jurídica dessa sentença, porque o inexistente é intrinsecamente incapaz de produzir efeitos (...); e essa sentença os produz até que outra sentença ou acórdão a desconstitua" (**Instituições de Direito Processual Civil**. v. 4. São Paulo: Malheiros, 2004. p. 673).

[698] Explica o autor: "os atos inexistentes não chegam sequer a adentrar o mundo jurídico. Portanto, nunca podem convalescer, ou com a coisa julgada, ou com o decurso do prazo para a ação rescisória, tal como ocorre com os atos absolutamente nulos. A falta ou nulidade de citação no processo de conhecimento está no plano da validade e não no da existência ou da eficácia, pois caso não seja verificado tal vício, a sentença existe e produz efeitos" (**Embargos à execução**. São Paulo: Saraiva, 2011. p. 167).

[699] **Efetividade do processo e técnica processual**. São Paulo: Malheiros, 2006. p. 461.

[700] **Efetividade do processo e técnica processual**. São Paulo: Malheiros, 2006. p. 461.

[701] **Efetividade do processo e técnica processual**. São Paulo: Malheiros, 2006. p. 461.

[702] Esta é também a posição de Lucca, Rodrigo Ramina. Querela Nullitatis e o réu revel não citado no processo civil brasileiro. In: **Revista de Processo**, v. 202, 2011, p. 93-138.

[703] Também José Roberto dos Santos Bedaque reconhece: "se o resultado do processo for contrário aos interesses do réu não citado, evidentemente, o vício poderá ser arguido a qualquer tempo e pela via processual mais conveniente a quem pretende resistir aos efeitos da sentença" (**Efetividade do processo e técnica processual**. São Paulo: Malheiros, 2006. p. 462).

ÁRBITRO E DIREITO

uma *questão de ordem pública processual que não se convalida com a passagem do tempo*, conforme bem sintetizado por Ricardo Aprigliano (autor que defende a *inexistência* da sentença neste caso)[704]. Essa conclusão pode ser *estendida* para a arbitragem, com as devidas adaptações, pois também os conceitos de *citação* e *revelia* não podem ser transportados para a arbitragem[705], sendo melhor utilizar os conceitos, respectivamente, de *notificação da instauração da arbitragem*[706] e *contumácia*[707] (isto é, ausência de qualquer participação da parte), nos termos do artigo 22, §3º, da lei 9.307/96[708].

Primeiro, a notificação inicial tem *peculiaridades* na hipótese de celebração do compromisso arbitral (existente, válido e eficaz). Aqui, todas as partes já conhecem, *necessariamente*, o conflito instaurado, pois a *"matéria que será objeto da arbitragem"* deverá constar desse compromisso (é elemento *obrigatório*, segundo o artigo 10º, III, da lei 9.307/96), ainda que este objeto possa ser descrito de modo vago[709]. Nessa hipótese de

[704] **Ordem pública e processo: o tratamento das questões de ordem pública no direito processual civil**. São Paulo: Atlas, 2011. p. 243.

[705] Sobre a necessária "adaptação" do conceito de revelia para a arbitragem, ver Carlos Alberto Carmona, **Arbitragem e processo**: um comentário à lei 9.307/96. 3.ed. São Paulo: Atlas, 2009. p. 330-332.

[706] Cândido Rangel Dinamarco também utiliza o conceito de "notificação" para se referir a essa *comunicação* inicial: "a *comunicação* da demanda ao réu, que naturalmente não há de ser feita quando há *pedidos contrapostos* deduzidos logo no início, é providenciada pelo árbitro ou pela instituição arbitral em que a arbitragem tiver curso. Não há na lei disposição alguma sobre essa notificação, mas é indispensável que ela seja realizada por meio idôneo e seguro, a critério do árbitro (correio, Internet, fax). *Mutatis mutandis*, essa primeira notificação exerce no processo arbitral a função que no estatal cabe à citação" (**A arbitragem na teoria geral do processo**. São Paulo, Malheiros, 2013. p. 147).

[707] Também se valendo desse conceito de "contumácia", Carlos Alberto Carmona, **Arbitragem e processo**: um comentário à lei 9.307/96. 3.ed. São Paulo: Atlas, 2009. p. 331 e 410.

[708] "Art. 22. § 3º A revelia da parte não impedirá que seja proferida a sentença arbitral". Sobre esse dispositivo, escreve Cândido Rangel Dinamarco: "lido assim, revela-se no art. 22, §3º, da Lei de Arbitragem uma disposição sobre *abandono do processo* por uma das partes ou mesmo por ambas. Essa é uma situação de *contumácia generalizada*, ou de uma inércia total, que, conforme está na lei, não impede o prosseguimento do processo arbitral e a prolação de sentença pelos árbitros" (**A arbitragem na teoria geral do processo**. São Paulo, Malheiros, 2013. p. 152).

[709] O alerta é feito por Carlos Alberto Carmona: "não resta dúvida de que o legislador, ao abandonar a antiga dicção do Código Civil e do Código de Processo Civil, visou abrandar o requisito legal, sendo por consequência válido o compromisso, ainda que o objeto da con-

A APLICAÇÃO DE NORMAS COGENTES PELO ÁRBITRO E O CONTROLE DA ORDEM PÚBLICA

compromisso já celebrado, se uma das partes não desejar participar do processo arbitral *posteriormente*, a despeito de ser *conhecedora* do conflito instaurado, sua ausência em nada afetará a regularidade da sentença arbitral a ser proferida[710], nos termos do referido artigo 22, §3º, da lei 9.307/96. Aqui, para o respeito ao contraditório (garantia processual) é *suficiente* o *conhecimento* das partes sobre o conflito, ainda que esse conhecimento possa ocorrer, tecnicamente, *antes* da instituição da arbitragem propriamente dita, vale dizer, *antes* de haver um *processo arbitral* em curso, o que ocorre com o aceite dos árbitros, nos termos do artigo 19, *caput*, da lei de arbitragem, como já discutido no Capítulo 1. A notificação da instauração da arbitragem normalmente precede o *início* do processo arbitral, isto é, a sua instituição. Por outro lado, haverá, sim, violação do contraditório se o objeto desse conflito for alterado *posteriormente* à celebração do compromisso (por exemplo, quando uma das partes da disputa altera um de seus pedidos e os árbitros aceitam essa alteração), sem que esta alteração tenha sido *devidamente comunicada (notificada)* a todas as partes envolvidas, para possibilitar sua *eventual reação*.

Situação bem distinta ocorre na hipótese de haver *apenas* cláusula arbitral "cheia"[711]. Aqui, é *fundamental* que as partes sejam *devidamente notificadas* da instauração da arbitragem, nos termos do contrato que contenha a cláusula arbitral e nos termos dessa mesma cláusula arbitral (que pode conter regras procedimentais *ad hoc* ou institucionais). Na *ausência ou irregularidade dessa notificação*, se de fato uma das partes não teve *qualquer conhecimento* da arbitragem instaurada, tampouco compareceu espontaneamente, todos os atos subsequentes serão *inválidos em relação a esta parte* (exceto se não houver prejuízo, ou seja, se ela for

---

trovérsia seja apontado de modo vago. Não quer isso dizer que se recomende às partes produzir compromissos imprecisos: a questão que se coloca aqui é apenas de validade (salvação, portanto) do pacto. Desejável será, sim, que o contrato firmado entre as partes não dê causa a qualquer dúvida; mas, se der, não será inválido!" (**Arbitragem e Processo Arbitragem e processo**: um comentário à lei 9.307/96. 3.ed. São Paulo: Atlas, 2009, p. 204).

[710] No mesmo sentido, Carlos Alberto Carmona, **Arbitragem e Processo – um comentário à lei 9.307/96**, 3ª ed. São Paulo: Atlas, 2009, p. 204.

[711] Havendo cláusula compromissória "vazia", aplica-se o disposto nos artigos 6º e 7º, da lei 9.307/96, que *necessariamente* conduzirão a um compromisso (extrajudicial ou judicial, conforme o caso) e, assim, aplicar-se-ão as mesmas conclusões já expostas acima a respeito do compromisso.

ÁRBITRO E DIREITO

beneficiada, na esteira da lição de José Roberto dos Santos Bedaque indicada acima). Tem razão Carlos Alberto Carmona quando adverte que, neste caso, a participação efetiva da parte é apenas "facultada", não "exigida", mas essa *facultatividade da participação deve ser ao menos possibilitada*, sob pena de *invalidade* do processo arbitral posteriormente instituído[712]. Embora não haja propriamente uma *citação* na arbitragem, com todos os requisitos e formalidades previstos no Código de Processo Civil[713], o contraditório deve ser garantido[714], o que se inicia como o *primeiro ato de comunicação* do conflito[715]. Todavia, não bastará tratar essa situação *apenas* como violação do contraditório, nos termos dos artigos 21º, §2º e 32, VIII (embora o contraditório, de fato, tenha sido violado), porque tal violação estaria sujeita, em última análise, ao prazo decadencial de noventa dias. Esse prazo aplica-se para a hipótese em que a parte, *devidamente notificada da instauração da arbitragem*, *participa* do processo arbitral, mas tem seu direito ao contraditório violado em outra circunstância no curso do procedimento. Se ela optar, por outro lado, por permanecer *inerte*, a despeito de ter sido *devidamente notificada*, sua conduta não

---

[712] **Arbitragem e processo**: um comentário à lei 9.307/96. 3.ed. São Paulo: Atlas, 2009. p. 331.

[713] Essa constatação vale, sobretudo, para a análise das sentenças arbitrais estrangeiras que se pretenda homologar no Brasil, como será discutido mais adiante. Nota-se que o artigo 38, III, da lei 9.307/96 também usa a expressão "notificação". A esse respeito, explica com clareza André Abbud: "enquanto a lei fala em citação do réu, ao tratar das sentenças judiciais, o sistema de recepção de julgados arbitrais alude a notificação da outra parte. O uso dessa expressão mais genérica e abrangente deixa transparecer o nítido propósito de desvincular o juízo sobre esse requisito da conformação dogmática interna do ato citatório. A fim de aferir a existência e regularidade da cientificação do demandado na arbitragem concluída no exterior, o juiz não deve ter por base as normas processuais brasileiras sobre citação" (**Homologação de sentenças arbitrais estrangeiras**. São Paulo: Atlas, 2008. p. 150).

[714] Sobre a importância dessa observância do contraditório na arbitragem, ver DINAMARCO, Cândido Rangel. **A arbitragem na teoria geral do processo**. São Paulo, Malheiros, 2013. p. 26.

[715] Tratando das sentenças arbitrais estrangeiras, André Abbud é bem claro a propósito dessa exigência de ordem pública processual: "uma das decorrências elementares do devido processo legal, na generalidade dos países, é a exigência de que o réu seja notificado da instauração do processo contra ele movido. Esse ato, por meio do qual se dá ao demandado conhecimento da existência do processo e se lhe franqueia a oportunidade de defender-se (*audiatur et altera pars*), é a primeira e principal manifestação de respeito aos princípios do contraditório e da ampla defesa no seio da relação processual" (**Homologação de sentenças arbitrais estrangeiras**, São Paulo: Atlas, 2008, p. 149).

impedirá a prolação da sentença arbitral, como já visto. Esta é a hipótese prevista no artigo 22, §3º, da lei 9.307/96.

O que não pode ser aceito é a aplicação desse prazo decadencial de noventa dias diante da ausência ou irregularidade da notificação da parte, *pressupondo-se* que *a parte em questão sequer tomou conhecimento da arbitragem* (presunção *relativa*, que comporta prova contrária). Se a notificação foi feita, por exemplo, de acordo com as regras previstas no contrato, *presume-se também* que a parte *tomou conhecimento* da arbitragem, ou seja, a presunção vale para os dois lados. Ademais, o conhecimento da parte (ou sua participação) *convalida* eventual irregularidade do ato praticado, isto é, se a parte tomou conhecimento, é o quanto basta[716], conforme jurisprudência firme do STJ já referida no Capítulo 1 e que será detalhada mais adiante. Mas, fora destas hipóteses discutidas acima, é possível que a ausência de qualquer conhecimento sobre a arbitragem (por vício grave na notificação inicial da parte quando há cláusula arbitral cheia) acarrete, em circunstâncias muito excepcionais, uma nulidade *insanável*[717]. Neste caso, trata-se de *questão de ordem pública processual*[718] que não se convalida com a passagem do tempo[719].

---

[716] Mais uma vez, explica André Abbud, em relação a sentenças arbitrais estrangeiras: "o importante, na avaliação desse pressuposto, não é examinar a obediência do ato de comunicação aos requisitos de forma estabelecidos na lei de regência do processo estrangeiro. Decisivo é que essa notificação tenha sido efetiva, isto é, tenha sido apta a levar o réu (diretamente ou por seu devido representante), de forma clara e precisa, a informação sobre a existência do processo, judicial ou arbitral – ou ainda, neste último caso, sobre a designação do árbitro – chamando-o a integrar a relação processual e nela fazer uso de todas as suas prerrogativas de parte. É também para reforçar essa preocupação com a essência do ato, por sobre sua forma, que a disciplina da recepção dos laudos arbitrais se vale do termo *notificação*, em vez de *citação*" (**Homologação de sentenças arbitrais estrangeiras**. São Paulo: Atlas, 2008. p. 151).

[717] Seria possível cogitar do manejo da *querela nullitatis*, figura controvertida em sua origem, terminologia, regime jurídico. Rodrigo Ramina de Lucca explica a controvérsia e conclui que a designação correta seria, na verdade, *actio nullitatis*, mas o autor não vê utilidade em usar nem uma, nem outra expressão e, no caso do réu revel não citado, defende a ação declaratória de *ineficácia* da sentença (*Querela Nullitatis* e o réu revel não citado no processo civil brasileiro. In: **Revista de Processo**, v. 202, 2011, p. 93-138). Sobre o tema, ver ainda o acórdão relatado pelo Ministro Moreira Alves (STF, RE 97.589, DJ 03.06.1983).

[718] Também qualificando essa questão como matéria de ordem pública, ABBUD, André. **Homologação de sentenças arbitrais estrangeiras**. São Paulo: Atlas, 2008. p. 148-149.

[719] Na hipótese de sentença arbitral *condenatória* reconhecendo a exigibilidade de obrigação de pagar quantia certa, o executado ainda poderá valer-se desse meio de defesa em sede de

Assim, defende-se aqui que apenas *duas hipóteses de violação da ordem pública processual na arbitragem jamais se convalidariam com a passagem do tempo* **(i)** a nulidade decorrente da ausência ou irregularidade da notificação de qualquer das partes a respeito da instauração da arbitragem na hipótese de cláusula compromissória "cheia" (a sentença arbitral jamais produzirá efeitos, nem haverá a coisa julgada material, em relação à parte que não foi notificada da arbitragem, não participou espontaneamente, nem tomou conhecimento dela de alguma outra forma[720]), conforme discutido acima, e **(ii)** a *inexistência da sentença arbitral* propriamente dita, detalhada a seguir.

Sobre as hipóteses de possível *inexistência* da sentença, um bom caminho para iniciar é partir dos *elementos básicos da sentença arbitral*, sem os quais ela, de fato, não poderia existir[721]. Esta é também a linha adotada por Flávio Yarshell em relação à sentença *judicial*, falando o autor em um "*mínimo*" em relação a três "*elementos essenciais*" (sujeito, objeto e forma) para que a sentença possa *existir*[722].

Retomando os requisitos da sentença arbitral pelo artigo 26 da lei 9.307/96[723] (cuja ausência também pode levar à *anulação* da sentença pelo artigo 32, III), entendemos que, em princípio, *poderiam* ser consi-

---

execução, após o decurso do prazo de noventa dias, a teor do que dispõem o artigo 33, parágrafo 3º, da lei 9.307/96 e o artigo 525, parágrafo 1º, I, do Código de Processo Civil de 2015.

[720] Como explicado por Cândido Rangel Dinamarco em citação anterior, essa notificação tem *forma livre* (correio, Internet fax), bastando que seja dado *conhecimento* à parte a respeito da instauração da arbitragem, possibilitando, assim, a sua participação (**A arbitragem na teoria geral do processo**. São Paulo, Malheiros, 2013. p. 147). Normalmente, como já dito, bastará seguir as regras sobre notificação que, eventualmente, estejam disciplinadas no contrato que contém a cláusula compromissória.

[721] Sem conhecer esses elementos básicos, não há como se discutir a inexistência de qualquer ato processual, muito menos da sentença. O ponto esclarecido por BEDAQUE, José Roberto dos Santos Bedaque. **Efetividade do processo e técnica processual**. São Paulo: Malheiros, 2006. p. 469-470.

[722] **Ação Rescisória:** juízos rescindente e rescisório. São Paulo: Malheiros, 2005. p. 242-247.

[723] *"Art. 26. São requisitos obrigatórios da sentença arbitral: I – o relatório, que conterá os nomes das partes e um resumo do litígio; II – os fundamentos da decisão, onde serão analisadas as questões de fato e de direito, mencionando-se, expressamente, se os árbitros julgaram por eqüidade; III – o dispositivo, em que os árbitros resolverão as questões que lhes forem submetidas e estabelecerão o prazo para o cumprimento da decisão, se for o caso; e IV – a data e o lugar em que foi proferida. Parágrafo único. A sentença arbitral será assinada pelo árbitro ou por todos os árbitros. Caberá ao presidente do tribunal arbitral, na hipótese de um ou alguns dos árbitros não poder ou não querer assinar a sentença, certificar tal fato."*

A APLICAÇÃO DE NORMAS COGENTES PELO ÁRBITRO E O CONTROLE DA ORDEM PÚBLICA

derados *elementos mínimos necessários* para a *existência* de uma sentença arbitral: **(i)** quanto ao *agente*, que a pessoa tenha sido de fato nomeada como árbitro e que seja *capaz*[724] (sendo que a suspeição e o impedimento encontram-se no *plano da validade* da sentença[725]); **(ii)** quanto ao seu *objeto*, que a sentença contenha, pelo menos, o dispositivo[726]; **(iii)** quanto à *forma*, que seja *escrita*, a teor do que determina o *caput* do artigo 24, da lei 9.307/96[727].

Exemplificando: *em princípio*, não *existiria* sentença arbitral prolatada por pessoa que jamais foi nomeada como árbitro ou mesmo por uma pessoa civilmente incapaz, como uma criança, por exemplo[728], da mesma forma como não *existiria* uma sentença *sem comando* dirigido às partes, muito menos sentença oral[729]. Com relação ao comando dirigi-

---

[724] Flávio Yarshell também entende que a incapacidade do agente prolator da sentença pode, em alguns casos, levar inexistência, especialmente quando afete "substancialmente a declaração" do ato praticado (**Ação Rescisória:** juízos rescindente e rescisório. São Paulo: Malheiros, 2005. p. 245).

[725] Em outra oportunidade, já se defendeu que a imparcialidade do árbitro pertence à esfera da autonomia privada das partes, não ao devido processo legal, e o que importa é a presença do binômio ciência-anuência, já referido anteriormente (Rafael Francisco Alves, A imparcialidade do árbitro no direito brasileiro: autonomia privada ou devido processo legal?. In: Revista de Mediação e Arbitragem, ano 2, v. 7, Revista dos Tribunais, 2005, p. 109-125). Em alguns casos excepcionais, quando há impedimento do árbitro e este não revelou o fato às partes, nem elas tomaram conhecimento desse impedimento por conta própria (ausente, portanto, o binômio ciência-anuência), a gravidade da situação poderia levar a um regime *equivalente* ao da inexistência, isto é, a não-convalidação pelo decurso do tempo. Mas, ainda assim, a sentença *existe* e produz efeitos até ser desconstituída.

[726] Diz Flávio Yarshell: "quanto ao objeto, não há dúvida de que é inexistente a sentença desprovida de dispositivo. Contudo, a essa expressão, como já visto com base em lição clássica, há de se dar entendimento largo, sendo provavelmente escassas as hipóteses em que, pura e simplesmente, não haveria dispositivo na sentença" (**Ação Rescisória:** juízos rescindente e rescisório. São Paulo: Malheiros, 2005. p. 245). No mesmo sentido, Cândido Rangel Dinamarco, **Instituições de direito processual civil**, v. 3, 5.ed. São Paulo: Malheiros, 2005. p. 682.

[727] Art. 24. A decisão do árbitro ou dos árbitros será expressa em documento escrito.

[728] Vale novamente o paralelo com o processo judicial, pois *não há sentença quando não há juiz*, nas palavras de José Roberto dos Santos Bedaque: "sentença juntada aos autos, mas subscrita por não-juiz, não reúne mínimas condições de existência. É um nada jurídico. Como este ato está fundado no poder estatal, se quem o pratica não está investido dele, não há aquele mínimo necessário a que se possa considerá-lo existente" (**Efetividade do processo e técnica processual**. São Paulo: Malheiros, 2006. p. 493).

[729] Cabe aqui o paralelo com a lição de Enrico Tullio Liebman a respeito da existência da sentença judicial: "são requisitos mínimos para a existência de uma sentença um julgamento

ÁRBITRO E DIREITO

do às partes (dispositivo), é possível que haja uma sentença *terminativa* (*sem* julgamento do mérito)[730], apenas para extinguir o processo arbitral (por exemplo, por acordo das partes[731], sem a necessidade de homologação[732], ou por falta de pagamento das custas arbitrais) ou uma *sentença de mérito* (isto é, com julgamento do mérito da arbitragem). Neste último caso (julgamento do mérito da arbitragem), é imprescindível que tal comando represente uma *decisão definitiva do mérito* (ou parte do mérito[733]) da arbitragem, pois, do contrário, haverá mera *ordem processual*[734] (decisão *provisória* do mérito), não sentença arbitral[735].

---

emitido em forma escrita por um juiz e endereçado às partes. Por isso, inexiste sentença se quem a proferiu não for juiz, se ela não contiver um julgamento ou se faltarem as partes ou o documento escrito" (**Manual de Direito Processual Civil**, v. 1, 3.ed. trad. Cândido Rangel Dinamarco, São Paulo: Malheiros, 2005, p. 340).

[730] CARMONA, Carlos Alberto. **Arbitragem e Processo: um comentário à lei 9.307/96**, 3ª ed. São Paulo: Atlas, 2009, p. 336-337; DINAMARCO, Cândido Rangel. **A arbitragem na teoria geral do processo**. São Paulo, Malheiros, 2013. p. 173-174.

[731] Neste sentido, estabelece o Artigo 28 da lei 9.307/96: "Se, no decurso da arbitragem, as partes chegarem a acordo quanto ao litígio, o árbitro ou o tribunal arbitral poderá, a pedido das partes, declarar tal fato mediante sentença arbitral, que conterá os requisitos do art. 26 desta Lei."

[732] Havendo homologação do acordo das partes por sentença arbitral, tal sentença será *de mérito* e não meramente *terminativa*.

[733] Se a sentença decidir apenas *parte* do mérito, deixando o restante dos pedidos a serem decididos em fase posterior da arbitragem, será uma sentença *parcial*, conforme artigo 23, § 1º, da lei 9.307/96: "Os árbitros poderão proferir sentenças parciais." Sobre as sentenças arbitrais parciais, ver DINAMARCO, Cândido Rangel. **A arbitragem na teoria geral do processo**. São Paulo, Malheiros, 2013. p. 176-180.

[734] Sobre as ordens processuais, ver DINAMARCO, Cândido Rangel. **A arbitragem na teoria geral do processo**. São Paulo, Malheiros, 2013. p. 112-114. O autor também esclarece que as ordens processuais são normalmente utilizadas para regular o procedimento arbitral.

[735] A distinção entre sentença parcial e ordem processual tem consequências práticas relevantes, dentre elas, o termo inicial do prazo para eventual ação anulatória (no caso de haver uma sentença arbitral parcial e não mera ordem processual), a teor do que dispõe o artigo 33, § 1º, da lei 9.307/96: "§ 1º A demanda para a declaração de nulidade da sentença arbitral, parcial ou final, seguirá as regras do procedimento comum, previstas na Lei nº 5.869, de 11 de janeiro de 1973 (Código de Processo Civil), e deverá ser proposta no prazo de até 90 (noventa) dias após o recebimento da notificação da respectiva sentença, parcial ou final, ou da decisão do pedido de esclarecimentos." (grifamos). Antes mesmo da nova redação conferida à lei 9.307/96 em 2015 (pela lei 13.129/15), já entendia o STJ que o prazo decadencial de 90 dias para se ajuizar ação anulatória começava a correr a partir da notificação da sentença arbitral parcial: REsp 1.519.041, Rel. Min. Marco Aurélio Bellizze, DJ 11.9.2015. Diz o trecho relevante da ementa do acórdão: "A ação anulatória destinada

A APLICAÇÃO DE NORMAS COGENTES PELO ÁRBITRO E O CONTROLE DA ORDEM PÚBLICA

Sem esses elementos mínimos (e só eles), *não haveria sentença, não haveria coisa julgada, não haveria limite temporal para manejar qualquer meio hábil de ataque à suposta "sentença"*[736]. O tempo verbal escolhido tem razão de ser: o verbo no *condicional* expressa o entendimento de que, *em princípio, poderia* não *haver* sentença arbitral, mas, *eventualmente, à luz das circunstâncias do caso*, talvez seja possível conclusão diversa. Por isso, convém aprofundar a análise. É conhecida a lição de José Carlos Barbosa Moreira defendendo que uma *sentença arbitral sem dispositivo é inexistente*[737] (como visto acima), da mesma forma que seria *inexistente*, na visão do autor, uma *sentença sem assinatura*[738]. A sentença arbitral deve estar assinada[739], ressalvada a hipótese legal de um dos árbitros não assinar e o presidente do tribunal arbitral certificar o fato, nos termos do parágrafo único do artigo 26, da lei 9.307/96[740]. Mas, ainda que não assinada a sentença, nem por isso deixará de *existir (e valer)* se for possível comprovar que a sentença partiu do árbitro e que constitui sua autêntica decisão, ou seja, é possível sanar o vício: *não deve haver nulidade (muito menos inexis-*

---

a infirmar a sentença parcial arbitral – único meio admitido de impugnação do decisum – deve ser intentada de imediato, sob pena de a questão decidida tornar-se imutável, porquanto não mais passível de anulação pelo Poder Judiciário, a obstar, por conseguinte, que o Juízo arbitral profira nova decisão sobre a matéria. Não há, nessa medida, qualquer argumento idôneo a autorizar a compreensão de que a impugnação ao comando da sentença parcial arbitral, por meio da competente ação anulatória, poderia ser engendrada somente por ocasião da prolação da sentença arbitral final".

[736] É consenso que a declaração de inexistência prescinde da observância dos limites temporais legais, o que vale tanto para o processo judicial, quanto para o processo arbitral (dois anos para a ação rescisória, no caso da sentença judicial e noventa dias para a ação anulatória, no caso da sentença arbitral). Ver YARSHELL, Flávio. **Ação Rescisória:** juízos rescindente e rescisório. São Paulo: Malheiros, 2005. p. 240-275.

[737] Estrutura da sentença arbitral. In: **Temas de Direito Processual:** oitava série. São Paulo: Saraiva, 2004. p. 189-190). No mesmo sentido, MARTINS, Pedro A. Batista Martins. **Apontamentos sobre a lei de arbitragem**. Rio de Janeiro: Forense, 2008. p. 316.

[738] BARBOSA MOREIRA, José Carlos. Estrutura da sentença arbitral. In: **Temas de Direito Processual:** oitava série. São Paulo: Saraiva, 2004. p. 190. No mesmo sentido, mas tratando da sentença judicial sem assinatura, DINAMARCO, Cândido Rangel. **Instituições de Direito Processual Civil**. v. 3, 5.ed. São Paulo: Malheiros, 2005. p. 682.

[739] No plano judicial, também Enrico Tullio Liebman considerava inexistente uma sentença sem a assinatura do juiz (**Manual de Direito Processual Civil**, v. 1, 3.ed. trad. Cândido Rangel Dinamarco, São Paulo: Malheiros, 2005, p. 340).

[740] Artigo 26, parágrafo único. "A sentença arbitral será assinada pelo árbitro ou por todos os árbitros. Caberá ao presidente do tribunal arbitral, na hipótese de um ou alguns dos árbitros não poder ou não querer assinar a sentença, certificar tal fato."

ÁRBITRO E DIREITO

tência) sem prejuízo[741]. Igualmente, a posterior assinatura (ou confirmação da autenticidade) da sentença *sana* o vício, tornando o ato existente, válido, eficaz[742].

Na mesma linha, com relação ao *dispositivo* da sentença, não se cogita aqui apenas de uma *divisão tópica ou topológica* do ato, com a tradicional separação entre **(i)** relatório, **(ii)** fundamentação e **(iii)** dispositivo. O que importa é a *substância* e, nesse sentido, importa saber se existe um *comando* direcionado às partes, isto é, no caso da sentença de mérito, o *"preceito concreto"* de que nos fala Cândido Rangel Dinamarco[743] (ainda que ele não esteja separado dos demais requisitos – relatório e fundamentação – no *instrumento* que contém a sentença). No caso do *julgamento do mérito*, sendo possível encontrar essa *ordem* direcionada às partes, que *resolva as crises (de certeza ou das situações jurídicas) que foram submetidas ao árbitro*, há *tutela jurisdicional*[744] e não há que se falar de

---

[741] Cabe citar aqui acórdão da 25ª Câmara de Direito Privado do Tribunal de Justiça de São Paulo (Apelação nº 9000084-58.2008.8.26.0100, Rel. Des. Sebastião Flávio, j. 22.5.2014), em sede de ação anulatória de sentença arbitral, com entendimento condizente com a posição sustentada aqui, isto é, de que a falta de assinatura da sentença arbitral é vicío *sanável*, o que não ocorre, todavia, com a sentença oral ou proferida por quem não era árbitro: *"as assinaturas dos árbitros se prestam à finalidade de dar certeza de que o conteúdo da sentença expressa a vontade deles, de modo que, objetivamente conferem autenticidade ao documento, o que, porém, segundo o que pode ser extraído da intenção da mesma lei,* **a ausência de algumas delas não importa a inexistência da decisão, tanto que sua autenticidade pode se revelar por outras formas.** *(...). Haveria sim inobservância de formalidade insuprível se a sentença arbitral não fosse escrita, porque essa formalidade é essencial à sua manifestação no mundo jurídico; o mesmo se diria se o árbitro não pudesse atuar como tal, ou se houvesse prevaricação de sua parte etc..."* (grifamos).

[742] Neste ponto, diz José Roberto dos Santos Bedaque a respeito da sentença judicial: "se o julgador esqueceu-se de assiná-la, enquanto não o fizer o ato é juridicamente inexistente. A subscrição posterior faz nascer o ato processual, convalidando os efeitos que porventura já se tenham iniciado. Esta retroatividade confere juridicidade aos efeitos produzidos por ato materialmente inexistente." (**Efetividade do processo e técnica processual**. São Paulo: Malheiros, 2006. p. 494).

[743] Diz o autor: "o produto do processo de conhecimento, contido na sentença de mérito, é o preceito concreto que rege as relações entre os litigantes ou entre eles e o bem da vida sobre o qual controvertem" (**Instituições de Direito Processual Civil**, v. 3, 5.ed. São Paulo: Malheiros, 2005. p. 193).

[744] Sobre o conceito de tutela jurisdicional e a resolução das crises, explica Cândido Rangel Dinamarco: "o resultado útil do processo civil de conhecimento é a tutela jurisdicional consistente em *julgar as pretensões* e com isso definir o preceito a ser observado pelos litigantes em relação ao bem da vida sobre o qual controvertem" (**Instituições de Direito Processual Civil**, v. 3, 5.ed. São Paulo: Malheiros, 2005. p. 194).

A APLICAÇÃO DE NORMAS COGENTES PELO ÁRBITRO E O CONTROLE DA ORDEM PÚBLICA

ausência de dispositivo (muito menos inexistência) neste caso. Novamente, é imprescindível que o comando dirigido às partes represente uma *decisão definitiva sobre o mérito* (ou parte do mérito) da arbitragem para que possa ser considerado uma sentença arbitral. Também aqui não haverá *nulidade (muito menos inexistência) sem prejuízo*. É preciso que a *técnica processual* se volte ao aproveitamento dos atos e à *preservação, na medida do possível, do julgamento do mérito*, o que vale para o processo judicial[745] e também para a arbitragem. A propósito, a hipótese aqui discutida não se confunde com *simples obscuridade, dúvida ou contradição* da sentença arbitral, pois, nestes casos, a sentença *existe* e a parte interessada poderá solicitar ao árbitro os devidos esclarecimentos, na forma do artigo 30, da lei 9.307/96.

Quanto ao *relatório* da sentença arbitral, Pedro Batista Martins parece entender que sua ausência não necessariamente levaria à *invalidade* do ato[746], ao passo que Carlos Alberto Carmona é categórico ao dizer que é *nula a sentença sem relatório*, ainda que admita alguma gradação do que possa ser considerado relatório para os fins legais[747].

Por outro lado, a *motivação* da sentença arbitral também é *matéria de ordem pública*[748], assim como ocorre no processo judicial[749], muito

---

[745] Novamente, BEDAQUE, José Roberto dos Santos Bedaque. **Efetividade do processo e técnica processual**. São Paulo: Malheiros, 2006. p. 18.

[746] Diz o autor: "o art. 26 lista o relatório dentre os requisitos cogentes, o que tem levado boa parte da doutrina a não flexibilizar sua necessidade, admitindo, tão-somente, que seja lançado de forma sumária no bojo da decisão. De toda forma, de todos os requisitos do art. 26, penso que o relatório é o mais inexpressivo deles, merecendo interpretação a mais favorável possível, no sentido de viabilizar a eficácia da sentença arbitral" (**Apontamentos sobre a lei de arbitragem**. Rio de Janeiro: Forense, 2008. p. 315).

[747] Explica o autor: "A ausência de relatório – anuncia o art. 32 da Lei – torna nula a sentença arbitral. A nulidade é insanável, já que o relatório é condição de validade do ato. Mas deve o intérprete da Lei agir com cautela, pois ausência de relatório (situação teratológica) não corresponde a relatório simplificado: a primeira situação invalida a decisão, enquanto a segunda é aceitável, na medida em que os dados essenciais sejam todos enunciados, ainda que de forma concisa (...)" (**Arbitragem e Processo – um comentário à lei 9.307/96**, 3ª ed. São Paulo: Atlas, 2009, p. 369).

[748] CARMONA, Carlos Alberto. **Arbitragem e processo**: um comentário à lei 9.307/96. 3.ed. São Paulo: Atlas, 2009. p. 370.

[749] Nesse sentido, CRUZ E TUCCI, José Rogério. **A motivação da sentença no processo civil**. São Paulo: Saraiva, 1987. p. 23-24.

ÁRBITRO E DIREITO

embora apenas neste último, a garantia tenha sede constitucional, como defende André Abbud[750].

Seja como for, tanto o relatório, quanto a motivação da sentença arbitral dizem respeito ao *plano da validade* e, como tais, estão sujeitos ao prazo decadencial de noventa dias do artigo 33, § 1º, da lei 9.307/96.

Como se percebe, os diferentes incisos do artigo 26, embora remetam todos a uma *mesma hipótese de anulação* da sentença pelo artigo 32 (inciso III) e sejam matéria de *ordem pública processual,* podem ser tratados *diferentemente.* É preciso deixar claro que o fato de determinado vício da sentença arbitral estar previsto como causa de *anulação* no rol do artigo 32 não impede que ele possa ser qualificado, mais propriamente, como causa de *inexistência* (como ocorreria, em princípio, com a *sentença sem dispositivo*)[751].

Com relação à sentença *oral,* também aqui é preciso cuidado. Está claro que a sentença arbital é *documento escrito,* nos termos da lei 9.307/96, mas, novamente, não se deve levar a *forma* às últimas consequências, contrariando a própria *finalidade* do ato. Basta pensar em uma sentença que seja proferida oralmente pelo árbitro ao final da audiência e, depois, com a sua devida transcrição nas notas estenográficas, contenha todos os demais elementos (data, local, eventualmente até mesmo a assinatura do árbitro) e seja devidamente notificada às partes.

Como se percebe, é preciso cuidado com o manejo do tema da *inexistência da sentença arbitral* para evitar justamente que essas situações possam levar ao extremo de não se reconhecer qualquer ato nesses

---

[750] André Abbud reconhece que a motivação das sentenças arbitrais é matéria de ordem pública nacional, mas não tem status constitucional, sendo escolha do legislador ordinário (**Homologação de sentenças arbitrais estrangeiras**. São Paulo: Atlas, 2008. p. 215).

[751] Em relação à sentença judicial, o mesmo raciocínio é empregado por Flávio Yarshell ao discutir as causas de inexistência da sentença vis-à-vis as causas de desconstituição da coisa julgada via ação rescisória, conforme artigo 485, do CPC de 1973: "não é porque o legislador qualificou como rescindíveis (passíveis de desconstituição por ação rescisória) tais hipóteses que dentre elas não possa ser encontrada uma de inexistência. Tal interpretação, no complexo contexto do problema, seria demasiadamente pobre. Por exemplo, quando se pensa na hipótese do inciso V do referido dispositivo, parece razoável admitir que eventual hipótese de sentença inexistente consubstancie, ao mesmo tempo, violação a literal disposição de lei" (**Ação Rescisória: juízos rescindente e rescisório**. São Paulo: Malheiros, 2005. p. 246).

A APLICAÇÃO DE NORMAS COGENTES PELO ÁRBITRO E O CONTROLE DA ORDEM PÚBLICA

cenários[752], tornando-os *imunes* a prazos preclusivos e gerando, assim, *incerteza e insegurança* para aqueles que se valem da arbitragem. Na dúvida, defende-se aqui que seja *preservado o julgamento de mérito do árbitro*, conforme as linhas mestras estabelecidas neste trabalho.

Diversos autores reconhecem a possibilidade de uma sentença arbitral ser qualificada como *inexistente*, mas por distintas razões. Cândido Rangel Dinamarco, por exemplo, entende que a *inarbitrabilidade da matéria* é vício tão grave que conduziria à *inexistência* da sentença arbitral (embora esse vício também esteja disciplinado na hipótese de anulação do inciso I, do artigo 32, da lei 9.307/96)[753]. Entendimento semelhante é defendido por Carlos Alberto Carmona, ainda que este autor não fale *expressamente* em inexistência da sentença arbitral neste caso, argumentando o autor apenas que o decurso do prazo de *anulação* não poderá convalidar o vício da *inarbitrabilidade* em alguns casos[754]. Clávio Valença Filho, por sua vez, entende que a *"ausência de poder jurisdicional do árbitro"* é causa da *inexistência* de uma sentença arbitral, identificando o autor

---

[752] Conforme visto acima, estamos tratando de *hipóteses excepcionais* em que *não pode haver dúvidas da inexistência* da sentença arbitral, como, por exemplo, é o caso de uma decisão de *expert* em *Dispute Board*. Ainda que tal decisão possa ter, eventualmente, *aparência* de sentença arbitral, jamais o será, porque *não há árbitro* (o *expert* não é um árbitro). Neste sentido, deve-se criticar o julgado do Superior Tribunal de Justiça que faz confusão indevida entre árbitro e avaliador (STJ, REsp 1.569.422, Rel. Min. Marco Aurélio Bellize, DJ 20.5.2016). Neste caso, concordamos com o voto vencido do Ministro Ricardo Villas Bôas Cuevas: *"referida cláusula remete à nomeação de avaliadores, profissionais que, por definição, são responsáveis simplesmente por realizar o cálculo do valor de um bem, e não de se substituir à vontade das partes dirimindo conflitos. Logo, não há elementos mínimos para concluir que o recorrido tenha, mediante manifestação de vontade, ainda que ulterior e em apartado, expressamente demonstrando a sua intenção de abrir mão da jurisdição estatal e submeter esse ou qualquer outro atrito relacionado às relações jurídicas que envolvem as partes a um órgão arbitral"*.

[753] **A arbitragem na teoria geral do processo**. São Paulo, Malheiros, 2013. p. 79-80 e 241.

[754] Em suas palavras: "os casos de nulidade da sentença arbitral – para utilizar a expressão endossada pela Lei – são taxativos, de modo que não podem as partes ampliar os motivos de impugnação nem estabelecer na convenção de arbitragem novas formas de revisão judicial do laudo. Haverá, porém, casos verdadeiramente excepcionais, em que será necessário reconhecer a sobrevivência da via declaratória ou desconstitutiva para atacar o laudo. O exemplo mais evidente de tal situação repousaria na hipótese de não ser arbitrável um determinado litígio: proferido o laudo, não vem proposta a demanda de anulação, o que tornaria a sentença arbitral inatacável, gerando situação de perplexidade (pense-se em uma questão de estado dirimida pela via arbitral)" (**Arbitragem e processo**: um comentário à lei 9.307/96. 3.ed. São Paulo: Atlas, 2009. p. 399).

quatro incisos do artigo 32, da lei 9.307/96, que tratariam dessa questão: os incisos I, II, IV e VII[755]. Por fim, analisando o direito italiano, Giovanni Bonato (também referido por Cândido Rangel Dinamarco), entende que não apenas a *inarbitrabilidade*[756], como também a *violação à ordem pública* ocasiona a *inexistência* da sentença arbitral[757] – como adiantado acima (embora ambas sejam hipóteses de *anulação* da sentença arbitral no direito italiano[758]).

Todavia, não concordamos com o *alargamento* das causas qualificadoras da *inexistência* da sentença arbitral. Entendemos que *apenas* aquelas hipóteses indicadas acima seriam capazes de, em princípio, tornar *inexistente* uma sentença arbitral (e mesmo em relação a essas hipóteses, é preciso ter cuidado para que a *interpretação seja a mais favorável possível* à conclusão de que a sentença arbitral existe, é válida e eficaz). Todas as demais hipóteses estariam *no plano de validade, sujeitas, portanto, ao prazo decadencial de noventa dias* do artigo 33, parágrafo 1º, da lei 9.307/96, como se passa a demonstrar.

Comecemos pelos vícios da convenção de arbitragem, isto é, vícios que afetem qualquer um dos três planos desse negócio jurídico (sua existência, validade e eficácia), dentre eles, a *inarbitrabilidade do litígio*, citada por alguns dos referidos autores como causa de *inexistência* da sentença arbitral.

A *inarbitrabilidade* está relacionada com a *ilicitude do objeto* da convenção de arbitragem (requisito de validade desta[759]). Entendem alguns

---

[755] Da sentença arbitral inexistente. In: Clávio de Melo Valença Filho; João Bosco Lee, **Estudos de Arbitragem**. Curitiba: Juruá, 2009, p. 188.

[756] **La natura e gli effetti del lodo arbitrale:** studio di diritto italiano e comparato. Napoli: Jovene, 2012, p. 271-272.

[757] **La natura e gli effetti del lodo arbitrale:** studio di diritto italiano e comparato. Napoli: Jovene, 2012, p. 279).

[758] Esclarece o autor: "*La previsione del motivo di impugnazione di nullità fondato sulla non comprommettibilità della controversia, di cui all'art. 829, comma 1°, n. 1, non costituisce un elemento ostativo alla soluzione da noi preferita, dato che anche in altre fattispecie il vizio di inesistenza può essere fatto valere non solo con un'autonoma azione (proponibile in qualsiasi sede e senza limiti di tempo), ma può essere anche dedotto con i mezzi ordinari di impugnazione, come accade, ad esempio, per la sentenza inesistente, in quanto priva della sottoscrizione del giudice, nei cui confronti è proponibile anche l'appello e il ricorso per cassazione (artt. 354 e 383 c.p.c.)*" (**La natura e gli effetti del lodo arbitrale:** studio di diritto italiano e comparato. Napoli: Jovene, 2012, p. 273).

[759] Azevedo, Antonio Junqueira. **Negócio jurídico:** existência, validade e eficácia. 4.ed. São Paulo: Saraiva, 2002. p. 42-43.

A APLICAÇÃO DE NORMAS COGENTES PELO ÁRBITRO E O CONTROLE DA ORDEM PÚBLICA

autores que se trata de *matéria de ordem pública*[760]. Essa *violação da ordem pública material* levaria à *inexistência* da sentença arbitral? Uma convenção de arbitragem *nula* por ter *objeto ilícito* (por exemplo, inarbitrável) conduziria automaticamente à *inexistência* da sentença arbitral? Como regra, o negócio jurídico nulo *não produz efeitos*, aliás, os requisitos de validade dos negócios constituem justamente sua aptidão para produzir os efeitos queridos pelas partes[761]. Portanto, pareceria lógico, em princípio, que uma convenção de arbitragem *nula* (isto é, que não produza efeitos, nem possa ser sanada[762]) tivesse como *consequência* uma sentença arbitral *inexistente*. Sendo a convenção de arbitragem a base de uma arbitragem, como poderia uma sentença *existir* a partir de um negócio *nulo*? Ainda pior: e se *não houvesse* sequer convenção de arbitragem, não seria lógico concluir que *tampouco haveria* sentença arbitral? Em outras palavras, a *convenção de arbitragem inexistente* teria como *consequência lógica* uma *sentença arbitral inexistente*[763]? Esses argumentos de ordem lógica parecem fazer sentido à primeira vista, mas contêm *erro de premissa*. Por isso, não concordamos com tal posição.

[760] Nesse sentido, APRIGLIANO, Ricardo de Carvalho. **Ordem Pública e Processo** – O Tratamento das Questões de Ordem Pública no Direito Processual Civil, São Paulo: Atlas, 2011, p. 30. Entre os civilistas, deve ser citada novamente a obra de Clovis Bevilaqua, comentando o Código Civil de 1916 (**Código Civil dos Estados Unidos do Brasil Comentado**, v. 1, Rio de Janeiro: Editora Paulo de Azevedo, Livraria Francisco Alves, 1959. p. 330-331).

[761] A esse respeito, AZEVEDO, Antonio Junqueira. **Negócio jurídico:** existência, validade e eficácia. 4.ed. São Paulo: Saraiva, 2002, p. 875.

[762] A insanabilidade é uma das marcas do negócio jurídico nulo, na visão de Pontes de Miranda: "o conceito de negócio jurídico nulo é ligado ao de insanabilidade; a sanatória do nulo é *contradictio in terminis*" (**Tratado de Direito Privado:** parte geral – validade. nulidade. anulabilidade. t. 4, atualizado por Marcos Bernardes de Mello e Marcos Ehrhardt Júnior. São Paulo: Editora Revista dos Tribunais, 2012. p. 122).

[763] Diz Clávio Valença: "onde não há convenção de arbitragem validamente estipulada, não há, igualmente, poder jurisdicional, nem jurisdição. Não havendo jurisdição, não há relação processual entre as partes. Logo, como o poder jurisdicional do árbitro deriva da convenção de arbitragem, ele não é juiz na ausência desta. Não havendo juiz, não há processo; sem processo não há sentença" (Da sentença arbitral inexistente. In: Clávio de Melo Valença Filho; João Bosco Lee, **Estudos de Arbitragem**. Curitiba: Juruá, 2009, p. 184). Em obra anterior, o autor já havia manifestado o mesmo entendimento, **Poder judiciário e sentença arbitral:** de acordo com a nova jurisprudência constitucional. Curitiba: Juruá, 2003. p. 103 e 163.

ÁRBITRO E DIREITO

O plano das nulidades de direito material *não se confunde* com o plano de nulidades do direito processual[764]. Para ficar mais claro, comecemos pelo fim, isto é, pelo *vício mais grave* da convenção de arbitragem: a sua *inexistência*.

Como visto no Capítulo 1, o legislador brasileiro atribuiu *expressamente* ao árbitro a competência para analisar *a inexistência, a invalidade e a ineficácia* da convenção de arbitragem (artigo 8º, parágrafo único, da lei 9.307/96). O legislador menciona *expressamente* esses três planos. Trata-se de "voto de confiança" do legislador de que o árbitro *reconhecerá* qualquer irregularidade na convenção de arbitragem, dentre eles a própria *inexistência* da convenção. Se isso ocorrer, a sentença arbitral será *válida* e seu fundamento de validade será a própria lei de arbitragem – o citado artigo 8º, parágrafo único (já que *inexiste* convenção de arbitragem)[765]. Por outro lado, se o árbitro *não reconhecer a inexistência*, passando ao julgamento do mérito da arbitragem (e a convenção de arbitragem for, de fato, *inexistente*), então essa sentença arbitral (de mérito) será *anulável* por força do inciso I do artigo 32, da lei 9.307/96. A partir do momento em que o árbitro *decide o mérito*, ele está também (*expressa ou implicitamente*) *deliberando* a respeito da regularidade da convenção de arbitragem, que é *pressuposto processual lógico* para se chegar até o mérito[766].

Havendo, assim, uma *sentença arbitral de mérito*, já não é mais a convenção de arbitragem que está em questão, mas *outro fato jurídico*, na verdade, um *ato processual*, qual seja, a própria sentença. *É sobre este novo ato que recairá eventual ação anulatória* nos termos dos artigos 32 e 33 da lei 9.307/96. Estará preservada, assim, a independência dos dois planos, o direito material e o direito processual e, sobretudo, *autonomia da arbitragem*, vedando-se a *interferência indevida* do Poder Judiciário no

---

[764] Explicando as diferenças entre o *nulo material* e o *nulo processual*, Dinamarco, Cândido Rangel. **A arbitragem na teoria geral do processo**, São Paulo, Malheiros, 2013, p. 244-246.
[765] Ver Alves, Rafael Francisco. **A inadmissibilidade das medidas antiarbitragem no direito brasileiro**. São Paulo: Atlas, 2009, p. 166-170.
[766] A propósito, o artigo 20, *caput*, da lei 9.307/96, deixa claro que "*questões relativas à competência, suspeição ou impedimento do árbitro ou dos árbitros, bem como nulidade, invalidade ou ineficácia da convenção de arbitragem*" devem ser apresentadas perante o árbitro.

A APLICAÇÃO DE NORMAS COGENTES PELO ÁRBITRO E O CONTROLE DA ORDEM PÚBLICA

julgamento do mérito da arbitragem[767]. É por isso qualquer ataque à sentença arbitral (de mérito) por *ausência de poder jurisdicional do árbitro* não é um ataque baseado *diretamente* na inexistência, na invalidade ou na ineficácia da convenção de arbitragem, mas *no próprio julgamento proferido pelo árbitro*, vale dizer, na análise que ele fez de sua própria competência (conforme o princípio competência-competência). Tecnicamente, pois, o artigo 32, I, da lei 9.307/96 deveria ser lido da seguinte forma: *é nula a sentença arbitral quando for equivocada a decisão do árbitro a respeito da sua própria competência*, isto é, a respeito da existência, validade ou eficácia da convenção de arbitragem[768]. Assim, o objeto *imediato* (direto) deste ataque é a decisão do árbitro (*ato processual*, cujo vício *pode se convalidar* com o decurso do tempo) e o objeto mediato (ou indireto) é a regularidade da convenção de arbitragem (cujo vício pode ser, eventualmente, *insanável*, sem convalidar-se com o passar do tempo). É por isso que uma *sentença arbitral de mérito* proferida *ex vi legis*, isto é, com base no artigo 8º, parágrafo único, da lei 9.307/96 *existe*, embora possa ser *anulada* com base no inciso I do artigo 32, se houver *algum vício* na convenção de arbitragem que não tenha sido reconhecido pelo árbitro. Mas, ultrapassado o prazo decadencial de noventa dias, não será mais possível o ataque à sentença arbitral, *ainda que, de fato, seja inexistente, nula ou ineficaz a convenção de arbitragem*[769]. O raciocínio exposto vale para os três planos do negócio jurídico.

---

[767] Em linha de princípio, concordamos com as palavras de Cândido Rangel Dinamarco a respeito da autonomia da arbitragem frente ao Poder Judiciário: "no direito brasileiro vigente a autonomia da arbitragem apoia-se em três pilares fundamentais, representados (a) pela *dispensa de homologação* da sentena arbitral pelo juiz togado, (b) pela *equivalência funcional* entre a sentença dos árbitros e a deste (...) e (c) pela *invulnerabilidade* da sentença arbitral a qualquer censura de mérito a ser efetivada pelos órgãos do Poder Judiciário" (**A arbitragem na teoria geral do processo**. São Paulo, Malheiros, 2013. p. 210).

[768] O atual direito francês é mais preciso nesta causa de anulação de uma sentença, tanto em arbitragem interna, quanto em arbitragem internacional, nos termos, respectivamente, dos artigos 1492 e 1520, que possuem a mesma redação neste ponto: *"Le recours en annulation n'est ouvert que si: 1º Le tribunal arbitral s'est déclaré à tort compétent ou incompetent"*.

[769] Circunstâncias *excepcionais* poderão reclamar, também, *medidas excepcionais*, a serem temperadas pela jurisprudência, como, por exemplo, na hipótese de sentença arbitral decidindo *manifestamente* sobre questão de estado, conforme relatado por Carlos Alberto Carmona, **Arbitragem e processo**: um comentário à lei 9.307/96. 3.ed. São Paulo: Atlas, 2009. p. 399. Todavia, em caso de dúvida, deve ser preservada o julgamento de mérito da arbitragem na máxima extensão possível. Nesse sentido, concordamos com a linha de princípio estabeleci-

ÁRBITRO E DIREITO

Retornando ao debate a respeito da *inarbitrabilidade* do litígio, não há dúvidas de que esse tema também envolve o *julgamento do mérito* da arbitragem. Havendo uma *sentença de mérito*, o árbitro emitiu juízo de valor (implicitamente ou expressamente) sobre a regularidade da convenção de arbitragem. Ao fazê-lo, de duas, uma: **(i)** ou a própria convenção versa sobre *conflito inarbitrável* e, portanto, seu objeto é *ilícito*, sendo o negócio *nulo de pleno direito*, hipótese em que a *sentença arbitral de mérito* poderá ser *anulada* dentro do prazo decadencial de noventa dias (artigo 32, inciso I) ou **(ii)** a convenção é regular, versa sobre direitos patrimoniais disponíveis, mas o árbitro extrapolou os limites da sua jurisdição, decidindo também sobre matéria inarbitrável, hipótese em que a *sentença arbitral de mérito* também poderá ser *anulada* dentro do prazo decadencial de noventa dias (artigo 32, inciso IV). Por isso, também este inciso IV deverá ser interpretado da seguinte forma: é *nula* a sentença arbitral quando o *julgamento de mérito do árbitro* ultrapassar os limites da convenção de arbitragem.

Como se percebe, estamos *sempre no campo do julgamento do mérito da arbitragem* e, como tal, não há que se falar em sentença arbitral inexistente, mas apenas em *sentença arbitral anulável*, nas *expressas* hipóteses legais referidas acima.

Essa conclusão contempla, como não poderia deixar de ser, *questões de ordem pública* (dentre elas, a própria *nulidade* da convenção de arbitragem) e também as relativas aos *bons costumes*, ambos como objeto específico deste Capítulo. Para ilustrar isso, é conveniente utilizar a classificação de contratos ilícitos de Orlando Gomes[770]: segundo o autor, **(i)** *contrato proibido* é aquele que atenta contra a ordem pública, **(ii)** *contrato imoral* é aquele que atenta contra os bons costumes e **(iii)** contrato ilegal é aquele que desobedece norma proibitiva (ou imperativa). Entende-se, por exemplo, que é *proibido* (e nulo) o contrato que

---

da por Cândido Rangel Dinamarco: "em casos extremos, quando chamado a pronunciar-se, o juiz togado apreciará somente a *razoabilidade* da interpretação dada pelo árbitro no exercício da *Kompetenz-Kompetenz*, só repudiando essa interpretação se houver sido arbitrária ou manifestamente equivocada, sem margem para dúvidas razoáveis no espírito do observador de bom-senso. Fora desses limites devem sempre ser conservados os efeitos da arbitragem" (**A arbitragem na teoria geral do processo**. São Paulo, Malheiros, 2013. p. 95).
[770] **Contratos**. 26.ed. Rio de Janeiro, Forense, 2009, p. 182-190.

A APLICAÇÃO DE NORMAS COGENTES PELO ÁRBITRO E O CONTROLE DA ORDEM PÚBLICA

atente contra a "função social do contrato"[771], sendo esta matéria de ordem pública, dentro dessa linha de pensamento, por expressa disposição legal, conforme artigo 2.035, parágrafo único, do Código Civil[772]. Da mesma forma, ainda seguindo a visão de Orlando Gomes, também são *nulos* os contratos ofensivos aos bons costumes, dentre os quais os *contratos usurários*, que, além de *contratos imorais*, passaram a ser também, com o tempo, *contratos ilegais*[773]. Também há os *contratos fraudulentos*, que são *anuláveis* e, a rigor, não atentam nem contra a lei (apenas o seu fim é ilícito), nem contra a ordem pública, nem contra os bons costumes[774]. Qualquer que seja o vício do contrato e a correspondente sanção (sobretudo, a nulidade ou ineficácia), *mesmo os que atentem contra a ordem pública e os bons costumes*, todos eles podem ser objeto de arbitragem (são plenamente *arbitráveis*, portanto) e, mais do que isso, *qualquer discussão a respeito de sua ilicitude, proibição, imoralidade ou fraude caberá, em primeiro lugar, ao árbitro*. A sentença arbitral que aprecie essas questões *existe*, embora possa ser *anulada* com base no artigo 32, inciso I, isto é, se houver algum vício na própria convenção de arbitragem, se o árbitro, de forma equivocada, pretendeu tornar lícito, o que era ilícito, e esse vício afetou também a própria convenção de arbitragem. Esses casos são *passíveis de anulação*, desde que respeitado o prazo decadencial de noventa dias da lei 9.307/96. É uma hipótese *excepcional – prevista em lei –* em que o jul-

---

[771] Essa referência foi incluída como "Revisão do Atualizador" – RA, por se tratar de dispositivo do Código Civil de 2002 (Orlando Gomes, **Contratos**. 26.ed. Rio de Janeiro, Forense, 2009, p. 185).

[772] "Art. 2.035. Parágrafo único. Nenhuma convenção prevalecerá se contrariar preceitos de ordem pública, tais como os estabelecidos por este Código para assegurar a função social da propriedade e dos contratos." Todavia, é preciso deixar claro que a ordem pública e a função social do contrato não devem ser confundidas. Para Luís Gustavo Haddad, por exemplo, a função social do contrato tem "incidência subsidiária" e atua no plano da eficácia, ao passo que a ordem pública pode afetar a validade do negócio jurídico (**Função social do contrato:** um ensaio sobre seus usos e sentidos. São Paulo, Saraiva, 2013. p. 196-197). Por outro lado, explica Cristiano de Sousa Zanetti que a "função social do contrato" é apenas mais uma limitação à liberdade de contratar e não razão de ser do contrato (**Direito contratual contemporâneo:** a liberdade contratual e sua fragmentação. Rio de Janeiro: Forense, São Paulo: Método, 2008. p. 199).

[773] GOMES, Orlando. **Contratos**. 26ª ed. Rio de Janeiro: Forense, 2009. p. 185-189. Com a ressalva de que, no caso da usura pecuniária, entende o autor que a sanção é de ineficácia (p. 188).

[774] GOMES, Orlando. **Contratos**. 26ª ed. Rio de Janeiro: Forense, 2009. p. 188-189.

ÁRBITRO E DIREITO

gamento de mérito do árbitro está sujeito a controle judicial posterior. Fora dessa hipótese legal *expressa e excepcional* (artigo 32, inciso I, da lei 9.307/96), o julgamento de mérito do árbitro não pode ser atacado, nem revisto pelo Poder Judiciário.

Portanto, os três planos do negócio jurídico denominado convenção de arbitragem estão diretamente relacionados com o *julgamento do mérito* da arbitragem. *É papel do árbitro analisar cada um desses planos, verificar sua regularidade e, acima de tudo, chegar a uma decisão.* Ao *julgar o mérito de uma arbitragem*, o árbitro *sempre e necessariamente* emite um *juízo de valor* a respeito da existência, validade e eficácia da convenção de arbitragem, pois este é *pressuposto* de sua jurisdição, sendo que, em alguns casos, os três planos integram (em parte ou no todo) o próprio mérito da arbitragem[775]. Em todos esses casos, pode estar em discussão a *validade* da sentença arbitral, jamais sua *existência*.

No campo da arbitragem, justamente em razão da expectativa dos usuários deste instituto, preocupados – como dito no início – em obter uma sentença arbitral de mérito que seja *exequível* e que possa ser preservada, *na maior extensão possível*, contra ataques, especialmente aqueles dirigidos contra seu julgamento de mérito, entendemos que é necessário ter uma visão *extremamente restritiva* das hipóteses de *inexistência* da sentença arbitral. São aquelas hipóteses já indicadas acima – os *elementos mínimos necessários* – e mesmo elas devem ser interpretadas *em vista dos objetivos do instituto*, sem apego às formalidades como fins em si mesmas. Outras hipóteses, ainda que atinentes à *ordem pública processual*, estarão incluídas no plano da *validade*, estando sujeitas, portanto, à ação anulatória, dentro das hipóteses legais, e observado o prazo decadencial de noventa dias previsto no artigo 33, parágrafo 1º, da lei 9.307/96. Da mesma forma, defende-se que, no que diz respeito ao *julgamento do mérito da arbitragem*, eventual violação da *ordem pública material* estará sempre no plano da *validade* da sentença arbitral, jamais afetando a sua existência (tópico que será aprofundado no próximo item).

Na arbitragem, é preciso assegurar – acima de tudo – *a certeza e a segurança das relações*, sobretudo depois de uma sentença arbitral transitada

---

[775] Sobre a competência do árbitro como matéria de mérito da arbitragem, ver Rafael Francisco Alves, **A Inadmissibilidade das medidas antiarbitragem no direito brasileiro.** São Paulo: Atlas, 2009. p. 159-170.

A APLICAÇÃO DE NORMAS COGENTES PELO ÁRBITRO E O CONTROLE DA ORDEM PÚBLICA

em julgado, e ainda que se deva conviver, em alguns casos, com eventual *injustiça* da decisão[776] (que faz parte dos *riscos assumidos* pelas partes ao contratarem a arbitragem)[777], mesmo que esta *injustiça* extrapole os interesses das partes para atingir a *ordem pública processual* (exceto as hipóteses previstas em lei, conforme artigo 32) ou mesmo a *ordem pública material* (tópico que será aprofundado no próximo item)[778]. Também a *ordem pública material* está sujeita à *preclusão processual*, sendo a coisa julgada a hipótese *máxima* de preclusão[779].

---

[776] No plano do processo judicial, tampouco se deve confundir injustiça e nulidade processual, mesmo quando há eventual inconstitucionalidade no julgamento do mérito, como bem explicado por Rodrigo Ramina de Lucca (Querela Nullitatis e o réu revel não citado no processo civil brasileiro. In: **Revista de Processo**, v. 202, 2011, p. 93-138).

[777] Com efeito, ao contratarem a arbitragem, via de regra, as partes sabem que estão assumindo algum *risco* em relação à eventual *injustiça* da decisão dos árbitros, sem nada poderem fazer para se livrar das consequências, caso esse risco materialize-se no futuro. Nesse ponto, vale lembrar a citação já referida de Cristiano de Sousa Zanetti, O risco contratual, In: Teresa Ancona Lopez; Patrícia Faga Iglecias Lemos; Otavio Luiz Rodrigues Junior. (Org.), *Sociedade de risco e Direito privado: desafios normativos, consumeristas e ambientais.* São Paulo: Atlas, 2013, p. 455-456.

[778] Em sua tese, Ricardo Aprigliano conclui com correção que o sistema pode conviver tanto com a injustiça material, quanto com a injustiça processual: "pondere-se que, se é amplamente aceito que um processo possa conduzir a resultados absolutamente injustos e contra a lei, não se compreende por que não admitir que um julgamento seja realizado em processo que não deveria tê-lo recebido. Qual é, substancialmente, a diferença entre praticar uma injustiça formal, em julgar o mérito entre partes claramente ilegítimas, ou mesmo entre proferir um julgamento por autoridade absolutamente incompetente, e praticar uma injustiça material flagrante, como a de deixar de decretar o despejo de locatário confessadamente inadimplente, ou ainda de autorizar a penhora e alienação do bem de família de um devedor" (**Ordem pública e processo**: o tratamento das questões de ordem pública no direito processual civil. São Paulo: Atlas, 2011. p. 245).

[779] Cabem aqui, novamente, as palavras de Ricardo de Carvalho Aprigliano: "as leis de ordem pública de direito material recebem, no plano do processo, tratamento semelhante ao de qualquer outra questão de direito trazida a julgamento. Não são diferenciadas, não prescindem de pedido da parte, não podem ser invocadas fora do âmbito de julgamento do objeto litigioso. Do mesmo modo, a elas não se aplica a afirmação de que não estão sujeitas à preclusão, ou que podem ser examinadas em qualquer tempo e grau de jurisdição" (**Ordem pública e processo**: o tratamento das questões de ordem pública no direito processual civil. São Paulo: Atlas, 2011. p. 33). Parece ter o mesmo entendimento Flávio Luiz Yarshell, ao defender que mesmo a sentença que afronte o "interesse público" convalida-se com a passagem do tempo, particularmente com o decurso do prazo de dois anos para o manejo

ÁRBITRO E DIREITO

Para concluir: matérias de *ordem pública processual* estão todas sujeitas à *preclusão* na arbitragem (sendo a coisa julgada, a preclusão máxima) e *convalidam-se* com o decurso do tempo (particularmente *após* o prazo de noventa dias para a propositura da ação anulatória, conforme o artigo 33, §1º, da lei 9.307/96, salvo as hipóteses de defesa do executado), com *apenas duas exceções* discutidas neste item: **(i)** inexistência ou nulidade da notificação da parte na hipótese de cláusula compromissória "cheia" e **(ii)** a inexistência da própria sentença arbitral, nas hipóteses estritas aqui discutidas. No que diz respeito ao *julgamento do mérito* da arbitragem, qualquer discussão sobre eventual violação da *ordem pública* situa-se necessariamente no *plano da validade,* como se passa a discutir em maiores detalhes no item a seguir.

3.1.3.2. Anulação da sentença arbitral doméstica por violação da ordem pública no julgamento do mérito: o critério da ordem pública internacional (ou mesmo transnacional)

No item anterior, ficou esclarecido que, uma vez presentes os *elementos mínimos necessários* para a *existência* de uma sentença arbitral, qualquer discussão a respeito de possível *violação da ordem pública* está localizada no plano da *validade* desse ato processual, estando sujeita, assim, à preclusão. Neste item, a análise prossegue para que se possa investigar se seria possível, então, *anular* (ou reconhecer a nulidade de)[780] uma sentença arbitral por violação da ordem pública.

Doutrina majoritária no Brasil entende que sim, esta anulação é possível, ainda que a hipótese *não esteja contemplada expressamente* nos incisos do artigo 32, da lei 9.307/96. Essa é a posição de Carlos Alberto

---

da ação rescisória (**Ação Rescisória:** juízos rescindente e rescisório. São Paulo: Malheiros, 2005. p. 251).

[780] Carlos Alberto Carmona defende que, a despeito da dicção legal, as hipóteses legais do artigo 32 são de anulabilidade (**Arbitragem e processo**: um comentário à lei 9.307/96. 3.ed. São Paulo: Atlas, 2009. p. 398-399). Em sentido contrário, Cândido Rangel Dinamarco sustenta que: "a sentença arbitral portadora de um daqueles vícios arrolados no artigo 32 da Lei de Arbitragem é realmente *nula*, apesar de eficaz, enquanto não vier a ser desconstituída por decisão do Poder Judiciário" (**A arbitragem na teoria geral do processo**. São Paulo, Malheiros, 2013. p. 246).

A APLICAÇÃO DE NORMAS COGENTES PELO ÁRBITRO E O CONTROLE DA ORDEM PÚBLICA

Carmona[781], Ricardo de Carvalho Aprigliano[782], Pedro Batista Martins[783], Clávio Valença Filho[784], João Bosco Lee[785], Fabiane Verçosa[786], Leonardo de Faria Beraldo[787], Ricardo Ramalho Almeida[788], Fernando da Fonseca Gajardoni[789]. Em linhas gerais, concordamos (parcialmente) com a posição desses autores, no sentido de ser necessário *algum controle* sobre a ordem pública na sentença arbitral *doméstica*, mas alguns esclarecimentos relevantes precisam ser feitos.

Primeiro, parte desses autores defende que a violação do artigo 2º, §1º também teria como correspondente uma hipótese *implícita* de anulação da sentença arbitral doméstica, isto é, *não contemplada* expressamente nos incisos do artigo 32, da lei 9.307/96 – tudo dentro de uma *rubrica geral* de violação da ordem pública[790]. Já demonstramos, todavia, que no tocante ao artigo 2º, §1º, a hipótese de anulação correspondente é o artigo 32, inciso I, da lei 9.307/96 (hipótese *expressa*, portanto). Tratamos agora da *aplicação do direito* pelo árbitro, não mais da escolha desse direito pelas partes.

Segundo, ainda no entendimento de uma parcela dos citados autores, a hipótese de anulação da sentença arbitral por violação à ordem pública *não estaria prevista expressamente* na lei, mas seria veiculada,

---

[781] **Arbitragem e processo**: um comentário à lei 9.307/96. 3.ed. São Paulo: Atlas, 2009. p. 415-416.

[782] **Ordem pública e processo:** o tratamento das questões de ordem pública no direito processual civil, São Paulo: Atlas, 2011. p. 240.

[783] **Apontamentos sobre a lei de arbitragem.** Rio de Janeiro: Forense, 2008. p. 319.

[784] **Poder judiciário e sentença arbitral:** de acordo com a nova jurisprudência constitucional. Curitiba: Juruá, 2003, p. 163.

[785] **Arbitragem comercial internacional nos países do mercosul.** Curitiba: Juruá, 2011. p. 206-207.

[786] **A aplicação errônea do direito pelo árbitro:** uma análise à luz do direito brasileiro e estrangeiro. Curitiba: CRV, 2015. p. 181-182.

[787] **Curso de Arbitragem:** nos termos da lei 9.307/96. São Paulo: Atlas, 2014. p. 513.

[788] **Arbitragem comercial internacional e ordem pública.** Rio de Janeiro: Renovar, 2005. p. 268.

[789] Aspectos fundamentais de processo arbitral e pontos de contato com a jurisdição estatal. In: **Revista de Processo**, v. 106, 2002, p. 189-216.

[790] Fazendo essa correlação com o artigo 2º, §1º, LEE, João Bosco. **Arbitragem comercial internacional nos países do Mercosul.** Curitiba: Juruá, 2011, p. 206-207; BERALDO, Leonardo de Faria. **Curso de arbitragem:** nos termos da lei 9.307/96. São Paulo: Atlas, 2014. p. 513.

ÁRBITRO E DIREITO

de qualquer forma, pela *ação anulatória* prevista no artigo 33, da lei 9.307/96, que, todavia, está sujeita ao *prazo decadencial de noventa dias*, esse sim previsto *expressamente* no parágrafo 1º desse dispositivo. Como uma hipótese de ataque à sentença arbitral que *não* decorre da lei deveria *necessariamente* observar um *prazo legal?* Para esclarecer este ponto, vale recordar que a lei 9.307/96 prevê *expressamente* uma segunda via de ataque à sentença: trata-se da *impugnação* do executado, conforme dispõe o parágrafo §3º desse mesmo artigo 33[791]. Todavia, o ataque à sentença arbitral doméstica no contexto de sua execução, *após* o prazo decadencial de 90 dias do artigo 33, *somente* poderá versar sobre as matérias relativas à defesa do executado contra títulos executivos judiciais e não sobre as hipóteses de anulação previstas no artigo 32[792]. A rigor, na impugnação, o ataque ao *mérito* da sentença arbitral só é admitido nas *expressas hipóteses legais,* nos termos do artigo 525 do Código de Processo Civil, ou seja, apenas em relação a *fatos supervenientes* à sentença arbitral[793]. Como seria possível compatibilizar então uma hipótese *implícita* de anulação da sentença arbitral por violação da ordem pública com o *prazo legal decadencial* a que está sujeita ação anulatória? A resposta é simples: a hipótese de anulação da sentença arbitral por violação da ordem pública, embora *implícita*, também *decorre da lei*, dentro de sua *interpretação sistemática.*

Nesse ponto, tem razão Carlos Alberto Carmona quando diz que o sistema deve ser *coerente*, lembrando o autor que a *violação da ordem pública* já é reconhecida como causa de denegação do reconhecimento ou da execução de sentenças arbitrais *estrangeiras* (conforme será detalhado em item específico adiante)[794]. Por *coerência*, não pode haver um controle da ordem pública para sentenças estrangeiras e nenhum con-

---

[791] *"§ 3º A decretação da nulidade da sentença arbitral também poderá ser requerida na impugnação ao cumprimento da sentença, nos termos dos arts. 525 e seguintes do Código de Processo Civil, se houver execução judicial."*

[792] A esse respeito, CARMONA, Carlos Alberto. **Arbitragem e Processo:** um comentário à lei 9.307/96. 3.ed. São Paulo: Atlas, 2009, p. 429-431. No mesmo sentido, DINAMARCO, Cândido Rangel. **A arbitragem na teoria geral do processo**. São Paulo, Malheiros, 2013. p. 271-272.

[793] Nesse sentido, DINAMARCO, Cândido Rangel. **A arbitragem na teoria geral do processo**. São Paulo, Malheiros, 2013. p. 269-270.

[794] Nesse sentido, Carlos Alberto Carmona: "Concluo que não teria cabimento que o legislador se preocupasse em repelir ataques à ordem pública vindos de laudos proferidos

A APLICAÇÃO DE NORMAS COGENTES PELO ÁRBITRO E O CONTROLE DA ORDEM PÚBLICA

trole da ordem pública para sentenças domésticas. O resultado, como também adiantado por Carlos Alberto Carmona, seria previsível: a arbitragem doméstica poderia se tornar palco de procedimentos em que as partes buscassem justamente a violação da ordem pública, já que *nenhum controle* ocorreria, o que não se pode admitir[795]. A chave, portanto, está na correta compreensão dos regimes jurídicos aplicáveis às sentenças domésticas e estrangeiras na arbitragem regida pelo direito brasileiro, como se passa a detalhar.

Em primeiro lugar, é preciso *qualificar* o que se entende por *coerência* neste ponto, porque parece claro que a sentença arbitral doméstica *não está sujeita a idêntico regime jurídico* quando comparada à sentença arbitral estrangeira. Basta passa os olhos pelos incisos do artigo 32 e compará-los com os incisos dos artigos 38 e 39 para entender que o legislador previu, *consciente e expressamente*, hipóteses *distintas* de ataque a cada categoria de sentença (embora, em muitos casos, possam ser considerados *equivalentes*). O sistema brasileiro é *monista*, como se explicou na Introdução, mas isso não significa que esse mesmo sistema não possa *diferenciar* os regimes jurídicos aplicáveis a cada uma dessas categorias de sentenças. O ponto principal é que, no que diz respeito *especificamente ao controle da ordem pública*, é natural (intuitivo até) que não possa haver "dois pesos e duas medidas"[796], pelas razões indicadas acima.

Assim, a solução do problema passa pela comprenssão do que consistiria esse controle da ordem pública que deve ser *equivalente* na sentença arbitral doméstica e naquela estrangeira. Como dissemos que a solução

---

no exterior, mantendo aberto o flanco às sentenças arbitrais nacionais" (**Arbitragem e processo**: um comentário à lei 9.307/96. 3.ed. São Paulo: Atlas, 2009. p. 416-417).

[795] Reforça Carlos Alberto Carmona: "se o legislador não levasse em consideração, como causa de anulação da sentença arbitral (nacional), a violação à ordem pública, todas as arbitragens certamente viriam dar em território nacional (todos os atos seriam praticados no exterior e apenas a sentença arbitral seria proferida no Brasil, o que tornariaa sentença arbitral – ad absurdo – imune a qualquer ataque por força de ofensa à ordem pública). O argumento (*ad terrorem*, sem dúvida) serve para pôr à mostra a consequência de tentar evitar o reconhecimento do óbvio: o sistema arbitral brasileiro é coerente, de modo que tanto as sentenças arbitrais nacionais quanto as sentenças arbitrais estrangeiras estão sujeitas à mesma condição geral de validade, qual seja, não atentar contra a ordem pública" (**Arbitragem e processo**: um comentário à lei 9.307/96. 3.ed. São Paulo: Atlas, 2009. p. 416-417).

[796] Essa expressão é utilizada por Pedro Batista Martins em citação já reproduzida acima (**Apontamentos sobre a lei de arbitragem**. Rio de Janeiro: Forense, 2008. p. 319).

decorre da lei (por *interpretação sistemática*), devemos começar pelo que está expressamente legislado.

Nesse sentido, dispõe o artigo 39, II, da lei 9.307/96:

> *"Art. 39. A homologação para o reconhecimento ou a execução da sentença arbitral estrangeira também será denegada se o Superior Tribunal de Justiça constatar que:*
> *(...)*
> *II – a decisão ofende a ordem pública nacional".*

Na mesma linha, o artigo V (2) (b) da Convenção de Nova Iorque (que tem, inclusive, aplicação prioritária, a teor do que dispõe o artigo 34, *caput*, da lei 9.307/96[797]):

> *"Artigo V*
> *2. O reconhecimento e a execução de uma sentença arbitral também poderão ser recusados caso a autoridade competente do país em que se tenciona o reconhecimento e a execução constatar que:*
> *(...)*
> *b) o reconhecimento ou a execução da sentença seria contrário à ordem pública daquele país."*

Em primeiro lugar, é preciso compreender o que se entende por "ordem pública nacional" e "ordem pública daquele país". O modo mais fácil de compreendê-lo é partir de uma hipótese específica, como, por exemplo, as sentenças arbitrais *imotivadas* ou *sucintamente motivadas*.

Entende-se que **(i)** a motivação da sentença (judicial ou arbitral) é matéria de ordem pública *doméstica*[798], como já visto anteriormente, ao mesmo tempo em que esse mesmo requisito **(ii)** não integra, *necessariamente*, a chamada ordem pública *internacional*. Dessa forma, nada impediria que o Superior Tribunal de Justiça homologasse, por exemplo,

---

[797] "Art. 34. A sentença arbitral estrangeira será reconhecida ou executada no Brasil de conformidade com os tratados internacionais com eficácia no ordenamento interno e, na sua ausência, estritamente de acordo com os termos desta Lei".

[798] Para citar alguns autores dessa linha de pensamento, CARMONA, Carlos Alberto. **Arbitragem e processo**: um comentário à lei 9.307/96. 3.ed. São Paulo: Atlas, 2009. p. 476-479; ABBUD, André de Albuquerque Cavalcanti. **Homologação de sentenças arbitrais estrangeiras**. São Paulo: Atlas, 2008. p. 208-212.

A APLICAÇÃO DE NORMAS COGENTES PELO ÁRBITRO E O CONTROLE DA ORDEM PÚBLICA

uma sentença arbitral imotivada ou sucintamente motivada[799]. Foi exatamente o que aconteceu no recente caso *Newedge USA LLC vs. Manoel Fernando Garcia,* publicado no DJe em 01/09/2014, em que o STJ *homologou* sentença arbitral em que a lei de regência admitia motivação concisa[800].

Portanto, é preciso ter clareza que "ordem pública nacional" *não é equivalente* à ordem pública *doméstica* no contexto de homologação de sentenças arbitrais estrangeiras. Estamos tratando aqui de *conotações distintas* de ordem pública em razão dos *distintos contextos* em que está inserida. Como bem explicado por André Abbud, e como será detalhado adiante, muito embora a lei brasileira faça referência à "ordem pública nacional" (artigo 39, II) e a Convenção de Nova Iorque faça referência a "ordem pública daquele país" [artigo V (2) (b)], ou seja, do país da execução da sentença arbitral, é preciso interpretar essas referências como a *"ordem pública nacional para fins internacionais"*[801]. A ordem pública nacional para fins internacionais é *mais restrita* do que a ordem pública doméstica[802] e, por essa razão, é possível homologar uma sentença arbitral imotivada no Brasil[803].

[799] Essa posição já era defendida há anos por Carlos Alberto Carmona: "se a motivação das decisões no direito interno é imprescindível e indeclinável – até por disposição constitucional – em sede de arbitragem (especialmente arbitragem internacional) não se pode manter o mesmo rigor, nada impedindo as partes, dentro dos limites permitidos pela lei do lugar em que a sentença foi proferida, que dispensem o árbitro de apresentar a fundamentação da decisão. Em outros termos: se o Brasil adotou o princípio de que todas as sentenças – arbitrais ou estatais – devem ser motivadas, isso não significa que afronte a ordem pública de nosso país fazer cumprir decisões sem esse requisito, oriundas de países que não exigem motivação, ou que, como vem-se tornando mais comum, permitam que as partes dispensem os árbitros de motivas as decisões" (**Arbitragem e processo**: um comentário à lei 9.307/96. 3.ed. São Paulo: Atlas, 2009. p. 478-479).

[800] Neste sentido, SEC 5692, Rel. Min. Ari Pargendler, DJ 01.09.2014, cujo trecho relevante da ementa é: "*A motivação adotada pela sentença arbitral e seus aspectos formais seguem os padrões do país em que foi proferida, não podendo sua concisão servir de pretexto para inibir a homologação do decisum*". O parecer de Nádia de Araújo foi publicado na Revista Brasileira de Arbitragem (Parecer. Questões Sobre a Motivação de Laudo Arbitral Estrangeiro e Sua Homologação no Brasil: SE 5692/US. In: **Revista Brasileira de Arbitragem**, n. 45, 2015, p. 18-57).

[801] ABBUD, André de Albuquerque Cavalcanti. **Homologação de sentenças arbitrais estrangeiras**. São Paulo: Atlas, 2008. p. 209.

[802] ABBUD, André de Albuquerque Cavalcanti. **Homologação de sentenças arbitrais estrangeiras**. São Paulo: Atlas, 2008. p. 208-209.

[803] Novamente, esclarece André Abbud: "é certo que o dever de motivação das decisões, no Brasil, é norma constitucional, integrada à ordem pública interna. O art. 93, inc. X, da Constituição da República determina que sejam fundamentadas todas as decisões proferidas pelo

ÁRBITRO E DIREITO

Ilustrando por meio de círculos concêntricos, como faz Ricardo Ramalho Almeida, se o círculo da ordem pública *doméstica é maior* do que o da ordem pública para fins internacionais, este deve estar *contido* naquele[804].

Como se percebe, o argumento sobre a *equivalência* do *controle a ordem pública* na sentença arbitral doméstica e estrangeira deve ser qualificado: sendo a ordem pública no ambiente *internacional* mais *restrita* do que aquela existente no plano doméstico, não faria sentido que uma sentença estrangeira cujo reconhecimento fosse *denegado* por violação a essa ordem pública *mais restrita* tivesse *melhor sorte* se a arbitragem estivesse localizada no Brasil[805]. É nesse sentido – e somente nele – que deve ser utilizado o argumento da *coerência sistêmica (interpretação sistemática)* para se admitir que a ordem pública possa ser controlada também na sentença arbitral doméstica.

Mas então qual seria o *standard* para o controle da ordem pública a ser feito em eventual *ação anulatória* da *sentença arbitral doméstica*? A resposta já está dada pelo raciocínio acima: *o mesmo controle que é feito na sentença arbitral estrangeira, ou seja, a dimensão mais restrita da ordem pública internacional* (a chamada *"ordem pública nacional para fins internacionais"*). Da mesma forma, como será explicado mais adiante no item sobre sentença arbitral estrangeira, é igualmente desejável que o controle da ordem pública *internacional* (a *"ordem pública nacional para fins internacionais"*) aproxime-se, na maior medida possível, daquela concepção de or-

---

Poder Judiciário, sob pena de nulidade. E, de modo geral, as normas da Constituição veiculadoras de garantias fundamentais compõem o núcleo do conceito de ordem pública. Ocorre, no entanto, que a imposição de que as sentenças sejam municiadas dos argumentos usados pelo órgão prolator para chegar ao *decisum*, ainda que determinada constitucionalmente, é ditame integrado à ordem pública nacional de cunho doméstico, puramente interno. Essa regra não é postulado da ordem pública brasileira em suas relações internacionais, nas quais se inclui a importação de sentenças arbitrais estrangeiras" (**Homologação de sentenças arbitrais estrangeiras**. São Paulo: Atlas, 2008. p. 212).

[804] A exceção de ofensa à ordem pública na homologação de sentença arbitral estrangeira. In: ALMEIDA, Ricardo Ramalho (Coord.). **Arbitragem interna e internacional:** questões de doutrina e da prática. Rio de Janeiro: Renovar, 2003. p. 132]. Em outra obra sobre o tema, o autor reitera o mesmo entendimento **Arbitragem comercial internacional e ordem pública**. Rio de Janeiro: Renovar, 2005. p. 25.

[805] Cenário que também é bem explicado por Carlos Alberto Carmona, **Arbitragem e processo**: um comentário à lei 9.307/96. 3.ed. São Paulo: Atlas, 2009. p. 417-418.

A APLICAÇÃO DE NORMAS COGENTES PELO ÁRBITRO E O CONTROLE DA ORDEM PÚBLICA

dem pública *transnacional*, categoria que alguns autores denominavam de *"ordem pública verdadeiramente internacional"*[806], como visto acima, no item sobre conceitos prévios.

Nesse sentido, há diversas razões **(i)** para aproximar o controle da ordem pública na sentença arbitral *doméstica* daquele realizado na sentença arbitral *estrangeira* e também **(ii)** para aproximar este controle da ordem pública na sentença arbitral *estrangeira* de uma *concepção transnacional de ordem pública*. Todas essas razões podem ser compreendidas dentro um exercício hermenêutico sobre a lei de arbitragem.

Primeiro, pelos motivos já expostos, *a identidade entre o controle da ordem pública feito na sentença arbitral doméstica e aquele feito na sentença arbitral estrangeira* manteria preservada a *coerência* do sistema, sem que houvesse "dois pesos e duas medidas". A mesma ordem pública seria controlada lá e cá. A rigor, o argumento está *ancorado na lei, decorre dela*. Como já dito, trata-se de simples *interpretação lógico-sistemática*, porque também a lei de arbitragem é um sistema cuja *unidade, integração e coerência* devem ser buscadas na maior medida possível.

É preciso, contudo, prosseguir na hermenêutica do texto legal, porque um único critério interpretativo não basta para produzir respostas seguras. Assim, também a *interpretação histórica e teleológica* da lei de arbitragem pode ajudar a encontrar as respostas pretendidas, à luz das escolhas que fez o legislador brasileiro ao longo do tempo, os *interesses* que ele buscou atender, bem como o *problema* que ele buscou resolver. Assim, a interpreteção lógico-sistemática deve ser *integrada* à interpretação histórico-teleológica[807]. Nessa dimensão *teleológica*, é preciso atender a três vetores: **(i)** as expectativas (normativas) dos usuários do instituto da arbitragem, **(ii)** o papel ocupado tanto pela arbitragem, quanto pelo

---

[806] Esses dois conceitos – ordem pública internacional e ordem pública transnacional – embora não sejam *idênticos*, possuem uma grande *área de convergência* e também se alimentam mutuamente, como explicado por LALIVE, Pierre. Transnational (or Truly International) Public Policy and International Arbitration, in: Pieter Sanders (ed.). **Comparative arbitration practice and public policy in arbitration**. ICCA Congress Series, v.3, Kluwer Law International, 1987, p. 313.

[807] Há muito tempo, já defendia Emilio Betti a importância de se combinar esses dois momentos (o lógico e o teleológico) em qualquer esforço interpretativo da lei. O autor trata, na verdade, de três lógicas interpretativas: (i) a lógica do idioma, (ii) a lógica da matéria disciplinada e (iii) a lógica do direito, neste último caso, integrando a lógica sistemática e a teleológica (**Interpretazione della legge e degli atti giuridici**. Milão: Giuffrè, 1949. p. 173-174).

ÁRBITRO E DIREITO

árbitro no sistema de Justiça brasileiro e **(iii)** a importância de se inserir a arbitragem regida pela lei brasileira dentro das *práticas consagradas* ao redor do mundo, isto é, atender para a nascente *ordem transnacional* em torno da arbitragem (um processo ainda em andamento, como explicado no Capítulo anterior).

Dentro da perspectiva *pragmática* adotada neste trabalho, preocupada com os interesses dos *usuários da arbitragem* (sob pena de o instituto perder sua razão de ser), é de todo desejável adotar *a dimensão mais restritiva possível da ordem pública*. Tudo o que não desejam os usuários é *mais incerteza, mais insegurança* no campo da arbitragem. Como visto neste Capítulo, o conceito de ordem pública é fluido por natureza, variável no tempo e no espaço[808]. Até o presente momento, não houve maior esforço por parte da doutrina em se precisar os *limites* do controle da ordem pública na *sentença arbitral doméstica*, apenas reconhecendo os autores que alguma "válvula de escape" é necessária, em caráter excepcional[809]. Novamente, tudo o que os usuários da arbitragem não desejam (nem precisam) é de um conceito amplo, sem limites, a possibilitar um ataque aberto à sentença arbitral. É fácil prever onde essa concepção terminaria: **(i)** multiplicar-se-iam as ações anulatórias contra sentenças arbitrais no Poder Judiciário brasileiro procurando, na verdade, *rever* o julgamento do mérito (como se a anulatória fosse "recurso de apelação"), *a pretexto de suposta* violação da ordem pública[810]; **(ii)** por seu turno, os árbitros provavelmente se tornariam *excessivamente temerosos* (do ponto de vista institucional, não necessariamente subjetivo) de que qualquer *mínimo desvio no julgamento do mérito da arbitragem* ou qualquer *error in judicando* pudesse ser qualificado como violação à ordem pública; **(iii)** por fim, as partes provavelmente deixariam de escolher cidades brasileiras como "sedes" de suas arbitragens, preferindo localizá-las no exterior. São essas as *consequências danosas* que se procura evitar, sob pena de se inviabilizar o desenvolvimento da arbitragem no Brasil. É preciso preservar

---

[808] Neste sentido, CARMONA, Carlos Alberto. **Arbitragem e processo**: um comentário à lei 9.307/96. 3.ed. São Paulo: Atlas, 2009. p. 69 e p. 415.

[809] Também Ricardo Ramalho Almeida entende que a ordem pública deve ser vista como uma "válvula de escape", mas de caráter *excepcional* (**Arbitragem comercial internacional e ordem pública**. Rio de Janeiro: Renovar, 2005. p. 341).

[810] Esse risco também é apontado por ALMEIDA, Ricardo Ramalho. **Arbitragem comercial internacional e ordem pública**. Rio de Janeiro: Renovar, 2005. p. 341.

A APLICAÇÃO DE NORMAS COGENTES PELO ÁRBITRO E O CONTROLE DA ORDEM PÚBLICA

a *autonomia* da arbitragem. Nesse sentido, *a dimensão mais restritiva possível da ordem pública* no direito brasileiro é aquela existente no controle das sentenças arbitrais estrangeiras[811] – sobretudo se compreendida dentro da perspectiva da ordem pública *transnacional* aqui defendida – e é justamente essa dimensão que deve ser adotada também para o controle das sentenças arbitrais *domésticas*, como "válvula de escape" *mínima*.

Esse argumento aponta para outra razão para se buscar identificar o controle da ordem pública feito na sentença arbitral doméstica daquele feito na sentença arbitral estrangeira: buscar, cada vez mais, *a inserção do Brasil no contexto das práticas consagradas da arbitragem ao redor do mundo*, isto é, aproximar, na máxima extensão possível, *o controle da ordem pública feito internamente com aquele que vem se desenvolvendo, gradualmente, no âmbito de uma nascente ordem pública transnacional*. Com isso, evitar-se-ia que *peculiaridades locais* pudessem, de alguma forma, afetar o controle judicial da sentença arbitral, preservando, assim, a *autonomia* necessária da arbitragem frente à possível interferência do Poder Judiciário. No Capítulo anterior, ficou claro que a prática da arbitragem não está (e nunca estará) imune a *especificidades culturais*, aliás, nem seria desejável ter um *único modelo ou padrão cultural uniforme* para a arbitragem ao redor do mundo[812]. Como visto, a *diversidade cultural* é bem-vinda e deve ser respeitada na arbitragem. Mas o outro extremo é igualmente indesejável, qual seja, a ampliação do controle da sentença arbitral que é feito pelo Poder Judiciário local, a ponto de exigir o cumprimento de *standards*, princípios ou regras, que só fazem sentido naquele contexto específico (o que se costumou denominar no campo da arbitragem de *"parochial view"*[813], praticamente retornando a uma concepção "territorialista" da arbitragem[814]).

---

[811] A doutrina brasileira é praticamente uníssona em defender uma *interpretação restritiva* da ordem pública no controle judicial da sentença arbitral estrangeira. Nesse sentido, ALMEIDA, Ricardo Ramalho. **Arbitragem comercial internacional e ordem pública**. Rio de Janeiro: Renovar, 2005, p. 341; APRIGLIANO, Ricardo de Carvalho. **Ordem pública e processo: o tratamento das questões de ordem pública no direito processual civil**. São Paulo: Atlas, 2011. p. 54-55; ABBUD, André de Albuquerque Cavalcanti. **Homologação de sentenças arbitrais estrangeiras**. São Paulo: Atlas, 2008. p. 206.

[812] Nesse sentido, Luiz Olavo Baptista, in: Mauricio Almeida Prado e Renata Duarte de Santana (org.), **O Brasil e a globalização:** pensadores do direito internacional. São Paulo: Editora de Cultura, 2013. p. 17.

[813] No âmbito da homologação de sentenças arbitrais estrangeiras, André Abbud já alertou para a importância de se evitar "idiossincrasias particulares" das ordens nacionais (**Homo-**

ÁRBITRO E DIREITO

O legislador brasileiro, em mais de uma oportunidade, manifestou o seu intento de inserir a prática arbitral brasileira dentro de um contexto mais amplo, de desenvolvimento da arbitragem ao redor do mundo. Essa *abertura* do Brasil às práticas *internacionais* (e também *transnacionais*) da arbitragem vem ocorrendo gradualmente. Foi assim em 1996, com a promulgação da lei 9.307/96[815], foi assim em 2002, com a adoção da Convenção de Nova Iorque de 1958[816], foi assim em 2015, com a reforma da lei de arbitragem[817]. Essa dimensão histórico-teleológica da lei

logação de sentenças arbitrais estrangeiras. São Paulo: Atlas, 2008. p. 209). Na doutrina estrangeira, Karl-Heinz Böckstiegel previa que a cultura da arbitragem internacional começaria a tomar também os tribunais nacionais, que deixariam de ter essa "parochial view" (The Role of National Courts in the Development of an Arbitration Culture in: Albert Jan van den Berg (ed), **International dispute resolution:** towards an international arbitration culture. ICCA Congress Series, Volume 8, Kluwer Law International, 1998, p. 219-228).

[814] Recentemente, Emmanuel Gaillard reforçou a necessidade de desenvolvimento de uma "ordem jurídica arbitral" (expressão já discutida nos Capítulos anteriores) em virtude dos diversos inconvenientes existentes dentro de uma concepção territorialista da arbitragem, dentre eles, justamente a aplicação de particularismos locais (Aspects philosophiques du droit de l'arbitrage international. In: **Académie de Droit International de La Haye**. ADI-Poche, 2008, p. 45).

[815] A exposição de motivos do Projeto de Lei do Senado Federal 78/1992, que foi convertido na lei 9.307, de 23 de setembro de 1996, esclarece que a elaboração da lei de arbitragem brasileira inspirou-se em *standards* internacionais. Justificação lida pelo Senador Marco Maciel em 3 de junho de 1992. Disponível em: http://legis.senado.leg.br/diarios/BuscaPaginasDiario?codDiario=6336&seqPaginaInicial=1&seqPaginaFinal=55. Acesso em: mai. 2018. Sobre o tema, já dissemos: "parece claro que o motivo do legislador brasileiro, tanto na promulgação da Lei 9.307/96, quanto na ratificação da Convenção de Nova Iorque em 2002, foi de inserir o Brasil no circuito das práticas internacionais da arbitragem" (Rafael Francisco Alves, **A Inadmissibilidade das medidas antiarbitragem no direito brasileiro**. São Paulo: Atlas, 2009. p. 135-139).

[816] Decreto nº 4.311, de 23 de julho de 2002.

[817] A exposição de motivos do Projeto de Lei do Senado Federal 405/2013, que foi convertido na lei 13.129, de 26 de maio de 2015, tampouco deixa margem para dúvidas: "*A arbitragem tem se revelado um importante instrumento de resolução de conflitos no Brasil, notadamente com o advento da Lei n. 9.307, de 1996, que se erigiu como um marco legal do instituto. Na sua elaboração, foram consultadas modernas leis e diretrizes da comunidade internacional, com destaque para as fixadas pela Organização das Nações Unidas (ONU), na Lei Modelo sobre Arbitragem Internacional, elaborada pela United Nations Comission on International Law (UNCITRAL), a Convenção para o Reconhecimento e Execução de Sentenças Arbitrais Estrangeiras firmada em 1958 na cidade de Nova York, e a Convenção Interamericana sobre Arbitragem Comercial firmada no Panamá. (...) Assim, com o escopo de aprimorar a Lei de Arbitragem e sintonizá-la com o cenário de crescente participação do Brasil no cenário internacional, a presente proposta tem por foco alterações pontuais que não afetam a sua*

A APLICAÇÃO DE NORMAS COGENTES PELO ÁRBITRO E O CONTROLE DA ORDEM PÚBLICA

de arbitragem não pode ser negligenciada. Não se pretende, com isso, retornar a um debate já obsoleto em torno da busca da *mens legislatoris*, isto é, do "pensamento do legislador", em sua dimensão subjetiva, contraposto ao *mens legis*, isto é o sentido da norma, em sua dimensão objetiva[818]. O exercício de retornar às justificativas dos distintos projetos de lei é apenas um *ponto de partida* para se buscar, em conjunto com os demais elementos aqui discutidos, uma *resposta dogmática* para uma *lacuna* identificada (qual seja, a ausência de previsão legal expressa a respeito do controle da ordem pública na sentença arbitral doméstica), com o propósito de *resolver problemas concretos*, considerando as *consequências práticas* dessa resolução, particularmente à luz das *expectativas dos usuários* e do papel que deve cumprir a arbitragem (e o árbitro) dentro do sistema de Justiça no Brasil[819].

Assim, desejou o legislador brasileiro que as "melhores práticas" da arbitragem no *âmbito internacional* servissem também de guia ou diretriz para a *arbitragem brasileira*, sem limitações a *"particularismos" nacionais*, o que também se aplica para a concepção de ordem pública[820], notada-

---

estrutura normativa principal". Disponível em: http://legis.senado.leg.br/mateweb/arquivos/mate-pdf/137657.pdf. Acesso em: maio. 2018.

[818] Para uma explicação e uma crítica deste debate, ver Tercio Sampaio Ferraz Junior, **Função social da dogmática jurídica**. 2.ed. São Paulo: Atlas, 2015. p. 140-142.

[819] Cabem aqui as palavras de Tercio Sampaio Ferraz Junior sobre o conceito e a função da chamada Dogmática hermenêutica, atentando para os fins da norma dentro de uma "visão ampliada" no contexto do ordenamento em que está inserida: "a coordenação de todas essas técnicas, dentro de uma Dogmática de estilo hermenêutico, se faz, justamente, em função de uma teleologia que controla o sistema jurídico, tendo em vista as consequências. Há um sentido normativo a ser determinado, o qual implica a captação dos fins para os quais a norma é construída. A percepção dos fins não é imanente a cada norma tomada isoladamente, mas exige uma visão ampliada da norma dentro do ordenamento" (Tercio Sampaio Ferraz Junior, **Função Social da Dogmática Jurídica**, 2ª ed, São Paulo: Atlas, 2015, p. 149).

[820] Esta é também a posição de Ricardo Ramalho Almeida a respeito da *"política legislativa nacional"*, concluindo ao final da sua obra: "todos esses fatores justificam a retomada dos estudos sobre a ordem pública no Brasil e recomendam aos julgadores arbitrais e estatais uma grande cautela no manejo do princípio da ordem pública, além de uma maior consciência de seu desenvolvimento doutrinário e jurisprudencial no resto do mundo. Só assim poderá o Brasil alinhar-se efetivamente com a ampla aceitação da arbitragem na prática do comércio internacional, opção essa que, do ponto de vista da política legislativa nacional, é induvidosa e, até mesmo, entusiástica" (**Arbitragem comercial internacional e ordem pública**. Rio de Janeiro: Renovar, 2005. p. 341-342).

ÁRBITRO E DIREITO

mente para a distinção entre ordem pública *doméstica* e ordem pública *internacional (ou mesmo transnacional)*. Assim, não bastaria recorrer a uma "ordem pública nacional para fins internacionais" se esta continuar presa a concepções *domésticas* da prática da arbitragem, sendo preferível, desde logo, atentar à ordem pública *transnacional*, porque esta representa, por definição, a *interferência mínima* do Estado nacional sobre a atuação do árbitro na aplicação do direito.

Por fim, como decorrência dos argumentos anteriores, dentro de uma dimensão político-ideológica[821], também é de todo desejável *concentrar* a fonte jurisprudencial a respeito do controle da ordem pública na arbitragem no Superior Tribunal de Justiça. Dito de outro modo: os juízes de primeira instância que fossem chamados a apreciar eventual violação da ordem pública em sentença arbitral doméstica teriam que *necessariamente* voltar seus olhos para jurisprudência firme do Superior Tribunal de Justiça e seguir os mesmos padrões e critérios aplicados para as sentenças estrangeiras. O STJ deveria, por sua vez, aplicar a "ordem pública nacional para fins internacionais" (interpretação dada à expressão "ordem pública nacional" prevista no artigo 39, II, da lei 9.307/96, conforme referido acima) sem se prender a concepções *puramente domésticas* da prática da arbitragem, buscando, *na maior medida possível*, aproximar os *standards* brasileiros daqueles existentes na dimensão verdadeiramente *transnacional* da ordem pública. Esse ponto será aprofundado no item específico sobre a sentença arbitral estrangeira.

Evidentemente, essa preocupação do juiz de primeira instância de atentar para os julgados do STJ já deve ocorrer em toda e qualquer disputa envolvendo a lei 9.307/96, pois compete ao STJ uniformizar a jurisprudência a respeito da aplicação de *qualquer legislação federal* [Constituição Federal, artigo 105, III, (a)], dentre elas a lei de arbitragem, ou seja, compete ao STJ, em última instância, a uniformização de *todos os critérios* para anulação de uma sentença arbitral *doméstica*, não apenas a violação da ordem pública. Ainda assim, é desejável que os *mesmos critérios* adotados pelo STJ nos julgamentos das sentenças *estrangeiras* sejam aplicados, desde logo, às sentenças nacionais (novamente, o argumento da coerência sistêmica), sem que se tenha que esperar a admissão de al-

---

[821] Ideologia no sentido explicitado por Flávio Luiz Yarshell a respeito da delimitação das causas de inexistência da sentença judicial, conforme indicado em citação anterior.

A APLICAÇÃO DE NORMAS COGENTES PELO ÁRBITRO E O CONTROLE DA ORDEM PÚBLICA

gum Recurso Especial. Em matéria de ordem pública, se o propósito é inserir o Brasil no âmbito das *práticas transnacionais da arbitragem,* parece recomendável que o STJ desempenhe essa função de delimitar qual é o controle a ser feito *tanto na sentença estrangeira, quanto na doméstica,* favorecendo, assim, *segurança jurídica*[822].

A propósito, STJ tem firmado jurisprudência *coerente e consistente* em máteria de arbitragem ao longo das últimas décadas[823]. Por outro lado, existem precedentes de Tribunais estaduais que são preocupantes em matéria de controle da ordem pública na arbitragem.

Por exemplo, o acórdão da 25ª Câmara de Direito Privado do Tribunal de Justiça de São Paulo, na Apelação nº 9000084-58.2008.8. 26.0100[824]. Em ação *anulatória* de sentença arbitral envolvendo contrato de empreitada global, o juiz julgou improcedente o pedido. Em sede de apelação, o recurso não foi provido, mantendo-se a sentença arbitral. Na

---

[822] A propósito deste tema, cabem as palavras de Carlos Alberto Carmona: "o STJ tem mostrado energia ao adotar, na esteira dos sistemas judiciários mais modernos e vanguardeiros, posição francamente favorável à escolha da arbitragem. Foram vencidos os velhos preconceitos contra a arbitragem. O STJ compreendeu rapidamente que o Brasil superou com galhardia a fase histórica dos meios *alternativos* de solução de controvérsias para subir um grau na escalada cívica da segurança jurídica e passar a tratar a arbitragem, a mediação e a conciliação como meios *adequados* de solução de conflitos. (...) Em suma, é fundamental e decisiva a participação do STJ nesta nova era do Brasil, em que a arbitragem passa a ser uma constante nos contratos. Proteger a escolha das partes por este meio adequado de solução de conflitos significa criar uma cultura de previsibilidade. A ideia de que a convenção de arbitragem deve ser respeitada, favorecida pela Corte, coloca o Brasil na rota da modernidade e, muito mais do que isso, mostra aos cidadãos e aos estrangeiros que este é um país sério" (Superior Tribunal de Justiça, segurança jurídica e arbitragem. In: **Revista de Arbitragem e Mediação**, v. 34, 2012, p. 97-106).

[823] Nesse sentido, FONSECA, Rodrigo Garcia da Fonseca. A arbitragem na jurisprudência recente do Superior Tribunal de Justiça, In: **Revista de Arbitragem e Mediação**, v. 19, 2008, p. 30. No mesmo sentido, em artigo mais recente, afirma Selma Lemes: "Desde que a EC 45/2004 transferiu para o Superior Tribunal de Justiça (STJ) a competência para homologação de sentenças judiciais e arbitrais estrangeiras, foram emitidos 50 acórdãos referentes à arbitragem (sentenças arbitrais proferidas no exterior ou discussão quanto à validade de cláusula compromissória inserida em contrato julgada no judiciário estrangeiro). A radiografia que se extrai em 9 anos de experiência do STJ, como a seguir será demonstrado, é a mais positiva possível" (A jurisprudência do STJ referente à homologação de sentença estrangeira na área da arbitragem. O Promissor ano de 2013. In: **Revista de Arbitragem e Mediação**, v. 42, 2014, p. 144-151).

[824] Relator Des. Sebastião Flávio, julgado em 22.05.2014 (decisão já referida anteriormente).

ÁRBITRO E DIREITO

fundamentação do acórdão, o Relator afirmou que o Poder Judiciário não pode rever o mérito da decisão arbitral, respeitando o livre convencimento dos árbitros. Por outro lado (aqui está o risco), o Relator esclareceu que poderia avaliar eventual violação a *"princípios da ordem pública"* e, ainda, deu margem ao entendimento de que se houvesse *"violação de literal disposição de lei"* talvez o desfecho fosse diferente. Todavia, a lei brasileira não admite anular uma sentença arbitral por *"violação de literal disposição de lei"*, como visto.

No mesmo sentido, dois acórdãos da 1ª Câmara Reservada de Direito Empresarial do Tribunal de Justiça de São Paulo também reconheceram a possibilidade de uma sentença arbitral ser anulada por *afronta à ordem pública*, ainda que, nos casos concretos, essa afronta não tenha sido reconhecida pelos Desembargadores, que inclusive reforçaram que o Judiciário não pode rever o julgamento do mérito dos árbitros[825] (as discussões giraram em torno da aplicação de juros e sanções pecuniárias[826]).

Há, ainda, outro precedente preocupante. A 29ª Câmara de Direito Privado do Tribunal de Justiça de São Paulo, em acórdão no Agravo de Instrumento nº 1.114.160-0/3[827], em sede de ação anulatória de sentença arbitral e de duas cláusulas arbitrais (uma em contrato de administração de imóvel e outra em contrato de locação), deu provimento ao recurso para conceder a tutela pleiteada antecipadamente (que havia sido denegada em 1ª instância) e declarar *nulas* ambas as cláusulas compromissó-

---

[825] Trata-se do (i) Agravo de Instrumento nº 2230523-89.2014.8.26.0000 (Registro nº 2015.0000203324), Rel. Des. Claudio Godoy, julgado em 25.03.2015 e do (ii) Agravo de Instrumento nº 2225672-07.2014.8.26.0000 (Registro nº 2015.0000203325), Rel. Des. Claudio Godoy, julgado em 25.03.2015.

[826] Sobre a relação entre juros e a ordem pública material, já escrevia Ricardo Ramalho Almeida, a respeito do controle da ordem pública relativa à sentença arbitral estrangeira: "não seria, portanto, ofensiva à ordem pública nacional uma eventual sentença arbitral que, aplicando o direito estrangeiro, reconhecesse validade a taxas de juros pactuadas pelas partes em montantes superiores ao máximo permitido pelo direito brasileiro, pois, ainda que a hipótese pudesse ter outra solução, se aplicável o direito nacional, o resultado concreto atingido com a incidência do direito estrangeiro não se mostraria tão fundamentalmente incompatível com o espírito geral da legislação brasileira, que não se mostra irredutível quanto à limitação de juros" (**Arbitragem comercial internacional e ordem pública**. Rio de Janeiro: Renovar, 2005. p. 296-297).

[827] Relator Des. Luis de Carvalho, julgado em 31.10.2007.

A APLICAÇÃO DE NORMAS COGENTES PELO ÁRBITRO E O CONTROLE DA ORDEM PÚBLICA

rias. Dentre as razões acolhidas para anular referidas cláusulas arbitrais, esclareceu o Relator: *"enquadrando-se a Lei do Inquilinato como lei de ordem pública, haja vista seu manifesto caráter tutelar, por se tratar de diploma que regulamenta interesses públicos, suas regras não podem ser submetidas à arbitragem, como está expresso no §1º do artigo 22 da Lei 9.307/96"*. Todavia, não há nada no artigo 22 (ou em outro artigo da lei) que permita tal conclusão[828].

Tais precedentes demonstram que já há *alguma aceitação* a possíveis ataques à sentença arbitral (ou mesmo à convenção de arbitragem) com base em alegações de violação da ordem pública (*material*). Uma vez admitido esse ataque e deixando-se *a critério de cada órgão julgador* definir o que deva ser entendido como matéria de ordem pública, são claros os riscos ao instituto da arbitragem, especialmente quanto à *insegurança jurídica* que adviria a partir desses precedentes. São justamente esses riscos que se pretende evitar aqui.

Para tanto, defende-se que o *controle da ordem pública da sentença arbitral doméstica* não seja feito em vista dos predicados de uma *ordem pública puramente doméstica*, mas daquela *"ordem pública nacional para fins internacionais"* que deve se aproximar, na maior medida possível, daquela *ordem pública transnacional emergente* que consolida as "melhores práticas" da arbitragem ao redor do mundo e cujos contornos e limites ainda estão em desenvolvimento.

Duas observações importantes sobre esta tese da *equivalência* entre o controle da ordem pública na sentença arbitral doméstica e na sentença arbitral estrangeira. Primeiro, não se está cogitando aqui de uma *dicotomia* da ordem pública no âmbito do direito interno, como se fosse possível adotar uma determinada concepção de ordem pública a ser aplicada pelo juiz e outra concepção (distinta) a ser aplicada pelo árbitro (na arbitragem doméstica, regida pela lei brasileira). Não é isso o que se defende aqui. Como já dito anteriormente, o direito material é um só, seja ele aplicado pelo juiz ou pelo árbitro. Esta afirmação vale para também para a concepção de ordem pública que é inerente a esse direito material. Em princípio, um árbitro aplica os mesmos preceitos

---

[828] "Art. 22. § 1º O depoimento das partes e das testemunhas será tomado em local, dia e hora previamente comunicados, por escrito, e reduzido a termo, assinado pelo depoente, ou a seu rogo, e pelos árbitros".

ÁRBITRO E DIREITO

de ordem pública que um juiz. O que se defende aqui é que o *controle* da ordem pública feita *pelo juiz* (de primeira e segunda instâncias) sobre a sentença arbitral *doméstica* (em sede de ação anulatória desta sentença, por exemplo) seja *mais restritivo*, a exemplo do que já ocorre no controle das sentenças arbitrais *estrangeiras* feito pelo Superior Tribunal de Justiça. Em outras palavras, ainda que o árbitro *erre* no controle que ele fez da ordem pública (material) no julgamento do mérito da arbitragem, nem por isso tal erro (*error in judicando*) será passível de ataque em sede de ação anulatória, se a questão envolver matéria *puramente doméstica*, consoante a tese defendida neste trabalho[829]. Segundo, em termos *procedimentais*, o controle da ordem pública em sede de ação anulatória de sentença arbitral doméstica está sujeito à cognição *exauriente* e a *dilação probatória* (como em qualquer ação ordinária), não se confundindo, portanto, com o *juízo de delibação* (superficial) que é típico do processo de homologação de sentenças *estrangeiras*. Assim, em termos *procedimentais*, os controles são *distintos*.

Como conclusão deste item, além dos incisos do artigo 32, da lei 9.307/96, a *única hipótese adicional* de controle da *sentença arbitral doméstica* (dentro do prazo decadencial de noventa dias do artigo 33) seria essa ordem pública de dimensão *transnacional*, mesmo que o conflito em questão não contenha qualquer elemento estrangeiro, tudo conforme *interpretação lógica, sistemática e teleológica* do referido diploma legal. Por outro lado, ressalte-se desde logo que é *difícil* cogitar uma questão de *ordem pública de caráter transnacional* que já não estivesse contemplada nos incisos do artigo 32[830]. Essa conclusão reforça a *segurança jurídica* tão desejada pelos usuários da arbitragem.

---

[829] Em sentido contrário, como já visto em nota anterior, Fabiane Verçosa entende que a lei brasileira permite atacar a sentença arbitral doméstica quando há aplicação errônea do direito pelo árbitro e quando o "efetivo resultado" dessa aplicação errônea contrariar a ordem pública brasileira (**A aplicação errônea do Direito pelo árbitro:** uma análise à luz do direito brasileiro e estrangeiro. Curitiba: CRV, 2015. p. 193).

[830] Pierre Lalive chegou a conclusão semelhante, quando constatou que a ordem pública *transnacional* teria pouco a agregar às restrições que já são impostas pelos Estados nacionais: "*It may well be that the intervention of transnational public policy does amount (like in traditional private international law before a court) to a restriction to the autonomy of the will (although it is hard to see how it could be an additional restriction, since most national legal orders and public policies already incorporate, as shown above, precisely those common values, ethical or social, which are expressed by transnational public policy, e.g., in the case of corruption)*" – Pierre Lalive,

A APLICAÇÃO DE NORMAS COGENTES PELO ÁRBITRO E O CONTROLE DA ORDEM PÚBLICA

3.1.3.3. *Inexistência de outras hipóteses de controle da ordem pública na sentença doméstica. Um esclarecimento sobre a ordem pública processual transnacional*

Pelo que ficou dito nos itens precedentes, sobretudo no último item, é preciso *rechaçar* qualquer tentativa de *ampliar* as hipóteses de anulação da sentença arbitral doméstica para além das hipóteses expressamente previstas no artigo 32, *integradas* pela *única hipótese adicional* de controle (*restrito*) da ordem pública nos termos expostos acima.

Dissemos que o controle da ordem pública feito na sentença arbitral *doméstica* deve ser bastante *restrito*, em vista dos *padrões transnacionais*. O que se pretende evitar é o *favorecimento* de ataques às sentenças arbitrais, *desestabilizando* o julgamento do mérito da arbitragem. A combinação da **(i)** aceitação da anulação da sentença arbitral por violação à ordem pública com **(ii)** uma concepção *alargada* do que se entende por preceitos de ordem pública (a critério de cada órgão julgador) resultaria, certamente, na *fragilização* do instituto da arbitragem. Seria fácil para a parte sucumbente buscar o Poder Judiciário para *rever o julgamento do mérito* da arbitragem a pretexto de *suposta* violação à ordem pública. Bastaria tal alegação para que o juiz passasse, desde logo, a *rever* a decisão dos árbitros. Por isso, é preciso reforçar, mais uma vez, a *excepcionalidade* desse controle da sentença arbitral, sua natureza *restritiva*, combinada com a natureza também *restritiva* da própria concepção do que seja ordem pública. Do contrário, o instituto da arbitragem perderá sua efetividade e, com ela, sua própria razão de ser. Não se pode esquecer que o Brasil adotou a Convenção de Nova Iorque (que agora integra o direito brasileiro) e esse diploma é *francamente favorável à preservação do julgamento do mérito* da arbitragem, o que também se aplica à *concepção restritiva* do controle da ordem pública na sentença estrangeira[831].

Nesse contexto, é preciso debater a proposta de Edoardo Flavio Ricci, formulada já há mais de uma década, a respeito da possibilidade de

---

Transnational (or Truly International) Public Policy and International Arbitration, in: Pieter Sanders (ed.). **Comparative arbitration practice and public policy in arbitration.** ICCA Congress Series, v. 3, Kluwer Law International, 1987, p. 314.

[831] Nesse sentido, ver MAURER, Anton G. **The public policy exception under the New York Convention**: history, interpretation and application, Huntington: JurisNet, 2013, p. 63-64.

integração do artigo 32 (interpretação integrativa)[832] à luz da Constituição Federal, proposta também aceita entre nós por Cândido Rangel Dinamarco[833]. Edoardo Ricci entende que há dois modos de se defender a constitucionalidade da lei de arbitragem à luz do artigo 5º, XXXV, da Constituição Federal: **(i)** ou se aceita que a garantia de acesso ao Poder Judiciário é renunciável e que as partes podem, como ato voluntário, escolher a arbitragem (hipótese em que seria inconstitucional qualquer hipótese de arbitragem obrigatória), ou **(ii)** se admite que a constitucionalidade da arbitragem está relacionada com a possibilidade de intervenção judicial antes, durante e depois de proferida a sentença (hipótese em que seria inconstitucional qualquer tentativa de impedir o acesso ao Poder Judiciário, por exemplo, depois de proferida a sentença arbitral)[834]. Embora o autor revele sua preferência pela segunda abordagem[835], ele não deixa de reconhecer que qualquer uma das duas abordagens permite chegar à mesma conclusão (inconstitucionalidade da arbitragem obrigatória e inconstitucionalidade de eventual vedação à impugnabilidade da sentença arbitral) se a análise constitucional for ampliada para abarcar outros incisos do art. 5º, como os incisos LIV e LV, por exemplo[836].

---

[832] A impugnação da sentença arbitral como garantia constitucional. In: **Lei de arbitragem brasileira:** oito anos de reflexão: questões polêmicas. São Paulo: Revista dos Tribunais, 2004. p. 69-91.

[833] **A arbitragem na teoria geral do processo.** São Paulo, Malheiros, 2013. p. 242-243.

[834] Edoardo F. Ricci, Arbitragem e o Art. 5º, XXXV, da CF (Reflexões sobre a doutrina brasileira). In: **Lei de arbitragem brasileira:** oito anos de reflexão: questões polêmicas. São Paulo: Revista dos Tribunais, 2004, p. 19-39.

[835] Em outro artigo, o autor explica: "na nossa opinião, tal disposição não suscita problemas no que concerne à arbitragem, porque o acesso ao Poder Judiciário é resguardado mediante a possibilidade de impugnação da sentença arbitral. Esta é ato capaz de produzir *lesão* ou *ameaça a direito*, contra o qual ação judicial não pode ser excluída pela lei. Assim, qualquer arbitragem é permitida, caso a sentença seja impugnável por ação judicial. A lei não pode excluir, do exame do Poder Judiciário, sentença proferida pelos árbitros" (A impugnação da sentença arbitral como garantia constitucional. In: **Lei de arbitragem brasileira:** oito anos de reflexão: questões polêmicas. São Paulo: Revista dos Tribunais, 2004, p. 70).

[836] Em suas palavras: "se ampliarmos a análise, considerando os incs. LIV e LV do mesmo art. 5º, da CF, chegaremos à mesma conclusão na consideração das duas teses: 'a proibição de arbitragem obrigatória e a impugnabilidade da sentença arbitral são, em qualquer caso, regras fundamentais'. Isso significa que, no que concerne à descrição da disciplina a ser aplicada, o inc. XXXV do art. 5º da CF, não obstante o interesse suscitado por essa disposição, 'não é

A APLICAÇÃO DE NORMAS COGENTES PELO ÁRBITRO E O CONTROLE DA ORDEM PÚBLICA

Assim, entende o autor que o próximo passo seria analisar as causas de impugnação à sentença arbitral para verificar em que medida o rol previsto no artigo 32 seria suficiente para abarcar todas as garantias constitucionais das partes[837]. Conclui o autor que este rol é *insuficiente* (e, portanto, não pode ser taxativo), sendo necessário *integrá-lo* com outras garantias constitucionais, dentre as quais o autor enumera (em outro artigo[838]) as seguintes: **(i)** a necessária efetivação da vontade essencial das partes (por exemplo, quando os árbitros decidem por equidade, embora as partes tenham optado pela arbitragem de direito)[839], **(ii)** a necessária efetivação das garantias constitucionais do processo (por exemplo, a vedação de provas ilícitas), **(iii)** a necessária efetivação do direito das partes à decisão do mérito da controvérsia (o direito de ação, impedindo, na visão do autor, que o árbitro, de forma equivocada, "declare não ser admissível a decisão de mérito, por ausência de condições da ação ou de pressupostos processuais"[840]), **(iv)** a necessária efetivação do princípio da

---

importante: as duas regras fundamentais poderiam ser subsumidas, na ausência de tal disposição, dos incs. LIV e LV do mesmo art. 5º. Esta conclusão nada tem de paradoxal, porque os incs. LIV e LV do art. 5º da CF são tão ricos de significado jurídico, que seus conteúdos podem abrigar muitas das garantias previstas em outras disposições" (Arbitragem e o Art. 5º, XXXV, da CF (Reflexões sobre a doutrina brasileira). In: **Lei de arbitragem brasileira:** oito anos de reflexão: questões polêmicas. São Paulo: Revista dos Tribunais, 2004, p. 38).

[837] Novamente, nos dizeres do autor: "dado que a exigência fundamental é a de efetuar-se na arbitragem as indispensáveis regras de legalidade (...), a análise deve começar com a leitura dos art. 32 e 33 da Lei 9.307/96, para constatar – sobretudo no que concerne aos motivos previstos pelo art. 32 – se o controle atribuído ao Poder Judiciário é suficiente (...) Assim, o catálogo dos motivos pode ser, fortuitamente, integrado e enriquecido. A tarefa dos juristas, neste tema, reveste-se, consequentemente, de importância e fascínio" (Arbitragem e o Art. 5º, XXXV, da CF (Reflexões sobre a doutrina brasileira). In: **Lei de arbitragem brasileira:** oito anos de reflexão: questões polêmicas. São Paulo: Revista dos Tribunais, 2004, p. 39).

[838] A impugnação da sentença arbitral como garantia constitucional. In: **Lei de arbitragem brasileira:** oito anos de reflexão: questões polêmicas. São Paulo: Revista dos Tribunais, 2004, p. 70-91.

[839] Neste caso, entendemos, contrariamente ao autor, que a hipótese de anulação está prevista no inciso IV, do artigo 32, da lei 9.307/96.

[840] Eis o trecho mais completo: "muito delicada é a hipótese em que o árbitro declare não ser admissível a decisão de mérito, por ausência de condições da ação ou de pressupostos processuais. Caso essa decisão esteja errada, viola-se o direito de ação (...) O que a lei não prevê expressamente pode ser acrescentado ao contexto do citado art. 32, por interpretação integrativa. Dado que o direito de ação deve ser assegurado, a demanda de decretação da nulidade da sentença arbitral pode ser proposta, também, no caso de errônea declaração de

ÁRBITRO E DIREITO

legalidade processual, "por força do qual o árbitro, como o juiz, não pode proferir decisão de mérito, no caso de proibição legal[841], **(v)** violação de normas processuais inderrogáveis, **(vi)** violação de normas materiais inderrogáveis e, por fim, **(vii)** a violação da coisa julgada.

Como se percebe, a prevalecer o entendimento do jurista italiano, *a sentença arbitral doméstica* estaria sujeita a diversas hipóteses de anulação *não previstas expressamente* no artigo 32, da lei 9.307/96, o que certamente resultaria em um ambiente institucional de *grande incerteza e insegurança* para os usuários do instituto, ocasionando, em última instância, a *instabilidade* do sistema arbitral. Esse entendimento não pode prevalecer, sob pena de minar o sistema previsto pelo legislador em 1996, ratificado em 2002 e 2015. O argumento é, sobretudo, *jurídico*. Não há base legal ou constitucional para defender a ampliação dos ataques à sentença arbitral, tal como defendido pelo autor.

Discordamos do autor, em primeiro lugar, quando ele afirma que a garantia de acesso ao Poder Judiciário do artigo 5º, XXXV, da Constituição Federal, representa não propriamente a *voluntariedade* da escolha da arbitragem, mas a garantia de *controle judicial* da atividade dos árbitros[842]. A *voluntariedade* e a *liberdade de contratação* são as base da constitucionalidade da arbitragem no Brasil e este foi também o fundamento para a decisão do Supremo Tribunal Federal a esse respeito[843]. Seria inconsti-

---

ausência de condições da ação, ou de pressupostos processuais. Isto vale, inclusive, para a hipótese de declaração de incompetência, proferida pelos árbitros por aplicação do art. 20 da Lei 9.307/96" (A impugnação da sentença arbitral como garantia constitucional. In: In: **Lei de arbitragem brasileira:** oito anos de reflexão: questões polêmicas. São Paulo: Revista dos Tribunais, 2004, p. 79-80).

[841] A impugnação da sentença arbitral como garantia constitucional. In: In: **Lei de arbitragem brasileira:** oito anos de reflexão: questões polêmicas. São Paulo: Revista dos Tribunais, 2004, p. 80-81.

[842] A propósito, não foi isso o que decidiu o Supremo Tribunal Federal, conforme voto do Ministro Nelson Jobim, já mencionado anteriormente (SE 5.206, Rel. Min. Sepúlveda Pertence, Rel. para acórdão Min. Nelson Jobim, DJ 30.4.2004, páginas 1036 a 1091).

[843] SE 5.206, Rel. Min. Sepúlveda Pertence, Rel. para acórdão Min. Nelson Jobim, DJ 30.4.2004, páginas 1036 a 1091. Em especial, a ementa deste acórdão destaca: "(...) Constitucionalidade declarada pelo plenário, considerando o Tribunal, por maioria de votos, que a **manifestação de vontade da parte na cláusula compromissória**, quando da celebração do contrato, e a permissão legal dada ao juiz para que substitua a vontade da parte recalcitrante em firmar o compromisso não ofendem o artigo 5º, XXXV, da CF" (grifou-se). Esclarece o voto vencedor do Ministro Relator: "não há que se ler na regra constitucional (art.

A APLICAÇÃO DE NORMAS COGENTES PELO ÁRBITRO E O CONTROLE DA ORDEM PÚBLICA

tucional qualquer arbitragem obrigatória. Há apenas uma exceção a essa regra: justamente o parágrafo único, do art. 8º, da lei 9.307/96[844] (princípio competência-competência), discutido anteriormente. Ao determinar que compete ao árbitro apreciar a existência, validade e eficácia da convenção de arbitragem, o legislador estabeleceu *hipótese expressa de possível arbitragem involuntária,* ou seja, *sem o consentimento das partes* (basta imaginar a hipótese de convenção de arbitragem *inexistente,* em que certamente *não haverá consentimento* algum das partes para se submeter à arbitragem). Mas isso não torna o referido dispositivo inconstitucional. Isso porque o legislador confia que o árbitro *reconhecerá,* neste caso, a *ausência do consentimento das partes* e extinguirá o processo arbitral *sem julgamento do mérito.* Haveria inconstitucionalidade *apenas e tão somente se* o dispositivo legal permitisse que o árbitro *julgasse o mérito do conflito sem o consentimento das partes* (aqui, sim, estaríamos diante de uma arbitragem *obrigatória* que seria *inconstitucional* no direito brasileiro). Mas o parágrafo único, do art. 8º, da lei 9.307/96 não permite tal conclusão. Como discutido acima, se por ventura o árbitro, com base nesse dispositivo, julgar o mérito do conflito *sem* o consentimento das partes, então restarão abertas as portas do Poder Judiciário para a impugnação à sentença arbitral (pela hipótese do inciso I, do artigo 32).

Portanto, reitera-se: sob a ótica do artigo 5º, inciso XXXV, da Constituição Federal, a constitucionalidade da arbitragem está em sua *voluntariedade,* exceção feita à hipótese do artigo 8º, parágrafo único, da lei 9.307/96, hipótese em que deverá restar aberta a possibilidade de impugnação futura da sentença arbitral, caso o árbitro julgue o mérito da disputa *sem* o consentimento das partes para tanto. A garantia constitucional de impugnação da sentença arbitral *somente* existe, à luz do inciso XXXV do artigo 5º, no que diz respeito à hipótese do artigo 8º,

---

5º, XXXV), que tem como destinatário o legislador, a proibição das partes renunciarem à ação judicial quanto a litígios determináveis, decorrentes de contrato específico. Lá não se encontra essa proibição. Pelo contrário, o texto proíbe o legislador, não o cidadão. É o reconhecimento da liberdade individual. É esse o âmbito de validez da L. 9.307/96. Observo que a lei, quanto à solução arbitral de litígios futuros, só a admite quando decorrentes de relação contratual específica" (p. 1064).

[844] Sobre a constitucionalidade do artigo 8º, parágrafo único, da lei 9.307/96, ver Rafael Francisco Alves, **A Inadmissibilidade das medidas antiarbitragem no direito brasileiro.** São Paulo: Atlas, 2009. p. 140-147.

ÁRBITRO E DIREITO

parágrafo único, da lei 9.307/96 (isto é, uma eventual arbitragem *sem* o consentimento das partes). *Para os fins desse dispositivo constitucional especificamente*, as demais hipóteses de impugnação da sentença arbitral não importam. Daí já se percebe que a premissa do autor italiano está equivocada: do ponto de vista do artigo 5º, inciso XXXV, o rol de causas de nulidade da sentença arbitral é *suficiente*, isto é, para os fins desse dispositivo, basta o inciso I, do artigo 32.

Passando-se, então, à análise dos demais dispositivos constitucionais, particularmente as outras garantias fundamentais previstas no artigo 5º, da Constituição Federal, é importante deixar claro, desde logo, que *jamais* houve, em sede doutrinária ou jurisprudencial (nem mesmo no acórdão do Supremo Tribunal Federal que debateu a constitucionalidade de determinados dispositivos da lei de arbitragem) qualquer discussão em relação a um possível *"déficit"* de garantias constitucionais na lei de arbitragem. De todo modo, convém esclarecer também este debate.

Cândido Rangel Dinamarco defende que o artigo 21, §2º não é exaustivo de todas as *garantias constitucionais* que devem ser resguardadas na arbitragem[845]. Acreditamos, todavia, que se trata de um *falso problema* se a perspectiva contemplar não apenas a Constituição Federal, mas também, novamente, os *padrões transnacionais* da arbitragem. Não há dúvidas de que a lei brasileira de arbitragem resguarda o *devido processo legal*, como já dito em Capítulos anteriores (art. 21, §2º, da lei 9.307/96). Trata-se, na verdade, de um *"princípio geral da arbitragem"*[846]. Isso significa que *não apenas* aqueles quatro princípios específicos previstos no art. 21, §2º (igualdade das partes, contraditório, imparcialidade do árbitro e seu livre convencimento) são protegidos na arbitragem, mas também todos aqueles princípios que integram a *ordem pública processual transnacional*. O argumento é, mais uma vez, de ordem *sistemática*: a *ordem pública pro-*

---

[845] Diz o autor: "tal dispositivo não é exaustivo quanto às garantias constitucionais que devem permear o processo arbitral, mas todos os *princípios constitucionais* que impõem a este, seja por autoridade própria, independentemente de reafirmação no direito infraconstitucional, seja mediante uma interpretação sistemática do próprio art. 21, §2º" (**A arbitragem na teoria geral do processo**. São Paulo, Malheiros, 2013. p. 243).

[846] A expressão é de APRIGLIANO, Ricardo de Carvalho Aprigliano. O Controle judicial sobre a limitação à produção probatória determinada pelos árbitros. Violação ao devido processo legal ou revisão indevida do mérito? In: **Revista Brasileira de Arbitragem**, n.45, 2015, p. 65.

cessual transnacional (dentro da concepção aqui defendida) é controlada na sentença arbitral *estrangeira*, a teor do que dispõem os artigos V(1) (b)[847] e V(2)(b)[848] da Convenção de Nova Iorque (integrante do direito brasileiro). Existe, aqui, uma intersecção entre o devido processo legal e a ordem pública[849], pois a Convenção de Nova Iorque contempla não apenas a *ordem pública material* como também a *processual*[850], conforme demonstram diversos julgados a esse respeito em jurisdições estrangeiras[851]. Novamente, não seria *coerente* que uma sentença arbitral estran-

---

[847] "Artigo V. 1. O reconhecimento e a execução de uma sentença poderão ser indeferidos, a pedido da parte contra a qual ela é invocada, unicamente se esta parte fornecer, à autoridade competente onde se tenciona o reconhecimento e a execução, prova de que: (...) b) a parte contra a qual a sentença é invocada não recebeu notificação apropriada acerca da designação do árbitro ou do processo de arbitragem, ou lhe foi impossível, por outras razões, apresentar seus argumentos".

[848] "Artigo V. 2. O reconhecimento e a execução de uma sentença arbitral também poderão ser recusados caso a autoridade competente do país em que se tenciona o reconhecimento e a execução constatar que: (...) b) o reconhecimento ou a execução da sentença seria contrário à ordem pública daquele país".

[849] Sobre esta intersecção, explica André Abbud: "Ofendem a ordem pública e, portanto, não podem ser homologados, laudos arbitrais estrangeiros emanados de processos arbitrais onde desrespeitado o núcleo essencial dessas garantias constitucionais pátrias, comum aos diversos Estados. Às partes na arbitragem devem ter sido concedidas iguais e efetivas oportunidades de participar da formação do livre-convencimento dos árbitros, tomando conhecimento dos atos do processo e podendo debater sua realização" (**Homologação de sentenças arbitrais estrangeiras**. São Paulo: Atlas, 2008. p. 210).

[850] Nas palavras de Ricardo de Carvalho Aprigliano: "o reconhecimento e a execução de uma sentença arbitral também poderão ser recusados se ocorrer violação à ordem pública. E na medida em que neste conceito de ordem pública da Convenção de Nova Iorque estão abrangidas tanto a material quanto a processual (que ainda, nos dois casos, em sua perspectiva internacional e não doméstica), referida norma acaba por abranger as demais situações de violação ao devido processo legal" (O Controle judicial sobre a limitação à produção probatória determinada pelos árbitros. Violação ao devido processo legal ou revisão indevida do mérito? In: **Revista Brasileira de Arbitragem**, n.45, 2015, p. 66).

[851] Nesse sentido, Emmanuel Gaillard e John Savage (eds). **Fouchard gaillard goldman on international commercial arbitration**. Kluwer Law International, 1999, p. 996-997: "*One decision, rendered by the Hamburg Court of Appeals on April 3, 1975, is genuinely based on Article V, paragraph 2(b) of the Convention. Furthermore, it could equally have been based on Article V, paragraph 1(b), as it censures a violation of the principles of due process: the court refused enforcement of an award made under the auspices of the American Arbitration Association where the sole arbitrator relied on documents which had not been communicated to one of the parties. Another decision refusing enforcement of an award under the New York Convention on the basis of a breach of international public policy was likewise based on a violation of the principles of due process: in a 1976 decision, the*

ÁRBITRO E DIREITO

geira tivesse seu reconhecimento ou execução *denegados* em razão da violação da *ordem pública processual transnacional* e uma sentença arbitral *doméstica* não fosse *controlada* da mesma forma. O Brasil não pode ser visto como um local em que as práticas de arbitragem desviam-se dos padrões internacionais *em prejuízo das garantias das partes*.

Mas é *muito difícil* conceber uma questão de *ordem pública processual de caráter transnacional* que já não estivesse contemplada nos incisos do artigo 32, particularmente, em seu inciso VIII, que faz referência àqueles princípios do art. 21, §2º, constituindo o "núcleo essencial" das garantias processuais das partes. Haveria *garantia de ordem constitucional* que escaparia tanto das hipóteses de anulação da sentença arbitral previstas no artigo 32 quando da *ordem pública processual de caráter transnacional*? Acreditamos que não[852]. Eis porque essa questão nos parece ser, na verdade, um *falso problema*. Por outro lado, não devem ser admitidas as hipóteses de *ampliação* do controle judicial da sentença arbitral doméstica tal como defendido por Edoardo Ricci. Em especial, o autor defende que a sentença arbitral doméstica possa ser *anulada* se o árbitro deixar de aplicar o que o autor denomina de "normas materiais inderrogáveis", isto é, normas cogentes. Não concordamos com essa posição.

Cologne Court of Appeals refused enforcement of an award made after proceedings in which one of the parties did not know the names of the arbitrators. The same ground served as the basis for a 1998 decision of the French Cour de cassation refusing to enforce an award made in reliance on information communicated to the arbitral tribunal by one of the arbitrators. Similarly, the Hong Kong Supreme Court refused to give effect to an award made in a case in which a witness statement had allegedly been obtained through duress from a witness kidnapped by a party".

[852] Também nos parece equivocado o debate sobre a hipótese da vedação constitucional das provas ilícitas, referida por Edoardo Ricci como mais uma hipótese de "integração" do artigo 32, da lei 9.307/96. É inegável que o *contraditório* envolve o direito à prova. Nesse ponto, já esclareciam há mais de duas décadas, Rogério Lauria Tucci e José Rogério Cruz e Tucci, discutindo as garantias processuais à luz da Constituição Federal: "A garantia da plenitude da defesa, como ressaltado, devem ser complementada pelo direito à prova – mais especificamente, direito à prova legitimamente obtida ou produzida – do qual emerge o fundamento prático do contraditório" (**Constituição de 1988 e processo:** regramentos e garantias constitucionais do processo. São Paulo: Saraiva, 1988. p. 68). Por outro lado, conforme explicado pelos autores citados, também não há dúvidas de que esse direito à prova que integra o contraditório contém, em sua própria definição, as restrições às provas que sejam relevantes e admissíveis. Nessa mesma linha, Michele Taruffo, L'istruzione probatoria, In: Michele Taruffo (org.). **La prova nel processo civile**. Milão: Giuffrè, 2012. p. 84-90.

No próximo item, demonstraremos por que o árbitro *deve* aplicar normas cogentes, se as partes assim requereram (como qualquer outra norma que seja aplicável à arbitragem e na arbitragem), mas que, se deixar de fazê-lo, não haverá *nenhum vício* afetando a sentença arbitral, muito menos a tornando passível de anulação pelo Poder Judiciário.

3.1.3.4. *A sentença arbitral doméstica não pode ser anulada por alegada violação de normas cogentes no julgamento do mérito*

Nos itens precedentes, ficou esclarecida a distinção entre disponibilidade de direitos, ordem pública e normas cogentes. Não pode haver dúvida de que o árbitro *pode* aplicar normas cogentes e apreciar matérias de ordem pública atinentes ao objeto da arbitragem, que sempre deve envolver direitos patrimoniais disponíveis, se regida pela lei brasileira.

Para ser mais preciso, o árbitro *deve* aplicar normas cogentes e apreciar matérias de ordem pública *sempre* que elas **(i)** forem alegadas ou requeridas pelas partes, **(ii)** forem atinentes ao objeto da arbitragem e **(iii)** fizerem parte do direito aplicável à arbitragem e na arbitragem. Esse *dever* do árbitro é correlato a sua atribuição de buscar a aplicação correta do direito. Em outras palavras, o árbitro *deve* aplicar as normas cogentes da mesma forma em que ele *deve* buscar a aplicação correta de *qualquer outra disposição* do direito aplicável à arbitragem e na arbitragem.

As perguntas que restam são: primeiro, **(i)** o que ocorre se o árbitro deixa de aplicar normas cogentes? Haveria alguma *sanção* a esse respeito justamente em razão da *cogência* das normas, ao contrário do que ocorre com as demais disposições, cujo desatendimento não acarreta sanção legal por ser *vedada a revisão do julgamento do mérito* da arbitragem, como visto nos Capítulos anteriores? Em outras palavras, o *error in judicando* do árbitro (aplicação errônea do direito pelo árbitro) poderia acarretar alguma *sanção jurídica* quando referente a normas *cogentes*? Além disso, em segundo lugar, **(ii)** haveria um dever do árbitro de *agir de ofício*, isto é, independentemente de provocação das partes, quando se tratar de normas cogentes? Comecemos pelo primeiro ponto.

Foi dito acima que procederíamos gradualmente no desenvolvimento desses temas, de acordo com a *gravidade do vício* que acometeria a sentença arbitral. Por isso, começamos primeiro com a discussão em torno da própria *existência* da sentença arbitral (vícios mais graves, portanto),

ÁRBITRO E DIREITO

passando pelas hipóteses de possível *anulação* da sentença arbitral (incluindo aqui o controle da ordem pública, em sua dimensão *transnacional*) e chegamos agora ao ponto em que *não há vício algum*: uma sentença arbitral que contenha a aplicação errônea do direito pelo árbitro *não é passível de anulação, mesmo que se trate de uma norma cogente*. Portanto, discordamos de Edoardo Ricci também neste ponto, como visto acima.

Não há nada na lei de arbitragem brasileira que autorize entendimento diverso. As causas de anulação da sentença arbitral não contemplam hipótese de *erro* na aplicação de normas cogentes. O legislador brasileiro poderia ter adotado outro caminho, mas não o fez. Porém, é importante *qualificar* este argumento. A premissa é de que estamos tratando *apenas e tão somente* de uma norma cogente **(i)** de *natureza doméstica* e **(ii)** que *não tem caráter de ordem pública*. Se esses dois pressupostos estiverem presentes, então não poderá haver anulação da sentença arbitral doméstica de acordo com o direito brasileiro. Na verdade, o *critério definidor*, segundo a tese aqui defendida, é a *internacionalidade* ou, ainda, a *transnacionalidade*: a violação de uma norma cogente que também envolva ordem pública *puramente doméstica* não é capaz de levar à anulação de uma sentença arbitral doméstica no direito brasileiro, conforme os parâmetros estabelecidos neste trabalho. Por outro lado, havendo violação à *ordem pública de natureza internacional (ou mesmo transnacional)*, aplicam-se as conclusões já expostas. A maior dificuldade, portanto, está na qualificação de uma *norma cogente de caráter internacional (ou transnacional)* que não teria (pelo menos aqui no Brasil) o *caráter de ordem pública*. É difícil cogitar uma situação semelhante e talvez se trate apenas de um exemplo meramente teórico, de rara ocorrência prática.

De todo modo, é importante o árbitro ter a ciência de que qualquer questão que tenha caráter *internacional (ou transnacional)*, poderá ser qualificada como ordem pública em outros países. É o caso, por exemplo, do juiz francês, que tende a identificar a ordem pública com determinadas normas cogentes ou imperativas, muitas vezes identificadas como *"lois de police"*, embora os três conceitos não sejam coincidentes[853]. Assim, ainda que determinada norma cogente não tenha caráter de ordem pública aqui no Brasil, é possível que essa mesma norma seja

---

[853] A esse respeito, ver Seraglini, Christophe; Ortscheidt, Jérome. **Droit de l'arbitrage interne et international**. Paris: Lextenso, 2013. p. 817-818.

282

entendida pelo juiz francês como uma norma cogente de caráter *internacional (ou mesmo transnacional)* e, portanto, ao deixar de aplicá-la o árbitro estaria violando a *ordem pública internacional* sob a ótica do juiz francês, o que poderia impedir o seu reconhecimento e execução naquele país[854]. Em razão disso, o árbitro, mesmo em uma *sentença arbitral doméstica* (brasileira, portanto) precisa estar *atento* a esse fator, porque, como vimos, também faz parte da sua atribuição prolatar uma sentença que seja *exequível*.

Porém, esse *cuidado*[855] não pode conduzir a *extremismos*. O árbitro não tem o *dever* de realizar uma pesquisa de direito comparado toda vez que tiver que lidar com uma norma cogente, para verificar se esta norma diz respeito apenas ao âmbito doméstico ou se poderia, ao revés, ser considerada como ordem pública em algum local de execução da sentença[856]. Seria demasiado esperar que o árbitro realizasse tal pesquisa, custosa e demorada por si só. Circunstâncias *excepcionais* podem requerer que o árbitro tenha *maior atenção* para essa questão, mas, via de regra, uma *norma cogente doméstica* que não diga respeito à ordem pública terá, em princípio, consequências apenas dentro do território nacional. Como já ressaltamos anteriormente, não se pode transformar o dever do árbitro de *buscar* prolatar uma sentença exequível na *necessidade* de que o árbitro preveja, em detalhes, tudo o que poderá acontecer com essa sentença mundo afora, nos distintos locais em que ela poderá ser levada ao reconhecimento ou execução[857].

---

[854] Nesse sentido, Yves Derains, Public Policy and the Law Applicable to the Dispute in International Arbitration, in: Pieter Sanders (ed). **Comparative arbitration practice and public policy in arbitration**, ICCA Congress Series, v. 3, Kluwer Law International, 1987, p. 255-256.

[855] Luiz Olavo Baptista faz referência à "prudência" como padrão de conduta do árbitro nesse contexto de compreender a dimensão internacional de determinada norma cogente com o objetivo de evitar que a sentença arbitral tenha seu reconhecimento ou execução denegados (The practice of interpretation in arbitration. In: **Liber amicorum en l'honneur de serge lazareff**. Paris: Pedone, 2011. p. 65).

[856] Defendendo esse cuidado do árbitro, incluindo pesquisas de direito comparado, Christophe Seraglini e Jérome Ortscheidt: **Droit de l'arbitrage interne et international**. Paris: Lextenso, 2013, p. 818-822.

[857] Vale aqui a advertência feita por Robert Briner a respeito do artigo 35 das antigas regras da CCI, que estabelecia que o tribunal arbitral deveria se esforçar para prolatar uma sentença exequível: *"I would just like to make one closing comment regarding Article 35 of the ICC Rules. I*

ÁRBITRO E DIREITO

Portanto, se a consequência de o árbitro deixar de aplicar uma *norma cogente doméstica* (que não diga respeito à ordem pública) em uma *sentença arbitral doméstica* não é a anulação dessa sentença (porque não há previsão legal), qual seria a sanção contra esse árbitro que, aparentemente, deixou de aplicar corretamente o direito? Retome-se aqui o que já foi dito em itens anteriores: ao contratarem a arbitragem, as partes assumem *algum risco* em relação a possíveis *injustiças*. Evidentemente, elas não desejam *nenhuma injustiça* e esperam do árbitro que ele *busque* aplicar *corretamente* o direito (como é sua missão). Porém, na hipótese de haver algum descuido do árbitro nessa aplicação no julgamento do mérito da arbitragem (*error in judicando*, apenas), faz parte do sistema arbitral que esse julgamento *não seja passível de impugnação posterior*. As partes já sabiam (ou deveriam saber) desse risco, porque é o que consta da lei brasileira de arbitragem: *a lei 9.307/96 não admite a revisão do julgamento do mérito do árbitro, ainda que o árbitro tenha violado normas cogentes*. Entre a *justiça da decisão* e a *segurança* de obter uma sentença final cujo *julgamento de mérito seja preservado*, o legislador optou por esta última e as partes também fazem esta opção toda vez que contratam uma arbitragem regida pela lei brasileira.

Nesse contexto, não há nenhum *incentivo* para que o árbitro busque, *na maior medida possível*, aplicar *corretamente* o direito? Também não é assim. Primeiro, em circunstâncias *excepcionais* envolvendo a *comprovação efetiva* de dolo[858], fraude ou má fé, o árbitro poderá ser responsabilizado,

---

would like to point out once more that this is a default provision, and not a primary, absolute rule. Article 35 says: 'In all matters not expressly provided for in these rules, the arbitrator shall act in spirit of these Rules and shall make every effort to make sure that the award is enforceable at law.' Therefore, it is not an absolute obligation for arbitrators to make awards that are enforceable. For one thing, we never know under what law awards will be enforced. You just have to go and look at Haliburton and Chromalloy. Many awards for proper legal reasons cannot be enforced in a particular country. Sometimes they do not need to be enforced at all and they are primarily needed, for instance, to allow an insurance company to pay to the winning party. It is therefore very dangerous to argue that Article 35 is a general rule that says arbitrators always have to see to it that they render an enforceable award because one cannot always really define what an enforceable award means" (Final Remarks, In: Andrew Berkeley and Kristine Karsten. (ed.) **Arbitration:** money laundering, corruption and fraud**. Dossiers of the ICC Institute of World Business Law, V.1, Kluwer Law International, International Chamber of Commerce, 2003, p. 160-161).

[858] Para alguns autores, a culpa grave aproxima-se ou mesmo assimila-se ao dolo. Nesse sentido, AZEVEDO, Antonio Junqueira de. Nulidade de cláusula limitativa de responsabilidade

A APLICAÇÃO DE NORMAS COGENTES PELO ÁRBITRO E O CONTROLE DA ORDEM PÚBLICA

conforme já exposto no Capítulo 1. Mas em se tratando de um *risco normal* da sua atuação como árbitro (árbitros também erram[859]), não haverá sanção *jurídica* direta contra o árbitro. Mas nem por isso se possa dizer que o árbitro não tenha o *dever* de *buscar* a aplicação *correta* do direito. Esse *dever* decorre do *sistema arbitral* propriamente dito, do próprio conceito de arbitragem, do conceito de árbitro e de sua investidura. Faz parte da missão do árbitro buscar a aplicação *correta* do direito e é isso que as partes esperam dele, conforme discutido no Capítulo 2. Como visto, o árbitro é "juiz de fato e de direito"[860] e não se pode conceber um julgador que não tenha o *dever de buscar a aplicação correta do direito*. Por outro lado, a aplicação errônea do direito pelo árbitro também pode acarretar importante *sanção moral ou social* ou, melhor dizendo, uma *sanção reputacional*[861]: o árbitro corre o risco de *perder prestígio e reputação*, pelo menos, perante as partes daquela disputa, seus representantes e advogados. Como já dito nos Capítulos 1 e 2, perderá o árbitro parte de seu *capital simbólico*, tão importante para futuras nomeações, caso ele decida seguir atuando como árbitro em outros casos. Só não haverá abalo ainda maior para a sua reputação em razão do caráter normalmente sigi-

---

em caso de culpa grave. Caso de equiparação entre dolo e culpa grave. Configuração de culpa grave em caso de responsabilidade profissional, In: **Novos Estudos e pareceres de direito privado**. São Paulo, Saraiva, 2009, p. 430-431; RODRIGUES, Silvio. **Direito civil**, v. 4, 20.ed. São Paulo: Saraiva, 2003. p. 181; e VENOSA, Silvio de Salvo. **Responsabilidade Civil**. 4.ed. São Paulo: Atlas, 2004. p. 30.

[859] Aliás, árbitros erram *e também tem medo de errar*, como relatado por Luiz Olavo Baptista, The practice of interpretation in arbitration. In: **Liber amicorum en l'honneur de serge lazareff**. Paris: Pedone, 2011. p. 65.

[860] "Art. 18. O árbitro é juiz de fato e de direito, e a sentença que proferir não fica sujeita a recurso ou a homologação pelo Poder Judiciário".

[861] Sobre a sanção social, diz Norberto Bobbio: "quando a violação de uma norma suscita uma resposta por parte dos outros com os quais convivemos, a norma é externamente sancionada. A sanção externa é característica das normas sociais, ou seja, de todas aquelas normas do costume, das boas maneiras, da vida associada em geral, que têm por finalidade tornar mais fácil ou menos difícil a convivência. Essas normas nascem, em geral, em forma de costumes, a partir de um grupo social, e é o próprio grupo social que responde à violação dessas normas com diversos comportamentos que constituem as sanções" (**Teoria geral do direito.** trad. Denise Agostinetti. 3.ed. São Paulo: Martins Fontes, 2010. p. 149). Também Miguel Reale explica a distinção entre sanção social e sanção jurídica (**Lições preliminares de direito**. 27.ed. São Paulo: Saraiva, 2011, p. 56-57).

ÁRBITRO E DIREITO

loso das arbitragens[862], ainda que a própria lei de arbitragem não estabeleça a confidencialidade, como visto no Capítulo 1.

Como se percebe, estamos aqui mais no campo *sociológico*[863], do que propriamente jurídico, mas ainda assim seria um equívoco desconsiderar que, *na prática*, é sempre um *incentivo* para o árbitro *evitar qualquer sanção moral* que possa recair sobre ele no mercado da arbitragem[864], mesmo que não haja a intenção de obter futuras nomeações (há sempre uma *reputação profissional* a zelar, qualquer que seja a profissão que tenha o árbitro, qualquer que seja a sua nacionalidade)[865]. Não se pode negar, assim, que a busca pela aplicação *correta* do direito faz parte da *missão do árbitro*, ainda que envolva não apenas sanções jurídicas tal como tradicionalmente concebidas, mas também padrões, diretrizes, regras de

---

[862] Justamente com o objetivo de promover a transparência da arbitragem e auxiliar as partes a escolher adequadamente os árbitros foi criado o *"Arbitrator Intelligence"*, cuja missão é definida nos seguintes termos: *"Arbitrator Intelligence (AI) aims to promote transparency, fairness, and accountability in the selection of international arbitrators, and to facilitate increased diversity in arbitrator appointments"*. Sua missão é executada por diversos meios: disponibilização de informações a respeito do árbitro, com base conteúdo disponível *online*, publicação (autorizada) de sentenças arbitrais, utilização de questionários etc. Disponível em: http://www.arbitratorintelligence.org. Acesso em: mai. 2018.

[863] No campo da teoria e sociologia do direito, dentro de outra concepção de sistema jurídico, são conhecidas as lições de Gunther Teubner a respeito da perda da importância da sanção como critério de juridicidade e sobre o crescimento de seu papel simbólico (A Bukowina Global sobre a Emergência de um Pluralismo Jurídico Transnacional. In: **Impulso**. Piracicaba, v. 14, n. 33, 2003. p. 19).

[864] Sobre a eficácia das sanções sociais, diz Norberto Bobbio: "não resta nenhuma dúvida de que sanções desse tipo são eficazes. Grande parte da coesão de um grupo social deve-se à uniformidade de comportamentos, provocada pela presença de normas com sanção externa, ou seja, de normas cuja execução é garantida pelas diversas respostas, mais ou menos enérgicas, que o grupo social dá em caso de violação. Diz-se que a reação do grupo à violação das normas que garantem sua coesão é um dos meios mais eficazes de controle social" (**Teoria geral do direito**. trad. Denise Agostinetti. 3.ed. São Paulo: Martins Fontes, 2010. p. 149-150).

[865] No atual contexto de pluralismo jurídico e crescimento da autorregulação, especialmente a chamada *"regulação privada transnacional"*, seria um equívoco desconsiderar a eficácia dos mecanismos privados de sanção reputacional. Para um panorama desse novo fenômeno, ver Fabrizio Cafaggi, The Many Features of Transnational Private Rule-Making: Unexplored Relationships between Custom, Jura Mercatorum and Global Private Regulation. In: **University of Pennsylvania Journal of International Law**, v. 36, n. 4, 2015.

A APLICAÇÃO DE NORMAS COGENTES PELO ÁRBITRO E O CONTROLE DA ORDEM PÚBLICA

conduta e outros mecanismos de *enforcement* típicos do atual contexto empresarial, sobretudo no ambiente transnacional[866].

Mas também há outra ponderação a fazer: em que consiste, exatamente, a aplicação *correta* do direito? Ao deixar de aplicar uma norma supostamente cogente, será que o árbitro não haveria *ponderado* essa norma com outras (de igual cogência), sejam elas regras ou princípios, usos e costumes ou o direito posto? Em outras palavras, será que toda hipótese de suposta aplicação "incorreta" do direito pelo árbitro poderia, de fato, ser assim caracterizada? Muitas vezes, trata-se apenas de *insatisfação* ou *inconformismo* de uma das partes com o *resultado* do julgamento do mérito, sem que se possa dizer, objetivamente, que o árbitro "errou". É difícil estabelecer a linha divisória entre o que é *insatisfação* da parte sucumbente e o que é, de fato, *error in judicando* do árbitro. De todo modo, não se pode descartar, de antemão, a possibilidade de que o árbitro tenha promovido uma *nova interpretação daquela norma cogente em razão das peculiaridades do caso concreto*. Nesse sentido, também *o árbitro pode criar o direito*, considerando que, dentro de uma perspectiva funcional e estrutural, o árbitro é simultaneamente a "primeira instância" e a "última instância", já que não há revisão do julgamento do mérito por instância superior. Quando o Supremo Tribunal Federal decide a respeito da constitucionalidade de determinada norma jurídica, podemos *discordar* do seu julgamento, mas teremos pouca dúvida de que o julgamento passará a valer e, tratando-se de controle *concentrado* de constitucionalidade da norma, terá efeito *erga omnes*. Essa é a diferença em relação aos árbitros: seu julgamento é sempre *inter partes*. Mas nem

---

[866] Códigos de conduta formados por normas privadas com distintos mecanismos sancionatórios têm adquirido cada vez mais força no ambiente de autorregulação empresarial transnacional, preocupados, sobretudo, com os interesses de consumidores e investidores. Nesse sentido, ver BECKER, Larry Catá. Multinational corporations as objects and sources of transnational regulation. In: **ILSA Journal of International & Comparative Law**, v. 14, n. 2, 2008, p.1-26, esp. p. 20-26). No campo da arbitragem, André Abbud demonstrou de que forma protocolos, recomendações, diretrizes tem adquirido cada vez maior relevância na prática da arbitragem (ainda que não sejam "vinculantes"), sobretudo para regular o processo arbitral. Não se pode descartar que, nos próximos anos, esses padrões de conduta comecem a ter maior desenvolvimento também em relação a atuação do árbitro na aplicação do direito, tanto é que diversas instituições já adotam há anos códigos de conduta para árbitro, conforme referido pelo mesmo autor (**Soft law e produção de provas na arbitragem internacional**, São Paulo: Atlas, 2014. p. 2, nota 7).

ÁRBITRO E DIREITO

por isso o julgamento deixa de ser *soberano* e, em alguma medida, "supremo". A decisão dos árbitros também *cria* a norma jurídica *concreta* para aquelas partes em questão. Nessa perspectiva, é um tanto ilógico acreditar que a ausência de sanção jurídica para uma suposta aplicação errônea do direito pelo árbitro teria algum efeito sistêmico, *considerando que o árbitro sempre está no vértice do sistema arbitral*[867], o que também envolve a aplicação de normas cogentes.

Eis a pergunta que, mais propriamente, deveria ser formulada *contra* aqueles que defendem a possibilidade de revisão do julgamento do árbitro a respeito de normas cogentes: por que o julgamento do árbitro sobre determinada norma cogente estaria *necessariamente* errado e o do juiz, em sede de possível revisão desse julgamento (o que não é admitido no direito brasileiro), estaria *sempre* correto? Em outras palavras, por que a visão do juiz sobre a aplicação de uma determinada norma cogente deveria *prevalecer* sobre a do árbitro? Esta até poderia ter sido a opção do legislador brasileiro, mas não foi. De acordo com o direito brasileiro, *a palavra final a respeito do julgamento do mérito é sempre do árbitro, incluindo-se aqui a aplicação de normas cogentes*, porque foi isso o que as partes contrataram, dentro da esfera de seus direitos *disponíveis*, ao fazerem a opção pela arbitragem *regida pela lei brasileira*. Afinal, a decisão do árbitro é *soberana* e tem *imediatamente* autoridade de *coisa julgada material*, como já visto. Nesse sentido, o árbitro não apenas *aplica* o direito em última instância: ele efetivamente *cria* o direito[868]. Essa constatação

---

[867] Mais uma vez, as palavras de Norberto Bobbio a esse respeito, que também podem ser adaptados para o contexto da arbitragem: "na verdade, para nós essa ausência de sanção nos vértices do sistema não parece absurda, mas, antes, totalmente natural. A aplicação da sanção pressupõe um aparato coercitivo, e o aparato coercitivo pressupõe o poder, ou seja, pressupõe uma separação de força imperativa, ou de autoridade, se se preferir, entre aquele que põe a norma e aquele que deve obedecer a ela. Portanto, é totalmente natural que, à medida que passamos das normas inferiores às superiores, nos aproximamos das fontes do poder e, portanto, diminui a separação de autoridade entre quem põe a norma e quem deve executá-la, o aparato coercitivo perde vigor e eficiência, até que, ao chegar às fontes do próprio poder, ou seja, do poder supremo (como é aquele que de diz 'constituinte'), não é mais possível uma força coercitiva, pois a contradição não o permite, ou seja, porque se essa força existisse, esse poder deixaria de ser supremo" (**Teoria geral do direito**. trad. Denise Agostinetti. 3.ed. São Paulo: Martins Fontes, 2010. p. 160-161).

[868] Para que fique ainda mais claro, citando-se, novamente, Norberto Bobbio: "quando aqueles que estão no ápice do poder agem de modo não conforme com uma norma do sistema, tal comportamento não é a *violação* de uma norma anterior, mas a *produção* de uma

é válida, sobretudo, nos planos *internacional* e *transnacional*[869], e a prática arbitral brasileira também tem a contribuir para o desenvolvimento dessa *transnacionalidade*, tanto na aplicação de normas cogentes, quando no controle da ordem pública.

Para concluir este item, cabe retornar àquele segundo ponto indicado acima: haveria um dever do árbitro de *agir de ofício*, isto é, independentemente de provocação das partes, quando se tratar de *normas cogentes*? Novamente, é preciso qualificar esse debate, pois, na maneira como a questão é formulada, poderia parecer que a dúvida só existe no tocante às normas cogentes, mas não é assim.

Dentro do seu dever de *buscar* a aplicação *correta* do direito, tal como defendido neste trabalho, entendemos que o árbitro não apenas *deve buscar conhecer* o direito aplicável à arbitragem e na arbitragem, como também *pode* chamar a atenção das partes para qualquer disposição legal ou contratual que possa ter influência direta no julgamento do mérito e não tenha sido anteriormente invocada pelas partes.

Portanto, trata-se de uma *autorização* para que o árbitro possa *agir de ofício* neste ponto, não *necessariamente* um *dever* (tudo a depender, mais uma vez, do direito aplicável à arbitragem, devendo o árbitro atentar-se para as expectativas das partes a esse respeito). Se o árbitro decide agir de ofício, ele *deve resguardar as garantias processuais das partes*, convidando-as a *debater previamente* aquela questão específica, pois, dependendo do direito aplicável, pode haver o risco de futuro ataque à sentença arbitral se o árbitro não possibilitar o contraditório, como visto no Capítulo 2. Trata-se de uma questão que pode envolver componente *cultural*, razão pela qual o árbitro deve agir com *prudência* aqui.

Por outro lado, em princípio, não há impedimento para que o árbitro invoque *ex officio* determinada regra jurídica e convide as partes a debater a questão. Essa constatação é válida não apenas para *dispositivos*

---

norma nova, ou seja, uma modificação do sistema e, portanto, decai por impossibilidade de proposição o problema da sanção, que pressupõe um ilícito" (**Teoria geral do direito**. trad. Denise Agostinetti. 3.ed. São Paulo: Martins Fontes, 2010. p. 161).

[869] Sobre o papel do árbitro de, ao aplicar o direito, "sedimentar as expectativas negociais" em determinado sentido e, com isso, *contribuir* para o desenvolvimento do que se entende como *lex mercatoria*, ver MENDES, Rodrigo Octávio Broglia. **Arbitragem, lex mercatoria e direito estatal:** uma análise dos conflitos ortogonais no direito transnacional. São Paulo: Quartier Latin, 2010. p. 155-162.

legais cogentes (objeto específico deste Capítulo), mas para *qualquer norma jurídica* que o árbitro julgue relevante para o julgamento do mérito da arbitragem (como visto no Capítulo anterior), de acordo com o direito aplicável.

Basta pensar em *cláusulas contratuais* que, a despeito de importarem ao julgamento, não foram invocadas por qualquer das partes. Parece natural que o árbitro possa convidar as partes a se manifestarem *especificamente* sobre elas, como decorrência de seu dever de *buscar* a aplicação *correta* do direito. Nesse sentido, como já visto no Capítulo 2, o direito brasileiro admite a aplicação do *iura novit curia* na arbitragem, desde que seja respeitado o objeto do processo arbitral e as garantias processuais das partes. Esse exercício do *diálogo* com as partes é especialmente importante no caso das disposições *contratuais*, porque não raras vezes a forma pela qual o sistema jurídico de uma das partes (ou de ambas) lida com a *interpretação contratual* e a *possibilidade de revisão ou integração de contratos* é bem distinta da forma pela qual o mesmo ponto é tratado no sistema jurídico onde foi formado o árbitro e onde ele exerce a sua profissão[870]. Por exemplo, no direito brasileiro, objeto deste item, existem importantes nuances para a liberdade contratual e suas limitações, com características que *distinguem* o nosso sistema de outros[871]. Seria impróprio que um árbitro (nacional ou estrangeiro, jurista ou não) simplesmente ignorasse essas *peculiaridades* do nosso direito, que poderá ter consequências diretas sobre o julgamento do mérito da arbitragem. Por-

---

[870] Cabem aqui as conclusões de Luiz Olavo Baptista em pesquisa empírica que realizou com 246 sentenças arbitrais: *"there are, however, legal systems in which the strength of an agreement is greater than in others, and this influences the interpreter's position, for, in general, the interprete ris used to thinking within the framework of a national system. One has not the need to be an expert in comparative law to know that in some countries the judge can not change any clause of an agreement; he can declare it void and null, but not change its content. In other places the judge can substitute the express will of the parties and adapt the contract to what seems to be more fair, without striking the clause with nullity. In common law, the rules is that the person who contracts is liable for the obligations undertaken, in any circumstances, which leads to greater literality and narrowness in the construction"* (The practice of interpretation in arbitration. In: **Liber Amicorum en l'honneur de Serge Lazareff**. Paris: Pedone, 2011. p. 68).

[871] Mesmo em relação a países que são *culturamente* próximos ao Brasil, como Argentina e Chile, existem diferenças significativas no domínio da liberdade contratual. A esse respeito, ver Cristiano de Sousa Zanetti, **Direito contratual contemporâneo:** a liberdade contratual e sua fragmentação. Rio de Janeiro: Forense, São Paulo: Método, 2008. p. 271-274.

A APLICAÇÃO DE NORMAS COGENTES PELO ÁRBITRO E O CONTROLE DA ORDEM PÚBLICA

tanto, é preciso cuidado em qualquer aplicação *ex officio* do direito pelo árbitro. O *diálogo* é importante não apenas para equalizar as expectativas das partes a esse respeito, mas também como *instrumento* na busca da correta aplicação do direito.

O mesmo raciocínio vale para a aplicação dos dispositivos legais *cogentes* relativos à prescrição e à decadência[872]. Sobre o tema, como visto no Capítulo 1, José Carlos Barbosa Moreira[873] reconhecia que algumas questões são suscetíveis de conhecimento *ex officio* pelo árbitro, independente de alegação das partes, como, por exemplo, a decadência. Segundo posição majoritária da doutrina, a decadência envolve *interesses da coletividade* e, como tal, é *matéria de ordem pública*[874]. Porém, é preciso novamente qualificar essa discussão. Para ter clareza neste ponto, é preciso investigar com mais vagar cada um desses institutos, à luz do direito positivo.

Em primeiro lugar, é digno de nota que a prescrição admite a *renúncia das partes*, *"depois que a prescrição se consumar"*, a teor do que dispõe o artigo 191, do Código Civil[875]. O debate sobre a natureza de *ordem pública* da prescrição acalorou-se com a promulgação da lei 11.280, de 2006, que, dentre outros, alterou o artigo 219, §5º, do Código de Pro-

---

[872] A respeito dos conceitos e sua diferenciação na evolução do direito brasileiro, tema ainda controverso, ver as clássicas obras de CÂMARA LEAL, Antonio Luis da. **Da prescrição e da decadência**: teoria geral do direito civil. 4.ed. Rio de Janeiro: Forense, 1982, *passim*; e AMORIM FILHO, Agnelo. Critério científico para distinguir a prescrição e a decadência e para identificar as ações imprescritíveis. In: **Revista dos Tribunais**, v. 744, 1997, p. 725-750.

[873] Estrutura da sentença arbitral. In: **Temas de Direito Processual – Oitava Série**. São Paulo: Saraiva, 2004, p. 189.

[874] Esse é o conceito adotado por Carlos Alberto Carmona: "os direitos que afetam a coletividade (ordem pública) estão sujeitos à decadência e aqueles que afetam apenas a ordem privada estão (indiretamente) sujeitos à prescrição. Dessa forma, afirmo que a prescrição é matéria de direito patrimonial disponível, pois pode ser negociada e renunciada" (Arbitragem, prescrição e ordem pública. In: **Revista de Arbitragem e Mediação**, v. 30, 2011, p. 245-257). Também entendendo que a decadência é matéria de ordem pública, APRIGLIANO, Ricardo de Carvalho. **Ordem pública e processo:** o tratamento das questões de ordem pública no direito processual civil. São Paulo: Atlas, 2011. p. 116.

[875] "Art. 191. A renúncia da prescrição pode ser expressa ou tácita, e só valerá, sendo feita, sem prejuízo de terceiro, depois que a prescrição se consumar; tácita é a renúncia quando se presume de fatos do interessado, incompatíveis com a prescrição".

ÁRBITRO E DIREITO

cesso Civil de 1973[876] e revogou o artigo 194 do Código Civil, para deixar expresso na legislação que o juiz conhecerá, de ofício, a prescrição. No Código de Processo Civil de 2015, o juiz pode conhecer de ofício tanto a prescrição, quanto a decadência[877], desde que preservado o contraditório[878], salvo se houver julgamento liminar da improcedência do pedido[879]. Nesse contexto, Carlos Alberto Carmona[880] e Ricardo de Carvalho Aprigliano[881] são categóricos no sentido de que a possibilidade de o julgador conhecer de ofício determinada matéria não torna esta mesma *matéria de ordem pública*. Trata-se, na visão dos autores, de uma questão de *política legislativa* no plano *processual*, que não tem o condão de alterar a natureza do instituto no plano *material*[882]. Para ambos, *prescrição não é matéria de ordem pública*[883]. Mais ainda: entendendo que a pres-

---

[876] "Art. 219. A citação válida torna prevento o juízo, induz litispendência e faz litigiosa a coisa; e, ainda quando ordenada por juiz incompetente, constitui em mora o devedor e interrompe a prescrição. (Redação dada pela Lei nº 5.925, de 1º.10.1973) (...) § 5º O juiz pronunciará, de ofício, a prescrição. (Redação dada pela Lei nº 11.280, de 2006)".

[877] "Art. 487. Haverá resolução de mérito quando o juiz: II – decidir, de ofício ou a requerimento, sobre a ocorrência de decadência ou prescrição. (...)"

[878] "Art. 487. (...) Parágrafo único. Ressalvada a hipótese do § 1º do art. 332, a prescrição e a decadência não serão reconhecidas sem que antes seja dada às partes oportunidade de manifestar-se"

[879] "Art. 332. § 1º O juiz também poderá julgar liminarmente improcedente o pedido se verificar, desde logo, a ocorrência de decadência ou de prescrição".

[880] Arbitragem, prescrição e ordem pública. In: **Revista de Arbitragem e Mediação**, v. 30, 2011, p. 245-257.

[881] **Ordem pública e processo:** o tratamento das questões de ordem pública no direito processual civil. São Paulo: Atlas, 2011, p. 241.

[882] CARMONA, Carlos Alberto. Arbitragem, prescrição e ordem pública. In: **Revista de Arbitragem e Mediação**, v. 30, 2011, p. 245-257.

[883] Carlos Alberto Carmona entende que a prescrição é disponível e não cogente: "o afastamento da prescrição, por definição, não afeta a ordem pública, diferentemente do que ocorre com a decadência. É nesse ponto que reside a distinção marcante dos institutos. A prescrição é tema que se insere no direito patrimonial disponível; pode, portanto, comportar negociação e renúncia. Todavia, exclusivamente por motivos de política legislativa (celeridade processual), permitiu-se ao juiz togado a possibilidade de reconhecimento da prescrição de ofício. Medida puramente processual. Não houve metamorfose do instituto da prescrição, cujos traços fundamentais continuam bem marcados. E um destes traços é a sua disponibilidade" (Arbitragem, prescrição e ordem pública. In: **Revista de Arbitragem e Mediação**, v. 30, 2011, p. 245-257). Na mesma linha, concluiu Ricardo de Carvalho Aprigliano: "a prescrição, seja sob o prisma do direito material, seja do processual, não se configura questão de ordem pública, apenas pelo fato de ser cognoscível de ofício, a par-

A APLICAÇÃO DE NORMAS COGENTES PELO ÁRBITRO E O CONTROLE DA ORDEM PÚBLICA

crição é *regra dispositiva*, de natureza *disponível*, Carlos Alberto Carmona defende que o árbitro poderia deixar de aplicá-la no caso de uma arbitragem por equidade[884].

Em segundo lugar, a decadência *convencional* também admite *atos de disposição* das partes, tanto que a parte deve alegá-la e o juiz não pode suprir tal alegação, conforme determina o artigo 211, do Código Civil[885]. Considerando, então, que as partes podem *convencionar* livremente essa categoria de decadência, *conformes seus próprios interesses*, seria um contrassenso interpretá-la como matéria de ordem pública.

A maior dificuldade está na *decadência legal*, pois, além da cogência, os dispositivos legais parecem indicar que se trata de matéria de ordem pública[886], em especial os artigos 209 e 210, do Código Civil:

> *"Art. 209. É nula a renúncia à decadência fixada em lei"*
> *"Art. 210. Deve o juiz, de ofício, conhecer da decadência, quando estabelecida por lei".*

Se o juiz *deve conhecer* a decadência estabelecida por lei, será que o árbitro também *deveria*? Se a parte alega a decadência, parece haver pouca dúvida de que o árbitro, *na busca pela correta aplicação do direito brasileiro*, deve fazer valer os dispositivos do Código Civil. É o que as partes esperam dele, faz parte da sua missão. O mínimo que se espera de um árbitro é que ele tenha a *competência*[887] para julgar o conflito com base nas

---

tir da Lei 11.280/2006. Esta aptidão ao conhecimento judicial espontâneo não é suficiente para modificar a natureza do instituto" (**Ordem Ordem pública e processo:** o tratamento das questões de ordem pública no direito processual civil. São Paulo: Atlas, 2011. p. 242). Em sentido contrário, Nelson Nery Jr.: "dada essa importância e em consonância com o interesse geral (social) é que a doutrina, de uma forma majoritária, mesmo anteriormente à Lei 11.280/2006, que alterou o art. 219 do CPC, entendia ter a prescrição a natureza jurídica de preceito de ordem pública" (Julgamento arbitral por equidade e prescrição. In: **Revista de Direito Privado**, v. 45, 2011, p. 323-373).

[884] Arbitragem, prescrição e ordem pública. In: **Revista de Arbitragem e Mediação**, v. 30, 2011, p. 245-257. Em sentido contrário, NERY JR., Nelson. Julgamento arbitral por equidade e prescrição. In: **Revista de Direito Privado**, v. 45/2011, p. 323-373.

[885] "Art. 211. Se a decadência for convencional, a parte a quem aproveita pode alegá-la em qualquer grau de jurisdição, mas o juiz não pode suprir a alegação".

[886] Neste sentido, THEODORO JÚNIOR, Humberto. **Comentários ao novo Código Civil**, v. 3, t.2. Rio de Janeiro: Forense, 2003. p. 370-371.

[887] A competência é um dos atributos *expressamente* exigidos do árbitro, nos termos do artigo 13, §6º, da Lei 9.307/96 já referido em Capítulos anteriores: "§ 6º No desempenho

ÁRBITRO E DIREITO

alegações e pedidos das partes. Por outro lado, o que ocorre se a parte deixa de alegar oportunamente a decadência? Poderia o árbitro – seguindo o artigo 210, do Código Civil – suprir essa alegação e aplicar *ex officio* a decadência (respeitando o contraditório)? Um árbitro *diligente* provavelmente chamaria a atenção das partes para este ponto do direito aplicável, convidando-as ao debate (sem que se possa cogitar aqui de pré-julgamento ou parcialidade, como explicado no Capítulo 2). Isso porque a *decadência implica a perda do direito*, de sorte que não faria sentido julgar o mérito em favor de quem, a rigor, já não possui mais o direito. Todavia, à luz do exposto acima, não nos parece que o árbitro *deva necessariamente* fazê-lo, sob pena de se admitir a anulação da sentença arbitral no Poder Judiciário. Não é este o entendimento defendido neste trabalho. Entendemos que o árbitro *possa* (mais uma vez, uma *autorização*), mas *não necessariamente deva* conhecer a decadência *ex officio*, independentemente de manifestação das partes a respeito. Convém aprofundar esse ponto.

Como explicado na Introdução e nos Capítulos anteriores, *o árbitro tem dever de resolver a disputa que as partes lhe confiaram, mas não tem a função de resguardar a integridade da ordem jurídica tal como o juiz*. Não faria sentido que fosse diferente, pois, no direito brasileiro, o árbitro não é *necessariamente* um jurista (sequer precisa ser graduado em curso superior ou mesmo alfabetizado). Como esperar de um profissional que sequer é bacharel em Direito que ele exerça a difícil missão de *preservar a integridade do ordenamento jurídico*, com um dever decorrente do encargo que aceitou? Como pressupor que *todo árbitro* conheça *necessariamente todo o Direito* (*iura novit curia*), para que possa se pautar pelos *comandos* que o legislador ordinário estabeleceu para o juiz, independentemente da alegação das partes? Não é esse o papel do árbitro, tal como aqui defendido à luz da lei brasileira de arbitragem. Tampouco é o caso de criarmos *distintas categorias de árbitros* (o que conhece o direito e aquele que não o conhece), porque tal distinção, mais uma vez, não tem respaldo no direito positivo brasileiro. Em razão disso, os comandos legais destinados ao juiz *não são automaticamente aplicáveis* ao árbitro. Este deve *buscar* a aplicação *correta* do direito – incluindo a (correta) aplicação dos dis-

---

de sua função, o árbitro deverá proceder com imparcialidade, independência, <u>competência</u>, diligência e discrição" (grifou-se).

A APLICAÇÃO DE NORMAS COGENTES PELO ÁRBITRO E O CONTROLE DA ORDEM PÚBLICA

positivos legais invocados pelas partes, os quais o árbitro declarou ser *competente* para apreciar – mas em vista da *disputa das partes,* não do ordenamento jurídico. A missão do árbitro é *primordialmente* com as partes, não com a sociedade.

Para que fique mais claro, é necessário retomar mais uma vez a distinção entre o plano material e o plano processual. Não é porque o dispositivo legal está inserido no Código Civil que ele, *sempre e necessariamente,* possui natureza de direito *material.* Pelo contrário, é comum encontrar disposições no Código Civil que tenham natureza *processual*[888], da mesma forma como também pode haver normas de direito material no Código de Processo Civil: são normas *"heterotópicas"*, para se valer de denominação utilizada por José Carlos Barbosa Moreira[889], Humberto Theodoro Júnior[890] e Leonardo Carneiro da Cunha[891]. Assim, normas do Código Civil que contenham comandos ao juiz possuem, via de regra, caráter *processual* – como é o caso do artigo 168, parágrafo único (sobre o reconhecimento *ex officio* das nulidades)[892] e também do artigo 210, que

[888] Como exemplo notório, basta lembrar o Título V – da Prova – do Livro III do Código Civil, isto é, os artigos 212 a 323. Para comentários sobre o cotejo desses dispositivos com aqueles constantes do Código de Processo Civil, ver CARVALHO FILHO, Milton Paulo de. Alguns aspectos relevantes sobre o sistema probatório. A taxatividade do artigo 212 do Código Civil e o art. 332 do Código de Processo Civil. Provas Plenas. Os arts. 231 e 232 do Código Civil. In: Cassio Scarpinella Bueno (coord.). **Impactos processuais do direito civil**. São Paulo: Saraiva, 2008. p. 126-145; e ZANETI, Paulo Rogério. Algumas das disposições sobre provas contidas no Código Civil de 2002 e suas repercussões no âmbito do processo civil, in: Cassio Scarpinella Bueno (coord.), **Impactos processuais do direito civil**. São Paulo: Saraiva, 2008. p. 146-169.

[889] O novo Código Civil e o direito processual. In: **Temas de direito processual: nona série**. São Paulo: Saraiva, 2007, p. 1-20.

[890] O novo Código Civil e as regras heterotópicas de natureza processual. In: **Revista da Faculdade de Direito da Universidade Federal de Minas Gerais**, n. 46, 2005, p. 135-161.

[891] Algumas regras no novo Código Civil e sua repercussão no processo: prescrição, decadência etc. In: **Revista Dialética de Direito Processual,** São Paulo, SP, n. 5, 2003, p. 69-81.

[892] "Art. 168. As nulidades dos artigos antecedentes podem ser alegadas por qualquer interessado, ou pelo Ministério Público, quando lhe couber intervir. Parágrafo único. As nulidades devem ser pronunciadas pelo juiz, quando conhecer do negócio jurídico ou dos seus efeitos e as encontrar provadas, não lhe sendo permitido supri-las, ainda que a requerimento das partes". Sobre esse dispositivo e sua aplicação pelo árbitro, ver também ALVES, Rafael Francisco. **A Inadmissibilidade das medidas antiarbitragem no direito brasileiro.** São Paulo: Atlas, 2009, p. 154-159. Esse dispositivo legal tampouco é *automaticamente* aplicável ao árbitro, exceto no que diz respeito à convenção de arbitragem e ao contrato em que ela

trata do conhecimento da decadência *ex officio* pelo juiz[893]. Regras de caráter *processual* não são *automaticamente* aplicáveis à arbitragem. Embora pertencentes a um mesmo *tronco comum* (inclusive de matriz constitucional), *processo judicial e processo arbitral estão submetidos a regras processuais distintas*. Por exemplo, as normas do Código de Processo Civil que contêm comandos ao juiz não são *automaticamente* aplicáveis aos árbitros[894]. Os árbitros regem-se pelos preceitos *processuais* da convenção de arbitragem, das regras institucionais (incorporadas, por referência, à convenção de arbitragem) e da lei de arbitragem aplicável (no caso brasileiro, a lei 9.307/96 e os tratados internacionais). As normas do Código de Processo Civil não são aplicáveis *nem em caráter subsidiário*[895].

está inserida, mas, nesses casos, por força do já referido artigo 8º, parágrafo único, da lei 9.307/96. Neste caso, o artigo 8º da lei de arbitragem constitui *norma processual* diretamente aplicável ao árbitro. Novamente, as convergências e divergências entre os dois planos (material e processual) é importante. A esse respeito, ver SICA, Heitor Vitor Mendonça. Contribuição ao estudo da teoria das nulidades: comparação entre o sistema de invalidades no Código Civil e no direito processual civil, in: Cassio Scarpinella Bueno (coord.). **Impactos processuais do direito civil**. São Paulo: Saraiva, 2008. p. 187-191.

[893] Sobre o caráter *processual* desta norma especificamente, escreveu Humberto Theodoro Júnior: "o Código Civil de 2002 escolheu novos rumos para disciplinar o tratamento processual da prescrição e da decadência, pois: a) embora continue a vigorar a regra das exceções no tocante à necessidade de provocação do demandado, para a prescrição em benefício do absolutamente incapaz a norma não mais vigora, visto que o juiz pode acolhê-la de ofício (Código Civil, art. 194); b) Quanto à decadência, a cognoscibilidade ex officio continua prevalecendo para as causas extintivas legais. Quando, porém, a hipótese for de prazo convencional de caducidade, o regime não será o clássico da decadência, mas o das exceções, ou seja, o juiz não poderá atuar para seu reconhecimento sem provocação do demandado (Código Civil, art. 211)" (O novo Código Civil e as regras heterotópicas de natureza processual. In: **Revista da Faculdade de Direito da Universidade Federal de Minas Gerais**, n. 46, 2005, p. 135-161).

[894] Basta pensar nas regras processuias a respeito da instrução probatória, como explica Carlos Alberto Carmona: "A instrução processual, em sede arbitral, será bastante flexível, até porque o árbitro não está ligado às regras do Código de Processo Civil, regras que empecem – e empobrecem – a atividade do juiz togado" (**O processo arbitral**. In: Revista de Arbitragem e Mediação, v. 1, 2004, p. 21-31). O mesmo vale, por exemplo, para as regras relativas à sucumbência, conforme explica o mesmo autor: "*as regras processuais relativas aos ônus da sucumbência não são obrigatórias na arbitragem*" (**Arbitragem Arbitragem e processo**: um comentário à lei 9.307/96. 3.ed. São Paulo: Atlas, 2009. p. 21).

[895] Explica com clareza Carlos Alberto Carmona: "as eventuais lacunas do procedimento adotado pelas partes não precisarão ser necessariamente preenchidas com a utilização de dispositivos do Código de Processo Civil. Creio que a advertência é importante, pois é

A APLICAÇÃO DE NORMAS COGENTES PELO ÁRBITRO E O CONTROLE DA ORDEM PÚBLICA

Portanto, normas *processuais* contidas no Código Civil não são *necessariamente* aplicáveis na arbitragem. Não se pretende com isso defender que as partes teriam "duas classes de direitos" ou estariam sujeitas a uma "Justiça de segunda classe" na arbitragem, de tal forma que a decadência (exemplo aqui debatido) teria um regime no Poder Judiciário e outro na arbitragem. Não é assim. *O instituto da decadência é o mesmo, seja no Judiciário, seja na arbitragem.* O (falso) problema reside no fato de que, comumente, a doutrina parece interpretar *normas processuais* aplicáveis a certos institutos como definidoras do seu *regime jurídico material,* mas esta concepção está equivocada. Nesse sentido, o artigo 209 do Código Civil (impossibilidade de renúncia) diz mais sobre o regime jurídico *material* da decadência do que o artigo 210 (conhecimento de ofício). Até porque, na legislação atual, prescrição e decadência são conhecidas de ofício pelo juiz, embora seus regimes jurídicos sejam *distintos* no plano material, conforme a natureza dos direitos subjetivos. *É o processo que deve acompanhar as distinções de direito material e não o inverso*[896]: assim, para os *direitos potestativos,* a decadência, que afeta a tutela constitutiva; para os demais direitos, a prescrição, que afeta a tutela condenatória[897].

Ainda neste tema, há outra questão importante a ser enfrentada. Não estaria o árbitro *inovando* em relação ao *objeto da arbitragem* ao aplicar a decadência legal sem alegação ou pedido das partes a esse respeito? Afi-

---

comum a invocação no procedimento arbitral de preceitos típicos do procedimento comum, reportando-se por vezes alguma das partes a determinadas regras da lei processual. A Lei de Arbitragem não contém norma que determine o emprego subsidiário da lei processual para suprir omissões no procedimento utilizado pelas partes. Assim, não há razão para impor ao árbitro, no eventual preenchimento de lacunas procedimentais, regras do Código" (**Arbitragem e processo**: um comentário à lei 9.307/96. 3.ed. São Paulo: Atlas, 2009. p. 292-293). Ver também, do mesmo autor, Flexibilização do Procedimento Arbitral. In: **Revista Brasileira de Arbitragem**, n. 24, 2009, p. 14.

[896] Há décadas, já escrevia José Roberto dos Santos Bedaque, seguindo a linha instrumentalista desenvolvida entre nós por Cândido Rangel Dinamarco: "todos os fenômenos inerentes ao processo devem ser concebidos em função do direito material. A técnica adequando-se ao objeto, com vistas ao resultado (...) À luz da natureza instrumental das normas processuais, conclui-se não terem elas um fim em si mesmas. Estão, pois, a serviço das regras substanciais, sendo esta a única razão de ser do direito processual" (**Direito e Processo – influência do direito material sobre o processo**. 3.ed. São Paulo: Malheiros, 2003. p. 19).

[897] AMORIM FILHO, Agnelo. Critério científico para distinguir a prescrição e a decadência e para identificar as ações imprescritíveis. In: **Revista dos Tribunais**, v. 744, 1997, p. 725-750.

ÁRBITRO E DIREITO

nal, prescrição e decadência são *matérias de mérito*[898] e não se trata aqui de simples qualificação jurídica, fundamento jurídico ou tese jurídica, mas sim de *objeções substanciais*[899]. Neste caso, ao aplicar *ex officio* a decadência legal, estaria o árbitro colocando em risco a sentença arbitral, por extrapolar os limites da convenção de arbitragem (artigo 32, IV, da lei 9.307/96)? Aqui é importante distinguir entre ampliação do *objeto da arbitragem* e a ampliação do *objeto de cognição do árbitro*, pois são fenômenos claramente distintos[900]. Em princípio, objeções substanciais (por exemplo, alegação de compensação, decadência ou prescrição) *não ampliam o objeto do processo arbitral*[901], *apenas* aumentam as matérias objeto de conhecimento do árbitro, pois serão decididas em caráter *incidenter tantum*, não *principaliter*[902]. Nada impede que essas *questões* sejam formuladas

---

[898] Como visto, o artigo 487, II, do Código de Processo Civil de 2015 estabelece que haverá resolução de mérito quando o juiz "decidir, de ofício ou a requerimento, sobre a ocorrência de decadência ou prescrição".

[899] Sobre o conceito de objeções substanciais no processo judicial, explica Ricardo de Carvalho Aprigliano: "as matérias que o juiz pode conhecer sem provocação são denominadas objeções. Dividem-se em processuais ou substanciais, conforme a sua natureza. As objeções substanciais são objeto de fragmentada e assistemática regulação no plano do direito positivo, o que torna sua aplicação prática bastante confusa, e tem alimentado polêmicas doutrinárias e jurisprudenciais históricas, não apenas no direito brasileiro, como também nos ordenamentos que lhe são originários" (**Ordem pública e processo:** o tratamento das questões de ordem pública no direito processual civil. São Paulo: Atlas, 2011. p. 242).

[900] A esse respeito, diz Heitor Sica no tema da intervenção de terceiros no processo judicial: "nem sempre a intervenção litisconsorcial provocada ou espontânea implicará dedução de uma nova demanda, mas apenas adesão do terceiro interveniente à pretensão ou defesa deduzida por algumas das partes originais do processo, preservando-se os limites do objeto litigioso originalmente delineado (é o caso da assistência litisconsorcial, com os contornos dados acima, e da intervenção provocada). Aumentar-se-ia, apenas, o objeto da cognição judicial, com evidente aumento das chances de uma sentença mais aderente aos fatos efetivamente ocorridos no plano concreto" (Notas críticas ao sistema de pluralidade de partes no processo civil brasileiro. In: **Revista de Processo**, v. 200, 2011, p. 13-70).

[901] Esta também é a posição de Eduardo de Albuquerque Parente: "o mesmo poderia ocorrer com outros fatos alegados em defesa para impedir o direito do demandante, como novação, dação em pagamento, compensação, confusão etc. O objeto de um processo arbitral pode ser limitado no tocante aos pedidos. Mas não se pode, de forma alguma, limitar *questões* que o demandado possa trazer no exercício de sua defesa" (**Processo arbitral e sistema**. São Paulo, Atlas, 2012. p. 188-189).

[902] Cândido Rangel Dinamarco é bastante expresso a propósito: "a dedução desses direitos, todavia, desde que feita a título de pura defesa, sem introduzir no processo novo *petitum*, e portanto sem alterar o objeto do processo, não extrapola os limites da convenção ou da

A APLICAÇÃO DE NORMAS COGENTES PELO ÁRBITRO E O CONTROLE DA ORDEM PÚBLICA

pelas partes como *demandas*[903] (passando, então, a integrar o objeto do processo arbitral). Mas, se não o foram, poderão ser alegadas como *matéria de defesa*. Se essas matérias podem ser alegadas pelas partes sem alterar o objeto da arbitragem (novamente, a distinção entre *mérito* e *questões de mérito*[904], já explicada anteriormente), podem ser invocadas *ex officio* pelo árbitro preservando-se íntegro o mesmo objeto.

Para concluir: como visto, quando se considera apenas o *plano interno*, a arbitragem está na "periferia" do sistema[905], cujo centro é ocupado pelo Poder Judiciário, de onde provêm os julgados que *formam a jurisprudência* e, como tal, pautam comportamentos futuros de empresas e cidadãos. Portanto, é natural que a lei ordinária contenha *comandos destinados ao juiz*, mas o mesmo não vale para o árbitro. *Os árbitros podem aplicar normas cogentes apenas e tão somente na exata medida em que sejam necessárias para resolver a disputa que as partes lhe confiaram, isto é, na exata medida em que sirvam à busca da correta aplicação do direito.* Se a apreciação da decadência legal fizer parte do *objeto da arbitragem*, os árbitros *podem* levantar essa questão *ex officio* (isto é, ainda que as partes não a tenham alegado) – não haverá extrapolação de sua investidura aqui – convidando as partes a se manifestarem a seu respeito (para garantir o *devido processo legal*), caso entendam que essa atuação faz parte da sua *missão jurisdicional*[906], como detalhado no Capítulo 2. Mas, se o árbitro decide

---

própria arbitrabilidade, porque o pronunciamento do árbitro a seu respeito será emitido *incidenter tantum*, somente com o objetivo de dar resposta positiva ou negativa ao pedido do autor, sem conter um preceito a ser observado na vida comum dos litigantes. Se o juiz acolhe a *compensação* arguida pelo réu em defesa, a consequência será tão só a improcedência da demanda do autor ou sua procedência somente parcial, jamais uma condenação deste a pagar ao réu" (**A arbitragem na teoria geral do processo.** São Paulo, Malheiros, 2013. p. 149).

[903] Sobre o conceito de demanda e a possibilidade de formular demandas sobre algumas objeções substanciais, ver SICA, Heitor Vitor Mendonça. Velhos e novos institutos fundamentais de direito processual civil, In: Camilo Zufelato, Flávio Luiz Yarshell (org.). **40 anos da teoria geral do processo no Brasil.** São Paulo: Malheiros, 2013. p. 449-458.

[904] Cândido Rangel Dinamarco, O conceito de mérito em processo civil. In: **Fundamentos do Processo Civil Moderno.** t. 1, 6.ed. São Paulo: Malheiros, 2010. p. 307-313.

[905] Sobre este tema, ver também VALENÇA FILHO, Clávio. **A arbitragem em juízo.** Tese (Doutorado). Faculdade de Direito da Universidade de São Paulo. São Paulo, 2015. p. 22-27.

[906] O árbitro deve ser *cauteloso* quando a disputa envolver partes sofisticadas, bem assessoradas e bem representadas no processo arbitral. O pressuposto, neste caso, é que as partes

ÁRBITRO E DIREITO

não agir *ex officio*, nenhuma sanção haverá contra ele[907], nem haverá *vício* maculando a sentença (que permanecerá válida neste ponto). Como se percebe, não se deve transportar *automaticamente* o campo das *objeções substanciais* do processo judicial para a arbitragem. O juiz *deve* apreciá-las, o árbitro *pode*. O árbitro *deverá*, no entanto, apreciá-las, caso haja *pedido* expresso das partes a esse respeito (hipótese em que a referida objeção substancial passa a integrar o próprio objeto da arbitragem).

Na eventual atuação *ex officio* do árbitro, os *dois limites* indicados acima são indispensáveis: **(i)** a questão deve fazer parte do *objeto da arbitragem* (*principaliter* ou *incidenter tantum*) – mesmo quando se tratar de matéria de ordem pública *material*[908] – pois, do contrário, o árbitro estará colocando em risco a sua sentença (artigo 32, IV, da lei 9.307/96), como discutido no Capítulo 2; por exemplo, não pode o árbitro declarar a *nulidade* de determinada cláusula contratual, nos termos do artigo 168, *caput* e parágrafo único, do Código Civil, se nenhuma das partes assim requereu[909]; igualmente, **(ii)** as *garantias processuais* das partes devem ser

---

saibam o que estão fazendo e tenham optado, *conscientemente*, por determinado *recorte* das suas pretensões e defesas.

[907] No caso da decadência legal, se o árbitro deixou de agir *ex officio* na falta de alegação das partes, tampouco se poderia cogitar de *culpa grave* na sua atuação. Se as próprias partes deixaram de alegar, não podem depois tentar transferir essa responsabilidade ao árbitro. Aliás, talvez não fosse possível sequer cogitar da *sanção reputacional*: como repreender o árbitro por deixar de aplicar aquilo que a parte sequer alegou?

[908] Essa *restrição* ao objeto litigioso na cognição *ex officio* sobre objeções substanciais também é defendida por Ricardo de Carvalho Aprigliano em relação ao processo judicial: "De toda forma, mesmo compondo a ordem pública de direito material, tais questões só podem ser objeto de cognição espontânea do magistrado quando dizem respeito ao objeto do processo. A configuração de uma matéria como de ordem pública material não justifica o desrespeito a princípios processuais que são, por seu turno, também de ordem pública, como a congruência, a demanda, contraditório, entre outros" (**Ordem pública e processo**: o tratamento das questões de ordem pública no direito processual civil. São Paulo: Atlas, 2011. p. 242).

[909] Novamente, as palavras de Ricardo de Carvalho Aprigliano: "conhecer de ofício uma possível violação à ordem pública de direito material depende sempre da formulação pelo autor de pedido a este respeito, ou ainda, nas situações em que o réu invoque tais preceitos como fundamento da sua defesa, em que a discussão travada no âmbito do processo estará diretamente relacionada àquela questão de ordem pública. O mero fato de um contrato ser objeto de demanda judicial não permite que toda e qualquer cláusula seja pronunciada como nula" (**Ordem pública e processo**: o tratamento das questões de ordem pública no direito processual civil. São Paulo: Atlas, 2011. p. 39).

A APLICAÇÃO DE NORMAS COGENTES PELO ÁRBITRO E O CONTROLE DA ORDEM PÚBLICA

respeitadas[910], sob pena de também comprometer a validade da sentença arbitral (artigo 32, VIII, da lei 9.307/96) – seguindo-se, neste particular, a mesma orientação do Código de Processo Civil de 2015, que também exige que o juiz ouça as partes antes de pronunciar a prescrição ou a decadência[911].

O árbitro goza de *maior liberdade na determinação e aplicação do direito* quando comparado ao juiz[912], pois, como visto em Capítulos anteriores,

---

[910] Concordamos, mais uma vez, com Ricardo de Carvalho Aprigliano: "o reconhecimento da questão de ordem pública jamais pode prescindir da observância, prévia, do princípio do contraditório, de forma que os juízes devem necessariamente informar às partes sobre a possibilidade de julgamento sobre tais questões, evitando julgamentos surpreendentes" (**Ordem pública e processo**: o tratamento das questões de ordem pública no direito processual civil. São Paulo: Atlas, 2011. p. 241). Nesse mesmo sentido, já havia escrito José Roberto dos Santos Bedaque, também referido por Ricardo Aprigliano, ainda no âmbito do processo judicial: "mesmo a liberdade na aplicação da regra jurídica deve ser examinada à luz do contraditório. O brocardo *iura novit curia* significa a possibilidade de o juiz valer-se de norma não invocada pelas partes, desde que atendidos os limites quanto ao pedido e à causa de pedir. Isso não significa, todavia, desnecessidade de prévia manifestação das partes a respeito, mesmo porque muitas vezes o enquadramento jurídico do fato implica consequências jamais imaginadas pelas partes. Justificável, portanto, a preocupação com a efetividade do contraditório inclusive nesta sede (Os elementos objetivos da demanda à luz do contraditório, In: José Rogério Cruz e Tucci; José Roberto dos Santos Bedaque (Coord.). **Causa de pedir de pedido no processo civil:** questões polêmicas. São Paulo: Revista dos Tribunais, 2002. p. 42).

[911] O Código de Processo Civil de 2015 é bastante claro a propósito, conforme artigo já transcrito anteriormente: "Art. 487. Haverá resolução de mérito quando o juiz: [...] II – decidir, de ofício ou a requerimento, sobre a ocorrência de decadência ou prescrição; [...] Parágrafo único. Ressalvada a hipótese do § 1o do art. 332, **a prescrição e a decadência não serão reconhecidas sem que antes seja dada às partes oportunidade de manifestar-se.**" (grifou-se). Como visto, a exceção contemplada pelo legislador diz respeito apenas ao julgamento liminar de improcedência, previsto no art. 332, §1º.

[912] Na perspectiva do direito internacional, esse é também o entendimento de Ricardo Ramalho Almeida: "o árbitro, assim, não se vincula a concepções estritas de direito positivo, exercendo com maior liberdade o pluralismo de métodos e o diálogo das fontes" (**Arbitragem comercial internacional e ordem pública**. Rio de Janeiro: Renovar, 2005. p. 193). Na perspectiva do direito interno, essa *liberdade do árbitro* reflete-se também nos poderes de regular o procedimento arbitral (que é flexível), com impacto direto no *modo* de aplicar do direito no caso concreto, conforme ensina Carlos Alberto Carmona: "A flexibilidade que torna a arbitragem tão atraente reside no método de solucionar a controvérsia. Enquanto os juízes estão atrelados às teias do processo, com previsões mais ou menos rígidas, segundo o sistema de cada país, os árbitros têm maior liberdade para flexibilizar formas, fórmulas e atos do procedimento, tudo com o objetivo de facilitar a apuração dos fatos e a aplicação

ÁRBITRO E DIREITO

o árbitro não está vinculado *necessariamente* a determinada ordem jurídica, nem é funcionário do Estado, nem deve aplicar os preceitos legais
como se fosse órgão do Poder Judiciário. O árbitro é *livre* para julgar o
mérito da arbitragem como lhe parecer correto e essa *liberdade* só en-
contrará *limites* quando a aplicação de normas cogentes *coincidir* com
exigências de *ordem pública transnacional*[913] (como esclarecido em item
anterior), hipótese em que até mesmo o direito escolhido pelas partes
poderia ser, eventualmente, afastado[914]. Nesse contexto, qualquer que
seja o *julgamento de mérito* sobre prescrição e decadência por exemplo
(atribua-se ou não o caráter de normas *cogentes* às disposições legais que
regulam esses institutos), a decisão do árbitro *jamais poderá ser revista*
pelo Poder Judiciário, ainda que ocorra alguma aplicação *equivocada* do
direito, pois não se trata aqui de ordem pública de *caráter internacional,
muito menos transnacional*, única hipótese que admite algum controle em
sede de anulação da *sentença arbitral doméstica*. Certamente, os prazos de
prescrição e decadência estabelecidos pelo legislador brasileiro estão
distantes de uma ordem pública *internacional*[915] e, mais ainda, de uma
ordem pública *transnacional.*

3.1.3.5. *Não há hipótese de "relativização" da coisa julgada na arbitragem*

A sentença arbitral *transita em julgado* tão logo é prolatada pelo árbitro,
por ser irrecorrível[916]. A partir das premissas adotadas neste trabalho,

do direito" (Flexibilização do procedimento arbitral. In: **Revista Brasileira de Arbitragem**,
n. 24, 2009, p. 21).

[913] Esta é também a posição de Emmanuel Gaillard e John Savage (eds.), Fouchard Gaillard
Goldman on International Commercial Arbitration, Kluwer Law International, 1999, p. 850.

[914] Falando do respeito à ordem pública "internacional", Emmanuel Gaillard e John Savage
(eds), Fouchard Gaillard Goldman on International Commercial Arbitration, Kluwer Law
International, 1999, p. 859-860: *"There is no doubt that arbitrators are entitled to disregard the
provisions of the governing law chosen by the parties where they consider those provisions to be contrary
to international public policy. Even if the arbitrators are extremely reluctant in practice to disregard the
provisions of the governing law on such a ground, such a possibility is generally acknowledged even by
those commentators who attach the most weight to the principle of party autonomy".*

[915] Esta é também a posição de André de Albuquerque Cavalcanti Abbud. **Homologação de
sentenças arbitrais estrangeiras.** São Paulo: Atlas, 2008. p. 261.

[916] O ponto é bem esclarecido por Cândido Rangel Dinamarco: "sempre de acordo com
as técnicas arbitrais vigentes neste País, a coisa julgada arbitral consuma-se no momento
mesmo em que a sentença dos árbitros é entregue (ou eventualmente os esclarecimentos de
que cuida o art. 30 da LA), dado que recurso algum se admite contra as sentenças arbitrais.

preocupando-se, sobretudo, com as expectativas dos usuários desse instituto (sua principal razão de ser), é preciso assegurar *a preservação do julgamento do mérito da arbitragem na máxima extensão possível*. Certamente, não esperam as partes que a decisão de mérito dos árbitros possa ser em alguma medida *flexibilizada* após o seu trânsito em julgado. Nessa perspectiva, para além das hipóteses de impugnação da sentença previstas no artigo 32, da lei 9.307/96 (integradas pela proteção da ordem pública para fins *transnacionais*), não se concebe, *a priori, nenhuma hipótese de relativização da coisa julgada material* na arbitragem[917]. Se a relativização da coisa julgada no processo judicial já é limitada a *casos excepcionalíssimos*[918], há razões para haver *ainda maior cautela* na arbitragem.

Entregue o laudo, tem-se uma sentença 'não mais sujeita a recurso ordinário ou extraordinário', caracterizando-se, desde logo, a coisa julgada arbitral" (**A arbitragem na teoria geral do processo**, São Paulo, Malheiros, 2013, p. 207). Sobre a coisa julgada na arbitragem, ver também Carlos Alberto Carmona, **Arbitragem e processo**: um comentário à lei 9.307/96. 3.ed. São Paulo: Atlas, 2009. p. 336-337. Em sentido contrário, entendendo que o trânsito em julgado da sentença arbitral ocorre somente depois de esgotado o prazo decadencial de 90 dias, Pedro A. Batista Martins, **Apontamentos sobre a lei de arbitragem**. Rio de Janeiro: Forense, 2008. p. 313.

[917] Em clássico artigo a respeito do tema, Cândido Rangel Dinamarco defendeu a ideia da possível relativização da coisa julgada material no processo judicial, reforçando a ideia de que: "não é legítimo eternizar injustiças a pretexto de evitar a eternização de incertezas" (Relativizar a coisa julgada material, In: **Nova era do processo civil**. São Paulo: Malheiros, 2004. p. 227). Dentre as hipóteses que admitiriam a relativização, inclui o autor "a fraude e o erro grosseiro" (p. 244). Ao final, conclui o autor: "a posição defendida tem apoio também no equilíbrio, que há muito venho postulando, entre duas exigências de *certeza ou segurança*, que a autoridade da coisa julgada prestigia, e a de *justiça* e *legitimidade das decisões*, que aconselha não radicalizar essa autoridade" (p. 265). Transportando essa mesma ideia para o processo arbitral, o mesmo autor também admite a possibilidade de relativização da coisa julgada na arbitragem, dentro da *"extrema excepcionalidade"* que esse fenômeno requer: "tanto quanto a coisa julgada material incidente sobre as sentenças ou acórdãos produzidos no Poder Judiciário, é natural que a garantia constitucional da coisa julgada arbitral possa ser submetida a uma *relativização* em casos concretos nos quais ocorrerem infrações de extrema excepcionalidade que autorizem essa medida" (**A arbitragem na teoria geral do processo**. São Paulo, Malheiros, 2013. p. 207).

[918] Cabe aqui o alerta feito por Cândido Rangel Dinamarco: "obviamente, são excepcionalíssimos os casos em que, por um confronto de aberrante magnitude com a ordem constitucional, a autoridade do julgado merece ser assim mitigada – porque a generalização das regras atenuadoras de seus rigores equivaleria a transgredir a garantia constitucional da *res judicatae* e assim negar valor ao legítimo desiderato de segurança nas relações jurídicas, nela consagrado" (**Instituições de direito processual civil**. v.3, 5.ed. São Paulo: Malheiros, 2005.

Circunscrito ao campo dos *direitos patrimoniais disponíveis*, o julgamento do mérito de uma arbitragem envolve, na generalidade dos casos, *questões pecuniárias*, não estando, em princípio, relacionado *diretamente* com violações a direitos humanos, garantias fundamentais dos cidadãos e a proteção da dignidade da pessoa humana (ao contrário de outros campos do direito, em que esta proteção constitui o cerne de suas preocupações, como é o caso do direito constitucional). Assim, de saída, boa parte do debate em torno da relativização da coisa julgada no âmbito judicial não é aplicável à arbitragem, por envolver *garantias e valores constitucionais* que não são *diretamente* afetados pelo julgamento de mérito de uma arbitragem (como, por exemplo, questões relativas ao estado da pessoa, desapropriação pelo Poder Público, moralidade administrativa, etc[919]).

Como ressaltado anteriormente, receber uma sentença arbitral *flagrantemente injusta* ou simplesmente *errada* (aplicação errônea do direito) faz parte do risco que as partes assumiram ao contratarem a arbitragem. Certamente, não é essa *"injustiça"* no julgamento do mérito da arbitragem que poderia basear qualquer pretensão de *relativizar* a coisa julgada na arbitragem. Mais uma vez: não deve haver controle do Poder Judiciário quanto a *errores in judicando* no julgamento do mérito da arbitragem. Uma das principais razões pelas quais as partes escolhem a arbitragem como meio compositivo é justamente a *definitividade* da decisão dos árbitros. Nesse sentido, o invés de se *ampliar* as causas de ataque à sentença arbitral, é preferível *preservar o rol restrito do artigo 32*, justamente porque ele representa o que as partes esperam em relação à possibilidade impugnação da sentença, *reforçando a segurança jurídica* inerente ao instituto.

---

p. 307-308). Em seu artigo sobre o tema, o autor já havia feito o mesmo alerta: "não estou a postular a sistemática desvalorização da *auctoritas rei judicatae,* mas apenas o cuidado para situações extraordinárias e raras, a serem tratadas mediante critérios extraordinários. Cabe aos juízes de todos os graus jurisdicionais a tarefa de descoberta das extraordinariedades que devam conduzir a flexibilizar a garantia da coisa julgada, recusando-se a flexibilizá-la sempre que o caso não seja portador de absurdos, injustiças graves, transgressões constitucionais etc." (Relativizar a coisa julgada material. In: **Nova Era do Processo Civil**, São Paulo: Malheiros, 2004. p. 258).

[919] Esses exemplos são discutidos por Cândido Rangel Dinamarco a partir de casos concretos (Relativizar a coisa julgada material. In: **Nova era do processo civil**. São Paulo: Malheiros, 2004. p. 228-244; 251-258).

A APLICAÇÃO DE NORMAS COGENTES PELO ÁRBITRO E O CONTROLE DA ORDEM PÚBLICA

Ainda no tema de possíveis ataques à sentença arbitral e à autoridade da coisa julgada material, outra questão relevante diz respeito à possibilidade de o juiz togado conhecer *de ofício* eventuais nulidades da sentença arbitral. Cândido Rangel Dinamarco[920] e Carlos Alberto Carmona[921] defendem que *não poderia* haver esse conhecimento *ex officio* pelo juiz, mesmo em processo de *cumprimento* da sentença arbitral, sendo sempre necessária (e imperativa) a alegação da parte interessada, com o que concordamos. No campo dos direitos patrimoniais *disponíveis*, deve-se *restringir ao máximo* qualquer atividade oficiosa do juiz contra o julgamento de mérito da arbitragem. De resto, não deve ser aceito o argumento de que as matérias enumeradas no artigo 32 são de ordem pública, o que justificaria o conhecimento *ex officio* pelo juiz. Primeiro, porque nem todas as matérias do artigo 32 dizem respeito a questões de ordem pública[922]. Segundo, mesmo em relação às hipóteses do artigo 32 que são, de fato, matérias de ordem pública[923] (devido processo legal, por exemplo), não se pode, a pretexto de protegê-las, violar outras questões de ordem pública, notadamente de ordem pública *processual*, como é o caso dos princípios da inércia, da demanda, do dispositivo, do

---

[920] O autor reforça que é preciso resguardar a autonomia da arbitragem: "os arts. 32 e 33 da lei especial contêm a disciplina de um *direito potestativo* do vencido à possível desconstituição do laudo com fundamento nas nulidades ali indicadas, sem cujo regular exercício mediante a propositura de uma demanda pertinente não pode ser reconhecido pelo Poder Judiciário. Aquele que não propôs a ação anulatória e não impugnou o cumprimento da sentença arbitral, com a alegação de uma eventual nulidade desta, deixou de desempenhar-se do *ônus* de fazê-lo e, consequentemente, deve suportar toda a eficácia dessa sentença, inclusive os atos executivos inerentes a esse cumprimento". **A arbitragem na teoria geral do processo**. São Paulo, Malheiros, 2013. p. 247-249.

[921] Afirma o autor: "esta conclusão, porém, não pode servir para sustentar que o juiz togado possa, oficiosamente, conhecer de eventual nulidade da sentença arbitral. O tratamento excepcional que preconizo para situações excepcionais é justificado, sem dúvida, para manter a validade do sistema imaginado pela Lei de Arbitragem, não para quebrá-lo" (**Arbitragem e processo**: um comentário à lei 9.307/96. 3.ed. São Paulo: Atlas, 2009. p. 399).

[922] Qual é o *interesse da coletividade* com relação ao cumprimento do prazo da sentença arbitral pelo árbitro (artigo 32, VII, da lei 9.307/96)? Nenhum, tanto que as partes e o árbitro podem regular esse prazo como bem entenderem (artigo 23, §2º, da lei 9.307/96), sem que se possa cogitar de qualquer interesse da sociedade de que uma determinada arbitragem seja concluída mais rapidamente.

[923] Sobre este tema, ver Carlos Alberto Carmona, **Arbitragem e processo**: um comentário à lei 9.307/96. 3.ed. São Paulo: Atlas, 2009. p. 412.

ÁRBITRO E DIREITO

contraditório etc., na linha da tese de Ricardo de Carvalho Aprigliano, conforme citações feitas anteriormente[924]. Além disso, deve ser recordado que as partes podem *renunciar* ao seu direito de impugnar a sentença *depois* que ela é prolatada[925]. Nem faria sentido contestar esse entendimento, porque as partes sempre podem deixar transcorrer *in albis* o *prazo decadencial* de noventa dias para atacar a sentença, o que representaria uma *renúncia tácita* ao direito de impugná-la[926]. Portanto, havendo essa possibilidade de renúncia, não há qualquer razão para que o juiz atue de ofício em qualquer ataque à sentença arbitral, suprindo a vontade das partes. Novamente, essa conclusão não pode surpreender, considerando que estamos no campo dos direitos patrimoniais *disponíveis*.

3.1.4. O controle da ordem pública na sentença arbitral estrangeira

O terceiro ponto de *controle da ordem pública na arbitragem* pelo direito brasileiro diz respeito à homologação de sentenças arbitrais estrangeiras, considerando que tanto a Convenção de Nova Iorque[927] (que é parte integrante do direito brasileiro), quanto a lei brasileira[928] assim preveem expressamente. Estando positivada a *cláusula geral* de controle da ordem pública, são *exaustivas* as hipóteses de denegação do reconhecimento e

---

[924] **Ordem pública e processo**: o tratamento das questões de ordem pública no direito processual civil. São Paulo: Atlas, 2011. p. 242.

[925] Nesse sentido, Carlos Alberto Carmona: "proferida a sentença, pode a parte sucumbente renunciar à utilização da via impugnativa predisposta pela Lei, seja expressamente, seja tacitamente" (**Arbitragem e processo**: um comentário à lei 9.307/96. 3.ed. São Paulo: Atlas, 2009. p. 423).

[926] Mas uma vez, as palavras de Carlos Alberto Carmona: "A renúncia será tácita se a parte vencida deixar correr *in albis* o prazo para manejar a ação de anulação ou se praticar ato incompatível com a vontade de anular a decisão (cumprimento parcial ou total da decisão arbitral)" (**Arbitragem e processo**: um comentário à lei 9.307/96. 3.ed. São Paulo: Atlas, 2009. p. 423).

[927] "Artigo V. 2. O reconhecimento e a execução de uma sentença arbitral também poderão ser recusados caso a autoridade competente do país em que se tenciona o reconhecimento e a execução constatar que: (...) b) o reconhecimento ou a execução da sentença seria contrário à ordem pública daquele país."

[928] "Art. 39. A homologação para o reconhecimento ou a execução da sentença arbitral estrangeira também será denegada se o Superior Tribunal de Justiça constatar que: (...) II – a decisão ofende a ordem pública nacional."

A APLICAÇÃO DE NORMAS COGENTES PELO ÁRBITRO E O CONTROLE DA ORDEM PÚBLICA

da execução da sentença arbitral estrangeira[929], isto é, não há outra causa de denegação além daquelas previstas no artigo quinto da Convenção de Nova Iorque (V.1 e V.2), e nos artigos 38 e 39 da lei de arbitragem[930]. Além disso, são igualmente aplicáveis aqui as ressalvas feitas acima sobre a distinção entre **(i)** ordem pública *doméstica,* **(ii)** ordem pública *internacional* (isto é, "ordem pública nacional para fins internacionais") e, finalmente, **(iii)** ordem pública *transnacional.* Assim, ao mencionar a "ordem pública nacional" (artigo 39, II, da lei 9.307/96), o legislador não se refere à ordem pública *interna* ou *doméstica* (concepção *mais ampla*), mas à *"ordem pública nacional para fins internacionais"*[931] (concepção *mais restrita*), na esteira da interpretação do artigo V.2(b), que menciona a "ordem pública daquele país", conforme doutrina e precedentes estrangeiros[932].

O ideal é que o controle da ordem pública na sentença arbitral estrangeira seja *o mais restrito possível,* pois o propósito da normativa nesse campo – particularmente, o propósito da Convenção de Nova Iorque – é *facilitar o trânsito* das sentenças arbitrais ao redor do mundo e não criar

---

[929] André de Albuquerque Cavalcanti Abbud, **Homologação de sentenças arbitrais estrangeiras**. São Paulo: Atlas, 2008, p. 123, 125-127; e Ricardo de Carvalho Aprigliano, **Ordem pública e processo:** o tratamento das questões de ordem pública no direito processual civil. São Paulo: Atlas, 2011. p. 52.

[930] O artigo 34 da lei 9.307/96 prevê que, no tocante às sentenças estrangeiras, aplicam-se, em primeiro lugar, os tratados internacionais (dentre eles, a Convenção de Nova Iorque): "A sentença arbitral estrangeira será reconhecida ou executada no Brasil de conformidade com os tratados internacionais com eficácia no ordenamento interno e, na sua ausência, estritamente de acordo com os termos desta Lei".

[931] Diz Ricardo de Carvalho Aprigliano: "para que uma sentença arbitral estrangeira possa ser homologada no Brasil é preciso verificar se ela não ofende preceitos de ordem pública que o Brasil estabelece em suas relações internacionais. Não se deve examinar a questão sob a ótica das normas cogentes que o País adote em suas relações internas, pois estas serão necessariamente mais amplas e abrangentes" (**Ordem pública e processo:** o tratamento das questões de ordem pública no direito processual civil, São Paulo: Atlas, 2011. p. 53).

[932] Diz Ricardo Ramalho Almeida: "doutrina e jurisprudência de diversas procedências indicam que a 'ordem pública daquele país' de que trata a Convenção de Nova Iorque só pode ser interpretada como abrangendo exclusivamente as normas jurídicas de direito interno que sejam suficientemente relevantes para alcançarem efeitos internacionais, ou seja, aquele restrito círculo, circunscrito ao campo maior de atuação da ordem pública em geral (...)" (**Arbitragem comercial internacional e ordem pública**. Rio de Janeiro: Renovar, 2005. p. 293). Sobre o inciso II do artigo 39, a posição do autor é equivalente (p. 278-279).

ÁRBITRO E DIREITO

obstáculos a ele[933]. Para tanto, como dissemos acima, a noção da ordem pública *nacional para fins internacionais* deve *se aproximar*, o máximo possível, da chamada ordem pública *transnacional* (ou "verdadeiramente internacional")[934]. A propósito, ao reproduzir, na lei 9.307/96, dispositivos legais *equivalentes* àqueles da Convenção de Nova Iorque (antes da adoção deste tratado entre nós)[935], o legislador brasileiro deixou claro o seu intuito de situar o Brasil no mesmo patamar dos países que adotam práticas *internacionais* (ou até *transnacionais*) da arbitragem[936]. Não há dúvidas de que o *critério* do direito positivo brasileiro (aliás, da própria Convenção de Nova Iorque) para denegação da homologação das sentenças arbitrais estrangeiras continua sendo a ordem pública *nacional para fins internacionais*[937], mas o que se defende aqui é a interpretação

---

[933] ABBUD, André de Albuquerque Cavalcanti. **Homologação de sentenças arbitrais estrangeiras**. São Paulo: Atlas, 2008, p. 127. Novamente, a ideia é de evitar "particularismos" locais que possam representar empecilhos à circulação das sentenças arbitrais ao redor do mundo. Nas palavras de Ricardo de Carvalho Aprigliano: "a objeção da ordem pública nas sentenças arbitrais estrangeiras deve, assim, se voltar à realidade internacional do comércio e das relações jurídicas, e não às particularidades do Estado em que se buscam a homologação e a execução daquela decisão (...)" (**Ordem pública e processo:** o tratamento das questões de ordem pública no direito processual civil. São Paulo: Atlas, 2011, p. 56).

[934] Neste sentido, diz Eduardo Damião Gonçalves: "a chamada ordem pública *verdadeiramente internacional* seria a área de convergência das diversas ordens públicas nacionais, ainda mais restrita do que a ordem pública internacional. Seria o verdadeiro 'núcleo duro' da ordem pública" – Artigo V (inciso 2). In: Arnoldo Wald, Selma Ferreira Lemes (coord.). **Arbitragem comercial internacional:** a Convenção de Nova Iorque e o direito brasileiro. São Paulo: Saraiva, 2011. p. 289-290.

[935] Nesse sentido, ABBUD, André de Albuquerque Cavalcanti. **Homologação de sentenças arbitrais estrangeiras**. São Paulo: Atlas, 2008, p. 129-130.

[936] Nesse sentido, CARMONA, Carlos Alberto. **Arbitragem e processo**: um comentário à lei 9.307/96. 3.ed. São Paulo: Atlas, 2009. p. 463-464. Nas palavras de Nádia de Araújo: "com a edição da Lei 9.307/96 estabeleceram-se normas que deram maior liberdade à circulação de sentenças arbitrais estrangeiras, alinhando o Brasil com a tendência mundial de facilitação da extensão internacional dos efeitos das sentenças judiciais ou arbitrais" (**Contratos Internacionais:** autonomia da vontade, Mercosul e convenções internacionais. 3.ed. Rio de Janeiro: Renovar, 2004. p. 331).

[937] Nesse sentido, tem razão André Abbud quando diz que o *critério da lei* continua sendo a ordem pública *nacional*, não a *transnacional*: "o art. V, nº 2, "b", da Convenção de Nova Iorque, ao referir-se à ordem pública do Estado *ad quem*, pretende designar a ordem pública *internacional*, não a exclusivamente doméstica. Mas é preciso bem compreender o sentido em que empregada a expressão *ordem pública internacional*: não se trata dos princípios gerais de justiça e moral compartilhados pelas nações civilizadas (*truly international public*

A APLICAÇÃO DE NORMAS COGENTES PELO ÁRBITRO E O CONTROLE DA ORDEM PÚBLICA

mais *restritiva* desse conceito, o que é possível pela sua aproximação das práticas *transnacionais*.

Reiterados esses esclarecimentos iniciais, cabe aprofundar a análise do direito brasileiro a respeito desse controle da ordem pública na sentença arbitral estrangeira, notadamente à luz da jurisprudência do Superior Tribunal de Justiça[938]. Para esse fim, dividiremos a análise em dois subitens: **(i)** primeiro, a ordem pública *processual*, especialmente as discussões em torno **(a)** da existência, validade e eficácia da convenção de arbitragem, **(b)** da citação e do contraditório e **(c)** da motivação das sentenças arbitrais, para, depois, tratar **(ii)** da ordem pública *material*.

3.1.4.1. Ordem pública processual e sentença arbitral estrangeira

Um dos tópicos mais discutidos pelo Superior Tribunal de Justiça ao tratar do controle da ordem pública em sede de homologação de sentença arbitral estrangeira diz respeito à existência, validade e eficácia da convenção de arbitragem[939]. De saída, o enquadramento dessa discussão como *matéria de ordem pública* é criticável, porque há uma *hipótese específica* tratando da validade da convenção de arbitragem como causa de denegação da homologação[940], a teor do artigo V(1)(a) da Convenção de Nova Iorque e do artigo 38, II, da lei 9.307/96[941], além do fato de a con-

---

policy), porque a menção do dispositivo à *lex fori* do juízo delibatório é cristalina. Cuida-se, diferentemente, da ordem pública do país do reconhecimento nas relações internacionais" (**Homologação de sentenças arbitrais estrangeiras**. São Paulo: Atlas, 2008, p. 208). Todavia, isso não significa que, dentro da interpretação dos dispositivos legais, não poderia o julgador *aproximar*, o máximo possível, a noção de ordem pública *nacional* daquelas práticas *transnacionais*.

[938] A despeito de o STF também possuir jurisprudência em torno da homologação de sentenças arbitrais estrangeiras, a presente análise concentrar-se-á na jurisprudência do STJ, por ser este atualmente competente para apreciar a matéria, sem prejuízo de eventuais referências aos julgados do STF, quando pertinentes.

[939] Nesse sentido, ver também ARAÚJO, Nadia de. O STJ e a homologação de sentenças arbitrais estrangeiras: dez anos de atuação. In: TIBÚRCIO, Carmen; MENEZES, Wagner; VASCONCELOS, Raphael (org.). **Panorama do direito internacional privado atual e outros temas contemporâneos**. Belo Horizonte: Arraes Editores, 2015, p. 163-166.

[940] Esta crítica também é feita por APRIGLIANO, Ricardo de Carvalho. **Ordem pública e processo:** o tratamento das questões de ordem pública no direito processual civil. São Paulo: Atlas, 2011. p. 53.

[941] "Art. 38. Somente poderá ser negada a homologação para o reconhecimento ou execução de sentença arbitral estrangeira, quando o réu demonstrar que: (...) II – a convenção

ÁRBITRO E DIREITO

venção de arbitragem ser *documento essencial* ao processo de homologação[942], conforme dispõe o artigo 37, II, da lei 9.307/96[943]. Essa falta de rigor conceitual da Corte Superior, valendo-se da *cláusula geral* de ordem pública para resolver questões que deveriam ser enfrentadas por outras disposições legais, não contribui para o necessário refinamento dessa categoria jurídica.

De todo modo, entende o Superior Tribunal de Justiça que a livre submissão das partes à arbitragem é *matéria de ordem pública*, de tal forma que, não comprovado o *consentimento* das partes para se submeter à arbitragem (por meio de convenção de arbitragem válida e eficaz), poderá ser *denegada* a homologação da sentença arbitral estrangeira em questão. São diversos os precedentes do STJ nesse sentido, dentre os quais, menciona-se exemplificativamente: **(i)** SEC 967, Rel. Min. José Delgado, DJ 20.03.2006 (ressaltando o Relator que a parte requerida arguiu a incompetência do tribunal arbitral no curso da arbitragem e que, não obstante, os árbitros decidiram pela validade da convenção de arbitragem à luz da lei *inglesa*, o que, todavia, não foi aceito pelo STJ[944]), **(ii)** SEC 866, Rel. Min. Felix Fischer, DJ 16.10.2006 (ressaltando o Relator que não havia a comprovação da convenção de arbitragem neste caso, porque a lei brasileira só admite a convenção *escrita*, jamais por telefone – como *matéria de ordem pública* – sendo que o STJ também considerou a participação da requerida na arbitragem e sua *objeção* quanto à com-

---

de arbitragem não era válida segundo a lei à qual as partes a submeteram, ou, na falta de indicação, em virtude da lei do país onde a sentença arbitral foi proferida".

[942] No mesmo sentido, ALMEIDA, Ricardo Ramalho. **Arbitragem comercial internacional e ordem pública.** Rio de Janeiro: Renovar, 2005. p. 320.

[943] "Art. 37. A homologação de sentença arbitral estrangeira será requerida pela parte interessada, devendo a petição inicial conter as indicações da lei processual, conforme o art. 282 do Código de Processo Civil, e ser instruída, necessariamente, com: (...) II – o original da convenção de arbitragem ou cópia devidamente certificada, acompanhada de tradução oficial".

[944] Sobre o tema da lei aplicável à convenção de arbitragem em sede de homologação, explica André de Abbud: "a juridicidade do acordo arbitral deve ser aferida em conformidade com a lei a que as partes o submeteram, a *lex causae*, seja ela uma lei nacional, um tratado multilateral ou o regulamento de uma corte de arbitragem, (LA, art. 38, inc. II)" (**Homologação de sentenças arbitrais estrangeiras**. São Paulo: Atlas, 2008. p. 136-138). O autor é crítico a esse precedente do STJ – SEC 967 (p. 138) – justamente porque a decisão baseou-se no direito brasileiro, mas as partes haviam escolhido outra lei de regência da convenção de arbitragem.

A APLICAÇÃO DE NORMAS COGENTES PELO ÁRBITRO E O CONTROLE DA ORDEM PÚBLICA

petência dos árbitros); **(iii)** SEC 978, Rel. Min. Hamilton Carvalhido, DJ de 05.03.2009 (entendendo o Relator que a falta de assinatura na cláusula arbitral representa violação à *ordem pública*). Deve-se mencionar, ainda, um precedente em que o STJ *denegou* o reconhecimento da sentença arbitral estrangeira[945], com base tanto na ausência de citação válida (tema que será analisado a seguir), quanto no (*equivocado*) entendimento – seguindo voto do Min. Luiz Fux, em sede de embargos de declaração[946] – de que seria *necessária* a celebração do *compromisso arbitral* – novamente, entendendo tratar-se de matéria de ordem pública – tudo *contrariamente* ao que dispõe a lei 9.307/96. Há também o caso *KANEMATSU USA INC. vs. ATS – ADVANCED TELECOMMUNICATIONS SYSTEMS DO BRASIL LTDA*[947]. Aqui, mais uma vez, a homologação da sentença arbitral estrangeira foi *denegada*, por falta de comprovação da existência e validade da convenção de arbitragem, dessa vez com base no artigo 37, II, da lei 9.307/96, referido acima. Mas, neste caso, não houve menção à violação da ordem pública, ou seja, o STJ não confundiu as hipóteses de **(i)** ausência de convenção de arbitragem e **(ii)** violação da ordem pública.

Por outro lado, não deixa de ser lamentável que, nesses casos, o STJ tenha aplicado, *em primeiro lugar*, a lei de arbitragem (e muitas vezes, até mesmo o seu Regimento Interno ou a antiga Resolução n. 9, de 2005), descuidando-se do fato de que a própria lei de arbitragem *determina* que seja aplicados, *em primeiro lugar*, os tratados internacionais sobre o tema (sobretudo a Convenção de Nova Iorque, que regula justamente o reconhecimento de sentenças arbitrais estrangeiras[948]), conforme

---

[945] STJ, SEC n. 833, Rel. Min. Eliana Calmon, Relator para acórdão Min. Luiz Fux, Corte Especial, julgado em 16.08.2006, DJ de 30.10.2006.

[946] STJ, EDcl na SEC n. 833, Rel. Min. Luiz Fux, Corte Especial, julgado em 16.05.2007, DJ de 29.06.2007.

[947] SEC n. 885 – US, Rel. Min. Francisco Falcão, Corte Especial, julgado em 18.04.2012, DJ de 13.08.2012.

[948] Em alguns casos, todavia, é o próprio tratado internacional que faz remissão à lei interna. É o que ocorre, por exemplo, quando a lei interna for *mais favorável* à homologação de uma sentença arbitragem estrangeira, a teor do que dispõe o artigo VII (1) da Convenção de Nova Iorque: "as disposições da presente Convenção não afetarão a validade de acordos multilaterais ou bilaterais relativos ao reconhecimento e à execução de sentenças arbitrais celebrados pelos Estados signatários nem privarão qualquer parte interessada de qualquer direito que ela possa ter de valer-se de uma sentença arbitral da maneira e na medida

ÁRBITRO E DIREITO

dispõe o artigo 34, da lei 9.307/96, citado em nota anterior[949]. A propósito, o acórdão da SEC 866 referido anteriormente também faz menção à Convenção de Nova Iorque, sem, todavia, aplicá-la (além de se referir apenas ao seu artigo II e não ao seu artigo V, como seria de rigor[950]). Da mesma forma, a SEC 856[951] (detalhada a seguir) também faz referência apenas ao artigo II da Convenção, a despeito de as partes terem se referido igualmente ao artigo V. Recentemente, todavia, o STJ passou a aplicar diretamente os dispositivos da Convenção de Nova Iorque[952]. Nesse sentido, vale mencionar o recente julgamento do caso *EDF International S/A vs. ENDESA Latinoamérica S/A e YPF S/A*[953], em que a

---

permitidas pela lei ou pelos tratados do país em que a sentença é invocada". Esse dispositivo é conhecido como *"most favorable right provision"*, conforme explica André de Albuquerque Cavalcanti Abbud, **Homologação de sentenças arbitrais estrangeiras**. São Paulo: Atlas, 2008. p. 128. Sobre esse dispositivo e o princípio da "máxima eficácia", ver também os comentários de BRAGHETTA, Adriana Braghetta; LEMES, Selma Ferreira. Artigo VII, in: Arnoldo Wald, Selma Ferreira Lemes (coord.), **Arbitragem comercial internacional:** a Convenção de Nova Iorque e o direito brasileiro. São Paulo: Saraiva, 2011, p. 315-335.

[949] Também criticando essa posição do STJ, afirma Eduardo Damião Gonçalves: "devido à semelhança dos dispositivos – CNI e LBA – neste quesito, aliado ao fato de que, por alguma razão, os julgadores no Brasil tendem a relegar ao segundo plano a aplicação de tratados internacionais, mesmo após a ratificação da CNI pelo Brasil, o STF, num primeiro instante, e o STJ, em seguida, continuaram aplicando a LBA quando a referência à CNI teria sido mais apropriada" – Artigo V (inciso 2), in: Arnoldo Wald, Selma Ferreira Lemes (coord.), **Arbitragem comercial internacional:** a Convenção de Nova Iorque e o direito brasileiro. São Paulo: Saraiva, 2011. p. 277. Ao final, conclui o autor nesse mesmo artigo: "do Judiciário brasileiro, cumpre esperar que abandonem a referência à LBA e passem a decidir os casos de homologação de sentença estrangeira com base na CNI, de modo que o Brasil possa dar também sua contribuição na construção da jurisprudência mundial em torno desta convenção internacional" (p. 293).

[950] Eis o trecho pertinente do voto do Relator: "outrossim, o artigo II, número 2, da Convenção das Nações Unidas sobre o Reconhecimento das Sentenças Arbitrais Estrangeiras de 1958, (Convenção de Nova York), incorporada ao ordenamento brasileiro pelo Decreto nº 4.311/02, prescreve que "entender-se-á por 'acordo escrito' uma cláusula arbitral inserida em contrato ou acordo de arbitragem, firmado pelas partes ou contido em troca de cartas ou telegramas'".

[951] Rel. Min. Carlos Alberto Menezes Direito, DJ 27.06.2005.

[952] Um exemplo é a SEC 3.709 – EX, Rel. Min. Teori Albino Zavascki, Corte Especial, julgado em 14.06.2012, DJe 29.06.2012, em que a Corte Especial aplicou o artigo V (1) (a), da Convenção de Nova Iorque, juntamente com o artigo 38, II, da lei 9.307/96.

[953] SEC 5.782, Rel. Ministro Jorge Mussi, DJ 16.12.2015 (assim como nos outros acórdãos aqui referidos, todas as informações analisadas são públicas e foram obtidas *online*, no site do STJ).

Corte aplicou a Convenção de Nova Iorque *em primeiro lugar* (e, dessa vez, referindo-se ao artigo V) justamente com base no artigo 34, da lei 9.307/96[954]. Neste caso, a Corte Especial *denegou* a homologação de uma sentença arbitral estrangeira que havia sido anulada em sua sede, Buenos Aires. A aplicação da Convenção de Nova Iorque representa o *passo inicial* para que o Brasil possa – finalmente – adequar-se às práticas *transnacionais* da arbitragem, como defendido neste trabalho. A *mera referência* à Convenção não basta, o Poder Judiciário brasileiro (particularmente, o STJ) precisa, de fato, *interpretá-la* em conformidade com essas práticas transnacionais[955].

Retornando à análise da regularidade da convenção de arbitragem como matéria de *ordem pública*, a jurisprudência do STJ também reconhece que, se a parte que resiste à homologação da sentença arbitral *participou* do processo arbitral *sem* apresentar qualquer *objeção* à referida convenção (ou mesmo à competência do árbitro, que decorre da convenção), então houve "aceitação tácita" da arbitragem (sem que se possa cogitar, neste caso, da violação da ordem pública). O Supremo Tribunal Federal, quando ainda era competente para apreciar a homologação de

---

[954] Diz a ementa do acórdão: "O artigo 34 da Lei n. 9.307/1996 determina que a sentença arbitral estrangeira será homologada no Brasil, inicialmente, de acordo com os tratados internacionais com eficácia no ordenamento interno e que, somente na ausência destes, incidirão os dispositivos da Lei de Arbitragem Brasileira". Além disso, esclareceu o voto do Relator, no trecho pertinente: "para o deslinde da controvérsia, devem ser analisados os tratados internacionais com eficácia no ordenamento jurídico brasileiro, segundo previsão expressa da Lei de Arbitragem Brasileira".

[955] Neste ponto, diz José Emílio Nunes Pinto: "o que traz e confere segurança jurídica não é a menção que se faça à Convenção de Nova Iorque em lugar da Lei de Arbitragem. A segurança jurídica decorre, isso sim, do proceder uniforme do STJ na prolação de decisões judiciais sobre a matéria e de seu alinhamento com a posição adotada naquelas jurisdições que, muito antes do Brasil, ratificaram a Convenção" – Artigo V (inciso 1 "C" e "D"), in: Arnoldo Wald, Selma Ferreira Lemes (coord.), **Arbitragem comercial internacional:** a Convenção de Nova Iorque e o direito brasileiro. São Paulo: Saraiva, 2011, p. 234. Também afirma Eduardo Damião Gonçalves: "muito além de meramente se referir à CNI, caberá ao juiz brasileiro demonstrar que acompanhou o processo de internacionalização do País e levar em conta os interesses do comércio internacional e a liberdade de contratar. Só assim a não homologação de sentença arbitral por inarbitrabilidade do litígio ou mesmo pela ofensa à ordem pública será excepcional aqui como o é no mundo dotado de um regime favorável à arbitragem – Artigo V (inciso 2), in: Arnoldo Wald, Selma Ferreira Lemes (coord.), **Arbitragem comercial internacional:** a Convenção de Nova Iorque e o direito brasileiro. São Paulo: Saraiva, 2011, p. 293.

ÁRBITRO E DIREITO

sentenças estrangeiras, já havia aventado essa possibilidade de "aceitação tácita" (pela participação no processo arbitral), sem, contudo, aplicá-la no caso concreto (*Plexus vs. Santana*)[956]. Curiosamente, esse mesmo caso foi depois reiterado perante o STJ – em julgado já referido acima[957] – e, nesta oportunidade, a homologação foi novamente *denegada*, mas a Corte deixou claro que a parte requerida havia, sim, *impugnado* a competência dos árbitros em todas as oportunidades em que compareceu na arbitragem (e, assim, não houve "aceitação tácita").

Dentre os julgados do STJ que posteriormente firmaram esse entendimento da "aceitação tácita" e seus limites, conforme já adiantado em Capítulo anterior, reitera-se exemplificativamente: **(i)** SEC 856, Rel. Min. Carlos Alberto Menezes Direito, DJ 27.06.2005 (entendendo o STJ que a falta de assinatura na convenção de arbitragem *não afeta* a validade do processo arbitral se a parte deste participou sem apresentar objeção) e **(ii)** SEC 866, Rel. Min. Felix Fischer, DJ 16.10.2006 (como relatado acima, embora o Relator tenha admitido em tese a hipótese de "aceitação tácita" – citando também a SEC 856 – ele entendeu que, neste caso, a parte requerida participou da arbitragem e *apresentou objeção* à competência dos árbitros). Assim, quando a parte arguiu a incompetência do árbitro no curso da arbitragem, o STJ levou esse comportamento em consideração em sua decisão sobre a regularidade da convenção de arbitragem. Nesse contexto, na SEC 831 (Rel. Min. Arnaldo Esteves Lima, DJ 19.11.2007), o STJ entendeu que havia convenção de arbitragem válida, sem que se pudesse falar em qualquer violação à ordem pública[958].

---

[956] STF, SEC 6.753, Rel. Min. Maurício Corrêa, DJ 04.10.2002.

[957] STJ, SEC 967, Rel. Min. José Delgado, DJ 20.03.2006.

[958] Diz o trecho relevante do acórdão: "Destarte, como bem salientou o Ministério Público, em seu acurado parecer, a empresa INEPAR, ao incorporar a SVIS, assumiu todos os direitos e obrigações da cedente, inclusive a cláusula arbitral em questão, que fora prevista no Acordo de Consórcio firmado com a ora requerente, o qual restou inadimplido. Descabidas, portanto, as alegações, postas pela requerida, de violação à soberania nacional e à ordem pública (...). Ademais, verifica-se inexistir o alegado vício na citação ou violação ao princípio do contraditório, sendo certo que a requerida participou do processo arbitral. Em suma, bem ponderada a questão, não ocorre nenhum dos óbices suscitados pela requerida. Além disso, cotejando-se o que consta destes autos com as exigências inscritas na Lei 9.307/96, sobretudo o § 2o do art. 21 c/c 32 e incisos, nada existe, juridicamente, que se oponha à pretendida homologação".

A APLICAÇÃO DE NORMAS COGENTES PELO ÁRBITRO E O CONTROLE DA ORDEM PÚBLICA

Como já dito, havendo uma hipótese *específica* para tratar da regularidade da convenção de arbitragem, o tema não precisa ser inserido na cláusula *geral* de *ordem pública*. Aparentemente, o STJ pretendeu esclarecer que, pelo direito brasileiro, apenas a *submissão voluntária* à arbitragem é admissível, como *matéria de ordem pública*, sobretudo à luz do artigo 5º, XXXV, da Constituição Federal, ou seja, um tema de ordem pública *processual* (a garantia de acesso à Justiça). A "aceitação tácita" seria a comprovação da *voluntariedade* da arbitragem, estando respeitada, então, a ordem pública. Todavia, tratar esse consentimento para se submeter à arbitragem como matéria de ordem pública, não ajuda a colocar os termos do debate em terrenos firmes, nem estabelece critérios para se delimitar o que seja, enfim, a *ordem pública (processual)* para o fim de homologar sentença arbitral estrangeira. Bastaria o STJ dizer que, pelo direito brasileiro, *para os fins exclusivos de homologação de uma sentença arbitral estrangeira*, é preciso comprovar a existência, validade e eficácia da convenção de arbitragem (artigo V(1)(a) da Convenção de Nova Iorque e artigos 37, II e 38, II, da lei 9.307/96), sem precisar recorrer à ordem pública.

Ainda no tocante à ordem pública, é preciso tratar também da *citação válida* e da *violação do contraditório*, temas bastante recorrentes em sede de homologação de sentença arbitral estrangeira. Aqui, sem dúvida, estamos diante de matérias de ordem pública *processual*[959], como visto em itens anteriores, ao tratarmos da sentença arbitral doméstica. Nesse contexto, esclareça-se desde logo que não se considera ofensa à ordem pública a citação da parte (na arbitragem) *sem carta rogatória*[960],

---

[959] Diz Ricardo Aprigliano: "A despeito de ser hipótese prevista no artigo 38, III, e portanto depender de alegação da parte, é fora de dúvida que, dada a gravidade que a violação ao devido processo legal assume perante a ordem pública brasileira, tal fator de invalidação do laudo estrangeiro pode também ser reconhecido de ofício, pelo artigo 39, II" (**Ordem pública e processo:** o tratamento das questões de ordem pública no direito processual civil. São Paulo: Atlas, 2011. p. 59).

[960] Nesse sentido, ver APRIGLIANO, Ricardo de Carvalho. **Ordem pública e processo:** o tratamento das questões de ordem pública no direito processual civil. São Paulo: Atlas, 2011. p. 60; e ABBUD, André de Albuquerque Cavalcanti. **Homologação de sentenças arbitrais estrangeiras**. São Paulo: Atlas, 2008. p. 149-152. Correto André Abbud ao destacar que o importante é a efetividade da notificação à parte (p. 151): "o importante, na avaliação desse pressuposto, não é examinar a obediência do ato de comunicação aos requisitos de forma estabelecidos na lei de regência do processo estrangeiro. Decisivo é que essa notificação

ÁRBITRO E DIREITO

mas conforme a convenção de arbitragem ou a lei processual do país onde se realizou a arbitragem, a teor do que dispõe expressamente o art. 39, parágrafo único, da lei 9.307/96[961]. Esse dispositivo da lei de arbitragem veio para se contrapor à jurisprudência então dominante do STF que, no regime da lei anterior, ainda exigia a citação por carta rogatória em procedimentos arbitrais[962].

Entre os precedentes do STJ a esse respeito, podemos mencionar, ilustrativamente: **(i)** SEC 887, Rel. Min. João Otávio de Noronha, DJ 03.04.2006 (entendendo o STJ que competia à parte comprovar a revelia por falta de citação, o que não ocorreu neste caso, sendo *deferida* a homologação); **(ii)** SEC 874, Rel. Min. Francisco Falcão, DJ 15.05.2006 (entendendo o STJ que tampouco havia sido comprovada a revelia por ausência de citação, sem que fosse possível cogitar de violação à ordem pública pelo fato de não ter havido citação por carta rogatória – conforme artigo 39, parágrafo único – sendo, assim, *deferida* a homologação); **(iii)** SEC 831, Rel. Min. Arnaldo Esteves Lima, DJ 19.11.2007 – já referida acima (entendendo o STJ que não houve qualquer vício na citação, tanto que a requerida *participou* do processo arbitral); **(iv)** SEC 3660, Rel. Ministro Arnaldo Esteves Lima, DJ 25.06.2009 (novamente, entendeu o STJ que a ausência de citação da parte via carta rogatória não viola a ordem pública brasileira); **(v)** SEC 3661, Rel. Min. Paulo Gallotti, DJ 15.06.2009 (mais uma vez, entendeu o STJ que a ausência de citação da parte via carta rogatória não viola a ordem pública brasi-

---

tenha sido efetiva, isto é, tenha sido apta a levar ao réu (diretamente ou por seu devido representante), de forma clara e precisa, a informação sobre a existência do processo, judicial ou arbitral – ou ainda, neste último caso, sobre a designação do árbitro – chamando-o a integrar a relação processual e nela fazer uso de todas as suas prerrogativas de parte. É também para reforçar essa preocupação com a essência do ato, por sobre sua forma, que a disciplina da recepção dos laudos arbitrais se vale do termo notificação, em vez de citação".

[961] Art. 39. Parágrafo único. "Não será considerada ofensa à ordem pública nacional a efetivação da citação da parte residente ou domiciliada no Brasil, nos moldes da convenção de arbitragem ou da lei processual do país onde se realizou a arbitragem, admitindo-se, inclusive, a citação postal com prova inequívoca de recebimento, desde que assegure à parte brasileira tempo hábil para o exercício do direito de defesa".

[962] Criticando a jurisprudência do STF e ressaltando a importância do parágrafo único do referido artigo 39, CARMONA, Carlos Alberto. **Arbitragem e processo**: um comentário à lei 9.307/96. 3.ed. São Paulo: Atlas, 2009. p. 479-480). Também comentando essa antiga jurisprudência do STF, ARAÚJO, Nádia. **Contratos internacionais: autonomia da vontade, mercosul e convenções internacionais.** 3.ed. Rio de Janeiro: Renovar, 2004. p. 276).

A APLICAÇÃO DE NORMAS COGENTES PELO ÁRBITRO E O CONTROLE DA ORDEM PÚBLICA

leira); **(vi)** SEC 4.213, Rel. Min. João Otávio de Noronha, DJ 26.06.2013 (confirmando o entendimento de que encontra-se *"atendido o objetivo da citação quando há inequívoca demonstração pela parte requerida do conhecimento da instauração do procedimento arbitral"*); por fim, **(vii)** SEC 8.847, Rel. Min. João Otávio de Noronha, DJ 28.11.2013. Ainda no tema da ausência ou irregularidade da citação e violação do contraditório, não se pode deixar de reiterar o acórdão já referido anteriormente, em que foi *denegada* a homologação de uma sentença arbitral estrangeira, a SEC n. 833[963]. Aqui, havia a dúvida se o objeto da homologação seria a sentença *arbitral* ou a sentença *judicial* que homologou aquela nos EUA. O voto do Ministro Luiz Fux não é claro a propósito, mas, aparentemente, entendeu o STJ que a sentença a ser homologada era a *judicial*, prevalecendo o entendimento de que deveria ter havido a citação via carta rogatória, o que, na ausência desta, levou à *denegação* da homologação. Portanto, do ponto de vista da ordem pública *processual*, é possível afirmar que o requisito da citação via carta rogatória permanece para a homologação de sentenças *judiciais*, mas não para as sentenças *arbitrais*[964].

Por fim, um último tema relativo à ordem pública processual diz respeito à *motivação* das sentenças arbitrais. Aqui, vale apenas reiterar o que já ficou dito em itens anteriores, no sentido de que, embora a motivação das decisões seja matéria de ordem pública *doméstica*, nada impede que o STJ *defira* a homologação de uma sentença arbitral imotivada (ou sucintamente motivada), se assim admitido na lei de regência, por não haver, neste caso, qualquer ofensa à "ordem pública nacional para fins internacionais"[965]. Foi o que ocorreu no já referido caso *Newedge USA LLC vs. Manoel Fernando Garcia*[966]. Mais uma vez, o STJ, como *guardião último do controle da ordem pública na arbitragem* (tanto na sentença

---

[963] Rel. Min. Eliana Calmon, Relator para acórdão Min. Luiz Fux, DJ 30.10.2006.

[964] Com esse entendimento, Ricardo de Carvalho Aprigliano: "a ordem pública internacional brasileira, especificamente no que tange à arbitragem, não considera indispensável a citação por carta rogatória, enquanto este mesmo requisito é tido por indispensável para os processos estatais, para os quais não há norma expressa dispensando a formalidade" **(Ordem pública e processo – o tratamento das questões de ordem pública no direito processual civil**. São Paulo: Atlas, 2011. p. 61).

[965] Conforme interpretação do artigo 39, II, da lei 9.307/96 e do artigo V (2) (b) da Convenção de Nova Iorque, nos termos expostos em itens anteriores deste Capítulo.

[966] SEC 5692, Rel. Min. Ari Pargendler, DJ de 01.09.2014.

estrangeira, quanto na sentença *doméstica*, conforme posição adotada neste trabalho), deve atentar para *aproximar* esse controle, ao máximo, dos *standards transnacionais*. A Corte Superior deve buscar harmonizar a "ordem pública nacional para fins internacionais" com a ordem pública *transnacional*, nos moldes aqui expostos.

Quatro conclusões podem ser extraídas da análise feita até aqui a respeito da jurisprudência do STJ no tema da ordem pública[967]: **(i)** a despeito de ser relativamente *frequente* que uma das partes conteste a homologação da sentença arbitral estrangeira com base na cláusula *geral* de ordem pública, a tendência do STJ tem sido de *rejeitar* tal contestação e *deferir* a homologação da sentença, o que não poderia surpreender, considerando que a ordem pública é defesa de caráter *excepcional*; **(ii)** nos casos em que o STJ trata do tema, nota-se a ausência de preocupação com a conceituação do que seja ordem pública ou, pelo menos, de seus *limites* em sede de homologação de sentença arbitral estrangeira; tampouco a distinção entre ordem pública *doméstica*, ordem pública *nacional para fins internacionais* e ordem pública *transnacional* é feita pelo STJ; **(iii)** historicamente, o STJ tendia a aplicar primeiro os dispositivos da lei 9.307/96, ou da antiga Resolução nº 9, de 2005 (hoje contemplada no Regimento Interno da Corte), ou ainda de seu Regimento Interno, ao passo que, *atualmente*, existe preocupação maior da Corte em aplicar, *primeiro*, a Convenção de Nova Iorque, como determina a própria lei brasileira de arbitragem; por fim, **(iv)** nos julgados, prevalecem as discussões em torno da ordem pública *processual* – tal como estudado neste item (submissão voluntária à arbitragem, citação e contraditório, motivação das sentenças arbitrais) – sendo o tema da ordem pública material *raramente* debatido[968], como será detalhado no próximo item.

---

[967] As conclusões aqui obtidas também refletem aquelas a que chegou o grupo de pesquisadores responsáveis pelo relatório do tema "Homologação de Sentença Arbitral Estrangeira", da pesquisa "Arbitragem e Poder Judiciário", realizada pelo Comitê Brasileiro de Arbitragem em parceria com a Fundação Getulio Vargas (vide páginas 63-70 do relatório), pesquisa que foi atualizada até 31.07.2009. Disponível em: http://cbar.org.br/PDF/Homologacao_de_Sentenca_Arbitral_Estrangeira.pdf. Acesso em: mai. 2018.

[968] Nesse sentido, Ricardo de Carvalho Aprigliano, **Ordem pública e processo – o tratamento das questões de ordem pública no direito processual civil**. São Paulo: Atlas, 2011. p. 62.

A APLICAÇÃO DE NORMAS COGENTES PELO ÁRBITRO E O CONTROLE DA ORDEM PÚBLICA

3.1.4.2. *Ordem pública material e sentença arbitral estrangeira*

Para os usuários da arbitragem, não deixa de ser uma boa notícia o fato de que o STJ tem se ocupado muito pouco do tema da ordem pública *material* em sede de homologação de sentenças arbitrais estrangeiras.

Se o tema da ordem pública já é de rara ocorrência na realidade prática, o tema específico *da ordem pública material* é ainda mais excepcional. Na maioria dos casos em que o STJ *denegou* a homologação de uma sentença arbitral estrangeira por *violação da ordem pública*, ele o fez com base na falta de comprovação da existência e da validade da convenção de arbitragem (nesse sentido, SEC 967, SEC 866 e SEC 978, discutidas acima)[969], um tema que diz respeito, como visto, à ordem pública *processual*. Na pesquisa realizada neste trabalho, encontrou-se apenas um precedente do STJ em que houve a homologação *parcial* de uma sentença arbitral estrangeira em razão de violação da ordem pública de caráter *material*, conforme será detalhado neste item.

Sendo o *julgamento do mérito da arbitragem* a preocupação central deste trabalho, é possível transmitir ao árbitro a *segurança* de que, sendo seguida a orientação do STJ também para o controle da ordem pública nas sentenças arbitrais *domésticas*, como aqui defendido, é *improvável* que um ataque à sentença a pretexto de suposta violação da ordem pública (processual ou material) seja acolhido no Poder Judiciário. Essa tranquilidade também é bem-vinda para aqueles usuários da arbitragem preocupados, sobretudo, com a *definitividade* da decisão dos árbitros.

Bem compreendida a questão, não deveria surpreender a constatação de que o STJ cuida muito pouco da ordem pública *material* em sede de homologação de sentenças arbitrais estrangeiras. Não apenas o tema da ordem pública é, em si mesmo, de rara ocorrência, conforme reiterado acima, como também o STJ tem tido uma postura bastante *deferente* à arbitragem no Brasil, evitando *rediscutir questões de mérito* já resolvidas pelos árbitros. O STJ compreende que o seu papel *não é rever o julga-*

---

[969] Neste sentido, ver também ARAÚJO, Nádia de. O STJ e a homologação de sentenças arbitrais estrangeiras: dez anos de atuação. In: TIBÚRCIO, Carmen; MENEZES, Wagner; VASCONCELOS, Raphael (org.). **Panorama do direito internacional privado atual e outros temas contemporâneos**. Belo Horizonte: Arraes Editores, 2015, p. 155-180.

mento do mérito dos árbitros[970], pois isto significaria um desrespeito não apenas ao instituto da arbitragem, mas sobretudo à vontade das partes, que escolheram o árbitro para dirimir *definitivamente* seus conflitos, afastando, assim, a competência do Poder Judiciário.

Particularmente, em sede de homologação de sentenças arbitrais estrangeiras, o STJ não está autorizado a rever *o mérito do julgamento dos árbitros*, conforme estabelecido pela legislação brasileira e reconhecido pela jurisprudência pacífica desta Corte Superior[971]. Não se pode esquecer que o *mérito do processo homologatório* não se confunde com o *mérito do processo arbitral*[972]. O STJ nada tem a ver, por exemplo, com a justiça ou injustiça da decisão dos árbitros. *Errores in judicando* dos árbitros não interessam ao STJ[973]. Mesmo no controle da ordem pública, o STJ

---

[970] Ver, por exemplo, a SEC 507, Rel. Min. Gilson Dipp, DJ 13.11.2006. Assim como também não era papel do STF, antes da Emenda Constitucional n. 45, de 2004, rever o mérito da decisão dos árbitros em sede de homologação de sentenças estrangeiras, conforme já dizia Nádia de Araújo (**Contratos Internacionais:** autonomia da vontade, Mercosul e convenções internacionais. 3.ed. Rio de Janeiro: Renovar, 2004. p. 228).

[971] Comentando esta jurisprudência já consolidada, tanto no Supremo Tribunal Federal, quanto, mais recentemente, no Superior Tribunal de Justiça, afirma André Abbud: "no exame da pretensão delibatória, o Superior Tribunal de Justiça não pode, em absoluto, pronunciar-se sobre questões integrantes da situação jurídica conflituosa decidida pelo laudo. O mérito do processo de arbitragem, bem ou mal, já foi julgado pelo órgão competente para fazê-lo. Se esse julgamento foi justo ou injusto, se a lei material foi aplicada correta ou incorretamente, não cabe ao juiz da homologação dizer. A ele é vedado, por aquelas expressas disposições legais, reexaminar, reavaliar, imiscuir-se, enfim, no juízo de mérito realizado pelo órgão arbitral" (**Homologação de sentenças arbitrais estrangeiras**. São Paulo: Atlas, 2008. p. 123).

[972] Novamente, explica André Abbud: "é completamente diversa *res in iudicium deducta* sobre a qual o julgador se debruça na homologação, em comparação àquela que foi resolvida pelos árbitros no exterior. Estes últimos julgaram, com a prolação do laudo, uma lide calcada em pretensão de direito material de uma parte, insatisfeita pela outra. O juízo homologatório, em contrapartida, tem por objeto outra pretensão, que independe da resistência da parte contrária: a de que seja reconhecido como eficaz no Brasil aquele laudo estrangeiro. O que se pede, aqui, é a certificação da presença dos pressupostos legais para a importação do julgado, e consequente homologação deste. No processo arbitral, por sua vez, pede-se a resolução do conflito de interesses substancial criado entre as partes, em torno de determinado bem da vida" (**Homologação de sentenças arbitrais estrangeiras**, São Paulo: Atlas, 2008, p. 122).

[973] ABBUD, André de Albuquerque Cavalcanti. **Homologação de sentenças arbitrais estrangeiras**. São Paulo: Atlas, 2008. p. 124.

A APLICAÇÃO DE NORMAS COGENTES PELO ÁRBITRO E O CONTROLE DA ORDEM PÚBLICA

não está autorizado a imiscuir-se no *mérito* do que foi decidido pelos árbitros[974].

Assim, neste tema da ordem pública, o STJ deve atuar somente em casos de *extrema excepcionalidade*, por exemplo, quando a violação possui, de fato, as dimensões *transnacionais* aqui defendidas, observadas as exigências da Convenção de Nova Iorque e da lei brasileira. É para essas circunstâncias *raras* que existe a *cláusula geral* da ordem pública como pressuposto negativo para homologação de uma sentença arbitral, tanto na Convenção de Nova Iorque, quanto na lei brasileira.

A propósito, o que se pretende nesse trabalho é que esse *favor*[975] à homologação de uma sentença arbitral *estrangeira* possa ser estendido também ao controle de ordem pública na sentença arbitral *doméstica*, como visto nos itens anteriores. Para *favorecer* a arbitragem, o controle da ordem pública deve ser *excepcional e restritivo*, tanto no âmbito das sentenças arbitrais estrangeiras[976], quanto daquelas nacionais. Como visto na Introdução, é o que desejam e esperam os usuários da arbitragem: que o julgamento do mérito da arbitragem seja *preservado* ao máximo.

Feitas essas ressalvas, cabe analisar agora os julgados do STJ que discutiram, de algum modo, questões relacionadas com a ordem pública *material*.

---

[974] Novamente, concordamos com André Abbud: "mesmo quando verifica a compatibilidade do julgado estrangeiro com a ordem pública, o juiz da homologação não está autorizado a invadir o juízo de mérito do processo findo. Para esse controle, investiga, é certo, o conteúdo da sentença, mas não com o fito de proceder a um novo exame da matéria de fundo, e sim com o propósito bastante limitado de confrontar o decisum, tal como lançado no outro país, com os imperativos da ordem pública" (**Homologação de sentenças arbitrais estrangeiras**. São Paulo: Atlas, 2008. p. 124). No mesmo sentido, Nádia de Araújo: "Não se pode pretender invocar a ofensa à ordem pública, única possibilidade de impedir a homologação de um laudo arbitral estrangeiro por meio da análise do mérito, para qualquer tipo de inconformismo com o resultado ou desconhecimento do sistema adotado na arbitragem internacional" (O STJ e a homologação de sentenças arbitrais estrangeiras: dez anos de atuação. In: TIBÚRCIO, Carmen; MENEZES, Wagner; VASCONCELOS, Raphael (org.). **Panorama do direito internacional privado atual e outros temas contemporâneos**. Belo Horizonte: Arraes Editores, 2015, p. 166-167).

[975] Sobre esse "favor", ver ABBUD, André de Albuquerque Cavalcanti. **Homologação de sentenças arbitrais estrangeiras**. São Paulo: Atlas, 2008. p. 128.

[976] Neste sentido, ABBUD, André de Albuquerque Cavalcanti. **Homologação de sentenças arbitrais estrangeiras**. São Paulo: Atlas, 2008. p. 128.

ÁRBITRO E DIREITO

Em primeiro lugar, deve-se mencionar a SEC 802[977] e a SEC 507[978]. São raros precedentes do STJ tratando *especificamente* da ordem pública *material*, em particular, para dirimir a questão, invocada como matéria de defesa, de ser ou não a *exceptio non adimpleti contractus* matéria de ordem pública a obstar a homologação de uma sentença arbitral estrangeira[979]. Nesses dois precedentes, o STJ *afastou* o argumento de que a questão seria de ordem pública e destacou, ainda, a *impossibilidade da revisão do mérito* do julgamento dos árbitros, sendo, assim, *deferida* a homologação nos dois casos.

Esse mesmo entendimento prevaleceu em outro processo em que se discutiu a possível ofensa à ordem pública em questão atinente ao *julgamento do mérito da arbitragem*, a SEC 3.035[980]. A Requerida RODRIMAR S/A TRANSPORTES EQUIPAMENTOS INDUSTRIAIS E ARMAZÉNS GERAIS alegou ofensa à ordem pública brasileira porque a sentença arbitral teria extrapolado os limites da convenção de arbitragem ao decidir o caso de acordo com a Convenção de Viena sobre Contratos de Compra e Venda Internacional de Mercadorias de 1980 (que, naquela época, ainda não havia sido adotada pelo Brasil[981]), ao invés de aplicar o "direito material suíço" que, ainda segundo a Requerida, abarcaria apenas a legislação interna, não a Convenção de Viena[982]. Neste caso, a Corte Especial deixou claro, mais uma vez, que *não pode rever o*

[977] Rel. Min. José Delgado, DJ 19.09.2005.

[978] Rel. Min. Gilson Dipp, DJ 13.11.2006.

[979] Conforme consta do voto do Relator: "A requerida impugna o pedido homologatório sob o fundamento de que a decisão arbitral em exame viola a ordem pública e a soberania nacional. Alega que a decisão lhe impediu de compelir a requerente a cumprir suposta obrigação de entrega à Marinha Brasileira de todos os dados coletados com o levantamento do perfil do leito dos rios, conhecidos como 'dados brutos'. A defesa da requerida concentra-se na afirmação de que suspendeu os pagamentos devidos, em decorrência de inadimplemento de obrigação por parte da requerente, conforme lhe permitia, na época, o art. 1.092 do CC de 1916, que previa a exceptio non adimpleti contractus".

[980] Rel. Min. Fernando Gonçalves, DJ 31.08.2009.

[981] A Convenção de Viena de 1980 foi promulgada no Brasil pelo Decreto 8.327, de 16 de outubro de 2014.

[982] Sobre o tema da aplicação da Convenção de Viena pelos árbitros e a possível violação da ordem pública, ver também a opinião de Selma Lemes. Homologação e sentença arbitral estrangeira. Lei aplicável. Convenção de Viena das Nações Unidas sobre a compra e venda internacional de mercadorias (CISG). In: **Revista de Arbitragem e Mediação**, v. 24, 2010, p. 155-196.

A APLICAÇÃO DE NORMAS COGENTES PELO ÁRBITRO E O CONTROLE DA ORDEM PÚBLICA

mérito da sentença arbitral ao analisar eventual violação à ordem pública, *deferindo*, assim, a homologação da sentença arbitral. Em seu voto-vista, a Ministra Nancy Andrighi seguiu a mesma orientação, esclarecendo que não competiria ao STJ decidir como o árbitro deveria interpretar o "direito material suíço", ressaltando, ainda, que as partes eram livres para escolher a lei aplicável na arbitragem, citando o artigo 2º, §1º, da lei 9.307/96.

Conforme adiantado acima, na pesquisa realizada neste trabalho, encontrou-se apenas um precedente do STJ – SEC 2.410[983] – que homologou *parcialmente* uma sentença arbitral estrangeira, porque, em relação à parte cujo reconhecimento foi *denegado*, entendeu a Corte Especial que houve violação à ordem pública nacional em razão da cumulação da correção monetária com a variação cambial. O julgado contou com o *voto parcialmente divergente* da Ministra Nancy Andrighi, que, sendo acompanhada pela maioria, acabou se tornando a Relatora do Acórdão final, ao votar pela homologação *parcial* da sentença, *excluindo* as condenações em dólares norte-americanos. Ao que tudo indica, neste precedente, ao contrário da tese defendida neste trabalho, o STJ não levou em consideração a "ordem pública nacional para fins internacionais", apenas a ordem pública *doméstica*.

Para concluir o tema da ordem pública *material*, o STJ homologou recentemente uma sentença arbitral estrangeira decorrente de um processo administrado pelo tribunal arbitral do esporte (CAS), em que foram discutidos direitos trabalhistas, a SEC 11.529[984]. O atleta requerido CLEMERSON DE ARAÚJO SOARES contestou a homologação da sentença alegando, dentre outros, a violação da ordem pública. Entendeu a Corte Especial que: **(i)** os aspectos *patrimoniais* decorrentes de relações trabalhistas poderiam ser submetidos à arbitragem, sem que essa submissão implicasse violação à ordem pública, da mesma forma que **(ii)** não ofendem a ordem pública os contratos celebrados em moeda estrangeira, desde que o pagamento seja convertido em moeda nacional.

Como visto, a atuação do STJ, a despeito de algumas críticas pontuais que foram aqui apresentadas, tem sido bastante *favorável* à arbi-

---

[983] Rel. Min. Francisco Falcão, Rel. para acórdão Min. Nancy Andrighi, DJ 19.02.2014
[984] Rel. Min. Og Fernandes, DJ 02.02.2015.

ÁRBITRO E DIREITO

tragem[985], o que contribui para conferir a desejada *segurança jurídica* aos usuários do instituto[986]. Em capítulo de livro recentemente publicado, Nádia de Araújo fez constar uma pesquisa empírica que realiza há anos com as sentenças arbitrais estrangeiras que são submetidas à homologação no STJ. A pesquisa da autora computou 55 sentenças arbitrais julgadas pelo STJ até 30.11.2014[987]. Desse total, a imensa maioria das sentenças foi, de fato, *homologada* (cerca de 89%). Nos casos em que houve *denegação* da homologação (cerca de 11%), a violação da ordem pública foi discutida pelo STJ[988], mas de forma *excepcional*[989], sendo que, novamente, a imensa maioria das denegações dizem respeito somente à ordem pública *processual*[990].

[985] Essa é também a conclusão de Nádia de Araújo: "da análise das decisões monocráticas e acórdãos já proferidos pelo STJ com relação a laudos de cunho comercial, é possível vislumbrar os contornos de uma atuação especializada e consistente, favorável à arbitragel e deferente à manifestação das partes" (O STJ e a homologação de sentenças arbitrais estrangeiras: dez anos de atuação. In: TIBÚRCIO, Carmen; MENEZES, Wagner; VASCONCELOS, Raphael (org.). **Panorama do direito internacional privado atual e outros temas contemporâneos**. Belo Horizonte: Arraes Editores, 2015, p. 168).

[986] Nádia de Araújo também ressalta a "segurança" que a jurisprudência desta Corte Superior tem conferido à arbitragem (O STJ e a homologação de sentenças arbitrais estrangeiras: dez anos de atuação. In: TIBÚRCIO, Carmen; MENEZES, Wagner; VASCONCELOS, Raphael (org.). **Panorama do direito internacional privado atual e outros temas contemporâneos**. Belo Horizonte: Arraes Editores, 2015, p. 163).

[987] ARAÚJO, Nadia de. O STJ e a homologação de sentenças arbitrais estrangeiras: dez anos de atuação. In: TIBÚRCIO, Carmen; MENEZES, Wagner; VASCONCELOS, Raphael (org.). **Panorama do direito internacional privado atual e outros temas contemporâneos**. Belo Horizonte: Arraes Editores, 2015, p. 159.

[988] ARAÚJO, Nadia de. O STJ e a homologação de sentenças arbitrais estrangeiras: dez anos de atuação. In: TIBÚRCIO, Carmen; MENEZES, Wagner; VASCONCELOS, Raphael (org.). **Panorama do direito internacional privado atual e outros temas contemporâneos**. Belo Horizonte: Arraes Editores, 2015, p. 162-163.

[989] Sobre a natureza *excepcional* do controle de ordem pública realizado pelo STJ, ver também MARTINS, André Chateaubriand. Os diferentes níveis de ordem pública sob uma perspectiva da jurisprudência brasileira em arbitragens doméstica e internacional. In: **Revista Brasileira de Arbitragem**, n. 37, 2013, p. 67.

[990] Nádia de Araújo destaca que o STJ evita discutir o julgamento do mérito da arbitragem, atendo-se mais a aspectos processuais: "a análise comparativa das homologações deferidas e indeferidas nos permite concluir que o STJ não se atém para o tipo de matéria tratada nos laudos quando procede à sua análise, fixando-se apenas nos aspectos processuais da discussão, a despeito da tentativa reiterada das partes em trazer para o centro do julgamento questões relativas ao mérito" (O STJ e a homologação de sentenças arbitrais estrangeiras: dez

A APLICAÇÃO DE NORMAS COGENTES PELO ÁRBITRO E O CONTROLE DA ORDEM PÚBLICA

Por fim, antes de passarmos ao item de conclusão deste Capítulo, uma breve nota a respeito do novo Código de Processo Civil e do novo regimento interno do STJ.

O Código de Processo Civil de 2015 destinou seis dispositivos para tratar da homologação de decisão estrangeira e da concessão de *exequatur* à carta rogatória, com disciplina minudente[991], ao contrário do Código de 1973, que tinha apenas dois dispositivos, basicamente para reiterar a competência do STF (hoje, STJ) e as regras previstas em seu regimento interno (hoje, do STJ), bem como tratar da execução da sentença homologada. Dentre as novidades relativas ao controle da ordem pública, o Código de 2015 exige que a ofensa à ordem pública seja *"manifesta"*, adjetivo *expressamente* inserido em seu artigo 963, VI[992]. Em outros termos, o Código de 2015 sublinha, ainda mais, o caráter *excepcional* do controle da ordem pública em sede de homologação de sentenças estrangeiras, o que é particularmente relevante para a preservação do julgamento do mérito nas sentenças arbitrais estrangeiras.

Com relação ao novo Regimento Interno do STJ, que praticamente reproduziu, em seu novo Título VII-A, os dispositivos da antiga Resolução nº 9/2005 do STJ, uma das novidades é a referência expressa à "dignidade da pessoa humana" como pressuposto negativo da homologação, isto é, para ser homologada, a sentença não pode ofender a "dignidade da pessoa humana", conforme dispõe seu artigo 216-F[993]. De certa forma, parece-nos *redundante* a menção à dignidade da pessoa humana ao lado da ordem pública, pois é difícil cogitar de uma ofensa à dignidade humana que não seja, ao mesmo tempo, violação da ordem pública (em sua dimensão transnacional, como aqui defendido)[994].

---

anos de atuação. In: TIBÚRCIO, Carmen; MENEZES, Wagner; VASCONCELOS, Raphael (org.). **Panorama do direito internacional privado atual e outros temas contemporâneos**. Belo Horizonte: Arraes Editores, 2015, p. 162).

[991] Artigos 960 a 965, do Capítulo VI do Título I do Livro III – Dos processos nos tribunais e dos meios de impugnação das decisões judiciais.

[992] "Art. 963. Constituem requisitos indispensáveis à homologação da decisão: (...) VI – não conter manifesta ofensa à ordem pública."

[993] "Art. 216-F. Não será homologada a sentença estrangeira que ofender a soberania nacional, a dignidade da pessoa humana e/ou a ordem pública".

[994] Em sentido parcialmente diverso, escreve André de Carvalho Ramos: "esse dispositivo do Regimento do STJ (dignidade humana) é compatível com o novo Código de Processo Civil (que só menciona a ofensa à ordem pública), pois o conceito indeterminado de ordem

ÁRBITRO E DIREITO

3.2. A medida adequada do controle da ordem pública na arbitragem e o papel do árbitro nesse controle e na aplicação de normas cogentes

Pelo exposto neste Capítulo, percebe-se que não é tarefa fácil encontrar a *medida adequada* do controle da ordem pública na arbitragem e o papel que deve ser desempenhado pelo árbitro nesse contexto. Assim como ocorreu no Capítulo 2, também aqui se constata que não existem respostas únicas, mas *distintos modelos dogmáticos*, conforme o contexto jurídico-cultural em que a arbitragem está inserida.

Tendo em vista os objetivos do instituto da arbitragem e os anseios de seus usuários, é razoável buscar a concepção *mais restritiva possível* do controle da ordem pública na arbitragem como meio de favorecer *a segurança e a certeza* que devem acompanhar a escolha desse mecanismo de solução de conflitos. Essa foi a opção da Convenção de Nova Iorque[995] (hoje, integrante do direito brasileiro), essa foi também a opção do legislador brasileiro em 1996 (ao promulgar a atual lei de arbitragem), em 2002 (adotando a Convenção de Nova Iorque[996]) e em 2015 (ao reformar a lei de arbitragem).

Do ponto de vista do árbitro, ele deve ter a *preocupação* de buscar a correta *aplicação das normas cogentes*, conforme o direito aplicável à arbitragem e na arbitragem e, ao mesmo tempo, a *tranquilidade* (em seu

---

pública é elástico ("noção fluida", na expressão de Valladão) para abarcar, entre os "valores essenciais", também a soberania e a dignidade da pessoa humana. (...) Ao estabelecer especificamente o óbice do respeito à dignidade da pessoa humana, separando-o do conceito de ordem pública, a ER 18 gerou um adensamento de juridicidade na análise de mérito na homologação de sentença estrangeira, pois exige-se agora do intérprete que use o robusto acervo de decisões sobre dignidade humana e direitos humanos já existente" (Dignidade da pessoa humana como obstáculo à homologação de sentença estrangeira. In: **Revista de Processo**, v. 249, 2015, p. 31-55).

[995] Emmanuel Gaillard e John Savage (eds), **Fouchard Gaillard Goldman on international commercial arbitration**, Kluwer Law International, 1999. p. 995-997.

[996] Nem sempre o direito brasileiro foi favorável à arbitragem. Nesse sentido, para uma análise dos pareceres da Consultoria Jurídica do Ministério das Relações Exteriores do Brasil, com argumentos contrários à adoção da Convenção de Nova Iorque entre nós (ou impondo sua adoção *com reservas*, sobretudo em razão da dupla homologação que vigia no sistema anterior à lei 9.307/96), ver ARAÚJO, Nádia de. A Convenção de Nova York sobre reconhecimento e execução de laudos arbitrais estrangeiros: análise das razões contrárias à sua adoção nos anos 50 do século XX. In: **Revista de Arbitragem e Mediação**, v. 18, 2008, p. 42-49.

A APLICAÇÃO DE NORMAS COGENTES PELO ÁRBITRO E O CONTROLE DA ORDEM PÚBLICA

aspecto institucional-normativo) de que sua sentença arbitral não será anulada por quaisquer motivos que possam ser, *casuisticamente*, considerados como matéria de "ordem pública" pelos tribunais judiciais. É esse o caminho pelo qual passa a consolidação de uma *ordem pública transnacional*, que se desenvolve em paralelo (e em função) do desenvolvimento do próprio instituto da arbitragem, em relação simbiótica[997]: combater *o subjetivismo e o casuísmo* no controle judicial da arbitragem da mesma forma como se busca precisar *limites* para a atuação do árbitro na aplicação do direito.

Do ponto de vista do controle judicial da arbitragem (controle externo), a *medida adequada* que se busca na proteção da ordem pública é a construção de *práticas mais harmônicas, restritivas e internacionais (ou mesmo transnacionais)*, ainda que a completa *uniformização* não seja nem possível, nem desejável, pois não há propriamente uma "ordem jurídica global"[998], como visto no Capítulo 2. Se é certo que a lex mercatoria e a arbitragem contribuíram para o desenvolvimento de *práticas transnacionais*[999] *que favorecem* o comércio entre países, é igualmente certo que ainda não se pode prescindir dos Estados nacionais, responsáveis, em última instância, por atos de império, como é o caso da execução de sentenças arbitrais, sujeitas ao crivo da ordem pública[1000]. Havendo Estados soberanos, com regulações próprias da arbitragem, sempre haverá alguma *diversidade*.

[997] MENDES, Rodrigo Octávio Broglia Mendes. **Arbitragem, lex mercatoria e direito estatal:** uma análise dos conflitos ortogonais no direito transnacional. São Paulo: Quartier Latin, 2010. p. 100.

[998] Também demonstrando reticências quando à construção de uma ordem jurídica global, em passagem já citada no Capítulo 2, MENDES, Rodrigo Octávio Broglia Mendes. **Arbitragem, lex mercatoria e direito estatal:** uma análise dos conflitos ortogonais no direito transnacional. São Paulo: Quartier Latin, 2010, p. 154.

[999] A arbitragem é também manifestação da *lex mercatoria*, como escreve Nádia de Araújo: "as decisões arbitrais são consideradas como uma das diversas manifestações da *lex mercatoria*, já que os árbitros não estão adstritos à utilização de um único direito nacional" (**Contratos internacionais:** autonomia da vontade, Mercosul e convenções internacionais. 3.ed. Rio de Janeiro: Renovar, 2004 p. 122).

[1000] Neste sentido, HUCK, Hermes Marcelo. **Sentença estrangeira e *lex mercatoria*:** horizontes e fronteiras do comercio internacional. São Paulo: Saraiva, 1994. p. 115; HUCK, Hermes Marcelo. In: Mauricio Almeida Prado e Renata Duarte de Santana (org.), **O Brasil e a globalização:** pensadores do direito internacional. São Paulo: Editora de Cultura, 2013. p. 31.

ÁRBITRO E DIREITO

Essa *diversidade cultural* existente no controle da ordem pública e da aplicação de normas cogentes também não deve ser vista como uma *patologia*. O patológico é criar *restrições* à atuação do árbitro com base em *particularismos locais* que em nada auxiliam o desenvolvimento do direito, sobretudo no plano *internacional e transnacional*[1001]. Assim, devem ser afastadas as visões *nacionalistas* no controle das sentenças arbitrais[1002].

Nesse contexto, deve ser destacado o Relatório de 2002 da *International Law Association* a respeito do tema[1003]. Ao contrário do Relatório ILA de 2008 que foi comentado no Capítulo anterior, este Relatório de 2002 sobre o controle da ordem pública em sede de reconhecimento e execução de sentenças arbitrais conseguiu produzir diretrizes mais claras.

Não chega a surpreender que seja mais fácil buscar a *harmonização* de práticas na *fase pós-sentença*, quando comparado ao julgamento do mérito propriamente dito. Em outras palavras, parece ser mais fácil discutir práticas *harmônicas* para os juízes encarregados do controle da sentença arbitral, do que tentar *harmonizar* a atuação do árbitro na aplicação do direito. É no julgamento do mérito que a *diversidade cultural* aparece em maior grau, conforme os distintos contextos em que o caso concreto possa estar inserido.

Assim, tendo como público-alvo os juízes encarregados do controle da sentença arbitral[1004], o Relatório ILA de 2002 estabelece diretrizes que estão, em grande medida, em consonância com as conclusões obtidas neste Capítulo, por exemplo: **(i)** uma sentença arbitral deveria ser *preservada ao máximo*, salvo circunstâncias *excepcionais*[1005], **(ii)** a pro-

---

[1001] Nesse sentido, FOUCHARD, Philippe. Os desafios da arbitragem internacional. In: **Revista Brasileira de Arbitragem**, n. 1, 2004, p. 67-68.

[1002] HUCK, Hermes Marcelo. **Sentença estrangeira e *lex mercatoria*:** horizontes e fronteiras do comercio internacional. São Paulo: Saraiva, 1994. p. 116.

[1003] Relatório da **International Law Associaton (ILA)**: Final report on public policy as a bar to enforcement of international arbitral awards, relativo à Conferência de Nova Déli de 2002, Disponível em: http://www.ila-hq.org/en/publications/ . Acesso em: 9 dez. 2015.

[1004] O Relatório é expresso nesse ponto, conforme a nota 2 de sua primeira página: *"The Recommendations and the Committee's Reports do not address the public policy issues facing an arbitral tribunal: only the public policy issues facing an enforcement court"* – Relatório da **International Law Associaton (ILA)**: *Final report on public policy as a bar to enforcement of international arbitral awards,* Conferência de Nova Déli de 2002.

[1005] Recomendação 1(a): *"The finality of awards rendered in the context of international commercial arbitration should be respected save in exceptional circumstances"* (p. 2).

328

A APLICAÇÃO DE NORMAS COGENTES PELO ÁRBITRO E O CONTROLE DA ORDEM PÚBLICA

teção da ordem pública *internacional* poderia ser uma dessas circunstâncias *excepcionais*[1006], **(iii)** os tribunais estatais deveriam oferecer uma *fundamentação detalhada* sobre eventuais circunstâncias *excepcionais* que tenham justificado a *denegação* do reconhecimento ou da execução de uma sentença arbitral, atendando, particularmente, à interpretação que tem sido dada por outras jurisdições ao artigo V(2)(b) da Convenção de Nova Iorque[1007], **(iv)**, se for possível separar o *capítulo* que viola a ordem pública do restante da sentença arbitral, esta separação deve ser feita de modo a *preservar ao máximo* o julgamento de mérito dos árbitros[1008], **(v)** normas cogentes ou imperativas nem sempre dizem respeito à ordem pública, nem podem ser confundidas com esta no controle judicial da sentença arbitral[1009].

Apenas uma ressalva: não concordamos com a recomendação de que, excepcionalmente, o juiz estatal seja autorizado a realizar uma *reapreciação dos fatos* contidos no julgamento de mérito do árbitro[1010]. O próprio Relatório reconhece que esse foi um dos pontos mais controversos entre os membros do Comitê ILA[1011].

[1006] Recomendação 1 (b): *"Such exceptional circumstances may in particular be found to exist if recognition or enforcement of the international arbitral award would be against international public policy"* (p. 2).

[1007] Recomendação 1 (g): *"If the court refuses recognition or enforcement of the arbitral award, it should not limit itself to a mere reference to Article V.2 (b) of the New York Convention 1958 or to its own statute or case law. Setting out in detail the method of its reasoning and the grounds for refusing recognition or enforcement will help to promote a more coherent practice and the development of a consensus on principles and rules which may be deemed to belong to international public policy."*

[1008] Recomendação 1(h): *"If any part of the award which violates international public policy can be separated from any part which does not, that part which does not violate international public policy may be recognised or enforced"* (p. 8).

[1009] Recomendação 3 (a): *"An award's violation of a mere "mandatory rule" (i.e. a rule that is mandatory but does not form part of the State's international public policy so as to compel its application in the case under consideration) should not bar its recognition or enforcement, even when said rule forms part of the law of the forum, the law governing the contract, the law of the place of performance of the contract or the law of the seat of the arbitration"* (p. 10).

[1010] Recomendação 3 (c): *"When the violation of a public policy rule of the forum alleged by a party cannot be established from a mere review of the award and could only become apparent upon a scrutiny of the facts of the case, the court should be allowed to undertake such reassessment of the facts"* (p. 11).

[1011] Diz o Relatório (p. 11): *"There has been a debate amongst commentators (and amongst members of the Committee) as to whether the enforcement court should: (a) only look to the dispositif of the award and whether its enforcement would be contrary to public policy; (b) also be entitled to review the reasoning in the award; or (c) also be entitled to review the underlying facts and any new evidence*

ÁRBITRO E DIREITO

Conforme exposto neste Capítulo e agora sistematizado neste item, seria incorreto compreender o papel do árbitro na aplicação do direito em termos *exclusivamente privados*, como se fosse apenas um mero *prestador de serviço* para as partes[1012]. Este é, certamente, seu papel *preponderante*. Mas não se pode desconsiderar que se espera do árbitro também (ainda que *residualmente*) sua *colaboração* no controle de determinadas questões que podem afetar a coletividade, notadamente, o controle da ordem pública.

O árbitro é o primeiro a fazer o controle da ordem pública na arbitragem, conclusão que se aplica também ao direito brasileiro. Por exemplo, é missão do árbitro analisar (*principaliter* ou *incidenter tantum*) a existência, validade e eficácia da convenção de arbitragem (artigo 8º, parágrafo único, da lei 9.307/96), o que, como visto, também pode envolver matérias de ordem pública (nulidades). Há, ainda, o componente público da *missão do árbitro de distribuir Justiça*, de dizer o direito no caso concreto em vista das *expectativas das partes*. Por todas essas razões, seria um equívoco exacerbar o *privatismo* da arbitragem aqui, da mesma forma como seria equivocado *ampliar* a influência de certo "interesse público" na arbitragem a ponto de se defender que o árbitro tenha a *obrigação* de eventualmente *desconsiderar* o direito escolhido pelas partes para *investigar por conta própria e aplicar ex officio normas cogentes* de determinado país que tenha relação com o litígio, como se fosse dever do árbitro buscar a atuação da "vontade objetiva da lei"[1013] ou, ainda, *ampliar* o controle feito pelo juiz sobre a atividade do árbitro por *preocupações de ordem pública*. Ao contrário, deve-se buscar uma *posição mais equilibrada*[1014].

---

presented by the party resisting enforcement. The majority of the Committee concluded that the court, when enforcement is resisted on grounds of lois de police, should be entitled to review the underlying evidence presented to the tribunal and, in exceptional cases, any new evidence. However, the court should undertake a reassessment of the facts only when there is a strong prima facie argument of violation of international public policy".

[1012] A posição semelhante é defendida por Ricardo Ramalho Almeida, mas dentro de outra perspectiva, como já referido (**Arbitragem comercial internacional e ordem pública**. Rio de Janeiro: Renovar, 2005, p. 65).

[1013] Em sentido contrário, Ricardo Ramalho Almeida possui concepção *mais publicista* (**Arbitragem comercial internacional e ordem pública**. Rio de Janeiro: Renovar, 2005. p. 180-181).

[1014] Philippe Fouchard também parece defender uma posição equilibrada (Os desafios da arbitragem internacional. In: **Revista Brasileira de Arbitragem**, n. 1, 2004, p. 67-68).

A APLICAÇÃO DE NORMAS COGENTES PELO ÁRBITRO E O CONTROLE DA ORDEM PÚBLICA

Esse equilíbrio nem sempre é fácil de precisar e cada autor parece ter uma ideia distinta do que venha a ser um adequado "ponto de equilíbrio". Christophe Seraglini, por exemplo, parte do pressuposto de que o Estado é a fonte da disciplina da arbitragem[1015]. Na visão do autor, o Estado somente aceita a ampliação do conceito de arbitrabilidade e a possibilidade de o árbitro aplicar normas cogentes e realizar o controle da ordem pública se, em contrapartida, houver *controle judicial amplo* da aplicação do direito pelo árbitro. Nessa concepção, o Estado seria *liberal* em princípio, dando um "voto de confiança" ao árbitro, ao mesmo tempo em que seria *conservador* na exigência de que suas normas cogentes e sua ordem pública sejam respeitadas. Com base nessas premissas, Christophe Seraglini defende que o árbitro tem a *obrigação* de aplicar as *"lois de police"*[1016], bem como respeitar a ordem pública. Concordamos com essa concepção apenas se essa *obrigação* do árbitro estiver inserida dentro do contexto de se *respeitar a vontade e as expectativas das partes, suas alegações e pedidos na arbitragem*, tudo em consonância com o direito aplicável à arbitragem e na arbitragem. Dito de outro modo, se as partes requerem a aplicação de normas cogentes ou de ordem pública, não há dúvidas de que o árbitro tem a *obrigação* de levar essas alegações e pedidos em consideração no momento de julgar o mérito do caso (o mesmo ocorrendo com as normas dispositivas), ou seja, essa *obrigação* do árbitro de aplicar normas cogentes e de ordem pública está inserida no contexto de sua *obrigação de buscar a aplicação correta do direito* (formado por normas dispositivas e cogentes). Nesse sentido, em nada diferiria a "obrigação" do árbitro de aplicar normas cogentes da sua "obrigação" de fazer valer outras normas dispositivas ou mesmo as disposições contratuais celebradas pelas partes, à luz do direito aplicável e das alegações e pedidos das partes.

Por outro lado, não concordarmos com a afirmação dessa *obrigação* do árbitro de forma *dissociada* das expectativas das partes e *descontex-*

[1015] Assim afirma categoricamente o autor: *"le fonctionnement de l'institution arbitrale dépend aujourd'hui du concours actif de la communauté internationale des États, au sens donné à cette expression dans l'étude. On doit de ce fait conclure à l'existence d'une source étatique de l'institution arbitrale»* (**Lois de Police et justice arbitrable international**. Paris: Dalloz, 2001, p. 124).

[1016] Em suas palavras: *"à titre général, l'on peut soutenir que la nature particulière de l'arbitrage justifie une obligation pour l'arbitre de prendre en compte les lois de police»* (**Lois de Police et justice arbitrable international**. Paris: Dalloz, 2001, p. 533).

ÁRBITRO E DIREITO

tualizada em relação ao direito aplicável, como se houvesse um *padrão de conduta universal* do árbitro. Como defendido neste Capítulo à luz do direito brasileiro, por exemplo, o árbitro não tem a *obrigação*, mas somente a *faculdade* de aplicar *ex officio* normas cogentes ou de ordem pública, isto é, *independentemente das alegações e pedidos das partes. Pode fazê-lo,* mas não necessariamente *deve fazê-lo.* Se não o fizer, isto é, se deixar de aplicar normas cogentes ou de ordem pública, em princípio, não haverá qualquer *sanção jurídica* contra a atuação do árbitro, nem vício maculando a sentença arbitral, salvo se a questão envolver matéria de ordem pública em uma dimensão *internacional* (a *"ordem pública nacional para fins internacionais"*) ou mesmo *transnacional,* que também seria passível de controle em sentenças arbitrais estrangeiras à luz da jurisprudência do STJ. Mas, como dito acima, é difícil imaginar, na prática, uma causa de anulação da sentença arbitral *doméstica* por violação à ordem pública *internacional* (ou mesmo *transnacional*) que já não estivesse prevista no rol do artigo 32, da lei 9.307/96. Nesse sentido, tal como entendemos a missão do árbitro à luz do direito brasileiro, *o árbitro não é um guardião da ordem pública ou de "interesses gerais" da coletividade* tal como ocorre com o juiz, sem nenhum demérito das concepções em sentido contrário[1017].

Ainda dentro dessa concepção à luz do direito brasileiro, entendemos que o árbitro possui missão *preponderantemente* perante as partes[1018]. Não há dúvidas de que a arbitragem *depende* do reconhecimento do Estado para ter preservada a sua *efetividade* como meio de resolução de conflitos – como ressaltado acima – mas isso não significa que o árbitro tenha o Estado como fonte de seu poder jurisdicional. Pelo contrário, é a *sociedade civil* e, mais especificamente, a *vontade das partes* que dão sentido à atuação do árbitro. Se nos descuidarmos dessa premissa, a arbitragem correrá o risco de perder sua razão de ser.

[1017] Em sentido parcialmente contrário, SERAGLINI, Christophe. **Lois de Police et justice arbitrable international.** Paris: Dalloz, 2001, p. 125. Também em sentido parcialmente contrário, CLAY, Thomas. **L'arbitre**. Paris: Dalloz, 2001. p. 180-187). Sobre o papel do árbitro como "guardião" da ordem pública, escreve Thomas Clay: *"allant plus loin, on peut y voir un fondement de l'obligation pour l'arbitre de respecter les lois de police. Par l'obligation de tenir compte de l'exécution de la sentence, l'arbitre devient gardien indirect de l'ordre public. Si le juge est garant du respect de l'ordre public, l'arbitre l'est de l'exécution de la sentence, et donc de sa non contrariété à l'ordre public»* (**L'arbitre**. Paris: Dalloz, 2001. p. 639).

[1018] Em sentido contrário, SERAGLINI, Christophe. **Lois de Police et justice arbitrable international**. Paris: Dalloz, 2001, p. 69.

A APLICAÇÃO DE NORMAS COGENTES PELO ÁRBITRO E O CONTROLE DA ORDEM PÚBLICA

Quem utiliza a arbitragem *são as partes em disputa* (que pode ser, inclusive, o próprio Estado, a Administração Pública direta ou indireta). *Sem a vontade das partes em disputa, não haverá arbitragem.* Portanto, qualquer teoria da arbitragem deve ter como preocupação central os *próprios usuários do instituto.* O Estado apenas *delimita* o campo de atuação da arbitragem e dos árbitros *em benefício dos próprios usuários desse instituto, provenientes da sociedade civil.* Do contrário, não haveria nenhuma razão para se reconhecer o *princípio competência-competência,* aceito hoje pela maioria das legislações nacionais de arbitragem e também pela Lei-Modelo da UNCITRAL.

Também por essas razões, como destacado acima, não parece haver sentido em se defender que o árbitro deva *necessariamente* investigar *ex officio* o direito aplicável, buscando todas as potenciais normas cogentes ou de ordem pública que possam afetar a validade da sentença arbitral, seja no local da arbitragem, seja nos possíveis locais de execução da sentença arbitral. Além de *custosa,* essa investigação é *ineficiente.* As partes estão *melhores situadas* para realizar esta investigação (até porque são elas que sabem onde pretendem executar a sentença posteriormente) e requerer aos árbitros a aplicação das normas correspondentes.

Não há dúvidas de que o árbitro deve buscar prolatar uma sentença *exequível,* mas não se pode chegar ao *extremo* de requerer dele *esforços desmensurados* para investigar e aplicar *ex officio* normas cogentes que estariam supostamente relacionadas com o caso[1019]. Defender posição contrária poderia, inclusive, *inibir* a participação de profissionais que não sejam juristas na arbitragem, indo de encontro aos objetivos de diversas leis nacionais que não estabelecem qualquer critério em relação à *formação* e à *qualificação* do árbitro, como é o caso da lei brasileira de arbitragem.

De todo modo, se assim decidir proceder, por entender que faz parte de sua missão à luz do direito aplicável e das circunstâncias do caso, o árbitro deverá sempre respeitar as garantias processuais das partes, como detalhado no Capítulo 2.

[1019] Se a sentença arbitral for *anulada* ou tiver seu reconhecimento e execução denegados, *o prejuízo será das partes.* Por isso, é preciso compreender o dever do árbitro de prolatar uma sentença exequível à luz das expectativas das partes, vale dizer, *sem extremismos, sem desconsiderar as alegações e pedidos justamente daqueles que são os maiores interessados em ter uma sentença exequível.*

ÁRBITRO E DIREITO

Retornando à tese de Christophe Seraglini, como visto, o autor defende que seja *amplo* o controle judicial posterior sobre a aplicação de normas cogentes, *"lois de police"* e de ordem pública pelo árbitro. Em outras palavras, defende o autor que o juiz possa *analisar em detalhes* o julgamento do mérito feito pelo árbitro, *tanto em questões de fato, quanto em questões de direito*[1020]. Novamente, não concordamos com essa *concepção alargada de controle judicial* sobre o papel do árbitro na aplicação do direito. Por que o juiz estaria em *melhor posição* do que o árbitro para definir o que seria a *suposta aplicação correta do direito*? Por que o juiz seria *mais qualificado* do que o árbitro para definir eventual violação da ordem pública? Por que, enfim, deveria *prevalecer* o entendimento do juiz sobre o entendimento do árbitro?[1021] Essa comparação entre juiz e árbitro renderá poucos frutos. É claro que deve haver *algum controle judicial* sobre a atividade do árbitro e, em momento algum, este trabalho defende posição contrária. Mas esse controle não pode significar um novo julgamento do mérito do caso pelo juiz. *Afinal, as partes escolheram o árbitro, não o juiz, para julgar a disputa delas. Mais uma vez, é preciso respeitar a vontade e as expectativas dos usuários do instituto.*

Tampouco nos parece válido o argumento de que também seria necessário respeitar a vontade da parte *sucumbente* de buscar a revisão de mérito do caso, caso tenha havido alguma *aplicação errônea* de norma cogente pelo árbitro. É claro que, uma vez proferida a sentença, em princípio, as vontades das partes em relação à preservação do julgamento do mérito do caso não serão *convergentes*. O que interessa aqui é a vontade que as partes manifestaram no momento de escolha da arbitragem como método de resolução de suas disputas. Respeitando-se essa vontade original, o controle que o juiz faz da atividade do árbitro não pode importar em *revisão do julgamento do mérito*[1022].

[1020] **Lois de Police et justice arbitrable international**. Paris: Dalloz, 2001, p. 202.

[1021] Nesse ponto, parece-nos acertada a posição de Luca G. Radicati di Brozolo, para quem árbitro e juiz estão em pé de igualdade na aplicação do direito (Las normas imperativas y el arbitraje internacional, In: **Cuestiones Claves del Arbitraje Internacional**, Emmanuel Gaillard, Diego P. Fernández Arroyo (coord.), Bogotá: Universidad del Rosario, Centro de Estudios de Derecho, Economia y Politica, CEDEP, 2013, p. 223).

[1022] Neste ponto, parece concordar Christophe Seraglini que não pode haver revisão judicial do julgamento do mérito do árbitro (**Lois de Police et justice arbitrable international**. Paris: Dalloz, 2001, p. 208).

Por outro lado, Christophe Seraglini também defende que o controle judicial (amplo) da ordem pública na arbitragem seja *excepcional*, ou seja, apenas violações *"concretas e sérias"* deveriam ser sancionadas[1023] e, mais, esse controle deve recair sobre o *resultado efetivo do julgamento*[1024]. Neste ponto, concordamos com o autor. Inclusive, se o juiz tiver que aprofundar a análise, é melhor conceder ao árbitro o benefício da dúvida e, assim, *preservar seu julgamento de mérito*[1025].

É preciso compreender o *dinamismo* desse processo de controle da ordem pública. O árbitro lida, essencialmente, com o passado. Os fatos já ocorreram e as partes buscam resolver *crises* decorrentes das consequências verificadas no presente. O árbitro (como qualquer julgador) é, portanto, esse *medium* entre o passado, presente e futuro. Seria um contrassenso exigir que ele, árbitro, ficasse sempre e necessariamente *preso* a concepções de ordem pública que talvez já estejam superadas. Afinal, por definição, a ordem pública é *variável* no tempo e no espaço. Também o árbitro pode *colaborar* com esse desenvolvimento das concepções de ordem pública, isto é, dependendo do direito aplicável à arbitragem e na arbitragem, ele pode assumir um *papel mais ativo* nesse contexto e não apenas ter que obedecer, passivamente, ao que já é dado. Eventualmente, *dependendo no direito aplicável à arbitragem e na arbitragem*, também essa dimensão de *construir os critérios* para a definição da ordem pública e para a aplicação de normas cogentes pode integrar a missão do árbitro, sempre considerando a vontade das partes a propósito. Esta é uma das razões pelas quais foi dito que o árbitro possui papel *preponderantemente* privado, mas que também envolve *certa dimensão pública*, sobretudo neste tema de controle da ordem pública.

Este controle da ordem pública pelo árbitro é *potencializado* quando se tem em mente o contexto *transnacional* em que ocorrem muitos dos conflitos atualmente. Como visto na Introdução, hoje em dia não é incomum que uma arbitragem envolva múltiplos direitos, múltiplas jurisdições, múltiplos procedimentos, partes e árbitros de distintas

---

[1023] **Lois de Police et justice arbitrable international.** Paris: Dalloz, 2001, p. 207-208.
[1024] **Lois de Police et justice arbitrable international.** Paris: Dalloz, 2001, p. 204.
[1025] Aqui, concordamos também com Luca G. Radicati di Brozolo (Las normas imperativas y el arbitraje internacional, In: **Cuestiones Claves del Arbitraje Internacional**, Emmanuel Gaillard, Diego P. Fernández Arroyo (coord.), Bogotá: Universidad del Rosario, Centro de Estudios de Derecho, Economia y Politica, CEDEP, 2013, p. 223).

ÁRBITRO E DIREITO

nacionalidades. O árbitro possui uma *posição "privilegiada"* para cumprir a sua missão de analisar, avaliar e controlar a ordem pública nesse contexto *internacional* ou mesmo *transnacional*. Aquele que atua como árbitro com relativa frequência, muitas vezes transita justamente nesse ambiente *transnacional* e pode conhecer melhor os aspectos envolvidos em uma *cultura nascente*, que começa, pouco a pouco, a se destacar das ordens jurídicas nacionais (um processo ainda em andamento, como dito). Daí sua posição "privilegiada" para compreender as *expectativas dos usuários* e realizar a *comunicação* dessas expectivas no momento de julgar o mérito da arbitragem, isto é, a *intermediação* entre o direito aplicável e os anseios das partes[1026]. Basta lembrar os princípios UNIDROIT, cuja aplicação vem crescendo recentemente na arbitragem e cuja interpretação requer, sem dúvida, *familiaridade* com o ambiente *internacional* ou mesmo *transnacional*[1027]. Nesse contexto, seria um contrassenso exigir que o árbitro se ativesse a uma concepção *puramente doméstica* da ordem pública. Se assim fosse, o árbitro poderia se ver obrigado a chancelar *concepções obsoletas do Direito*, que já se encontram superadas mundo afora.

Em artigo clássico sobre o tema da *ordem pública transnacional* na arbitragem, Pierre Lalive[1028] explicou com clareza o papel *central* que o árbitro desempenha no desenvolvimento da noção de ordem pública e de seus limites, *quando de fato está inserido nesse plano transnacional*, isto é, quando o conflito que lhe é posto possui dimensões que ultrapassam as jurisdições nacionais para afetar mais diretamente o comércio internacional – em outros termos, migrando da "periferia" de um sistema (*interno*) para o "centro" de outro (*transnacional*). Nesse contexo de *auto-regulação*, o árbitro é importante *intermediário* entre os anseios dos comerciantes e as reservas dos Estados nacionais[1029]. Todavia, não se pode

---

[1026] MENDES, Rodrigo Octávio Broglia Mendes. **Arbitragem, lex mercatoria e direito estatal:** uma análise dos conflitos ortogonais no direito transnacional. São Paulo: Quartier Latin, 2010. p. 99.

[1027] A esse respeito, ver também Philippe Fouchard. Os desafios da arbitragem internacional, in: Revista Brasileira de Arbitragem, n. 1, 2004, p. 66.

[1028] Transnational (or Truly International) Public Policy and International Arbitration, in: Pieter Sanders (ed.), **Comparative arbitration practice and public policy in arbitration**. ICCA Congress Series, v.3. Kluwer Law International, 1987. p. 314-315.

[1029] LALIVE, Pierre. Transnational (or Truly International) Public Policy and International Arbitration, in: Pieter Sanders (ed.), **Comparative arbitration practice and public policy in arbitration**. ICCA Congress Series, v.3, Kluwer Law International, 1987. p. 315-316.

A APLICAÇÃO DE NORMAS COGENTES PELO ÁRBITRO E O CONTROLE DA ORDEM PÚBLICA

esquecer – e o alerta é feito também por Pierre Lalive[1030] – que *raramente* haverá uma preocupação de ordem pública *transnacional* em um processo arbitral, considerando-se a *legítima expectativa das partes* (expressão também usada pelo autor) em relação à aplicação do direito. O tema permanece restrito a situações *excepcionais*. O risco surge justamente quando o árbitro considera-se "internacional" em disputta circunscrita a um *determinado contexto jurídico-cultural*, com um *direito nacional* claramente escolhido pelas partes, ou seja, *sem qualquer elemento de internacionalidade*, como já alertado no Capítulo 2.

Retornando ao ponto do controle judicial da arbitragem, cabe aos legisladores nacionais decidirem em que medida um árbitro, em determinada arbitragem *doméstica* (dependendo do critério adotado), deve observar concepções *igualmente domésticas* da ordem pública e em que medida ele deve estar aberto a dimensões *internacionais* ou mesmo *transnacionais*. Cada país é livre e soberano para decidir como pretende regular a arbitragem em seu território e essa *diversidade* deve ser respeitada, sem que isso represente prejuízo para o desenvolvimento de uma ordem pública *transnacional*, ainda nascente. A rigor, essa *diversidade* também é aceita pelo artigo V(2)(b) da Convenção de Nova Iorque.

Existe o conhecido debate entre uma concepção "minimalista" e outra "maximalista" do controle da ordem pública *material* na arbitragem[1031], para se definir até que ponto o juiz poderia analisar o julgamento do mérito do árbitro. A despeito de posições doutrinárias e jurisprudenciais defendendo um *controle judicial mais amplo*, há relativa *convergência* no sentido de que ao menos o *conceito* de ordem pública deve ser *restrito e excepcional* no âmbito da arbitragem, sobretudo em sua dimensão *transnacional*[1032]. Via de regra, os juízes deveriam ser *cautelosos*

[1030] LALIVE, Pierre. Transnational (or Truly International) Public Policy and International Arbitration, in: Pieter Sanders (ed.). **Comparative arbitration practice and public policy in arbitration**. ICCA Congress Series, v.3. Kluwer Law International, 1987. p. 315-316.

[1031] O panorama desse debate é bem exposto por Marco Deluiggi, Controle de conformidade da sentença arbitral estrangeira à ordem pública material: a contribuição da experiência francesa e internacional para prática brasileira, In: **Revista Brasileira de Arbitragem**, n. 20, 2008, p. 7-37.

[1032] Relatando este tema e também falando em "convergência", ALMEIDA, Ricardo Ramalho. **Arbitragem comercial internacional e ordem pública**. Rio de Janeiro: Renovar, 2005. p. 27.

ÁRBITRO E DIREITO

no controle da ordem pública a partir do julgamento de mérito proferido pelo árbitro[1033]. Essa cautela tem razão de ser, sobretudo no contexto *internacional* e, particularmente, no *transnacional*. Seria paradoxal constatar a *diferenciação* de uma ordem pública *transnacional* (processo ainda em andamento) e, ao mesmo tempo, sustentar que o controle dessa ordem deva passar *sempre e necessariamente* pelos juízes estatais, ligados a um determinado país, dentro de uma concepção eminentemente *territorialista* do Direito. Quando está em jogo a ordem pública *transnacional*, o juiz estatal deveria, como regra, *deferir* à decisão dos árbitros. Havendo *dúvidas*, a decisão do árbitro deveria *prevalecer*. Não concordamos, assim, que o juiz deva simplesmente "substituir" o árbitro nessa análise, muito menos que possa proceder de ofício na análise da ordem pública[1034]. Tampouco se pode confundir o controle da *ordem pública transnacional* com uma apreciação de aplicação errônea do direito pelo árbitro[1035].

No Brasil, a tarefa de precisar o que seria a ordem pública é particularmente difícil, porque nunca foram claras as fronteiras entre o público e o privado[1036], entre o interesse exclusivo dos particulares e o que afeta a coletividade[1037]. Se fosse criada a expectativa de que o árbitro *sempre deveria saber* quais são os "valores fundamentais" da sociedade

---

[1033] FOUCHARD, Philippe. Os desafios da arbitragem internacional. In: **Revista Brasileira de Arbitragem**, n. 1, 2004. p. 65-66.

[1034] Esta é a posição defendida por DELUIGGI, Marco. Controle de conformidade da sentença arbitral estrangeira à ordem pública material: a contribuição da experiência francesa e internacional para prática brasileira. In: **Revista Brasileira de Arbitragem**, n. 20, 2008, p. 35.

[1035] Como visto no Capítulo 2, esse ponto de contato entre os dois temas é discutido por VERÇOSA, Fabiane. **A aplicação errônea do Direito pelo árbitro:** uma análise à luz do direito brasileiro e estrangeiro. Curitiba: CRV, 2015. p. 189-194. Também nesse sentido, afirma Marco Deluiggi: "um erro de direito que cause uma contrariedade à ordem pública deve, sim, ser sancionado" (Controle de conformidade da sentença arbitral estrangeira à ordem pública material: a contribuição da experiência francesa e internacional para prática brasileira. In: **Revista Brasileira de Arbitragem**, n.20, 2008, p. 36).

[1036] Como explica Virgílio Afonso da Silva, a despeito das confusões doutrinárias que são feitas no campo do direito constitucional, a dicotomia direito público – direito privado ainda tem sua razão de ser, mesmo que reformulada em outros termos (**A constitucionalização do direito:** os direitos fundamentais nas relações entre particulares. São Paulo: Malheiros, 2005. p. 172-173).

[1037] Nelson Saldanha, **O jardim e a praça:** ensaio sobre o lado privado e o lado público da vida social e histórica. Porto Alegre: Fabris, 1986. p. 27-29 e 45.

brasileira e se o legislador *confiasse* a ele a tarefa de aplicar *corretamente* esses "valores fundamentais" no conflito sob seu julgamento, eventual erro do árbitro nessa aplicação *penalizaria as partes* (com uma possível anulação da sentença arbitral doméstica). Essa premissa deve estar clara: *o alargamento da concepção de ordem pública a ser controlada pelo árbitro (e, depois, eventualmente pelo juiz) é diretamente proporcional ao risco alocado contra as partes, vale dizer, contra a preservação do julgamento do mérito.*

Essa tarefa de controle estrito da *ordem pública doméstica* até poderia confiada ao árbitro pelo legislador brasileiro, mas não o foi. Basta atentar, novamente, às hipóteses de anulação de uma sentença arbitral doméstica previstas no artigo 32, da lei 9.307/96. Também não é isso o que se espera do árbitro no controle da ordem pública sobre o direito aplicável (artigo 2º, §1º, da lei 9.307/96). Por isso, defende-se aqui que, de acordo com o direito brasileiro, considerando que a lei brasileira de arbitragem *não exige* do árbitro o controle da ordem pública *doméstica* no *julgamento do mérito da arbitragem*, a concepção de ordem pública que deve ser *avaliada* pelo árbitro (e eventualmente *controlada, a posteriori*, pelo juiz) é a *mais restritiva possível*, para que o árbitro não se veja às voltas com a determinação do que seja, afinal, os "valores maiores" da sociedade brasileira, desviando-se de sua *missão precípua* de *resolver o conflito* existente entre as partes.

À luz do direito brasileiro, o modo de realizar essa restrição na concepção de ordem pública analisada pelos árbitros é *aproximá-la*, na maior medida possível, daquela existente no ambiente *internacional* ou mesmo no ambiente *transnacional*, onde talvez o árbitro tenha maior *familiariedade*[1038]. Por exemplo, o árbitro poderia ter dúvidas fundadas sobre se a exceção de contrato não cumprido seria ou não, afinal, matéria de ordem pública *doméstica*, diante da *falta de critérios claros* no direito brasileiro para proceder a essa *catalogação*. Este tema, pelo menos, já foi

---

[1038] Essa solução é bastante próxima daquela adotada pelo direito francês em matéria de *arbitragem internacional*. De acordo com o Código de Processo Civil francês, quando se tratar de uma *arbitragem internacional*, seja ela sediada na França ou no exterior, a sentença arbitral dela decorrente poderá ser atacada por violação à ordem pública *internacional* – artigos 1514, 1520 (5º) e 1525 – jamais por violação à ordem pública *puramente doméstica*. Assim, no direito francês, há equivalência entre (i) as causas de anulação de uma sentença arbitral doméstica e (ii) as causas de denegação da homologação de uma sentença estrangeira, *desde que ambas digam respeito à arbitragem internacional*.

ÁRBITRO E DIREITO

esclarecido na jurisprudência do STJ[1039]. Por outro lado, o árbitro poderia entender a ordem pública *transnacional* – cujos contornos são bem mais restritos – não propriamente como um *consenso* em torno de valores supostamente "universais" e sim como uma prática construída (também) por intermédio do papel do árbitro na aplicação do direito[1040] ou, ao menos, uma exigência *razoavelmente compartilhada* por uma certa comunidade de países, ainda que não seja de forma "universal"[1041]. Esse entendimento também é aplicável para o controle que deve ser feito pelo árbitro a propósito do direito aplicável à arbitragem e na arbitragem (artigo 2º, §1º, da lei 9.307/96), igualmente aberto a uma concepção *internacional* ou mesmo *transnacional* da arbitragem, como aqui defendido.

A propósito, também na *determinação* do direito aplicável, *o árbitro goza de relativa liberdade,* não estando, *necessariamente,* vinculado ao direito da "sede" da arbitragem (que alguns entendem como o local de prolação da sentença arbitral), muito menos às regras de conflito de leis

---

[1039] Como visto anteriormente, o STJ já resolveu essa *dúvida específica*, esclarecendo que a exceção de contrato não cumprido não é matéria de ordem pública. Nesse sentido, ver a SEC 802, Rel. Min. José Delgado, DJ 19.09.2005 e a SEC 507, Rel. Min. Gilson Dipp, DJ 13.11.2006.

[1040] Essa é também a concepção de Rodrigo Octávio Broglia Mendes, que recusa a definição de uma ordem pública transnacional a partir de um suposto consenso em torno de "valores universais" (**Arbitragem, lex mercatoria e direito estatal:** uma análise dos conflitos ortogonais no direito transnacional. São Paulo: Quartier Latin, 2010, p. 148).

[1041] Neste sentido, Emmanuel Gaillard e John Savage (eds), **Fouchard Gaillard Goldman on International Commercial Arbitration.** Kluwer Law International, 1999, p. 850-853: "*Another question is whether the condemnation of drug trafficking is a rule of lex mercatoria or of international public policy, given that some countries do not actively prohibit it. However, as previously noted, in order to be considered as a general principle, a rule need not be recognized in all legal systems. The same is true of genuinely international public policy which, in our opinion, international arbitrators must apply. They are perfectly entitled to take into account the necessity to fight against corruption or drug trafficking, and indeed they must do so to ensure that their award will not be set aside or refused enforcement. (...) Where arbitrators have to address the argument that a contract is illegal, despite the fact that it complies with the lex contractus, under the transnational public policy theory they should decide on the basis of values very widely accepted by the international community, and not according to their own discretion as to whether it would be appropriate to give effect to a particular national policy. For example, the fact that apartheid, drug trafficking and corruption are condemned on almost all sides of the international community should provide sufficient justification for the exclusion, through the application of international public policy, of any contrary provisions of the lex contractus, or of the contract where the lex contractus takes no position*".

A APLICAÇÃO DE NORMAS COGENTES PELO ÁRBITRO E O CONTROLE DA ORDEM PÚBLICA

(direito internacional privado) dessa "sede", podendo adotar *outros méto-dos*[1042], conforme lhe pareçam mais adequados, para se chegar ao direito aplicável[1043]. Como visto no Capítulo 1, o árbitro tem *precedência* sobre o direito aplicável, porque não possui uma *lex fori* tal como o juiz[1044].

Por outro lado, no Capítulo 2, esclarecemos que é preciso ter cuidado com o "excesso" de suposta *transnacionalidade* da arbitragem, gerando o risco de se desconsiderar o *contexto cultural* em que a arbitragem está inserida. Não há nenhuma contradição aqui, apenas uma questão de *sintonia fina*. Do ponto de vista do árbitro, o modo de se evitar que desvios ocorram é *aprofundando o contraditório*, isto é, aprimorando o diálogo com as partes e evitando, com isso, *surpresas* no julgamento do mérito da arbitragem[1045]. Afinal, como esclarecido por Hermes Marcelo Huck, "não há comerciantes sediados no espaço sideral"[1046]. Na medida

---

[1042] Para uma breve exposição a propósito, ver Yves Derains, Public Policy and the Law Applicable to the Dispute in International Arbitration, in: Pieter Sanders (ed). **Comparative arbitration practice and public policy in arbitration**. ICCA Congress Series, v. 3, Kluwer Law International, 1987, p. 227-256.

[1043] São corretas as lições de Ricardo Ramalho Almeida a propósito, sintetizando a evolução da doutrina e da jurisprudência em torno deste tema (**Arbitragem comercial internacional e ordem pública**. Rio de Janeiro: Renovar, 2005 p. 179).

[1044] Yves Derains já afirmava, há 30 anos, que o árbitro tem *discricionariedade* sobre o direito aplicável e que, portanto, ele não possui uma *lex fori* (Public Policy and the Law Applicable to the Dispute in International Arbitration. In: Pieter Sanders (ed). **Comparative arbitration practice and public policy in arbitration**. ICCA Congress Series, v. 3, Kluwer Law International, 1987, p. 230-232).

[1045] Os árbitros devem evitar *surpreender* as partes, seja na disciplina do procedimento (que é flexível), seja no julgamento do mérito da arbitragem. A esse respeito, escreveu Carlos Alberto Carmona: "a liberdade que os árbitros têm para flexibilizar o procedimento gera, em contrapartida, o dever dos julgadores de evitar surpresas às partes. Isto significa que a liberdade procedimental, cuja moldura apenas alinhavei, requer constante informação aos litigantes, para que possam sempre participar de modo proativo em todas as fases do processo" (Flexibilização do Procedimento Arbitral. In: **Revista Brasileira de Arbitragem**, n. 24, 2009, p. 21).

[1046] **Sentença estrangeira e *lex mercatoria*:** horizontes e fronteiras do comercio internacional. São Paulo: Saraiva, 1994, p. 102. Complementa o autor, na sequência (p. 102): "o comerciante está sempre estabelecido em determinado local, sobre determinado território, inexoravelmente vinculado à soberania de um determinado Estado. É a partir desse território nacional, sujeito às leis nele vigentes, que o comerciante abre sua atividade para o exterior, iniciando seu comércio internacional, mas sempre vinculado ao Estado de seu estabelecimento de origem. É admissível, entretanto, que tal comerciante, além dos vínculos que mantenha com o Estado de onde parte sua atividade, possa assumir com seus

ÁRBITRO E DIREITO

do possível, o árbitro deve se ater às *legítimas expectativas* das partes, tanto da *determinação* do direito quanto na sua *aplicação*[1047].

É evidente que a arbitragem passa por um processo gradual de *transnacionalização*, com práticas cada vez mais *harmônicas* ao redor do mundo, sobretudo no que diz respeito aos aspectos *procedimentais*. Pouco a pouco, as distintas culturas jurídicas vão se *aproximando*, produzindo aquilo que Bruno Oppetit denominou de *"aculturação jurídica"*[1048]. Por outro lado, mesmo aqueles autores que, como Bruno Oppetit, afirmam a "universalidade" da arbitragem (como método reconhecidamente *eficiente* de solução de conflitos) reconhecem que não haverá, necessariamente, uma *uniformização* de práticas e conceitos, nem seria desejável buscar a *hegemonia* de uma determinada cultura sobre outra, devendo, ao contrário, ser respeitada a *diversidade de perspectivas*[1049]. Assim também ocorre com o conceito de ordem pública, objeto de *relativa convergência* na prática *transnacional* da arbitragem, mas ainda sujeito à inevitável *diversidade cultural*.

Não parece ser desejável buscar uma definição *ainda mais precisa e delimitada* do controle da ordem pública na arbitragem, além desta aqui defendida. O exercício de buscar *contornos ainda mais claros* (se possível fosse) poderia prejudicar a *flexibilidade* inerente à utilização dessa categoria como "válvula de escape". Algum *grau de vagueza* é necessário para qualquer *conceito jurídico indeterminado* – eis a principal razão pela qual as tentativas de criar listas de matérias de ordem pública não foram bem-

---

parceiros estrangeiros, estabelecidos em outros Estados soberanos, uma relação de natureza corporativa supranacional".

[1047] Concordamos neste ponto, mais uma vez, com a lição de Yves Derains: *"the concern to apply the law that best responds to the parties' legitimate expectations seems to be the central pivot round which the international arbitrator's actions revolve when he has to determine which legal rules he will apply to resolving the dispute"* (Public Policy and the Law Applicable to the Dispute in International Arbitration, in: Pieter Sanders (ed). **Comparative arbitration practice and public policy in arbitration**. ICCA Congress Series, v. 3, Kluwer Law International, 1987, p. 233-234).

[1048] Nas palavras do autor: *"de fait, il s'est produit en matière d'arbitrage international un phénomène bien connu des sociologues et des comparatistes: celui de l'acculturation juridique, entendu comme la greffe d'une culture sur une autre"* (**Théorie de l'arbitrage**. Paris: Press Universitaire de France, 1998, p. 113).

[1049] Esta parece ser a concepção de Bruno Oppetit, **Théorie de l'arbitrage**. Paris: Press Universitaire de France, 1998. p. 115-116).

A APLICAÇÃO DE NORMAS COGENTES PELO ÁRBITRO E O CONTROLE DA ORDEM PÚBLICA

-sucedidas (como visto neste Capítulo). Ademais, a própria definição do que seja *ordem pública transnacional* não está a cargo das escolhas de legisladores nacionais (daí a dificuldade de buscar fronteiras claras), embora seja inegável que muitos países acabem elaborando a sua "imagem" de uma *ordem pública transnacional*[1050]. Na verdade, a definição do que seja *ordem pública transnacional* ocorre paralelamente ao próprio desenvolvimento da arbitragem.

Existem duas razões principais pelas quais se buscou delimitar, neste trabalho, o que deve ser entendido como violação a ordem pública: **(i)** conferir *segurança* às partes e **(ii)** conferir *liberdade* aos árbitros[1051]. As partes devem se sentir *seguras* ao optarem pela arbitragem como método de resolução de disputas. Se a definição do que seja violação à ordem pública na sentença arbitral doméstica for deixada ao *puro arbítrio* ou *subjetivismo*[1052] de um juiz (em eventual ação anulatória contra esta sentença), conforme seus próprios critérios de quais sejam os ditos *valores fundamentais da sociedade*, certamente não haverá o desejado ambiente de segurança institucional que aqui se busca. Também as instâncias superiores devem exercer com *prudência* e rigor o seu papel de determinar o que vem a ser, afinal, esses "*valores fundamentais*".

Por outro lado, também o árbitro deve atuar com *prudência*, sobretudo no tema da ordem pública[1053]. A liberdade do árbitro – como toda liberdade – é *limitada* e é melhor que essa limitação venha pela *autorregulação*[1054]. O princípio da autorregulação é a autocrítica, particular-

---

[1050] Rodrigo Octávio Broglia Mendes, **Arbitragem, lex mercatoria e direito estatal:** uma análise dos conflitos ortogonais no direito transnacional. São Paulo: Quartier Latin, 2010. p. 164.

[1051] Autonomia e segurança pautaram também as conclusões de Flávia Foz Mange em sua tese de doutorado (**Processo Arbitral: aspectos transnacionais**, São Paulo: Quartier Latin, 2013, p. 261).

[1052] Também criticando o subjetivismo da definição de ordem pública, STRENGER, Irineu. Aplicação de normas de ordem pública nos laudos arbitrais. In: **Revista dos Tribunais**, v. 606, 1986, p. 9-12.

[1053] Também Luiz Olavo Baptista aconselha o uso da *prudência* neste tema, sobretudo no campo da ordem pública *internacional* (The practice of interpretation in arbitration. In: **Liber Amicorum en l'honneur de Serge Lazareff**. Paris: Pedone, 2011, p. 67).

[1054] Novamente, são precisas as lições de Luiz Olavo Baptista: "todo ser humano tem dentro dele uma ânsia de liberdade, uma necessidade de liberdade. Nós não podemos viver sem liberdade. Então, a arbitragem fornece um espaço de liberdade e ela é importante por isso. Agora, nós sabemos que, para viver em sociedade, a liberdade tem que ter limitações;

ÁRBITRO E DIREITO

mente em relação ao *conhecimento* do direito e sua *aplicação*. Novamente, convém ao árbitro investir no *aprofundamento do contraditório*, como detalhado no Capítulo 2. Na dúvida, que prevaleça o diálogo com as partes.

No outro extremo, se tampouco houver *clareza* por parte do Poder Judiciário nacional – que inevitavelmente exerce algum controle *externo* da arbitragem – sobre as *balizas mínimas* da atividade do árbitro, isto é, sobre os *limites* de sua atuação, o árbitro também poderá ter *exarcebado receio*[1055] no momento de julgar o mérito da disputa, com medo de que tudo possar ser anulado ao final, outro fenômeno que as partes tampouco desejam. Não se pode transformar o mérito da arbitragem em um "campo minado" repleto de preceitos *supostamente* considerados como ordem pública, cuja incorreta aplicação poderia ensejar a anulação da sentença arbitral. Mais uma vez, *in medio virtus*.

as limitações na arbitragem vão ser feitas pela autorregulação" (Luiz Olavo Baptista, in: Mauricio Almeida Prado e Renata Duarte de Santana (org.), **O Brasil e a globalização:** pensadores do direito internacional. São Paulo: Editora de Cultura, 2013. p. 24-25).

[1055] Os árbitros devem ser cuidadosos (e frequentemente o são) no momento de aplicar o direito, mas não deve haver *receio exacerbado*. Sobre esse cuidado dos árbitros como uma decorrência de seu *medo de errar*, escreveu Luiz Olavo Baptista: "*in general, arbitrators are cautious (...). The reasons behind this cautious attitude arise out of experience and from the fear of making mistakes*" (The practice of interpretation in arbitration. In: **Liber Amicorum en l'honneur de Serge Lazareff**. Paris: Pedone, 2011. p. 65).

Conclusão

À luz das pesquisas realizadas neste trabalho e das constatações de cada Capítulo, abaixo estão agrupadas as respostas para as hipóteses de trabalho formuladas na Introdução. Como essas respostas entrelaçam-se em diversos pontos, elas são apresentadas em conjunto, sem uma segregação para cada hipótese formulada.

Há, de fato, uma *relação peculiar* entre o árbitro e o direito (distinta da relação existente entre o juiz e o direito), a demandar um *modelo dogmático próprio*, cujos contornos foram apresentados ao longo deste trabalho. Essa conclusão foi obtida, sobretudo, a partir das pesquisas realizadas nos Capítulos 2 e 3, mas só é possível determinar *em que consistiria exatamente essa peculiaridade à luz dos direitos aplicáveis na arbitragem e à arbitragem e seu contexto cultural.*

Nesse sentido, não existem *respostas únicas* para algumas das perguntas que foram formuladas neste trabalho: "é aplicável o *iura novit curia* na arbitragem?" "O árbitro deve aplicar normas cogentes? Como o árbitro deve realizar o controle da ordem pública?" O que existem são *distintas culturas jurídicas*, influenciando também *distintas práticas da arbitragem* ao redor do mundo. Como possível ponto de convergência, diversas legislações, seus precedentes e autores reforçam a importância de que sejam *sempre preservadas as garantias processuais das partes*, para evitar que estas sejam *surpreendidas*.

Como foi visto ao longo deste trabalho, prevalece a *diversidade de perspectivas* tanto no tema do *iura novit curia*, quanto no tema da aplicação de normas cogentes pelo árbitro e do controle da ordem pública. A pesquisa realizada comprovou que, de fato, há uma *tensão* constante entre o *doméstico*, o *internacional* e o *transnacional* no campo da arbitragem. Por isso, devem ser afastadas quaisquer respostas que se pretendam *universais* nesse momento. Como dito no Capítulo 2, do ponto de vista científico, é mais proveitoso buscar compreender as regulações existentes em distintos países do que procurar *desqualificá-las* dentro da tentativa de se construir uma concepção *universalista* da arbitragem.

Sem prejuízo dessas *diferentes concepções* (e recomendando-se que os árbitros se atentem a elas), defendemos neste trabalho que, à luz do direito brasileiro, o árbitro *pode* aplicar *ex officio* fundamentos jurídicos não alegados pelas partes, sem que isso afete sua independência e imparcialidade e sem que isso represente uma extrapolação dos limites de sua investidura, salvo se houver acordo das partes em sentido contrário. Mesmo em relação às normas cogentes, entendemos que há uma *faculdade* do árbitro, mas não *necessariamente* um dever de aplicar o direito, salvo se as partes requereram, expressamente, a aplicação de tais normas. Integrando o objeto da arbitragem (seu mérito), a partir de um pedido de uma das partes, o árbitro deve aplicar tais normas (sejam elas cogentes ou dispositivas), dentro de sua missão de julgar o conflito (limites objetivos da demanda). Em qualquer hipótese, aplicando o direito *ex officio* ou por provocação das partes, o árbitro deve sempre respeitar as garantias processuais das partes.

Esse é o entendimento que defendemos com base no direito brasileiro, pelas razões expostas nos respectivos Capítulos. Mas – não é demais repisar – isso não significa que essa concepção deva ser *necessariamente* estendida a outras jurisdições, nem se defende aqui que esta seja (ou deva ser) uma *prática "universal" da arbitragem* em torno desses temas. Esta seria uma conclusão *equivocada* em termos científicos e também um desrespeito ao contexto de *diversidade cultural* em que está inserida a arbitragem. Não há consenso nem mesmo em relação ao que definiria a "arbitragem internacional", porque cada país regula sua "arbitragem internacional" como bem entender (havendo até mesmo países – como o Brasil – que sequer adotam esse conceito), com significativas diferenças nos temas do *iura novit curia*, da aplicação de normas cogentes e do controle da ordem pública, como demonstrado nos Capítulos 2 e 3. Há, portanto, *pluralidade de perspectivas,* que deve se respeitada. O árbitro deve aprender a lidar com esse *contexto de multiculturalismo.*

CONCLUSÃO

Árbitro e juiz devem *buscar a correta aplicação do direito*, mas o fazem de formas distintas, como ficou evidenciado neste trabalho. O papel do juiz é não apenas resolver a disputa das partes (pacificação social como escopo da jurisdição), como também manter a *coerência e integridade do sistema jurídico*. O árbitro, por outro lado, não tem esse mesmo compromisso com a *coerência e integridade do sistema jurídico*, como foi demonstrado, sobretudo, nos Capítulos 2 e 3, e especialmente no contexto do direito brasileiro. O papel do árbitro é *primordialmente* resolver a disputa que as partes lhe *confiaram*, e apenas *eventual e secundariamente* levará em consideração interesses que digam respeito à coletividade (por exemplo, quando decide questões de ordem pública).

Por essas razões, é preciso evitar *analogias superficiais* entre o papel do árbitro e o papel do juiz na aplicação do direito, até mesmo porque o juiz está *sempre* vinculado a uma determinada ordem jurídica (a uma determinada *cultura jurídica*), o que não ocorre *necessariamente* com o árbitro. Este pode estar submetido a uma *multiplicidade de regimes jurídicos* e deve atentar a essa multiplicidade. Não há respostas precisas e específicas sobre um suposto padrão ou modelo *universal* de atuação do árbitro na aplicação do direito.

Como adiantado na Introdução, a autoridade do árbitro difere da autoridade do juiz. Esta provém do Estado, dentro de uma concepção de Estado e sociedade que normalmente pressupõe hierarquia e verticalidade. O que as partes buscam na arbitragem é o oposto: *horizontalidade*. O árbitro é frequentemente *alguém próximo*, não um estranho. Na arbitragem, o que as partes desejam é *um julgamento pelos pares* e, por isso, escolhem, via de regra, um *expert* no direito aplicável e na matéria controvertida.

As partes também esperam que sejam *efetivamente* ouvidas. Como ficou demonstrado no Capítulo 2, na aplicação do direito, *o árbitro precisa ouvir mais e, se for o caso, também perguntar mais*, para que possa proferir uma decisão de qualidade à luz das expectativas das partes. Essa constatação faz parte da *relação de confiança* que se estabelece entre as partes e o árbitro e dificilmente estará em desacordo com o que se espera do árbitro na aplicação do direito. Nesse sentido, no tema do *iura novit curia*, se o árbitro não conhece o direito, *deve buscar conhecê-lo*, considerando especialmente o *contexto sócio-econômico-político-cultural* em que a disputa está envolvida. Um dos modos de conhecer o direito e seu contexto é

ÁRBITRO E DIREITO

aprofundando o contraditório entre as partes. O processo arbitral deve ser um processo efetivamente *dialogado*.

Uma boa decisão requer aprofundamento. Não há qualidade na superficialidade. Para aprofundar, são necessários disponibilidade, comprometimento, dedicação, disposição para aprender, abertura para ouvir e dialogar. São atributos frequentemente esperados pelas partes em seus julgadores, sobretudo quando contratam a arbitragem. Ao optarem pela arbitragem, as partes esperam não apenas que possam escolher um árbitro de sua *confiança*, mas também que possam regular "sob medida" o procedimento para *aprofundar o debate* em torno das questões controvertidas, permitindo, assim, que o árbitro possa chegar a uma *decisão de qualidade*, isto é, uma decisão em consonância com suas expectativas. Em outras palavras, as partes esperam não apenas que possam escolher alguém *próximo* para atuar como árbitro (ao contrário do *julgador impessoal e generalista* que lhes oferece o Estado), como também *confiam* que este árbitro *permanecerá próximo* das partes no decorrer do procedimento, o que significa *abrir-se ao diálogo efetivo*. Como visto no Capítulo 2, é esse o sentido de "Justiça particular" que envolve o papel do árbitro na aplicação do direito. Não sem razão o legislador brasileiro estabeleceu que o árbitro deve atuar com *"competência"* e *"diligência"* no desempenho da sua função, conforme artigo 13, parágrafo 6º, da lei 9.307/96. O árbitro *indiferente* em relação à aplicação do direito não possui nenhum desses atributos.

Nesse sentido, são distintos os caminhos que árbitro e juiz percorrem na aplicação do direito (como regra, o processo arbitral é *mais flexível* que o judicial), o que também pode afetar o resultado obtido (o julgamento de mérito). As partes esperam que o árbitro aplique o direito *de uma forma qualificada* e essa qualificação está relacionada, sobretudo, com a *regulação "sob medida" do procedimento, com a abertura ao diálogo, com a qualidade da prova a ser produzida* etc. Todos esses fatores, sem dúvida, influenciam o julgamento do mérito da arbitragem.

A arbitragem não se pode transformar em um campo de *incertezas*. Frequentemente, as partes são *surpreendidas* não apenas com regras procedimentais, mas, sobretudo, com o julgamento do mérito. É evidente que toda decisão comporta algum grau de *incerteza* e, nesse sentido, de *surpresa* (do contrário, não seria uma decisão). Nem sempre há de se cogitar de uma única decisão "correta". A hermenêutica jurídica é, efeti-

CONCLUSÃO

vamente, mais complexa do que isso. Assim, não se defendeu aqui que o árbitro deva *sempre e necessariamente* encontrar uma suposta decisão "correta" na aplicação do direito. *O que se requer do árbitro, ao contrário, são esforços no sentido de buscar a aplicação correta do direito à luz das expectativas das partes*, ou seja, reduzir o espaço das incertezas e surpresas, o que passa, invariavelmente, pela *efetividade do contraditório* (sobretudo porque, muitas legislações, como é o caso da brasileira, não admitem recurso contra a sentença arbitral). Se a arbitragem não convencer seus usuários que ela está apta a oferecer *decisões de qualidade*, certamente não terá futuro.

Como visto, não existem *regras específicas* (nem "únicas", muito menos "universais") para guiar o árbitro na aplicação do direito à luz das expectativas das partes. Não surpreende, assim, que muitos dos autores e julgados estudados ao longo deste tenham recorrido a *conceitos vagos e genéricos* para servir de *standard* da atuação do árbitro no julgamento do mérito. Um desses *standards* que foi reforçado nos Capítulos 2 e 3 é a *prudência*. Um árbitro *competente* e *diligente* é, antes de tudo, *prudente*.

Um *árbitro prudente* é aquele que, *no mínimo*, respeita os limites de sua atuação, particularmente os *limites objetivos e subjetivos* de sua jurisdição (o que passa pelos conceitos de arbitrabilidade, objeto litigioso etc.), assim como os requisitos legais da sentença arbitral, como visto no Capítulo 1. Como parte desse *mínimo*, o árbitro deve *evitar surpreender* as partes, como visto, por exemplo, na discussão em torno do *iura novit curia*. As hipóteses de anulação da sentença arbitral discutidas neste trabalho dizem respeito a esse *mínimo* que se espera de um árbitro, mas as partes não escolhem a arbitragem para ter somente o *mínimo*. Novamente, para se obter a qualidade almejada, o árbitro deve construir um *processo efetivamente dialogado* com as partes.

Por vezes, o árbitro tem medo de errar (como ocorre, aliás, com qualquer julgador). Interessa aqui o aspecto *institucional-normativo* desse receio, não sua dimensão meramente subjetiva. Na arbitragem, o problema é potencializado diante **(i)** da ausência de recurso contra as decisões dos árbitros, tal como reconhecido em diversas legislações nacionais (como é o caso do direito brasileiro), **(ii)** do dever do árbitro de buscar prolatar uma sentença exequível, e também **(iii)** do receio da *sanção reputacional*. Por isso, o árbitro tende a ser *cuidadoso*. Como evitar que esse cuidado seja *exarcebado*, garantindo um ambiente propício ao adequado julgamento do mérito pelo árbitro? Primeiro, o *aprofunda-*

mento do contraditório. O contraditório é um aliado do árbitro, ele representa a *prudência* na busca da correta aplicação do direito. Além disso, para bem aplicar o direito, o árbitro também precisa de *liberdade.* Sem essa *liberdade,* não poderá o árbitro atender àquelas expectativas das partes no sentido de obter uma "Justiça sob medida", no sentido exposto neste trabalho. Para assegurar essa *liberdade,* é preciso contar inevitavelmente com o respaldo do Poder Judiciário. Não há *arbitragem efetiva* sem o apoio dos juízes. O principal instrumento dos juízes de apoio à arbitragem é a *restrição* das causas de anulação da sentença arbitral (doméstica) e de denegação do reconhecimento e da execução da sentença arbitral (estrangeira) às hipóteses *excepcionais* expressamente previstas nas legislações nacionais e nos tratados internacionais, como é o caso da Convenção de Nova Iorque. A liberdade do árbitro deve ser limitada, em primeiro lugar, pela *autorregulação* da arbitragem, o que passa por um reconhecimento por parte dos juízes de que seu papel de controle *externo* da arbitragem deve ser *contido* e *excepcional.*

Este trabalho defendeu, assim, *a preservação do julgamento do mérito da arbitragem na máxima extensão possível,* por acreditar que esta é também *a expectativa das partes* (no momento em que contratam a arbitragem). Se desejassem uma *revisão* do julgamento do mérito pelo Poder Judiciário, as partes sequer teriam optado pela arbitragem. Nesse sentido, defendeu-se aqui que os juízes devem evitar ao máximo *rediscutir o mérito da arbitragem,* tanto em sede de anulação da sentença arbitral (doméstica) quanto em sede de reconhecimento e execução da sentença arbitral (estrangeira).

Essa advertência vale, sobretudo, para os casos em que o Poder Judiciário é chamado a controlar eventual *violação da ordem pública* na arbitragem. Tal como defendido neste trabalho, esse controle deve ser *mínimo, em hipóteses de extrema excepcionalidade.*

Nesse contexto, é necessário manter uma concepção *restritiva* da ordem pública. Não se pode transformar o mérito da arbitragem em um "campo minado" de preceitos considerados de ordem pública, cuja violação submeteria a sentença arbitral ao inevitável risco de anulação. Esse cenário certamente prejudicaria a liberdade do árbitro na aplicação do direito, desatendendo também às expectativas das partes nesse mesmo contexto.

CONCLUSÃO

Como conceito jurídico indeterminado, *variável no tempo e no espaço*, a ordem pública não se presta a definições precisas, muito menos a categorizações rígidas. Não facilita essa discussão o fato de existirem, hoje, pelo menos três conceitos distintos de ordem pública na arbitragem – a ordem pública *doméstica*, a ordem pública *internacional* e a ordem pública *transnacional*, também chamada de ordem pública "verdadeiramente internacional". O que se defendeu neste trabalho – novamente sem qualquer pretensão de tornar essa defesa em *concepção única ou universal* da arbitragem – foi a aproximação desses conceitos, particularmente no contexto do direito brasileiro. O modo de aproximar esses conceitos com o objetivo de *favorecer* a arbitragem é buscar *a concepção mais restritiva da ordem pública* que, neste caso, é a chamada ordem pública *transnacional*. Se sentenças arbitrais fossem anuladas e tivessem seu reconhecimento e execução denegados *apenas e tão somente nas hipóteses limitadas de ofensa à chamada ordem pública transnacional*, seria favorecida a liberdade do árbitro na aplicação do direito.

Foi com esse propósito que se defendeu aqui a *restrição* das hipóteses de ataque à sentença arbitral à luz do direito brasileiro, o que se revelou importante, sobretudo, no contexto da aplicação de normas cogentes pelo árbitro e no controle da ordem pública, tal como demonstrado no Capítulo 3. Nesse contexto, foi positivo constatar que o Superior Tribunal de Justiça está mais preocupado com a ordem pública *processual* (que, a rigor, já é protegida por diversos dispositivos da lei de arbitragem e da Convenção de Nova Iorque) do que com a ordem pública *material*. Pedidos de anulação de uma sentença arbitral (ou de denegação de seu reconhecimento) com base em violação da ordem pública *material* não passam, muitas vezes, de uma disfarçada tentativa de rever o julgamento do mérito da arbitragem, o que não pode ser admitido.

Portanto, o que se buscou com este trabalho foi favorecer a *segurança jurídica* na arbitragem. Se houver alguma dubiedade ou ambiguidade em relação ao que foi exposto, que ela seja resolvida em favor da segurança jurídica, ou seja, em favor da (i) *obtenção de um julgamento do mérito da arbitragem que atenda às expectativas das partes* e (ii), uma vez obtido tal julgamento, *em favor de sua preservação contra possíveis ataques no Poder Judiciário*. Novamente, não se pode transformar a arbitragem em um *campo de incertezas*. Os árbitros devem buscar (i) *conhecer o direito* aplicável à arbitragem e na arbitragem e, igualmente, (ii) *aplicá-lo corretamente*. Por outro lado,

ÁRBITRO E DIREITO

os juízes devem respeitar essa liberdade do árbitro na aplicação do direito, rechaçando quaisquer *novas* hipóteses de ataque à sentença arbitral e interpretando *restritivamente* aquelas já existentes.

Iura novit curia, normas cogentes e ordem pública são *temas limítrofes* que ajudam a compreender os *contornos de um modelo dogmático próprio* do papel do árbitro na aplicação do direito. A contribuição deste trabalho envolveu **(i)** o *refinamento* de conceitos ligados à arbitragem, **(ii)** o *desenvolvimento* da dogmática em temas pouco explorados (como, por exemplo, as hipóteses de anulação da sentença arbitral doméstica pela aplicação do *iura novit curia*, bem como a aplicação de normas cogentes e o controle da ordem pública também na sentença arbitral doméstica, todos à luz do direito brasileiro) e, ainda, **(iii)** a *sistematização* do conhecimento em torno do julgamento do mérito da arbitragem. De um lado, defendeu-se a *liberdade do árbitro* para aplicar o direito e, de outro, a *preservação de seu julgamento de mérito*. Sinteticamente, a *maximização* do contraditório e a *minimização* dos ataques à sentença arbitral.

Nesse sentido, são três as mensagens que se buscou transmitir com este trabalho à luz das constatações de cada Capítulo. Para o árbitro: que seja respeitada a vontade das partes, suas expectativas e garantias processuais, buscando-se conhecer o direito e aplicá-lo corretamente, a partir de seu contexto sócio-político-econômico, isto é, respeitando-se a diversidade cultural (tal como demonstrado particularmente no Capítulo 2). Para os juízes: que sejam rechaçadas as tentativas de revisão do julgamento do mérito da arbitragem e de controle da aplicação do direito pelos árbitros com base em *particularidades locais*, buscando-se, ao contrário, promover a harmonização das práticas, em especial à luz do contexto internacional e transnacional. Uma vez julgado o mérito da arbitragem, o esforço deve ser no sentido de *restringir* e *harmonizar* as hipóteses de controle da sentença arbitral (como demonstrado particularmente no Capítulo 3). Para os profissionais da arbitragem: que seja novamente respeitada a *diversidade cultural* que constitui traço marcante do campo da arbitragem, sem tentar impor ao outro uma determinada concepção do direito e da arbitragem. Talvez seja esta a principal agenda de pesquisa para o futuro – *as práticas transnacionais e multiculturais da arbitragem* – de modo a prosseguir no desenvolvimento de um modelo próprio da aplicação do direito pelo árbitro.

REFERÊNCIAS

ABBUD, André de Albuquerque Cavalcanti. **Homologação de sentenças arbitrais estrangeiras**. São Paulo: Atlas, 2008.

ABBUD, André de Albuquerque Cavalcanti. **A soft law processual na arbitragem internacional: a produção de provas**. Tese (Doutorado). Orientador: Prof. Dr. Carlos Alberto de Salles, Faculdade de Direito da Universidade de São Paulo. São Paulo, 2013.

ABBUD, André de Albuquerque Cavalcanti. **Soft law e produção de provas na arbitragem internacional**. São Paulo: Atlas, 2014.

ALEXY, Robert. Theorie der Grundrechte, trad. esp. **Teoria de los derechos fundamentales**. Madrid: Centro de Estudios Constitucionales, 2001.

ALMEIDA, Ricardo Ramalho. **Arbitragem comercial internacional e ordem pública**. Rio de Janeiro: Renovar, 2005.

ALMEIDA, Ricardo Ramalho. A exceção de ofensa à ordem pública na homologação de sentença arbitral estrangeira. In: ALMEIDA, Ricardo Ramalho (Coord.). **Arbitragem interna e internacional:** questões de doutrina e da prática. Rio de Janeiro: Renovar, 2003.

ALVES, José Carlos Moreira. **Direito Romano**, v. I, Rio de Janeiro: Borsoi, 1965.

ALVES, Rafael Francisco; ORZARI, Octávio. Habeas corpus, crimes de quadrilha, falsidade ideológica, usurpação de função pública e contravenção penal de exercício ilegal de profissão de árbitro ou mediador. Pedido de trancamento da ação penal. Deferimento parcial. In: **Revista Brasileira de Arbitragem**, n. 19, 2008.

ALVES, Rafael Francisco. A arbitragem no direito ambiental: a questão da disponibilidade de direitos. In: SALLES, Carlos Alberto de; SILVA, Solange

Telles da; NUSDEO, Ana Maria de Oliveira (Org.). **Processos coletivos e tutela ambiental.** Santos: Universitária Leopoldianum, 2007.

ALVES, Rafael Francisco. A imparcialidade do árbitro no direito brasileiro: autonomia privada ou devido processo legal? In: **Revista de Mediação e Arbitragem**, ano 2, v. 7, RT, 2005.

ALVES, Rafael Francisco. **A inadmissibilidade das medidas antiarbitragem no direito brasileiro.** São Paulo: Atlas, 2009.

ALVES, Rafael Francisco. O devido processo legal na arbitragem. In: JOBIM, Eduardo; MACHADO, Rafael Bicca (coord.). **Arbitragem no Brasil:** aspectos jurídicos relevantes. São Paulo: Quartier Latin, 2008.

AMORIM FILHO, Agnelo. Critério científico para distinguir a prescrição e a decadência e para identificar as ações imprescritíveis. In: **Revista dos Tribunais**, v. 744, 1997.

APRIGLIANO, Ricardo de Carvalho. O Controle judicial sobre a limitação à produção probatória determinada pelos árbitros. Violação ao devido processo legal ou revisão indevida do mérito? In: **Revista Brasileira de Arbitragem**, n.45, 2015.

APRIGLIANO, Ricardo de Carvalho. **Ordem Pública e Processo:** o tratamento das questões de ordem pública no direito processual civil. São Paulo: Atlas, 2011.

ARAÚJO, Nádia de. A Convenção de Nova York sobre reconhecimento e execução de laudos arbitrais estrangeiros: análise das razões contrárias à sua adoção nos anos 50 do século XX. In: **Revista de Arbitragem e Mediação**, v. 18, 2008.

ARAÚJO, Nadia de. **Contratos Internacionais:** autonomia da vontade, Mercosul e convenções internacionais. 3. ed. Rio de Janeiro: Renovar, 2004.

ARAÚJO, Nadia de. O STJ e a homologação de sentenças arbitrais estrangeiras: dez anos de atuação. In: TIBÚRCIO, Carmen; MENEZES, Wagner; VASCONCELOS, Raphael (org.). **Panorama do direito internacional privado atual e outros temas contemporâneos.** Belo Horizonte: Arraes Editores, 2015.

ARAÚJO, Nádia de. Parecer: Questões Sobre a Motivação de Laudo Arbitral Estrangeiro e Sua Homologação no Brasil: SE 5692/US. In: **Revista Brasileira de Arbitragem**, n. 45, 2015.

ARRUDA, Alvim; WAMBIER, Thereza Arruda Alvim; ALVIM, Eduardo Arruda; MARINS, James. **Código do consumidor comentado.** 2.ed. São Paulo: Revista dos Tribunais, 1995.

REFERÊNCIAS

AYMONE, Priscilla Knoll. **A problemática dos procedimentos paralelos**: os princípios da litispendência e da coisa julgada em arbitragem internacional. Tese (Doutorado), Faculdade de Direito da Universidade de São Paulo. São Paulo, 2011.

AZEVEDO, Antonio Junqueira de. **Negócio jurídico**: existência, validade e eficácia. 4.ed. São Paulo: Saraiva, 2002.

AZEVEDO, Antonio Junqueira de. Nulidade de cláusula limitativa de responsabilidade em caso de culpa grave. Caso de equiparação entre dolo e culpa grave. Configuração de culpa grave em caso de responsabilidade profissional. In: **Novos Estudos e pareceres de direito privado**. São Paulo, Saraiva, 2009.

BECKER, Larry Catá. Multinational corporations as objects and sources of transnational regulation. In: **ILSA Journal of International & Comparative Law,** v. 14, n. 2, 2008.

BAPTISTA, Luiz Olavo. **Arbitragem comercial internacional.** São Paulo: Lex Magister, 2011.

BAPTISTA, Luiz Olavo. Confidencialidade na arbitragem. In: **V Congresso do Centro de Arbitragem Comercial**: Intervenções. Centro de Arbitragem Comercial: Lisboa: Almedina, 2012.

BAPTISTA, Luiz Olavo. In: PRADO, Mauricio Almeida; SANTANA, Renata Duarte de (org.). **O Brasil e a globalização:** pensadores do direito internacional. São Paulo: Editora de Cultura, 2013.

BAPTISTA, Luiz Olavo. The practice of interpretation in arbitration. In: **Liber amicorum en l'honneur de serge lazareff.** Paris: Pedone, 2011.

BARROS, Vera Cecília Monteiro de. Anulação de sentença arbitral: vinculação de parte não signatária à cláusula compromissória e aplicação do princípio iura novit curia à arbitragem – Comentários à Sentença 583.00.2010.214068-4 da 8ª Vara Cível do Foro Central da Comarca de São Paulo. In: **Revista de Arbitragem e Mediação**, n. 32, 2012, p. 309.

BAUR, Fritz. Da Importância da dicção *Iura Novit Curia*. **Revista de Processo.** vol. 3, 1976.

BEDAQUE, José Roberto dos Santos. **Direito e Processo**: influência do direito material sobre o processo. 3.ed. São Paulo: Malheiros, 2003.

BEDAQUE, José Roberto dos Santos. **Efetividade do processo e técnica processual**. São Paulo: Malheiros: 2006.

BEDAQUE, José Roberto dos Santos. Os elementos objetivos da demanda à luz do contraditório, In: José Rogério Cruz e Tucci; José Roberto dos

ÁRBITRO E DIREITO

Santos Bedaque (Coord.). **Causa de pedir de pedido no processo civil:** questões polêmicas. São Paulo: Revista dos Tribunais, 2002.

BERALDO, Leonardo de Faria. **Curso de arbitragem**: nos termos da lei 9.307/96. São Paulo: Atlas, 2014.

BERG, Albert Jan van den. **The New York Arbitration Convention of 1958:** Towards a Uniform Judicial Interpretation. The Hague: TMC Asser Institute, 1981.

BERMANN, George A.; MISTELIS, Loukas A. (eds.). **Mandatory Rules in International Arbitration**. New York: JurisNet, 2011.

BETTI, Emilio. **Interpretazione della legge e degli atti giuridici**. Milão: Giuffrè, 1949.

BEVILAQUA, Clovis. **Código Civil dos Estados Unidos do Brasil Comentado**. v. 1, Rio de Janeiro: Editora Paulo de Azevedo, Livraria Francisco Alves, 1959.

BOBBIO, Norberto. **Teoria Geral do Direito**. trad. Denise Agostinetti. 3.ed. São Paulo: Martins Fontes, 2010.

BÖCKSTIEGEL, Karl-Heinz. The Role of National Courts in the Development of an Arbitration Culture in: Albert Jan van den Berg (ed), **International dispute resolution:** towards an international arbitration culture. ICCA Congress Series, Volume 8, Kluwer Law International, 1998.

BOISSÉSON, Matthieu de; PINTO, José Emílio Nunes. Synthese sur le nouveau droit de l'arbitrage. In: **Revista Brasileira de Arbitragem**, n. 32, 2011.

BONATO, Giovanni. **La natura e gli effetti del lodo arbitrale**: studio di diritto italiano e comparato. Napoli: Jovene, 2012.

BOR, Harris. Expert evidence. In: LEW, Julian D. M.; BOR, Harris et al. (eds). **Arbitration in England, with chapters on Scotland and Ireland**, Kluwer Law International; Kluwer Law International 2013.

BRAGHETTA, Adriana. **A Importância da sede da arbitragem:** visão a partir do Brasil. Rio de Janeiro: Renovar, 2010.

BRAGHETTA, Adriana; LEMES, Selma Ferreira. Artigo 7. In: WALD, Arnoldo; LEMES, Selma Ferreira (coord.). **Arbitragem comercial internacional:** a convenção de Nova Iorque e o direito brasileiro. São Paulo: Saraiva, 2011.

BRINER, Robert. Final Remarks. In: BERKELEY, Andrew; KARSTEN, Kristine (ed.). **Arbitration:** money laundering, corruption and fraud. Dossiers of the ICC Institute of World Business Law, v.1, Kluwer Law International, International Chamber of Commerce, 2003.

BROZOLO, Luca G. Radicati di. Las normas imperativas y el arbitraje internacional. In: GAILLARD, Emmanuel; ARROYO, Diego P. Fernández (coord.). **Cuestiones Claves del Arbitraje Internacional**. Bogotá: Universidad del Rosario, Centro de Estudios de Derecho, Economia y Politica: CEDEP, 2013.

BUENO, Cássio Scarpinella. **Código de processo civil interpretado**. Antonio Carlos Marcato (coord.). São Paulo: Atlas, 2004.

BUENO, Cássio Scarpinella. Os princípios do processo civil transnacional e o Código de Processo Civil brasileiro: uma breve aproximação. In: SALLES, Carlos Alberto de (coord.). **As Grandes transformações do processo civil brasileiro:** homenagem ao professor Kazuo Watanabe. São Paulo: Quartir Latin, 2009.

CAFAGGI, Fabrizio. The many features of transnational private rule-making: unexplored relationships between custom, jura mercatorum and global private regulation. In: **University of Pennsylvania Journal of International Law**, v. 36, n. 4, 2015.

CAMARGO, Júlia Schledorn de. **A influência da súmula persuasiva e vinculante dos tribunais superiores brasileiros na arbitragem**. Dissertação (Mestrado). Pontifícia Universidade Católica de São Paulo, 2013.

CAPPER, Philli; ZAGONEK, Julia. Relevant aspects of the english legal system. In: LEW, Julian D. M.; BOR, Harris et al. (eds). **Arbitration in England, with chapters on Scotland and Ireland**. Kluwer Law International: Kluwer Law International 2013.

CARMONA, Carlos Alberto. **A arbitragem no processo civil brasileiro**. São Paulo: Malheiros, 1993.

CARMONA, Carlos Alberto. **Arbitragem e processo**: um comentário à lei 9.307/96. 3. ed. São Paulo: Atlas, 2009.

CARMONA, Carlos Alberto. Arbitragem, prescrição e ordem pública. In: **Revista de Arbitragem e Mediação**, v. 30, 2011, p. 245-257.

CARMONA, Carlos Alberto. Entrevista com Carlos Alberto Carmona. In: **Revista de Arbitragem e Mediação**, v. 40/2014, p. 433-445.

CARMONA, Carlos Alberto. Flexibilização do procedimento arbitral. In: **Revista Brasileira de Arbitragem**, n. 24, 2009.

CARMONA, Carlos Alberto. O processo arbitral. In: **Revista de Arbitragem e Mediação**, v. 1, 2004.

ÁRBITRO E DIREITO

CARMONA, Carlos Alberto. Superior Tribunal de Justiça, segurança jurídica e arbitragem. In: **Revista de Arbitragem e Mediação**, v. 34, 2012.

CARMONA, Carlos Alberto; MARTINS, Pedro Batista (coords). **Arbitragem**: estudos em homenagem ao prof. Guido Fernando da Silva Soares. São Paulo: Atlas, 2007.

CARVALHO FILHO, Milton Paulo de. Alguns aspectos relevantes sobre o sistema probatório. A taxatividade do artigo 212 do Código Civil e o art. 332 do Código de Processo Civil. Provas Plenas. Os arts. 231 e 232 do Código Civil. In: BUENO, Cassio Scarpinella (coord.). **Impactos processuais do direito civil**. São Paulo: Saraiva, 2008.

CHAINAIS, Cécile. L'arbitre, le droit et la contradiction: l'office du juge arbitral à la recherche de son point d'équilibre. **Revue de l'Arbitrage**. Comité Français de l'Arbitrage, 2010, v. 2010.

CHASE, Oscar G. **Law, culture, and ritual**: disputing systems in cross-cultural context. New York University Press, 2005. p. 47-53.

CHASE, Oscar G.; HERSHKOFF, Helen; SILBERMAN, Linda; TANIGUCHI, Yasuhei; VARANO, Vincenzo. **Civil litigation in comparative context**. Thomson West, 2007.

CINTRA, Antonio Carlos de Araújo. **Comentários ao código de processo civil:** arts. 332 a 475. v. 4. Rio de Janeiro: Forense, 2000.

CINTRA, Antonio Carlos de Araújo; GRINOVER, Ada Pellegrini; DINAMARCO, Cândido Rangel. **Teoria geral do processo**. 30. ed. São Paulo: Malheiros, 2014.

CLAY, Thomas. **L'arbitre**. Paris: Dalloz, 2001. p. 23

CLAY, Thomas. Le rôle de l'arbitre dans l'exécution de la sentence arbitrale. **Bulletin de la CCI**, v. 20, n. 1, 2009.

CLAY, Thomas. Qui sont les arbitres internationaux: approche sociologique. In: **Les arbitres internationaux:** colloque du 4 février 2005. Paris: Société de Législation Comparée, 2005. p. 16.

CORRÊA, Fábio Peixinho Gomes. **O objeto litigioso no processo civil**. São Paulo: Quartier Latin, 2009.

CORRÊA, Fábio Peixinho Gomes. Os limites objetivos da demanda na arbitragem. In: **Revista Brasileira de Arbitragem**. v. 10, n. 40, 2013.

COSTA, Judith Martins. **Comentários ao novo código civil:** do inadimplemento das obrigações. Rio de Janeiro: Forense, 2009. v.5,t. 2.

CRUZ E TUCCI, José Rogério. **A causa petendi no processo civil**. São Paulo: Revista dos Tribunais, 1993.

CUNHA, Leonardo Carneiro da. Algumas regras no novo Código Civil e sua repercussão no processo: prescrição, decadência etc. In: **Revista Dialética de Direito Processual,** São Paulo, SP, n. 5, 2003.

CUNHA, Leonardo Carneiro da. O novo Código Civil e as regras heterotópicas de natureza processual. In: **Revista da Faculdade de Direito da Universidade Federal de Minas Gerais,** n. 46, 2005.

DELLA VALLE, Martim. **Arbitragem e equidade:** uma abordagem internacional. São Paulo: Atlas, 2012.

DELLA VALLE, Martim. **Da decisão por eqüidade na arbitragem comercial internacional.** Tese (Doutorado). Faculdade de Direito da Universidade de São Paulo. São Paulo, 2009 .

DELUIGGI, Marco. Controle de conformidade da sentença arbitral estrangeira à ordem pública material: a contribuição da experiência francesa e internacional para prática brasileira. In: **Revista Brasileira de Arbitragem,** n. 20, 2008.

DERAINS, Yves. Public Policy and the Law Applicable to the Dispute in International Arbitration, in: Pieter Sanders (ed). **Comparative arbitration practice and public policy in arbitration,** ICCA Congress Series, v. 3. Kluwer Law International,1987.

DIDIER JÚNIOR, Fredie. Os três modelos de direito processual: inquisitivo, dispositivo e cooperativo. In: **Revista de Processo,** v. 198, 2011.

DIMOLITSA, Antonias. The raising ex officio of new issues of law: a challenge for both arbitrators and courts. In: BORTOLOTTI, Fabio; MAYER, Pierre. (ed.). **The Application of Substantive Law by International Arbitrators:** dossiers. ICC Institute of World Business Law, 2014.

DINAMARCO, Cândido Rangel. **A arbitragem na teoria geral do processo.** São Paulo: Malheiros, 2013.

DINAMARCO, Cândido Rangel. **A instrumentalidade do processo.** 15. ed. São Paulo: Malheiros, 2013.

DINAMARCO, Cândido Rangel. **Capítulos da sentença.** São Paulo: Malheiros, 2004.

DINAMARCO, Cândido Rangel. **Instituições de Direito Processual Civil,** v. 1. São Paulo: Malheiros, 2003.

DINAMARCO, Cândido Rangel. **Instituições de Direito Processual Civil,** v. 2. São Paulo: Malheiros, 2001.

DINAMARCO, Cândido Rangel. **Instituições de Direito Processual Civil.** v. 3. São Paulo: Malheiros, 2001.

ÁRBITRO E DIREITO

DINAMARCO, Cândido Rangel. **Instituições de Direito Processual Civil**. v. 4. São Paulo: Malheiros, 2004.

DINAMARCO, Cândido Rangel. Limites da sentença arbitral e de seu controle jurisdicional. In: **Nova era do processo civil**. São Paulo: Malheiros, 2004. p. 29.

DINAMARCO, Cândido Rangel. O conceito de mérito em processo civil. In: **Fundamentos do processo civil moderno**, t. 1, 6.ed. São Paulo: Malheiros, 2010.

DINAMARCO, Cândido Rangel. Processo Civil Comparado. In: **Fundamentos do Processo Civil Moderno**, t. I, 6.ed., São Paulo: Malheiros, 2010.

DINAMARCO, Cândido Rangel. Relativizar a coisa julgada material, In: **Nova era do processo civil**. São Paulo: Malheiros, 2004.

DOLINGER, Jacob A ordem pública internacional em seus diversos patamares. In: **Revista dos Tribunais**, v. 828, 2004.

DOMIT, Otávio Augusto Dal Molin. **O juiz e a qualificação jurídica da demanda no processo civil brasileiro**. Dissertação de Mestrado. Faculdade de Direito da Universidade Federal do Rio Grande do Sul, Porto Alegre, 2013.

DWORKIN, Ronald. **Taking rights seriously**. Cambridge, Massachusetts, Harvard University, 1978.

ELIAS, Carlos Eduardo Stefen. **Imparcialidade dos árbitros**. Tese (Doutorado). Faculdade de Direito da Universidade de São Paulo. São Paulo, 2014.

FALECK, Diego; ALVES, Rafael. Concordar em discordar: por quê, o quê e como negociar o procedimento arbitral. In: **Revista de Direito Empresarial**, v. 1, 2014. p. 249-279.

FERNANDES, Marcus Vinicius Tenorio da Costa. Anulação da sentença arbitral, São Paulo: Atlas, 2007.

FERRARI, Franco; SILBERMAN, Linda. Getting to the law applicable to the merits of the dispute and the consequences of getting it wrong. In: **Revista Brasileira de Arbitragem**, n. 26, 2010.

FERRAZ JÚNIOR, Tercio Sampaio. **Função social da dogmática jurídica**. 2.ed. São Paulo: Atlas, 2015.

FERRAZ JÚNIOR, Tercio Sampaio. **Introdução ao estudo do direito:** técnica, decisão, dominação. 8ª ed, São Paulo: Atlas, 2015.

FICHTNER, José Antonio; MANNHEIMER, Sergio Nelson; MONTEIRO, André Luís. Provas e autonomia das partes na arbitragem. In: **Novos temas de arbitragem**, Rio de Janeiro, Editora FGV, 2014.

FICHTNER, José Antonio; MANNHEIMER, Sergio Nelson; MONTEIRO, André Luís. A confidencialidade na arbitragem: regra geral e exceções. In: **Revista de Direito Privado**, v. 49, 2012.

FILOMENO, José Geraldo Brito Filomeno. Disposições Gerais. In: GRINOVER, Ada Pellegrini et al. **Código Brasileiro de Defesa do Consumidor:** comentado pelos autores do anteprojeto. 9.ed. Rio de Janeiro: Forense Universitária, 2007. cap. 1.

FISS, Owen **Um novo processo civil**. In: Carlos Alberto de Salles (coord.), Daniel Porto Godinho da Silva; Melina de Medeiros Rós (trad.). São Paulo: Revista dos Tribunais, 2004. p. 121-145.

FISS, Owen. Against Settlement. In: **Yale Law Journal**, v. 93, 1983-1984, p. 1073-1090.

FONSECA, Rodrigo Garcia da. A arbitragem na jurisprudência recente do Superior Tribunal de Justiça, In: **Revista de Arbitragem e Mediação**, v. 19, 2008.

FOUCHARD, Philippe. Os desafios da arbitragem internacional. In: **Revista Brasileira de Arbitragem**, n. 1, 2004.

FOUCHARD, Philippe. Rapport finale sur le statut de l'arbitre. **Bulletin de la Cour Internationale d'Arbitrage de la CCI**, v. 7, nº 1, maio de 1996.

FRY, Jason; GREENBERG, Simon; MAZZA, Francesca. The Secretariat's Guide do ICC Arbitration: a practical commentary on the 2012. In: **ICC Rules of Arbitration from the Secretariat of the ICC. International Court of Arbitration, 2012**. ICC Services: Publications Department, 2012.

FURTADO, Leonardo. *Iura Novit Curia* em arbitragem e as cortes européias. In: **Revista Brasileira de Arbitragem**, n. 36, 2012.

GAILLARD, Emmanuel. **Aspects philosophiques du droit de l'arbitrage international**. Académie de Droit International de La Haye: ADI-Poche, 2008.

GAILLARD, Emmanuel. Les principes fondamentaux du nouvel arbitrage. In: **Le nouveau droit français de l'arbitrage**. Thomas Clay (ed.). Paris: Lextenso éditions, 2011.

GAILLARD, Emmanuel; SAVAGE, John (eds), **Fouchard gaillard goldman on international commercial arbitration**, Kluwer Law International, 1999.

GAJARDONI, Fernando da Fonseca. Aspectos fundamentais de processo arbitral e pontos de contato com a jurisdição estatal. In: **Revista de Processo**, v. 106, 2002.

ÁRBITRO E DIREITO

GAJARDONI, Fernando da Fonseca. **Flexibilização procedimental**: um novo enfoque para o estudo do procedimento em matéria processual de acordo com as recentes reformas do CPC. São Paulo: Atlas, 2008.

GAMA JÚNIOR, Lauro. **Contratos internacionais à luz dos princípios do UNIDROIT 2004:** soft law, arbitragem e jurisdição. Rio de Janeiro: Editora Renovar, 2006.

GAJARDONI, Lauro. Prospects for UNIDROIT principles in Brazil. In: **Uniform Law Review**, v. 16, 2011.

GARTH, Bryant G.; DEZALAY, Yves. **Dealing in virtue:** international commercial arbitration and the construction of a transnational legal order. Chicago: University of Chicago Press, 1996.

GIRALDO-CARRILLO, Natalia. The 'repeat arbitrators' issue: a subjective concept international law. In: **Revista Colombiana de Derecho Internacional**, v. 19, 2011. p. 75-106.

GOMES, Orlando. **Contratos**. 26.ed. Rio de Janeiro, Forense, 2009.

GOMES, Orlando. **Introdução ao Direito Civil**, 16ª ed., Rio de Janeiro: Forense, 2001.

GONÇALVES, Eduardo Damião. Artigo V (inciso 2), In: WALD, Arnoldo; LEMES, Selma Ferreira (coord.). **Arbitragem comercial internacional:** a convenção de Nova Iorque e o direito brasileiro. São Paulo: Saraiva, 2011.

GONÇALVES, Eduardo Damião. O Papel da Arbitragem na Tutela dos Interesses Difusos e Coletivos. In: LEMES, Selma Ferreira; CARMONA, Carlos Alberto; BATISTA MARTINS, Pedro (coords). **Arbitragem:** estudos em homenagem ao prof. Guido Fernando da Silva Soares. São Paulo: Atlas, 2007.

GRADI, Marco. Il principio del contradittorio e la nullità della sentenza della "terza via". In: **Rivista di Diritto Processuale**, v.4, 2010.

HADDAD, Luís Gustavo. **Função social do contrato:** um ensaio sobre seus usos e sentidos, São Paulo, Saraiva, 2013.

HARB, Jean-Pierre; LOBIER, Christophe; PRADO, Ana Sylvia: Nova Lei Francesa de Arbitragem: Decreto n. 2011-48, de 13 de janeiro de 2011. In: **Revista Brasileira de Arbitragem**, n. 32, 2011.

HASHWANI v. Jivraj. Supreme Court, 27 July 2011. In: Albert Jan van den Berg (ed). **Yearbook Commercial Arbitration 2011**. Kluwer Law International: Kluwer Law International 2011. v.36.

HAZARD, Geoffrey C. Jr.; TARUFFO, Michele; STURNER, Rolf; GIDI, Antonio. **Introduction to the Principles and Rules of Transnational Civil**

Procedure (2001). Faculty Scholarship Series. Paper 2345. Disponível em: http://digitalcommons.law.yale.edu/fss_papers/2345. Acesso em: set. 2015.

HUCK, Hermes Marcelo. **Sentença estrangeira e *lex mercatoria*:** horizontes e fronteiras do comercio internacional. São Paulo: Saraiva, 1994.

HUNTER, Martin. The procedural powers of arbitrators under the English 1996 act. In: **Arbitration International**, v. 13, n. 4, 1997.

ISSACHAROFF, Samuel. **Civil Procedure**, 2.ed. Thomson West, 2009.

JARROSSON, Charles. La notion d'arbitrage. In: **El contrato de arbitraje.** Eduardo Silva Romero (coord.). Bogotá: Legis Editores, 2005.

KAUFMANN-KOHLER, Gabrielle. The governing law: fact or law: a transnational rule on establishing its contents. In: **Best Practices in International Arbitration.** ASA Special Series n. 26, 2006.

KAUFMANN-KOHLER, Gabrielle. Iura novit arbiter – Est-ce bien raisonnable? Réflexions sur le statut du droit de fond devant l'arbitre international. IN: LACHET, Anne Héritier; HIRSCH, Laurent (eds.). **De lege ferenda, Réflexions dur le droit désirable en l'honneur du Professeur Alain Hirsch**, Geneva 2004.

KLEINHEISTERKAMP, Jan. Navigating trough competence-competence and good faith: a comment on the Dallah v. Pakistan case in the UK and France. In: **Revista Brasileira de Arbitragem**, v. 31, 2011.

KNUTS, Gisela. *Jura Novit Curia* and the right to be heard: an analysis of recent case law. In: **Arbitration International**. Kluwer Law International, 2012, v. 28, n. 4.

KOMATSU, Roque. **Da invalidade no processo civil.** São Paulo: Editora Revista dos Tribunais, 1991.

KURKELA, Matti S. *Jura Novit Curia* and the Burden of Education in International Arbitration: a nordic perspective. **ASA Bulletin**, v. 21, Issue 3, 2003.

LACERDA, Paulo de. **Manual do Código Civil Brasileiro.** v. III, Rio de Janeiro: Jacintho Ribeiro dos Santos, 1926.

LALIVE, Pierre. Transnational (or truly international) Public Policy and International Arbitrati. In: SANDERS, Pieter. (ed.). **Comparative arbitration practice and public policy in arbitration**. ICCA Congress Series: Kluwer Law International, v.3, 1987.

LASPRO, Oreste Nestor de Souza. Da expressa proibição à "decisão-surpresa" no novo CPC. In: **Revista do Advogado**, ano 35, n.126, 2015.

Lee, Antonio Luis da Câmara. **Da prescrição e da decadência**: teoria geral do direito civil. 4.ed. Rio de Janeiro: Forense, 1982.

Lee, João Bosco; Procopiak, Maria Cláudia. A obrigação da revelação do árbitro – está influenciada por aspectos culturais ou existe um verdadeiro standard universal? In: **Revista Brasileira de Arbitragem**, v. 14, 2007.

Lee, João Bosco. A Lei 9.307/96 e o direito aplicável ao mérito do litígio na arbitragem comercial internacional. In: **Revista de Direito Bancário e do Mercado de Capitais**. v. 11, 2001.

Lee, João Bosco. **Arbitragem comercial internacional nos países do mercosul**. Curitiba: Juruá, 2011.

Lee, João Bosco; Alves, Rafael Francisco. Arbitraje y medidas cautelares em Latinoamérica. In: **Cuestiones Claves del Arbitraje Internacional**. Emmanuel Gaillard, Diego P. Fernández Arroyo. (coord.). Bogotá: Universidad del Rosario, Centro de Estudios de Derecho, Economia y Politica, CEDEP, 2013. p. 113-114.

Lemes, Selma Maria Ferreira. **Árbitro**: princípios da independência e da imparcialidade – abordagem no direito internacional, nacional e comparado. Jurisprudência. São Paulo: LTr, 2001.

Lemes, Selma Maria Ferreira A jurisprudência do STJ referente à homologação de sentença estrangeira na área da arbitragem. O Promissor ano de 2013. In: **Revista de Arbitragem e Mediação**, v. 42, 2014.

Lemes, Selma Maria Ferreira. A arbitragem e a jurisprudência paulista. In: Bonfin, Ana Paula Rocha do; Menezes, Hellen Monique Ferreira de.(coord.). **Dez anos da lei de arbitragem:** aspectos atuais e perspectivas para o instituto. Rio de Janeiro, Lumen Iuris, 2007.

Lemes, Selma Maria Ferreira. Homologação e sentença arbitral estrangeira. Lei aplicável. Convenção de Viena das Nações Unidas sobre a compra e venda internacional de mercadorias (CISG). In: **Revista de Arbitragem e Mediação**, v. 24, 2010.

Lemes, Selma Maria Ferreira. Árbitro. O padrão de conduta ideal, In: Casella, Paulo Borba (org.), **Arbitragem: lei brasileira e a praxe internacional**, São Paulo: LTr, 2. ed. 1999.

Lemes, Selma. **Arbitragem na administração pública:** fundamentos jurídicos e eficiência econômica. São Paulo: Quartier Latin, 2007.

Leonel, Ricardo de Barros. **Causa de pedir e pedido:** o direito superveniente. São Paulo: Método, 2006.

LEONEL, Ricardo de Barros. Direito Processual Civil Francês. In: TUCCI, José Rogério Cruz e (coord.). **Direito processual civil europeu contemporâneo.** São Paulo: Lex Editora, 2010.

LEVY, Daniel de Andrade. **Les abus de l'arbitrage commercial international.** Tese (Doutorado). Université Pantheon-Assas, 2013.

LEVY, Daniel. A arbitragem e o albatroz: em busca do "pragmatismo arbitral". In: **Revista Brasileira de Arbitragem.** Alphen aan den Rijn: Kluwer Law International. Curitiba: Comitê Brasileiro de Arbitragem, n. 45, 2015. p. 7-17.

LÉVY, Laurent. *Jura Novit Curia?* **The arbitrator's discretion in the application of the governing law.** Disponível em: http://kluwerarbitrationblog.com/blog/2009/03/20/jura-novit-curia--the-arbitrator%E2%80%99s-discretion-in-the-application-of-the-governing-law/. Acesso em: 9 dez. 2014.

LEW, Julian D. M. Iura Novit Curia and Due Process. In: **Liber Amicorum en l'honneur de Serge Lazareff**, Paris: Pedone, 2011.

LEW, Julian D. M.; HOLM, Melissa Holm. Development of the Arbitral System in England. In: Julian D. M. Lew, Harris Bor, et al. (eds). **Arbitration in England, with chapters on Scotland and Ireland.** Kluwer Law International, 2013.

LIEBMAN, Enrico Tullio. **Eficácia e autoridade da sentença e outros escritos sobre a coisa julgada.** Atualização Ada Pellegrini Grinover. 4. ed. Rio de Janeiro: Forense, 2006.

LIEBMAN, Enrico Tullio. **Estudos sobre o processo civil brasileiro.** São Paulo: Saraiva, 1947.

LIEBMAN, Enrico Tullio. **Manual de Direito Processual Civil.** v. 1, 3.ed. trad. Cândido Rangel Dinamarco. São Paulo: Malheiros, 2005.

LIMA, Leandro Rigueira Rennó. A Responsabilidade civil do árbitro. In: CELLI JÚNIOR, Umberto; BASSO, Maristella; Albert do Amaral Júnior (Coord.). **Arbitragem e comércio internacional**: estudos em homenagem a Luiz Olavo Baptista. São Paulo: Quartier Latin, 2013.

LIMA, Leandro Rigueira Rennó. **Arbitragem**: uma análise da fase pré-arbitral. Belo Horizonte: Mandamentos, 2003. p. 143-155;160-161.

LIMA, Leandro Rigueira Rennó. **La responsabilité des acteurs de l'arbitrage.** Université de Versailles Saint-Quentin-En-Yvelines, 2010.

LOPES, João Batista. **Ação declaratória.** 6.ed. São Paulo: Revista dos Tribunais, 2009.

LOWENFELD, Andreas. Arbitration of public issues. In: **Lowenfeld on international arbitration:** collected essays over three decades. New York: Juris Publishing, 2005.

LUCCA, Ramina de. *Querela Nullitatis* e o réu revel não citado no processo civil brasileiro. In: **Revista de Processo**, v. 202, 2011.

LUCON, Paulo Henrique dos Santos. **Embargos à execução**. São Paulo: Saraiva, 2011.

LUCON, Paulo Henrique dos Santos; BARIONI, Rodrigo; MEDEIROS NETO, Elias Marques de. A causa de pedir das ações anulatórias de sentença arbitral. In: **Revista de Arbitragem e Mediação**, v. 46, 2015.

MACEDO JÚNIOR, Ronaldo Porto. **Contratos relacionais e defesa do consumidor**. São Paulo: Max Limonad, 1998.

MALAURIE, Philippe. **L'ordre public et le contrat:** etude de Droit civil comparé France, Anglaterre, URSS, Reims: Editions Matot-Braine, 1953.

MANGE, Flávia Foz. **Processo arbitral transnacional**: reflexões sobre as normas que regem os aspectos procedimentais da arbitragem. 2012. Tese (Doutorado), Faculdade de Direito da Universidade de São Paulo. São Paulo, 2012.

MANGE, Flávia Foz. **Processo arbitral**: aspectos transnacionais. São Paulo: Quartier Latin, 2013.

MARCONDES, Fernando. Arbitragem em assuntos de construção: a experiência dos painéis mistos. In: **Revista de Mediação e Arbitragem**, n. 19, 2008, p. 60-65.

MARIANI, Rômulo Greff. **Arbitragens coletivas no Brasil**. São Paulo: Atlas, 2015.

MARLOW, Tim. **When should an Arbitral Tribunal take the initiative in ascertaining the facts and the law?** Dissertação de Mestrado, King's College London, 2011. Disponível em: http://www.tjmplanning. com/#!articles/c12ry. Acesso em 9 dez. 2014.

MARTINS, André Chateaubriand, Os diferentes níveis de ordem pública sob uma perspectiva da jurisprudência brasileira em arbitragens doméstica e internacional. In: **Revista Brasileira de Arbitragem**, n. 37, 2013. p. 50-67.

MARTINS, Pedro A. Batista. **Apontamentos sobre a lei de arbitragem**. Rio de Janeiro: Forense, 2008.

MAURER, Anton G. **The public policy exception under the New York Convention**: history, interpretation and application. Huntington: JurisNet, 2013.

REFERÊNCIAS

MAYER, Pierre. **L'autonomie de l'arbitre international dans l'appreciation de sa propre compétence**: recueil des cours de l'Académie de droit international de La Haye, v. 217, 1989.

MAYER, Pierre. Le mythe de 'l'ordre juridique de base' (ou Grundlegung). In: **Le droit des relations économiques internationales** : etudes offertes à Berthold Goldman. 1982, p. 199 e ss.

MAYER, Pierre. Reflections on the International Arbitrator's duty to apply the law – the 2000 Freshfields Lecture. In: **Arbitration International**. Kluwer Law International, 2001, v. 17, issue 3.

MAYER, Piere. O mito da ordem jurídica de base (ou Grundlegung). Clávio Valença Filho (trad.) e Luíza Kharmandayan (trad). In: **Revista Brasileira de Arbitragem**, n. 23, 2009.

MAYNZ, Charles. **Cours de Droit Romain.** v. 2. Bruylant-Christophe, 1877.

MAZZONETTO, Nathalia. **Partes e terceiros na arbitragem**. Dissertação (Mestrado). 2012. Faculdade de Direito da Universidade de São Paulo. São Paulo, 2012.

MEIER, Andrea; MCGOUGH, Yolanda. Do lawyers always have to have the last word? Iura novit curia and the right to be heard in international arbitration: *an analysis in view of recent swiss case law.* **ASA Bulletin**. Association Suisse de l'Arbitrage: Kluwer Law International, 2014, v. 32 Issue 3, nota 10.

MEJIAS, Lucas Britto Mejias. **Controle da atividade do árbitro**. Dissertação (Mestrado), Faculdade de Direito da Universidade de São Paulo. São Paulo, 2015.

MENDES, Rodrigo Octávio Broglia. **Arbitragem, lex mercatoria e direito estatal**: uma análise dos conflitos ortogonais no direito transnacional. São Paulo: Quartier Latin, 2010.

MENDES, Rodrigo Octávio Broglia. Regras imperativas e arbitragem internacional: por um direito transnacional privado? In: **Revista de Arbitragem e Mediação**, São Paulo: Revista dos Tribunais, n. 19, 2008.

MESQUITA, José Ignácio Botelho de. A causa petendi nas ações reivindicatórias. In: **Teses estudos e pareceres de processo civil**. São Paulo: RT, 2005.

MIRANDA, Custódio da Piedade Ubaldino. **Teoria geral do negócio jurídico**. 2ª ed. São Paulo: Atlas, 2009.

MONTEIRO, Marta Viegas de Freitas. **Jura Novit Curia in International Commercial Arbitration**. Dissertação de Mestrado, Universidade de Helsinki, Setembro de 2013. Disponível em: https://helda.helsinki.fi/

bitstream/handle/10138/40746/Pro%20gradu.pdf?sequence=5. Acesso em: 9 dez. 2014;

MONTORO, Marcos André Franco. **Flexibilidade do procedimento arbitral.** Tese (Doutorado). Faculdade de Direito da Universidade de São Paulo. São Paulo, 2010.

MORAES, Rubens de. Direito Processual Civil Suíço. In: TUCCI, José Rogério Cruz e (coord.). **Direito Processual Civil Europeu Contemporâneo.** São Paulo: Lex Editora, 2010.

MOREIRA, José Carlos Barbosa. Estrutura da sentença arbitral. In: **Temas de Direito Processual**: oitava série. São Paulo: Saraiva, 2004.

MOREIRA, José Carlos Barbosa. Le juge brésilien et le droit étranger. In: **Temas de Direito Processual:** quarta série. São Paulo: Saraiva, 1989.

MOREIRA, José Carlos Barbosa. **O novo processo civil brasileiro.** 25ª ed. Rio de Janeiro: Forense, 2007.

MOREIRA, José Carlos Barbosa. O novo Código Civil e o direito processual. In: **Temas de direito processual:** nona série. São Paulo: Saraiva, 2007.

MOURE, Alexis. Quien tiene competência sobre los árbitros? Reflexiones sobre el contrato de árbitro. In: CELLI JÚNIOR, Umberto; BASSO, Maristella; AMARAL JÚNIOR, Albert do (coord.). **Arbitragem e comércio internacional**: estudos em homenagem a Luiz Olavo Baptista. São Paulo: Quartier Latin, 2013. p. 704.

NANNI, Giovanni Ettore. Recurso Arbitral: reflexões. In: GUILHERME, Luiz Fernando do Vale de Almeida (coord.). **Aspectos práticos da arbitragem**. São Paulo: Quartier Latin, 2006. p. 161-188.

NERY JÚNIOR, Nelson. Julgamento arbitral por equidade e prescrição. In: **Revista de Direito Privado**, v. 45, 2011.

NEVES, Flávia Bittar. O dilema da regulamentação da função de árbitros, mediadores e das atividades das instituições arbitrais no Brasil. In: **Revista de Arbitragem e Mediação**, n. 7, 2005.

NITSCHKE, Guilherme Carneiro Monteiro. Ativismo arbitral e *lex mercatoria*. In: **Revista de Arbitragem e Mediação**, v. 44, 2015.

NUNES, Thiago Marinho. **Análise dos Efeitos da Prescrição Extintiva na Arbitragem Interna e Internacional, com Visão a Partir do Direito Brasileiro.** Tese (Doutorado). Orientador: Prof. Titular Paulo Borba Casella, Faculdade de Direito da Universidade de São Paulo, São Paulo, 2011.

NUNES, Thiago Marinho. **Arbitragem e prescrição**. São Paulo: Atlas, 2014.

REFERÊNCIAS

OLIVEIRA, Carlos Alberto Alvaro de. Garantia do Contraditório. In: TUCCI, José Rogério Cruz e (coord.). **Garantias Constitucionais do Processo Civil**: homenagem aos 10 anos da Constituição Federal de 1988.

OPPETIT, Bruno Oppetit. **Théorie de l'arbitrage**. Paris: Press Universitaires de France, 1998.

PARENTE, Eduardo de Albuquerque. **Processo arbitral e sistema**. Tese (Doutorado). Faculdade de Direito da Universidade de São Paulo. São Paulo, 2009.

PARENTE, Eduardo de Albuquerque. **Processo arbitral e sistema**. São Paulo: Atlas, 2012.

PAULA, Felipe de. **A (de)limitação dos direitos fundamentais**. Porto Alegre: Livraria do Advogado, 2010.

PAULSSON, Jan. **The idea of arbitration**. Oxford: Oxford University Press, 2013.

PEREIRA, Caio Mário da Silva. **Instituições de Direito Civil**. atual. Caitlin Mulholland. 19.ed. Rio de Janeiro: Forense, 2015.

PINTO, José Emílio Nunes. Anotações práticas sobre a produção de prova na arbitragem. In: **Revista Brasileira de Arbitragem**, ano 6, n. 25, 2010.

PINTO, José Emílio Nunes. Anulação de sentença arbitral infra petita, extra petita ou ultra petita. In: Eduardo Jobim; Rafael Bicca Machado (Coord.). Arbitragem no Brasil: aspectos jurídicos relevantes. São Paulo: Quartier Latin do Brasil. 2008. p. 250-251;

PINTO, José Emílio Nunes. Artigo V (inciso 1 "C" e "D"). In: WALD, Arnoldo; LEMES, Selma Ferreira (coord.). **Arbitragem comercial internacional:** a convenção de Nova Iorque e o direito brasileiro. São Paulo: Saraiva, 2011.

PONTES DE MIRANDA. **Tratado de Direito Privado:** parte geral. t. 3, 4.ed. São Paulo: Revista dos Tribunais, 1983.

PONTES DE MIRANDA. **Tratado de Direito Privado**: parte especial – direitos das obrigações. t. 26, atualizado por Ruy Rosado de Aguiar Júnior e Nelson Nery Junior. São Paulo: Editora Revista dos Tribunais, 2012.

PONTES DE MIRANDA. **Tratado de Direito Privado:** parte geral – validade, nulidade, anulabilidade. t. 4, atualizado por Marcos Bernardes de Mello e Marcos Ehrhardt Júnior. São Paulo: Editora Revista dos Tribunais, 2012.

PORCHAT, Reynaldo. **Curso elementar de direito romano**. São Paulo: Duprat, 1907.

PORTANOVA, Rui. **Princípios do processo civil**. 5.ed. Porto Alegre: Livraria do Advogado, 2003.

POUDRET, Jean-François; BESSON, Sébastien. **Droit Comparé de L'Arbitrage International**. Bruylant, L.G.D.J: Schulthess, 2002.

PRADO, Mauricio Almeida; SANTANA, Renata Duarte de (org.). **O Brasil e a globalização:** pensadores do direito internacional. São Paulo: Editora de Cultura, 2013.

PUCCI, Adriana Noemi. Juiz & árbitro. In: Adriana Noemi Pucci (org.). **Aspectos atuais da arbitragem:** coletânea de artigos sobre arbitragem. Rio de Janeiro, Forense, 2009.

RACINE, Jean-Baptiste. **L'arbitrage commercial international et l'ordre public**. Paris: L.G.D.J., 1999.

RAMOS, André de Carvalho. Dignidade da pessoa humana como obstáculo à homologação de sentença estrangeira. In: **Revista de Processo**, v. 249, 2015.

REALE, Miguel. **Lições preliminares de direito**. 27.ed. São Paulo: Saraiva, 2011.

REQUIÃO, Rubens. **Do representante comercial:** comentários à Lei nº 4.886, de 9 de dezembro de 1965. 8.ed. Rio de Janeiro: Forense, 2000.

RICCI, Edoardo Flávio. Arbitragem e o Art. 5º, inciso XXXV da Constituição Federal: reflexões sobre a doutrina brasileira. In: **Lei de arbitragem brasileira:** oito anos de reflexão: questões polêmicas. São Paulo: Revista dos Tribunais, 2004.

RICCI, Edoardo Flávio. Para uma interpretação restritiva do art. 25 da lei de arbitragem. In: **Lei de arbitragem brasileira**: oito anos de reflexão, questões polêmicas. São Paulo: Revista dos Tribunais, 2004, p. 172.)

RICCI, Edoardo Flávio. A impugnação da sentença arbitral como garantia constitucional. In: **Lei de arbitragem brasileira:** oito anos de reflexão: questões polêmicas. São Paulo: Revista dos Tribunais, 2004.

ROMERO, Eduardo Silva. **El Contrato de Arbitraje,** coord. Eduardo Silva Romero, Bogotá: Legis Editores, 2005.

ROPPO, Enzo. **O contrato**. Coimbra: Almedina, 2009.

SALDANHA, Nelson. **O jardim e a praça:** ensaio sobre o lado privado e o lado público da vida social e histórica. Porto Alegre: Fabris, 1986.

SALLES, Carlos Alberto de. **Arbitragem em contratos administrativos**. Rio de Janeiro: Forense; São Paulo: Método, 2011.

REFERÊNCIAS

SALLES, Carlos Alberto de. Processo: procedimento dotado de normatividade – uma proposta de unificação conceitual. In: Camilo Zufelato, Flávio Luiz Yarshell (org.). **40 anos da teoria geral do processo no Brasil,** São Paulo: Malheiros, 2013.

SANCHEZ, Guillermo Ormazabal. **Iura novit curia:** la vinculación del juez a la calificación jurídica de la demanda. Barcelona: Marcial Pons, 2007.

SANDBERG, David. **Jura novit arbiter? How to apply and ascertain the content of the applicable law in international commercial arbitration in Sweden,** Dissertação de Mestrado, Universidade de Göteborgs, 2011. Disponível em: https://gupea.ub.gu.se/bitstream/2077/30248/1/gupea_2077_30248_1.pdf. Acesso em: mai. 2018.

SERAGLINI, Christophe. **Lois de Police et justice arbitrable international.** Paris: Dalloz, 2001.

SERAGLINI, Christophe; ORTSCHEIDT, Jérome. **Droit de l'arbitrage interne et international.** Paris: Lextenso, 2013.

SICA, Heitor Vitor Mendonça Sica, Contribuição ao estudo da teoria das nulidades: comparação entre o sistema de invalidades no Código Civil e no direito processual civil. In: BUENO, Cassio Scarpinella (coord.). **Impactos processuais do direito civil.** São Paulo: Saraiva, 2008.

SICA, Heitor Vitor Mendonça. Notas críticas ao sistema de pluralidade de partes no processo civil brasileiro. In: **Revista de Processo,** v. 200, 2011.

SICA, Heitor Vitor Mendonça. Velhos e novos institutos fundamentais de direito processual civil. In: ZUFELATO, Camilo; YARSHELL, Flávio Luiz (org.). **40 anos da teoria geral do processo no Brasil,** São Paulo: Malheiros, 2013. p. 445-448.

SILBERMAN, Linda. SCHERER, Mexi. Forum Shopping and Post-Award Judgments. In: FERRARI, Franco (ed.). **Forum Shopping in the International Commercial Arbitration Context.** Munich: SELP Sellier European Law Publishers – NYU Center for Transnational and Commercial Law, 2013.

SILVA, Jorge Cesa Ferreira da. **Inadimplemento das obrigações.** São Paulo: Editora Revista dos Tribunais, 2007.

SILVA, Luis Antonio da Gama e. **A ordem pública em direito internacional privado.** Tese (livre-docência). Faculdade de Direito da Universidade de São Paulo, 1944.

SILVA, Manuel Gomes da. **O dever de prestar e o dever de indemnizar.** Lisboa: Ramos, Afonso & Moita, 1944.

SILVA, Paulo Eduardo Alves da. **Gerenciamento de processos judiciais.** São Paulo: Saraiva, 2010.

SILVA, Virgílio Afonso da. **A constitucionalização do direito**: os direitos fundamentais nas relações entre particulares, São Paulo: Malheiros, 2005.

SOARES, Guido Fernandes Silva. A ordem pública nos contratos internacionais. In: **Revista de Direito Mercantil, Industrial, Econômico e Financeiro**, n. 55, 1984.

SOUZA, André Pagani de. **Vedação das decisões-surpresa no processo civil.** São Paulo: Saraiva, 2014.

STRENGER, Irineu. Aplicação de normas de ordem pública nos laudos arbitrais. In: **Revista dos Tribunais**, v. 606, 1986.

TARUFFO, Michele. L'istruzione probatoria. In: TARUFFO, Michele. (org.). **La prova nel processo civile**. Milão: Giuffrè, 2012.

TARUFFO, Michele. **La motivazione della sentenza civile**. Padova: CEDAM, 1975. p. 466-467.

TEUBNER, Gunther. A Bukowina Global sobre a Emergência de um Pluralismo Jurídico Transnacional. In: **Impulso**. Piracicaba, v. 14, n. 33, 2003.

THEODORO JÚNIOR, Humberto. **Comentários ao novo Código Civil**. v. 3, t.2. Rio de Janeiro: Forense, 2003.

THEODORO JÚNIOR, Humberto. O novo Código Civil e as regras heterotópicas de natureza processual. In: **Revista da Faculdade de Direito da Universidade Federal de Minas Gerais**, n. 46, 2005.

THEODORO JÚNIOR, Humberto. Princípios gerais do direito processual civil. **Revista de Processo**, v. 23, 1981.

THEODORO JÚNIOR, Humberto; NUNES, Dierle José Coelho. Princípo do contraditório: tendências de mudança da sua aplicação. In: **Revista da Faculdade de Direito do Sul de Minas**. Pouso Alegre, v. 28, 2009.

TROCKER, Nicolò; VARANO, Vincenzo. **The Reforms of Civil Procedure in Comparative Perspective**, Torino: Giappichelli, 2005.

TUCCI, José Rogério Cruz e. **A causa petendi no processo civil**. São Paulo: Revista dos Tribunais, 1993.

TUCCI, José Rogério Cruz e. **A motivação da sentença no processo civil**. São Paulo: Saraiva, 1987.

TUCCI, José Rogério Cruz e; BEDAQUE, José Roberto dos Santos. (Coord.). **Causa de pedir de pedido no processo civil** : questões polêmicas. São Paulo: Revista dos Tribunais, 2002.

REFERÊNCIAS

TUCCI, José Rogério Cruz. **Comentários ao Código de Processo Civil – Volume VII (arts. 318 a 368)**, coord. José Roberto Ferreira Gouvêa, Luis Guilherme Aidar Bondioli, João Francisco Naves da Fonseca, São Paulo, Saraiva, 2016.

TUCCI, Rogério Lauria Tucci; TUCCI, José Rogério Cruz e. **Constituição de 1988 e processo:** regramentos e garantias constitucionais do processo. São Paulo: Saraiva, 1988.

UNCITRAL Model Law on International Commercial Arbitration. Disponível em: http://www.uncitral.org/pdf/english/texts/arbitration/ml--arb/07-86998_Ebook.pdf. Acesso em: 02 jun. 2014.

VALENÇA JÚNIOR, Clávio. **A arbitragem em juízo**. Tese (Doutorado). Faculdade de Direito da Universidade de São Paulo. São Paulo, 2015.

VALENÇA JÚNIOR, Clávio. Da sentença arbitral inexistente. In: Clávio de Melo Valença Filho; João Bosco Lee. **Estudos de arbitragem**. Curitiba: Juruá, 2009.

VALENÇA JÚNIOR, Clávio. **Poder judiciário e sentença arbitral:** de acordo com a nova jurisprudência constitucional. Curitiba: Juruá, 2003.

VENOSA, Silvio de Salvo. **Responsabilidade Civil**. 4ª ed. São Paulo: Atlas, 2004.

VERÇOSA, Fabiane. **A aplicação errônea do Direito pelo árbitro:** uma análise à luz do direito brasileiro e estrangeiro. Curitiba: CRV, 2015.

VERÇOSA, Fabiane. Alegação de cerceamento de defesa: vínculo societário que legitima a participação na arbitragem. *Venire Contra Factum Proprium*. Tribunal de Justiça de São Paulo. Apelação Cível nº 0214068-16.2010.8.26.0100. Matlinpatterson Global Opportunities Partners II L.P e outra vs. VRG Linhas Aéreas S/A J. 16.10.2012. Relator: Roberto Mac-Cracken. In: **Revista Brasileira de Arbitragem**, n. 36, 2012.

VERÇOSA, Fabiane. Arbitragem Interna v. Arbitragem Internacional: breves Contornos da Distinção e sua Repercussão no Ordenamento Jurídico Brasileiro face ao Princípio da Autonomia da Vontade. In: TIBURCIO, Carmen; BARROSO, Luis Roberto (coord.). **O direito internacional contemporâneo. estudos em homenagem ao prof. Jacob Dolinger**. Rio de Janeiro: Renovar, 2006, p. 428-435.

VERÇOSA, Fabiane. "Dá-me os fatos, que lhe darei o direito": uma reflexão sobre o contraditório e iura novit curia em arbitragem". In: **Arbitragem e Mediação:** temas controvertidos. Rio de Janeiro: Forense, 2014.

VISCONTE, Debora. **A jurisdição dos árbitros e seus efeitos**. Dissertação (Mestrado). Faculdade de Direito da Universidade de São Paulo, 2009.

WAINCYMER, Jeff. International arbitration and the duty to know the law. In: **Journal of International Arbitration** 28(3), 2011

WALD, Arnoldo. Do regime jurídico do contrato de representação comercial. In: **Revista dos Tribunais.** v. 696, 1993.

WAMBIER, Thereza Arruda Alvim. **Nulidades do Processo e da Sentença.** 6.ed. São Paulo: Revista dos Tribunais, 2007.

WATANABE, Kazuo. **Da cognição no processo civil.** 3.ed. São Paulo: Perfil, 2005.

WEBER, Ana Carolina. O controle de constitucionalidade no procedimento arbitral. In: **Revista Jurídica da Faculdade de Direito.** Faculdade Dom Bosco, v. 1, 2008. p. 8-25.

YARSHELL, Flávio Luiz. Ação anulatória de julgamento arbitral e ação rescisória. In: **Revista de Arbitragem e Mediação,** v. 5, 2005. p. 95-99

YARSHELL, Flávio Luiz. Ação rescisória: juízos rescindente e rescisório. São Paulo: Malheiros, 2005.

YARSHELL, Flávio Luiz. Caráter Subsidiário da Ação Anulatória da Sentença Arbitral. In: **Revista de Processo,** v. 207, 2012.

YARSHELL, Flávio Luiz. **Curso de Direito Processual Civil.** v. 1. São Paulo: Marcial Pons, 2014.

ZANETI, Paulo Rogério. Algumas das disposições sobre provas contidas no Código Civil de 2002 e suas repercussões no âmbito do processo civil, in: BUENO, Cassio Scarpinella (coord.). **Impactos processuais do direito civil.** São Paulo: Saraiva, 2008.

ZANETTI, Cristiano de Sousa. **A conservação dos contratos nulos por defeito de forma.** São Paulo: Quartier Latin, 2013.

ZANETTI, Cristiano de Sousa. **Direito contratual contemporâneo:** a liberdade contratual e sua fragmentação. Rio de Janeiro: Forense, São Paulo: Método, 2008.

ZANETTI, Cristiano de Sousa. O risco contratual. In: LOPEZ, Teresa Ancona; LEMOS, Patrícia Faga Iglecias; RODRIGUES JÚNIOR, Otavio Luiz (Org.). **Sociedade de risco e Direito privado:** desafios normativos, consumeristas e ambientais. São Paulo: Atlas, 2013.

ÍNDICE

APRESENTAÇÃO   5

AGRADECIMENTOS   7

PREFÁCIO   9

SUMÁRIO   15

INTRODUÇÃO   19

CAPÍTULO 1. FUNDAMENTOS E LIMITES DA APLICAÇÃO
DO DIREITO PELO ÁRBITRO   49

CAPÍTULO 2. A APLICAÇÃO DO *IURA NOVIT CURIA*
NA ARBITRAGEM   91

CAPÍTULO 3. A APLICAÇÃO DE NORMAS COGENTES
PELO ÁRBITRO E O CONTROLE DA ORDEM PÚBLICA   191

CONCLUSÃO   345

REFERÊNCIAS   353